افغانستان
خلک، تاریخ او سیاست

اصلاح شوی او بډایه شوی متن

لیکوال: ډاکټر نوراحمد خالدی (دری ژبه)
پښتو ژباړن: ذبیح الله خوګیانی
پښتو اډیټر: روح الله وسیم

ناشر: د افغانستان د تاریخ ټولنه

بسم الله الرحمن الرحیم

تاریخي پېژندنه او د چاپ بهیر

دغه اثر په لومړي ځل په ۲۰۲۰ ز کال کې په دري ژبه په کابل او برزبن (آسترالیا) کې خپور شو. د مینوالو او لوستونکو د بې‌ساري تود هرکلي له امله، د یاد کتاب لومړی چاپ په ډېر لږ وخت کې پای ته ورسېد او په بازار کې یې هیڅ نسخه پاتې نه شوه. همدا لامل و چې د پښتو مینوالو د غوښتنې په پام کې نیولو سره، پرېکړه وشوه چې دغه علمي پانګه پښتو ژبې ته هم وژباړل شي.

د دري نسخې د نشر نېټه : ۲۰ می ۲۰۲۰م (برزبن او کابل)

د پښتو الکترونیکي نسخه :۸ سپتمبر ۲۰۲۲م

د پښتو نسخې په اړه ځانګړې یادونه

د یادولو وړ ده چې دغه **د پښتو لومړی کاغذي (اصلاح شوی)** اثر یوازې د دري نسخې په ټکي په ټکي ژباړه نه ده؛ بلکې دا په پښتو ژبه یو **اصلاح شوی او بډایه شوی متن** دی. په دې نسخه کې د دري متن پر بنسټیزه محتوا سربېره، د تاریخي حقایقو په رڼا کې د ۲۰۲۶ جنوری په میاشت لازم اصلاحات راغلي او د موضوعاتو د لا روښانتیا لپاره نوي معلومات په کې ځای پر ځای شوي دي.

د پښتو لومړی کاغذي (اصلاح شوی) چاپ :فبروري ۲۰۲۶م

ډالۍ

هغو ځوانانو او د پوهې تږو ته؛ چې د افغانستان د رښتیني تاریخ په لټه کې دي او د دې اثر له لومړي (دري) چاپ څخه یې په دومره تودوخه هرکلی وکړ، چې ما یې د پښتو ژباړې او بیاځلي چاپ ته وهڅولم.

دا کتاب تاسو او د وطن ټولو هغو قلموالو ته ډالۍ کوم چې د تعصب پر ځای، حقایقو ته ارزښت ورکوي.

رفرنس: خالدی، نوراحمد، ۱۴۰۵ هجری شمسی کال،
افغانستان: خلک، تاریخ او سیاست،

د کتاب پېژندنه:

د کتاب نوم: افغانستان: خلک، تاریخ او سیاست

لیکوال: ډاکټر نوراحمد خالدی

د کتاب اصلی ژبه: دری

پښتو ژباړونکی: ذبیح الله خوګیانی

پښتو ادیتر: روح الله وسیم

یادونه: لاندې برخوکې د ښاغلی **تمهید الله سیلانی** لخوا ژباړل شوی فیسبوکی موادو څخه، د دری کتاب سره د موضوع د سمون خوړلو په موخه، په ډېر لږه لاسوهنه استفاده شوی: (آیا غلجی هماغه خلجی دی) او (د بریتانیا د دولت د حقوقی مشاور مشوره!)

د پاڼو شمیر: ۵۵۷

فانت:: آریل بادی ۱۲

قطع: ۶ تر ۹ انچه

ناشر: د افغانستان د تاریخ ټولنه

مطبعه: Print in Demand/Amazon/IngarmSpark

د پښتو لمړی چاپ Hardback ۱ فبروری ۲۰۲۶

د آی اس بی ان شمیر:
ISBN: 978-1-7645049-4-2

هر ډول چاپ کول، فوتوکاپی اوالکترونیکی نشر کول د ناشر له اجازی څخه پرته ممنوع ګڼل کیږی

الکترونیکی پته: noor.khalidi@gmail.com

أ □ ډاکټر نور احمد خالدی – افغانستان: خلک، تاریخ او سیاست

ورکړه

دا کتاب د کابل د پوهنتون او د هیواد د نورو پوهنتونونو محصلینو ته تقدیم کوم، تر څو د هیواد د ځوانانو په علمی پوهی کې پراخوالی راولی او د هیواد په مهمو سیاسی مسایلو باندی د تاریخی شرایطو په رڼا کې افغانستان ته وګوری، او د خپل د وطنپالنی او د هیواد سره د مینی احساس لا نور هم مستحکم کړی!

د پښتونولی اصول

لکه څنګه چې په معتبرو سرچینو لکه د الفنستن (۱۸۱۵) او لویي ډوپري (۱۹۷۳) په اثارو کې یاد شوي،
نه یوازې یو قبایلي قانون دی،
بلکې د افغانستان د ملي ثبات او د ۱۷۴۷ میلادي کال راهیسی
د ملي هویت یوه اساسي ستنه ده.

د محتویاتو لړلیک

تاریخي پېژندنه او د چاپ بهیر .... ه
ډالی .... ه
ورکړه .... أ
د محتویاتو لړلیک .... ب
سریزه ۱
.... ۲
د ناشر یادداشت د حقایقو په رڼا کې د افغانستان لیدل ۲
لمړۍ برخه د افغانستان هیواد او خلک ۳
د افغانستان جغرافیه ۳
لومړی چارت: د نني افغانستان او د هغه د قومونو د ترکیب نقشه ۳
د افغانستان د نفوس اندازه ۵
د افغانستان د نفوس قومی ترکیب ٦
لومړی جدول: د افغانستان د نفوس د قومی جوړښت اټکل د مختلفو مولفینو او منابعو څخه ۷
د افغانستان د قومونو سرچینه ۸
دویم چارت: د پښتنو د مېشت ځایونو او توکمیزې جغرافیي نقشه ۱۰
دویم جدول: د پښتنو د مېشتو سیمو وېش (عمومي لید) ۱۱
پښتانه؛ تاریخي ریښې او د هویت تحول ۱۱
د "افغان" نوم او د هغه رسمي کېدل ۱۱
ایا پښتانه د بني اسرائیلو له نسله دي؟ ۱۲
پښتانه په هندوستان کې ۱۲
خلجیان که غلجیان؟ د یو هویت تاریخي سپیناوی ۱۲
د پښتوټولنیز سیستم ۱٦
جرګه؛ د ملي پرېکړو او مشروعیت سرچینه ۱۹

د پښتنونولۍ او طالبانیزم ترمنځ مرکزي تضاد 19
دویم- تاجیکان 20
دریم – هزاره گان 21
څلورم – د افغانستان ترک تبران 22
د افغانستان جینیتیکي جوړښت 23
د پښتنو او تاجیکانو جینیتیکي ورته والی 23
تاریخي لښکرکشي او د جینونو اغېز 24
د ژبي او جینیتیک تضاد 24
پایله 24
دریم جدول: د ژبو پر بنست د کلیوالي نفوسو اټکل (۲۰۰۳-۲۰۰۵ سروې) 25
دوهمه برخه د افغانستان تاریخ ته کتنه 26
سریزه 26
د منطقې د ګډ تاریخ عصر 26
له تاریخ څخه وړاندي دوران او د تمدنونو مثلث 27
دریم چارت: افغانستان د تمدني مثلث په منځ کې 28
څلورم چارت: د ریګویدا په کتاب کې ذکر شوي سیندونه 29
څلورم جدول: د اسلام له راتګ وړاندي دولتونه چې په اوسني افغانستان کي واکمني کړي ده: 30
لرغونی تاریخ: د اسلامي دوري پېل او سیمه ییز حکومتونه 31
پنځم جدول: په دې سیمه کښې دي سیمه کښې له عربو وروسته، یو شمېر مهمو لړیو واکمني 33
د افغانستان معاصر تاریخ: له استیلا څخه تر خپلواکۍ پوري 33
د میرویس خان هوتکي قیام او د هوتکي دولت بنسټ 36
شپږم جدول: د هوتکیانو سلسله 37
د شېر سرخ جرګه او د پاچاهۍ اعلان 38
اداري او نظامي نظام 39
د افغانستان د دولت هویت؛ "خراسان" که "افغانستان"؟ 39

اووم جدول: د افغان دولت د بنسټونو مقایسه	۳۹
د ابدالي د امپراطوری تشکیل (دراني)	۴۰
پنځم چارټ: د دراني امپراطوری نقشه	۴۰
د احمدشاه بابا اړیکي له ګاونډیو دولتونو سره	۴۰
اتم جدول: د احمدشاه بابا د بهرني سیاست لنډیز	۴۱
نهم جدول: د احمدشاه بابا د دولت د چارو د سمون لپاره یو منظم اداري سیستم	۴۳
په احمدشاهي دوره کي د قومونو ګډون او برخه	۴۴
لسم جدول: د احمدشاه بابا په اداره کي د قومونو وېش	۴۵
یوولسم جدول: د ګاونډیو دولتونو (صفوي، افشاري او عثماني) چلند	۴۶
دولسم جدول: د پښتنو د قبایلي دولت او ګاونډیو دولتونو مقایسه	۴۹
دیارلسم جدول: د طالبانو ایدیالوژی او په پښتني ټولنه کي د ملا او قومي مشر ځایګي مقایسه	۵۰
دریمه برخه معاصر افغانستان تر د سلطنتي نظام ختمه پوری	۵۲
د افغانستان د معاصر تاریخ پیل	۵۲
افغان هویت: یو ملي که قومي هویت؟	۵۴
آیا چا د "خراسان د شاه" تر نامه لاندي خپلواک حکومت کړی؟	۵۶
شپږم چارټ: د خراسان پولي د صفوي دوري په اوردو کي	۵۸
د افغانستان د نوم عمومی کول	۵۸
د افغانستان نوم، ملت او دولت ته کرونولوجیکي مختصره اشاره	۵۹
په افغانستان کي د انګلیس استعماري مداخلي	۶۰
لومړی پړاو (۱۸۳۷-۱۷۹۸م): د توطئو پیل	۶۰
دویم پړاو (۱۸۳۸-۱۸۴۲م او ۱۸۷۸-۱۸۸۰م): مستقیم پوځي یرغلونه	۶۰
دریم پړاو (۱۸۸۱-۱۹۱۹م): حایل هېواد	۶۱
د هرات حماسه؛ د پردي غصب پر وړاندي د ۷۰۰ ورځو مقاومت	۶۱
د بریتانوي هند تر ملاتړ (حمایت) لاندي د افغانستان د بهرني سیاست راوستل	۶۳
امیر عبدالرحمن خان	۶۳
د امیر عبدالرحمن خان د حکومتولی لاري چاري	۶۴

د پنجده اشغال او د شمالي سرحدونو ټاكل ٦٦
د امير عبدالرحمن خان دوره او د ډيورنډ کرښې ټرون (١٨٩٣م) ٦٦
امير حبيب الله خان (سراج الملة والدين) ٦٨
ايا افغانستان مستعمره وه؟ ٧١
عصري غوښتنه او په افغانستان کي د مودرنيزم نهضت ٧١
د معاصر افغانستان پنځه بنسټګر ٧٣
دوم چارت: د معاصر افغانستان پنځه بنسټګر ٧٤
د سقوي اړودوړ او د شاه امان الله اصلاحات ٧٤
حبيب الله کلکاني او د اماني دورې سقوط ٧٥
څلورلسم جدول: د حبيب الله کلکاني ليډلوری د امان الله خان ليډلوري په مقايسه ٧٦
د حبيب الله کلکاني د دولت سقوط ٧٦
د کلکاني د ماتي عوامل او د ملاتړ سرچيني ٧٧
پنځه لسم جدول: د حبيب الله کلکاني د حکومت ځانګړني ٧٨
د محمد نادر خان سلطنت ٧٨
د افغانستان دوهم اساسي قانون ٨٠
شپارسم جدول: د نادر شاه د شخصيت په اړه دوه مهم ليډلوري ٨١
د محمد ظاهر شاه سلطنت ٨٢
اوولسم جدول: د ظاهر شاه د دورې ځانګړنه ٨٤
اتلسم جدول: د شاه محمود خان د دورې د مهمو جريانونو د پېژندنه ٨٥
په افغانستان کي د ديموکراسي لسيزه (١٣٤٣ څخه تر ١٣٥٢ ه.ش) ٨٧
د ديموکراسي په لسيزه کي مطبوعات ٨٨
غير دولتي مطبوعات ٨٨
دولتي جريدې ٩١
د ديموکراسي د لسيزي مخالفان ٩١
په افغانستان کي د ديموکراسي د توسعي د پروسې دوه مختلف برداشتونه ٩٣

نولسم جدول: د سردار محمد داوود خان او د دیموکراسۍ د غوښتونکو ترمنځ دوه دوله لیدلوري 95

څلورمه برخه د محمد داوود خان جمهوریت 102

د سرطان د 26 کودتا د 1352 د بې ثباتۍ پیل 102

سردار محمد داوود خان 102

شلم جدول: د بارکزایي سلسله – د آل یحیی کورنۍ 109

د دې برخې د مآخذو منابعو فهرست 109

پنځمه برخه 111

د ثور د اوومي کودتا 111

د دیموکراتیک جمهوري دولت (1978 – 1992م) 111

د ثور د اوومي کودتا 1557 هجري شمسي 112

د ثور د اوومي کودتا عوامل 113

د افغانستان دیموکراتیک خلق ګوند 114

د ګوند شعبي 117

ببرک کارمل (1308 - 1375 هـ.ش) 120

د جهاد تشدید او د مقاومت نړیوال کېدل 124

ډاکټر نجیب الله 126

د دیموکراتیک جمهوري دولت کمزورتیاوي 127

د "خلق" ډلې واکمني: په وینو لړلی پیل 129

انساني زیانونه، مالي مصرفونه او د جګړې اغېزې 130

اتم چارت: کې د افغان کډوالو او کورنیو بېځایه شویو شمېر 132

د دې برخې د سرچینو لړ لیک 133

شپږمه برخه 135

د مجاهدینو حکومت (1992-1996 میلادي) 135

د جینیوا (ژنیو) هوکړه او د شوروي وتل 137

د مجاهدینو د اسلامي دولت قدرت ته د رسېدو مهالویش 139

د کابل سقوط او د جمال خاشقجي یادښتونه 141

پروفیسور صبغت الله مجددي (۱۹۲۶ – ۲۰۱۹ ز)	۱۴۳
تنظیمي جګړي او د کابل ویرانېدل (۱۳۷۱ – ۱۳۷۵ لمریز)	۱۴۵
د مجاهدینو د حکومت سقوط او د طالبانو ظهور	۱۴۷
د دې فصل د سرچینو او ماخذو لړ لیک	۱۴۸
اوومه برخه	۱۵۰
د طالبانو اسلامی امارت (۲۰۰۱-۱۹۹۶ ز)	۱۵۰
طالباني تفکر، وهابیت او دیوبندیزم	۱۵۳
طالبان او پښتونولي: یو ژور تضاد	۱۵۵
د سپتمبر ۱۱مه او د طالبانو سقوط	۱۵۶
د طالبانو د ظهور او نسکوریدو،زمانی جدول	۱۵۷
پایلی: د طالبانو د ظهور او واکمنۍ تحلیل	۱۶۰
ددې برخی مهمي سرچینې	۱۶۱
اتمه برخه د افغانستان اسلامي جمهوري دولت	۱۶۳
د بن کنفرانس، اساسی قانون او هیلي	۱۶۳
د بن د کنفرانس پایلي او نیمګړتیاوی	۱۶۴
د حامد کرزی ریاست جمهوري	۱۶۵
نوی اساسی قانون	۱۶۷
کاندیدان او ټاکنیز مسایل	۱۶۸
د ۲۰۰۴ د جمهوري ریاست د ټاکنو پایلی	۱۶۹
شلم جدول: د افغانستان د ۱۳۸۳ د میزان ۱۸نیټي د جمهوري ریاست د ټاکنو د پایلي لنډیز	۱۷۰
یو ویشتم جدول: د جمهوري ریاست د ټاکنو نهایي تصدیق شوی پایلی	۱۷۳
د اشرف غنی ریاست جمهوري	۱۷۶
د محمد اشرف غنی ژوندلیک او زده کړي	۱۷۶
د ۱۳۹۳ هجري لمریز (۲۰۱۴ میلادی) ولسمشرۍ ټاکنی	۱۷۸
دوه ویشتم جدول: د ۲۰۱۴ کال د افغانستان د ولسمشرۍ د ټاکنو د اول پړاو پایلی	۱۷۹

تاکني او د قومي کړنو ښکاره کېدل	۱۸۰
تاکني او د قومي کړنو څرګندېدل	۱۸۲
۲۳م جدول: د ۲۰۱۴ کال د ولسمشرۍ ټاکنو د دویم پړاو نهایي پایلې	۱۸۳
د کابل رایه او د قدرت پر سر تکر	۱۸۳
د مشروعیت کړکېچ او د ملي یووالي حکومت	۱۸۳
قومي واقعیت او سیاسي چلند	۱۸۴
۲۴م جدول: د ۲۰۱۴ میلادي کال د ټاکنو د دوهم پړاو د رایو د پایلو قومي تفکیک،	۱۸۴
د غني – عبدالله د ملي وحدت حکومت؛ مشروعیت او ننګونې	۱۸۶
د اصلاحاتو پر وړاندي خندونه او د "سقوي" تفکر بیا راژوندي کېدل	۱۸۶
۲۵م جدول: د ملي وحدت حکومت د دوو قطبونو مقایسوي لیډلوري	۱۸۶
د ۲۰۱۹ کال ولسمشرۍ ټاکنې او د کړکېچ دوام	۱۸۷
په سیاسي حاکمیت کې سټراتیژیک بدلون	۱۸۸
د غني او عبدالله ترمنځ د ۲۰۲۰ کال سیاسي هوکړه	۱۸۸
د "سقوي" بغاوت پایلې	۱۸۸
په افغانستان کې د جګړې د مذهبي ارخونو اضافه کېدل	۱۸۹
په افغانستان کې د مالي او اداري فساد زیاتېدل	۱۹۰
نهمه برخه د سقاوي تفکر قومي سیاستونه او د ایراني ناسیونالیزم یرغل	۱۹۳
د سقاوي تفکر لنډه پېژندنه:	۱۹۳
بنسټیز څرونه او تحلیلي بحث:	۱۹۳
قومي سیاستونه	۱۹۴
د "ملي ستم" د تیوري رېښې	۱۹۵
د ادعاوو تحلیل او تاریخي څواب	۱۹۵
اسلامي جمعیت، د نظار شورا او څلورم سقاوي	۱۹۷
د کړکېچ د حل لاره څنګه وراندوینه کېږي؟	۱۹۸
افغانستان د ایراني ناسیونالیزم د موخو په لومه کې	۲۰۲
د استعمار د پلمې ردول او د افغان دولت تاریخي رېښتینولي	۲۰۵

د تاريخي هويت غلا او د ايران کلتوري يرغل ۲۰۶
د ملي هويت ساتنه او د تاريخي حقايقو اعاده ۲۰۷
مهم مآخذونه ۲۰۸
لسمه برخه په هيواد کې د سياسي بې ثباتۍ جرړې ۲۱۰
د قانون پر بنسټ د يو مستقر نظام تحکيم ۲۱۲
يولسمه برخه ملي هويت او ارضي تماميت ۲۱۴
د بې‌هويته کولو هڅې او تاريخي حقيقت ۲۱۴
ملي وحدت، فدراليزم او تجزيه غوښتنه ۲۱۵
د تجزيي دسيسې او د "خراسان غوښتنې" وهم ۲۱۷
رياستي که پارلماني؟ (د واک د وېش منطق او د ثبات پوښتنه) ۲۲۰
دولسمه برخه په افغانستان کې د جګړې دمسئلې حل ۲۲۳
د سولي ډول ډولول ۲۲۵
د امريکا د سولې توافق د طالبانو سره ۲۲۶
د دولت موقف له تاکنو څخه وروسته ۲۲۷
د قطر د هوکړې مشکلات، نواقص او پايلې ۲۲۸
د سولی بين الافغاني مذاکرات ۲۳۳
ديارلسمه برخه متفرقه مقالې او يادښتونه ۲۳۷
د امريکايي ټرانسپورټي الوتکو لخوا دهلمند د يورانيمو د قاچاق کونګوسی... ۲۳۷
تاريخ يې بربنډوی: د خليل الله خليلي بلنه د ايران له پاچا څخه د افغانستان د اشغال لپاره ۲۳۹
څو فرهنګي (Multicultural) ۲۴۰
د څو فرهنګي سياستونو محدوديتونه ۲۴۱
مليت او برقي تذکرې! ۲۴۲
لومړی ضميمه د ډيورند د کرښې معضله ۲۴۴
وړاندوينه ۲۴۴
تاريخي سابقه ۲۴۷
د ډيورند د معاهدی عقد ۲۴۸

د ډيورند د معاهدې د تړون دلايل ۲٤۸
د ډيورند د تړوون موخه ۲٤۹
د ډيورند د تړوون د اعتبار موده ۲٥۰
د راولپنډۍ ۱۹۱۹ کال د آګست ۸ هوکړه ۲٥۱
د کابل ۱۹۲۱م کال تړوون د افغانستان او د انګلستان د دولتونو تر منځ ۲٥۳
آيا د ډيورند تړوون اوس هم د اعتبار وړ دی؟ ۲٥٤
د افغانستان د ورستيو دولتونو او د نورو هيوادونو موقف د ډيورند د کرښې په اړوند ۲٥٦
د افغانستان د دولتونو موقف ۲٥٦
د بريتانيا د دولت موقف ۲٥٦
د پاکستان د دولت موقف د ډيورند د کرښې په اړوند ۲٥۷
د امريکا موقف ۲٥۸
د افغانستان موقف په يوه نړيواله محکمه کښې ۲٥۸
د بريتانيا د دولت د حقوقي مشاور مشوره! ۲٥۸
د ډيورند کرښه او د پاکستان سره سياسي اړيکي ۲٦۰
د ډيورند د کرښې د قضيې ارزښت ۲٦۰
د لوی افغانستان سياست ۲٦۲
د قضيې د حل عملي لارې او پايلې ۲٦۳
د ډيورند د کرښې رسمي پيژندنه يا د ټولو څخه عمومي پوښتنه کول د پاکستان د پښتنو او بلوڅو د قومونو په منځ کښې ۲٦۳
د افغانستان او د پاکستان د يوې فعالي همکاري پارتنرشپ رامنځته کيدل ۲٦۳
ماخذونه او سرچينې ۲٦٦
د ليکونکي په هکله ۲٦۹
ډاکټر نور احمد خالدی ۲٦۹
نولسمه برخه ۲۷۱
د ژباړونکي په هکله ۲۷۱
ذبيح الله خوګياني ۲۷۱
د کتاب په اړه ۲۷۳

ك □ داکټر نور احمد خالدی – افغانستان: خلک، تاریخ او سیاست

د لیکوال په اړه ۲۷۳

ډاکټر نور احمد خالدی — افغانستان: خلک، تاریخ او سیاست □ ل

سریزه

ډېرو دوستانو له ما څخه دا غوښتنه کړې وه چې هغه لیکنې، مقالې او یادښتونه چې له تېرو لسو کلونو راهیسې مې په فیسبوک او نورو رسنیو کې خپاره کړي دي، د یوې مجموعې په بڼه راټول او مینه والو ته یې د لا ښې استفادې په موخه وړاندې کړم .زه هم په دې هیله دا ګام پورته کوم چې دا ټولګه به د هغو محصلینو لپاره ګټوره ثابته شي چې د هېواد په کورنیو او بهرنیو پوهنتونونو کې په زده کړو بوخت دي او په بېلابېلو برخو کې یې له ما څخه د معلوماتو غوښتنه کړې وه.

تر هر څه وړاندې د هغو ټولو دوستانو مننه کوم چې زما لیکنې، مقالې او یادښتونه په فیسبوک او نورو چاپي او انټرنیټي رسنیو کې لولي، خوښوي یې او د مهربانۍ له مخې پرې خپل نظرونه شریکوي .همدا راز له هغو دوستانو مننه کوم چې د زرین نړیوال تلویزیون له لارې یې زما خپرونه **"دورنما: ساعتي با ډاکټر خالدي"** تعقیبوله. ستاسو علاقمندي او نظریات زما د دغو لیکنو د دوام اصلي لامل و.

لازم ګڼم چې د فیسبوک، یوټیوب او نورو چاپي او انټرنیټي رسنیو لکه: تاند، سباوون، دعوت میډیا، افغان جرمن آنلاین او آریانا افغانستان آنلاین له مسوولینو څخه مننه وکړم .د زرین نړیوال تلویزیون له مدیر ښاغلي نور وجوهات، د افغانستان تلویزیون له مدیرې مېرمن سجیې کامرانۍ، د اشنا غږ راډیو له مسوول ښاغلي در محمد اشنا او د افغان مجلې له مسوولینو هم مننه کوم چې زما مقالې، مرکې او بیانیې یې په خپلو رسنیو کې خپرې کړې دي.

په دې ټولګه کې د افغانستان په اړه یو زیات شمېر سیاسي، امنیتي، ټولنیز، ادبي، فرهنګي او تاریخي بحثونه شامل دي چې په تېرو څو کلونو کې په بېلابېلو بڼو (ورځپاڼو، جریدو، مجلو، ویبپاڼو او خواله رسنیو) کې خپاره شوي وو .باید یادونه وکړم چې دا ټولګه په بېلابېلو وختونو کې د ټیټ و پرک لیکل شویو موادو مجموعه ده، ځکه خو ممکن د یو منظم کتاب په بڼه هغسې تنظیم شوې نه وي لکه څنګه چې اړتیا وه .په همدې اساس، که چېرې په ځینو مضامینو یا سرلیکونو کې تکرار لیدل کېږي، له درنو لوستونکو څخه بښنه غواړم.

زما د دغه خدمت اصلي هدف د هېواد هغه ځوانان دي چې د خپل ګران هېواد په اړه لا زیاتې پوهې ته تږي دي او غواړي خپل خلک له هر ډول قومي، ژبني، سمتي او حزبي تعصباتو پرته په شفاف ډول وپېژني.

ډاکټر نور احمد خالدی

د برزبن ښار، آسترالیا، د مې ۲۱، ۲۰۲۰ میلادی کال

د ناشر یادداشت
د حقایقو په رڼا کې د افغانستان لیدل

دا اثر چې ستاسو په مخ کې دی، یوازې د پخوانیو پاچاهانو د ژوندلیکونو یا د جګړو د نېټو یوه وچه ټولګه نه ده؛ بلکې دا د افغانستان د ژوندي تاریخ، د هغه د مېړني ولس او د پېچلي سیاسي ژوند یو تحلیلي او رښتونی انځور دی .لیکوال په دې کتاب کې هڅه کړې چې د افغانستان د تاریخي جغرافیا، د قومونو د جینیتیکي او کلتوري جوړښت، او د معاصر دولت د جوړېدو پر څرنګوالي علمي بحث وکړي.

د دې اثر مهمې ځانګړنې:

- **ټولنیز او قومي تحلیل** :کتاب د افغانستان د بېلابېلو توکمونو (پښتنو، تاجیکانو، هزاره ګانو، او ترکتبرانو) ریښې او د هغوی کلتوري ورته والي او توپیرونه په ډېر دقت څېړي.
- **له افغاني هویت څخه دفاع** :په دې کتاب کې د هغو نظریاتو ځواب ورکړل شوی چې غواړي د افغانستان ملي هویت تر پوښتنې لاندې راولي یا یې تاریخ د نورو هېوادونو د کلتوري یرغل تر سیوري لاندې راولي.
- **د پښتونولۍ او سیاست ټکر** :لیکوال په ډېر جرات سره د پښتونولۍ د مدني کوډ او د مذهبي سختدریځۍ (طالبانیزم) ترمنځ پر ذاتي تضاد بحث کړی او ثابتوي چې د پښتنو دودیز نظام یو مدني او ټولنیز سیستم دی.
- **معاصر سیاسي پړاوونه** :له امیر عبدالرحمن خان څخه نیولې تر اوسنیو ولسمشرانو پورې، د هېواد سیاسي ثبات، دیموکراسي، او د ډیورنډ کرښې حساسه معضله په کې په بنسټیز ډول ارزول شوې ده.

دا کتاب د هر هغه چا لپاره یو ارزښتمن لارښود دی چې غواړي افغانستان له بهرنیو پروپاګندونو او قومي تعصبونو لرې، د یوه واحد ملت په توګه وپېژني .دا یوازې د تېرو وختونو کیسه نه ده، بلکې د راتلونکي سیاسي ثبات او ملي یووالي لپاره یوه فکري نقشه ده.

لمړۍ برخه
د افغانستان هیواد او خلک

د افغانستان جغرافيه

د نننی افغانستان په جغرافيه کې هغه سيمې او حوزې شاملې دي چې په تېرو زمانو کې د اريا، آريانا، ايران، خراسان، سيستان، غرجستان، زابلستان، کابلستان، گندهارا، تخارستان او افغانستان په نومونو يادې شوې دي .دا نومونه په لرغونو اسطورو، شفاهي کيسو، تاريخي او جغرافيايي نښو او د نړۍ د گرځندويانو په نقشو کې راغلي دي.

لومړی چارت: د نننی افغانستان او د هغه د قومونو د ترکيب نقشه

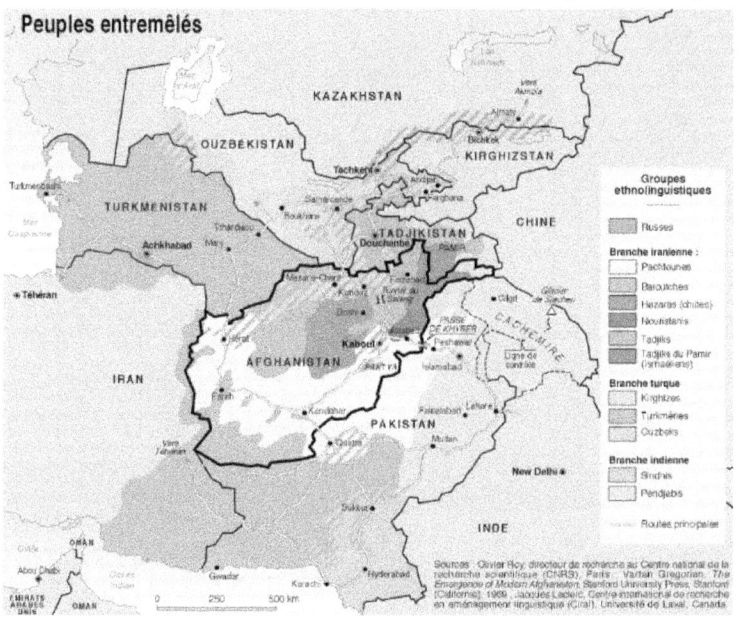

په تاریخي لحاظ، هغه سیمه چې د **خراسان** په نوم یادېده، له لوېدیځ کې له "نیشاپور" څخه نیولې، په شمال ختیځ کې تر "بلخ" پورې او له "مرو" څخه تر هرات او سیستان پورې غځېدلې وه .انګریز ګرځندوی **جورج فورسټر** د تیمورشاه درانی په وخت کې د هرات د سفر پر مهال خراسان ته د رسېدو یادونه کړې ده .همداراز، بابر په خپل کتاب "بابرنامه" کې لیکي چې له کندهار څخه خراسان ته لاره هواره ده.

د **افغانستان** نوم لومړی ځل د هرات د تیموریانو په زمانه کې کارول شوی، چې ظهیرالدین محمد بابر په ۱۵۰۴م کال کې په "بابرنامه" کې هم ذکر کړی دی .د "تاریخ فرشته" په کتاب کې هم د افغانستان حدود له کابل څخه تر هلمند او سلیمان غرونو پورې ښودل شوي دي .د تیمورشاه له وخته وروسته، د افغانستان نوم د درانیانو د ټول قلمرو لپاره وکارول شو.

افغانستان؛ د تمدنونو څلورلاره

افغانستان د تمدنونو یوه رښتونې څلورلاره ده .د ورېښمو لاره او له هند څخه تر منځنۍ اسیا پورې سوداګریزې لارې له همدې ځایه تېرېدلې .دا خاوره د هخامنشیانو، یوناني سکندر، کوشانیانو، یفتلیانو (سپین هونانو) او ساسانیانو د واکمنیو او مدنیتونو شاهده وه.

۱۴۰۰ کاله وړاندې عربان دلته راغلل او د اسلام دین یې خپور کړ .له هغوی وروسته طاهري او صفاري حکومتونه رامنځته شول .د یعقوب لیث صفار په وخت کې کابل فتحه شو او د اسلام دین په بشپړ ډول معرفي شو .وروسته غزنویانو، غوریانو، مغولو او تیموریانو هر یو د ورانولو ترڅنګ نوي تمدنونه هم رامنځته کړل .د نننۍ افغانستان بنسټ په ۱۷۰۹م کال کې د **میرویس خان هوتکي** لخوا کېښودل شو او په ۱۷۴۷م کال کې د **احمد شاه بابا** لخوا په یوه لویه امپراتورۍ بدل شو.

آریایان؛ حقیقت که خیال؟

د ځینو کسانو لخوا یوازې تاجیکانو ته د "آریایي" کلمې منسوبول او د پښتنو آریایي ریښه ردول له تعصبه ډک کار دی .په حقیقت کې "آرین" یا "آریایي" یوه داسې اصطلاح ده چې د ۱۸مې پېړۍ په پای کې د یوه فرانسوي عالم لخوا د اوستا د لیکوالانو لپاره وکارول شوه او وروسته په ۲۰مه پېړۍ کې د یوه ایراني ناسیونالیست لخوا رواج شوه .په دې نوم کې پښتانه او تاجیک دواړه شامل دي.

د آریایانو د کډوالۍ (مهاجرت) فرضیه چې وایي هغوی د قفقاز له شماله راغلي، یو نوی نظر دی او پخوانۍ تاریخي ریښه نه لري .ډېری معاصر پوهان او د جینیټیک متخصصین لکه ډاکټر شاهرخ وفاداري، رضا ضیاء ابراهیمي او ډاکټر مازیار په دې باور دي چې دا ډول مهاجرت د جینیټیک علم له مخې ثابت نه دی.

ډاکټر مرادي غیاث آبادي وايي چې آريا په "اوستا" او د کوشانيانو په "آريو" کې هغو خلکو ته ويل کېدل چې د نننۍ افغانستان په شمال او لوېديځ (بلخ او هرات) کې اوسېدل .د ۲۰۱۲ کال جينيتيکي څېړنې (PLOS ONE) هم ښيي چې پښتانه او تاجيک سره نږدې جينيتيکي پيوستون لري او د آريايانو د مهاجرت نظريه له جدي پوښتنو سره مخ کوي.

د افغانستان د نفوس اندازه

په افغانستان کې تر اوسه پورې لومړنۍ او وروستۍ رسمي سرشمېرنه په ۱۳۵۸ لمريز (۱۹۷۹ ميلادي) کال کې د ملګرو ملتونو په تخنيکي مرسته ترسره شوه . له دې وړاندې په ۱۹۷۳-۱۹۷۲ کلونو کې د پلان وزارت لخوا يوه سروې شوې وه چې د هېواد مېشت نفوس يې نږدې ۱۱ ميليونه او ۵۲۰ زره تنه اټکل کړی و.

د ۱۳۵۸ کال (۱۹۷۹م) سرشمېرنه

د ۱۳۵۸ کال د سرشمېرنې پايلو د افغانستان مېشت نفوس ۱۳.۰۵ ميليونه او د کوچيانو نفوس ۱.۵ ميليونه تنه وښود .د ځينو ادعاوو برعکس (لکه د اقتصاد د پخواني وزير امين فرهنګ ځرګندونې په ۲۰۰۴ کال کې)، دا سرشمېرنه يو نمايشي عمل نه و .د دې لويې ملي پروژې مقدمات درې کاله وړاندې د محمد داوود خان د جمهوريت پر مهال پيل شوي وو، چې په کې د ټولو کليو، باندو او ښارونو کارتوګرافيکي نقشې چمتو شوې وې.

له ۲۰۰۱ کال وروسته هڅې

له ۲۰۰۱ کال راهيسې دوه ځله هڅه وشوه چې نوې سرشمېرنه وشي، خو د امنيتي وضعيت د خرابوالي له امله دا چارې وځنډېدې .يوازې د ۱۳۸۵-۱۳۸۳ کلونو ترمنځ، چې امنيت نسبي ښه و، د کورنيو د لېست کولو لومړنۍ مرحله ترسره شوه. د سرشمېرنې د نشتوالي په صورت کې، د احصايې مرکزي ادارې د ملګرو ملتونو په همکارۍ د "ولايتي تدريجي اقتصادي-ټولنيزې او ډيموګرافيکي سروې" لړۍ پيل کړه، چې له ۲۰۱۱ کال راهيسې په ۱۳ ولايتونو کې پلي شوې ده .په دې سروې ګانو کې له خلکو څخه د "قوميت" او "ژبې" پوښتنې نه دي شوې، ترڅو د موجودو حساسيتونو له امله د دې ملي پروژې پايلې تر پوښتنې لاندې رانشي.

د سرشمېرنې ارزښت

په نړۍ کې سرشمېرنه د خورا لوړ لګښت په درلودلو سره په هرو لسو کلونو کې يو ځل ترسره کېږي (يوازې استراليا يې په هرو پنځو کلونو کې کوي) .بايد يوه شو چې تذکره يا د زېږون کارت هېڅکله د سرشمېرنې ځای نشي نيولی، ځکه د تذکرو له مخې نشو کولی په يوه ټاکلي وخت او مېټود کې د نفوس دقيق شمېر معلوم کړو.

د افغانستان د نفوس قومی ترکیب

افغانستان چې د تمدنونو څلورلاره ګڼل کېږي، دا موقعیت یې د نفوس په قومي جوړښت کې هم ښکاره اغېز لري. په دې هېواد کې له شپاړسو څخه زیات قومونه مېشت دي چې په هغو کې پښتانه، تاجیکان، هزاره ګان، ازبیکان، پشه يي، عرب، قرغیز، ترکمن، بلوڅ، قزلباش، بیات او نور شامل دي. دغو قومونو د تاریخ په اوږدو کې خپل ځانګړی قومي هویت ساتلی، چې نن ورځ دا هویت په تذکرو کې هم ثبتېږي او د ټولو هېوادوالو د احترام وړ دی. دا ټول قومونه په ګډه د **"افغان ملت "** تشکیلوي چې کلتوري مشخصات یې زموږ ملي هویت جوړوي.

د افغانستان د قومي ترکیب په اړه د کره سرشمېرنې د نشتوالي له امله، بېلابېلو کورنیو او بهرنیو سرچینو د اټکل له مخې ارقام وړاندې کړي دي. لاندې جدول د ځینو معتبرو سرچینو اټکلونه ښیي:

لومړی جدول: د افغانستان د نفوس د قومی جوړښت اټکل د مختلفو مولفینو او منابعو څخه

لیکوال/نشریه	منبع	پښتون (٪)	تاجیک (٪)	هزاره (٪)	اوزبیک (٪)	نور قومونه (٪)	ټول قومونه (٪)
شیر. کاله سروی او تحقیق	د واک موسسه ناروی ۱۹۹۹	٦٢,٧٣	١٢,٤	٩	٦	١٠	١٠٠
مکس کلومبرگ	افغانستان ۱۹٦۰	٦٠	٣٠	٣	٣	٤	١٠٠
ویلیام میلی	د اسلامی بنیاد گري بیا زیږیدنه، افغانستان او طالبان/لندن ۱۹۹۸	٦٢,٧	١٢,٤	٩	٦	٩,٩	١٠٠
محم محجوب او ف. باوری	د نړۍ جغرافیا پنځم چاپ، ایران	٦٠	٢٠	٥	٥	١٠	١٠٠
پروفیسور سی آ. بروک	د نړۍ نفوس ۱۹۸۱ شوروی اتحاد	٥٢,٨	١٨,٦	٨,٦	٨,٦	١١,٤	١٠٠
پروفیسور محمد علی	افغانستان-کابل ۱۹۵۵		٦٠	٢٠		٢٠	١٠٠
پروفیسور اسلانوف	دافغانستان ملی ژبی/ شوروی اتحاد ۱۹٦٤	٦٠				٤٠	١٠٠
محمد انعام واک	فدرالی سیستم په افغانستان کی، پاکستان ۲۰۰۰	٦٢	١٢	٩	٦	١١	١٠٠
افغان ملت جریده ۴۲-۴۳ شمیره	پاکستان ۱۹۹۵	٥٠	٢١	٨	٨	١٣	١٠٠
عبدل احمد المیر	د افغانستان زیږیدنه او تاریخ لندن ۱۹۸۰	٥٨,٧	٢٨,٧	٢,٧	٨	١,٩	١٠٠
عبدالعظیم ولیان	د افغانستان زیږیدنه او تاریخ /ایران ۱۹۸۷	٧٠	١٣			١٧	١٠٠

علی اکبر جعفریان	د سخن مجله	٥٠	٢٠			٣٠	١٠٠
لویی دوپری	افغانستان ١٩٧٣ آمریکا	٤٦	٢٥	٦	٧	١٦	١٠٠
ورلد الماناک	افغانستان ١٩٩٧ آمریکا	٣٨	٢٥	١٩	٦	١٢	١٠٠
مکینزی	د نړۍ مهمې ژبې ١٩٨٧	٥٥-٦٥				٣٥-٤٥	١٠٠
انتونی	افغانستان	٤٥	٢٣	١٠	٨	١٤	١٠٠
سی.آی.ای	Fact Book	٤٢	٢٧	١٣	٩	٩	١٠٠
د ٢٠٠٤ د جمهوری ریاست انتخابات[1]	د انتخاباتو کمیسیون	٥٥/٤	١٦/٣	١١,٦	١٠	٦,٧	١٠٠
ډاکټر نور احمد خالدی	اکادمیا ٢٠١٦	٤٣/٧	٢٦/٤	١٢,٢	١٢	٥,٧	١٠٠
مجموع	اوسط	٥٤/٧	١٨/٥	٦,٦	٥,٤	١٢,٧	١٠٠,٠

دا ارقام ښيي چې که څه هم په فیصدیو کې توپیر شته، خو په اکثریت مآخذونو کې پښتانه د هېواد د لوی قوم په توګه او تاجیکان، هزاره ګان او ازبیکان د نورو سترو قومونو په توګه پېژندل شوي دي. دا تنوع د افغانستان د کلتوري غنامندۍ نښه ده او ملي یووالی هغه وخت ټینګېدلی شي چې د دغو ټولو حقایقو پر بنسټ یو عادلانه ټولنیز او سیاسي نظام ولرو.

د افغانستان د قومونو سرچینه

لکه څنګه چې مو وړاندې وویل، پښتانه او تاجیکان د افغانستان دوه ستر قومونه دي چې په ګډه د هېواد د نفوس شاوخوا ٧٠ سلنه جوړوي. که چېرې د دې خاورې لومړني اوسېدونکي د تمدن له پلوه «آریایان» وبولو، نو دا دواړه قومونه د دې خاورې اصیل آریایان او لرغوني اوسېدونکي دي.
تاریخي څېړنې، لرغونپوهنه او د جینیټیک نوې پوهه دا ثابتوي چې د افغانستان تاجیکان او پښتانه یو له بل سره ډېر کم بیولوژیکي توپیر لري او دواړه له یوې نژادي سرچینې څخه دي. مرحوم **میر غلام محمد غبار** په دې اړه لیکي:

---

[1] حامد کرزی (پشتون) ٥٥/٤ ٪، یونس قانونی (تاجک) ١٦/٣ ٪، محمد محقق (هزاره) ١٢/٢ ٪، عبدالرشید دوستم (ازبک) ١٢ ٪.

»د هیرودوټ، بیلیو او نورو پوهانو د اقوالو په تایید، داسې ښکاري چې تاجیکان هماغه پخواني پښتانه (دادیکان) دي چې د هغوی تاریخي استوګنځي د افغانستان ختیځې او شمالي سیمې وې. هغوی د وخت په تېرېدو سره د هېواد دننه او بهر نورو سیمو ته کډوال شوي چې نن ورځ په افغانستان، ماوراءالنهر او فارس کې د تاجیک، دهقان او دهوار په نومونو یادېږي«.
همدا مفهوم اروانښاد **استاد کهزاد** د هیرودوټ له قوله داسې بیانوي چې هیرودوټ "دادیکان" (تاجیکان) له "پکتی" یا "پښتنو" او "ګندهارایانو" سره تړلي بولي. د کهزاد په وینا، دادیکان یا تاجیکان هماغه خلک دي چې د زوړ تمدن په ژبه کې د "داکیو (Daqyou)" "په نوم یادېدل؛ هغه خلک چې تر بل هر څه یې له کرنې او مالدارۍ سره ډېره مینه لرله.
د "دهقان" کلمه هم په اصل کې له همدې "داکیو" څخه اخیستل شوې چې د اسلام له خپرېدو وروسته په خراسان کې د لویو ځمکو لرونکو او معتبرو اشرافو ته کارول کېده. څرنګه چې په عربي کې د "ګ" توری نشته، نو "دهګان" پر "دهقان" بدل شو.

لومړی: پښتانه

پښتانه (یا پختانه) یو لوی او تاریخي قوم دی چې اصلي ټاټوبی یې له شماله د چترال او کونړ، له ختیځه د اباسین (سیند) غاړې، له سهیله (جنوبه) تر ملتان او کوېټې او له لوېدیځه تر ننګرهار، لغمان، کابل، روزګان، کندهار، هلمند او فراه پورې غځېدلی دی.
په ۲۰۱۹م کال کې د پښتنو مجموعي نفوس شاوخوا **۶۰ میلیونه** تنه اټکل شوی دی:

- نږدې **۱۵ میلیونه** په افغانستان کې.
- نږدې **۳۵ میلیونه** ختیځ پښتانه چې د ډیورنډ کرښې هاخوا (پاکستان) کې اوسي.
- شاوخوا **۱۰ میلیونه** په هندوستان، خلیجي هېوادونو، اروپا، امریکا او د نړۍ په نورو برخو کې میشت دي.

دويم چارت: د پښتنو د مېشت ځايونو او توکميزې جغرافيې نقشه

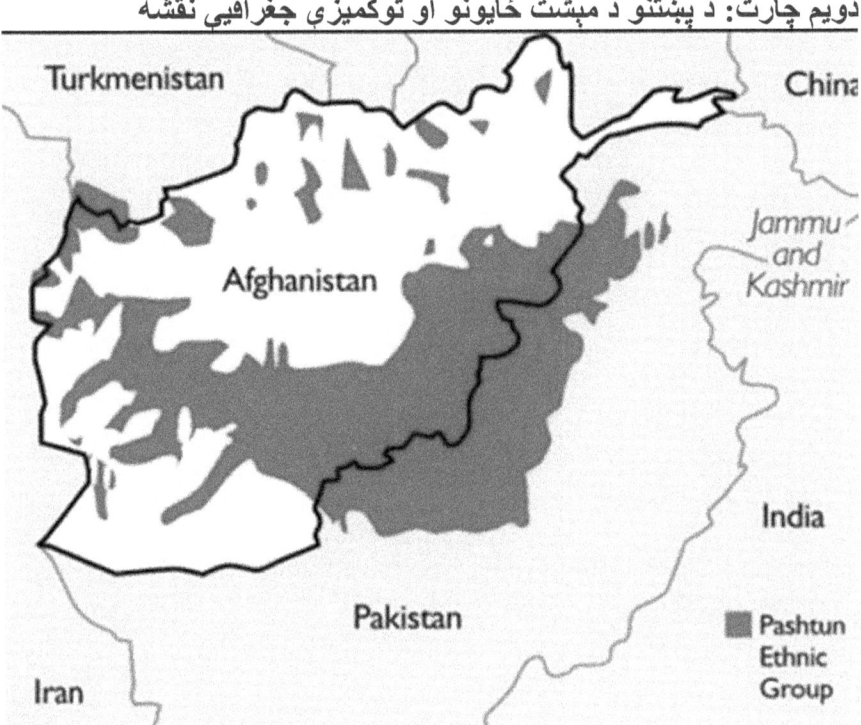

دغه نقشه په سيمه کې د پښتنو د مېشتو سيمو پراخوالی ښيي، چې له آمو سيند څخه پيل او د سوېل تر اباسين او د هند تر نيمې وچې پورې غځېدلې ده. دا جغرافيه يوازې يو قومي مېشت ځای نه دی، بلکې د معاصر افغانستان د سياسي وجود ملا تير جوړوي.

دويم جدول: د پښتنو د مېشتو سيمو وېش (عمومي ليد)

د مېشتېدنې ځانګړنه	مېشت ولايتونه او سيمې	سيمه / حوزه
د دراني او غلجي قبيلو تاريخي مرکزونه	کندهار، هلمند، زابل، روزګان، نيمروز	جنوب او جنوب لوېديځ
د غره ييزو قبيلو مېنځ (لکه منګل، ځاځي، اپريدي)	ننګرهار، پکتيا، پکتيکا، خوست، لغمان، کنړ	ختيځ او سوېل ختيځ
د کوچيانو او د لېږدېدلو (ناقلو) پښتنو ګډ مېشت ځايونه	کابل، غزني، لوګر، کندوز، بغلان، فارياب	مرکزي او شمالي ولايتونه
د افغانستان سره کلتوري او قومي ژورې ريښې لرونکې سيمې	پښتونخوا، وزيرستان، بلوچستان، کوېټه	د ډيورنډ له کرښې هاخوا

يادونه : د دغې نقشې رنګونه ښيي چې پښتانه د افغانستان په نږدې ټولو ولايتونو کې شتون لري، چې دا په هېواد کې د دوی د ملي او سياسي محوريت نښه ده.

پښتانه؛ تاريخي ريښې او د هويت تحول

پښتانه په هندوستان کې د پټان او روهيله او په ايران کې د افغان په نومونو يادېږي. د وروستيو جينيتيکي څېړنو له مخې (د PLOS ONE مجله، ۲۰۱۲م)، پښتانه لږ تر لږه له ۱۲ زره کلونو راهيسې (د کرنې او مسو د تمدن له پيل څخه) د هندوکش په سوېل او د اباسين سيند په دواړو غاړو کې مېشت دي.

د "افغان" نوم او د هغه رسمي کېدل

د "افغان" کلمه په اصل کې له لرغونو اصطلاحاتو لکه "اسوه کان (Asvakan) " يا "آوه ګان "څخه اخيستل شوې چې په سانسکريټ او اوستايي ژبو کې د "سوارکار" يا "نجيب زاده" مانا لري. ابن بطوطه په ۱۳۲۰م کال کې کابل ته د خپل سفر پر مهال ليکلي:

"کابل ته مو سفر وکړ، دلته د عجمو يوه طايفه ژوند کوي چې افغان نومېږي. کابل له پخوا د افغان پاچايانو پلازمېنه وه."

همداراز په ۷۲۱ هجري قمري (۱۳۲۱م) کال کې سيف هروي په "تاريخنامه هرات" کې او وروسته ظهيرالدين محمد بابر په "بابرنامه" کې (۱۵۲۸م) د کابل سوېلي سيمو ته د "افغانستان "نوم کارولی دی. خو د هېواد د رسمي نوم په توګه د "افغانستان" کارول د احمد شاه بابا له دورې وروسته رواج شول. لومړنی رسمي سند چې د هېواد نوم په کې "افغانستان" ذکر شوی، په ۱۷۸۹م کال کې د قاجاري

دولت د صدر اعظم مکتوب دی چې د زمانشاه دراني صدر اعظم وفادار خان ته يې استولی و.

ایا پښتانه د بني اسرائيلو له نسله دي؟

ځيني ادعاوې شته چې پښتانه د بني اسرائيلو يوه ورکه شوې څانګه ده، خو دا فرضيه د لاندې علمي دلايلو له مخې رد شوې ده: ۱. ژبني دلايل: په پښتو ژبه کې هېڅ عبراني (Hebrew) لغات نشته، بلکې ډېری کلمې يې سوچه آريايي ريښه لري. ۲. جينيتيکي شواهد: جينيتيکي مطالعاتو ثابته کړې چې د پښتنو نژادي پيوستون له سيمه ييزو آريايي قومونو (لکه تاجيکانو) سره دی، نه له سامي نژادونو سره. ۳. د نفوس تفاوت: د پښتنو نفوس (شاوخوا ۶۰ ميليونه) د ټولې نړۍ د يهودانو له نفوس (۱۵ ميليونه) څخه څو چنده زيات دی؛ دا ناشوني ده چې د يوې وړې کډوالي ډلې نفوس دې دومره زيات شي. ۴. مذهبي افسانې: د "قيس" او "خالد" په څېر کيسې ډېره مذهبي جنبه لري او د تاريخي حقايقو پر ځای له اسطورو سره نږدې دي.

پښتانه په هندوستان کې

پښتنو نه يوازې په افغانستان کې، بلکې په هندوستان کې هم د نږدې ۴۰۰ کلونو لپاره د لوديانو، سوريانو او غلجيانو په څېر لويې امپراتورۍ جوړې کړې. هغوی په هند کې د مالياتو غوره سيستم رامنځته کړ او د فارسي (دري) ژبې په ترويج کې يې بنسټيزه ونډه لرله، چې وروسته مغولي پاچايانو هم ورته پاملرنه وکړه.

خلجيان که غلجيان؟ د يو هويت تاريخي سپيناوی

د ۲۰۱۸ کال د **"پدماوتي"** فلم په خپرېدو سره يو ځل بيا د علاء الدين خلجي نوم د خلکو ژبو ته ولوېد. که څه هم په فلم کې هغه يو خونخوار او کلشه يي مسلمان واکمن ښودل شوی، خو تاريخي حقايق د دې لړۍ د اصل او نسب په اړه بل څه وايي.

۱. د "غلجي" کلمې ريښه (غر-زی)

د ريښې پېژندنې له مخې، **غلجي** له **"غر-زی"** څخه اخيستل شوی چې مانا يې **"د غره بچی"**(کوهزاد) ده. په بدخشان کې لا اوس هم د "غلچه" يا "غرچه" کلمه د غره مېشتو لپاره کارول کيږي. د وخت په تېرېدو سره په تاريخي ليکنو کې "غ" په "خ" بدل شوی او غلجي، خلجي شوی دی.

۲. ایا خلجيان ترکان وو؟

که څه هم ځینې هندي او ایراني سرچینې دوی ترکان بولي، خو ډېرې معتبر شواهد دا ردوي:

- **د ډهلي د ترکانو مخالفت :** کله چې جلال الدین خلجي په ۱۲۹۰م کې واک ته ورسېد، په ډهلي کې مېشتو ترکي اشرافو د هغه له باچاهۍ سره مخالفت وکړ، ځکه دوی خلجیان "ترکان" نه ګڼل بلکې هغوی یې افغانان بلل.
- **تاریخي جلاوالی :** فخرالدین مبارکشاه په ۱۲۰۵م کې لیکلي چې د قطب الدین ایبک په پوځ کې "ترکان، غوریان او خلجیان" شامل وو. دا ښيي چې ترکان او خلجیان دوه جلا قومونه وو.
- **توزک بابري :** ظهیرالدین بابر په خپلو یادښتونو کې په ښکاره ډول د غزني اوسېدونکي د **"خلجي افغانانو "** په نوم یاد کړي دي.

۳ .د یفتلیانو (ابدالیانو) سره تړاو

اروابناد **عبدالحي حبیبي** په دې باور و چې خلجیان د یفتلیانو (هیتاله) پاتې شوني دي. یفتلیان چې په زابلستان کې میشت وو، د دوی ځېرې (وتلې پوزه او بادامي سترګې) لا اوس هم په اوسنیو غلجي ځوانانو کې لیدل کېږي.

- **ابدالي او یفتلي :** د "هفتال" کلمه د ابدال، یفتل او ابدالي په بڼو بدله شوې ده.

۴ .د خلجیانو زرینه دوره په هند کې) ۱۳۲۰-۱۲۹۰(

خلجیانو نه یوازې د هند نیمه وچه فتح کړه، بلکې هلته یې یو لوی تمدن بنسټ کېښود:

- **علاء الدین خلجي :** د هند تر ټولو پیاوړی واکمن و چې د مالیې او اداري اصلاحاتو سیستم یې جوړ کړ.
- **کوه نور الماس :** دا مشهور الماس په ۱۳۱۰م کې د علاء الدین خلجي پوځیانو په سویل کې له "ککاتیانو" څخه تر لاسه کړ.
- **کلتوري مرکز :** د دوی په وخت کې ډهلي د اسلامي نړۍ یو لوی علمي او فرهنګي مرکز شو، چې د مغولو له وېرې تښتېدلو عالمانو ورته پناه وړې وه.

۵ .خوشحال خان خټک او خلجیان

د پښتو ژبې بابا خوشحال خان خټک په ۱۷مه پېړۍ کې په خپل دیوان کې په ډاګه سلطان جلال الدین خلجی د "ولایت غلجی" بللی دی:

"بیا سلطان جلال الدین په سریر کېناست - چې په اصل کښې غلجي د ولایت وو"...

په هندوستان کې د افغاني اقتدار او مقاومت حماسه

له ډیلي تر خیبره: د یوې پیړۍ برم او مبارزه

د افغانانو تاریخ په هند کې یوازې د جګړو کیسه نه ده، بلکې د یو داسې تمدن او مدیریت داستان دی چې د سیمې جغرافیا یې بدله کړه. دا بحث په دریو مهمو پړاوونو ویشل کېږي:

۱ .د لودیانو او سوریانو زرینه دوره (د افغاني مدیریت عروج)

د پښتنو لومړنۍ رسمي واکمني په هند کې د **لودیانو** لخوا پیل شوه. بهلول لودي یو داسې بنسټ کېښود چې پر قومي مشوره او جرګه ولاړ و. ورپسې سکندر لودي د علم او هنر په وده کې لوی رول ولوبو .خو د افغاني مدیریت تر ټولو لوړه څوکه **شیرشاه سوري** وه. هغه په یوازې پنځو کلونو کې داسې اصلاحات راوستل چې د اوسني هند او پاکستان اداري بنسټونه یې جوړ کړل. د **GT Road**جوړول، د روپۍ رواجول او د عدالت داسې سیستم چې حتی د مغولو او انګریزانو لپاره بېلګه شو، د شیرشاه له مهمو کارنامو څخه وو. هغه ثابته کړه چې پښتانه نه یوازې توره وهلی شي، بلکې د نړۍ تر ټولو غوره مدیران هم کېدای شي.

۲ .د مغولو بیا راتګ او د نفاق پایله

تاریخ ثابته کړې چې کله هم افغانان په نفاق کې پرېوتي، پردي پرې غالب شوي دي. د شیرشاه سوري له مړینې وروسته، د سوري شاهانو ترمنځ کورنۍ جګړې د دې لامل شوې چې مغل **همایون** بیرته له ایران څخه راشي او ډیلي ونیسي. که څه هم د **هیمو** په مشرۍ پښتنو په پاني پت کې وروستی مقاومت وکړ، خو د مرکزي مشرتابه نشتوالي پښتانه د هند له تخت څخه محروم کړل. دا هغه وخت و چې سیاسي مرکزیت له ډیلي څخه د پښتونخوا غرونو ته ولیږدول شو.

۳ .د روښانیانو فکري پاڅون او د خوشحال بابا مبارزه

کله چې په ډیلي کې سیاسي واک له لاسه ولاړ، پښتنو په خپلو غرونو کې د مغولي امپراتورۍ د استبداد پر وړاندې "ولسي مقاومت" پیل کړ.

- **فکري برخه :**پیر روښان (بایزید انصاري) د قلم په ژبه پښتانه یووالي ته راوبلل او ثابته یې کړه چې مبارزه باید له فکره پیل شي.

- **نظامي برخه :**د مغولو مقتدر پاچا "اکبر" د روښانیانو د ځپلو لپاره خپل تر ټولو لوی جنرالان (لکه راجا بربل) له لاسه ورکړل.
- **د ننګ توره :**وروسته بیا خوشحال خان خټک د توري او قلم اتحاد رامنځته کړ. هغه د مغولو په وړاندې د پښتنو د ننګ او خپلواکۍ داسې سنګرونه تود کړل چې د اورنګزیب په څېر ظالم واکمن یې هم په ګونډو کړ.

پایله:

د دې دریو واړو پړاوونو پووالی په دې کې دی چې پښتانه که په واک کې وي او که په غرونو کې، هیڅکله یې د بل واکمني نه ده منلې. له شیرشاه سورۍ څخه تر خوشحال خان خټک پورې، د ټولو هدف یو و :**د افغاني هویت او خپلواکۍ ساتنه.**

د پښتنو فرهنګ

د پښتنو فرهنګ او ټولنیز ارزښتونه

په وروستیو لسیزو کې د ځینو سیاسي کړیو او لیکوالانو لخوا پښتانه په قصدي ډول "بې فرهنګه"، "وروسته پاتې" او "بدوي" معرفي شوي دي. دا ډول څرګندونې نه یوازې دا چې علمي بنسټ نه لري، بلکې د قومي تعصب له مخې د ځوان نسل ذهنیت خرابوي. د دې لپاره چې پوه شو آیا پښتانه "بې فرهنګه" دي، باید لومړی د **فرهنګ (Culture)** په تعریف پوه شو.

فرهنګ څه شی دی؟ فرهنګ د پوهې، عقیدې، ارزښتونو، کړنلارو او هغو مادي وسایلو ټولګه ده چې یوه بشري ټولنه یې په ورځني ژوند کې کاروي او نسل په نسل یې لېږدوي. که د دې تعریف له مخې وګورو:

- ایا د پښتنو په سیمو (ننګرهار، کندهار، پکتیا) کې د کرنې سیستم له نورو سیمو وروسته پاتې دی؟ **نه.**
- ایا د هغوی هنري خلاقیت او ټولنیزې اړیکې کمزورې دي؟ **نه.**
- ایا د پښتنو ټولنیز کوډ (**پښتونولي**) چې پېړۍ پېړۍ یې د هغوی نظم ساتلی، یو بې ارزښته سیستم دی؟ **برعکس، دا یو خورا پیاوړی ټولنیز قانون دی.**

د پښتنو د زعامت بریا؛ اتفاق که منطقي تکامل؟

ځیني منتقدان ادعا کوي چې پښتنو یو "پرمختللی خراساني تمدن" له منځه یووړ او پر ځای یې "قبیلوي حکومت" رامنځته کړ. خو حقیقت دا دی چې میرویس خان

هوتکي او احمد شاه بابا د صفوي او افشاري امپراتوریو د هغه استبداد پر وړاندې پاڅون وکړ چې خپلو زامنو ته یې هم رحم نه کاوه (لکه نادر افشار).

پښتنو مشرانو د یوه داسې "قبیلوي دیموکراسی" پر بنسټ دولت جوړ کړ چې په هغه کې یې نورو قومونو (تاجیک، ازبیک او هزاره) ته هم درناوی درلود. د تېرو ۳۰۰ کلونو په اوږدو کې پښتنو واکمنانو نه یوازې دا چې د خراسان پخوانی فرهنګ خوندي کړ، بلکې :۱ .**دري ژبه** یې د رسمي او اداري ژبې په توګه وساتله .۲ .**ملي او مذهبي مناسبتونه** (نوروز، برات، یلدا، محرم او ویساک) یې په ازادانه ډول ولمانځل .۳ .**ټولنیزه ازادي :**هر افغان ته یې د هېواد په هر ګوټ کې د اوسېدو او کار کولو حق ورکړ.

د پرمختګ خنډونه

د افغانستان د پرمختګ وروسته والی د پښتنو د "بې فرهنګی" له امله نه، بلکې د جیوپولیټیکي موقعیت (وچې پورې تړلی هېواد)، د انګریزانو او روسانو د استعماري جګړو او د کورنیو ارتجاعي پاڅونونو پایله وه. همداراز، په وروستیو ۴۰ کلونو کې د ملي اردو ویجاړول او د ملي پانګې لوټل د هغو کړیو کار و چې نن پښتانه په "بې فرهنګی" تورنوي.

د پښتوټولنیز سیستم

د پښتونولی اصول

اولیور روی خپل په اصلی او مشهرو کتاب کې د افغانستان په هکله (الیور روی، اسلام او په افغانستان کې مقاومت، کمبریج، دوهم چاپ ۱۹۹۰) د پښتنو مدنی کود ؛ پشتونوالی؛ یی ؛دموکراتیک؛بللی دی (۳۶ص) او داسی لیکی ؛په قومی زونونو کې یو مثبت مدنی کود یا اساسه د ښښتونولی په نامه شته چی سیستم د جرګو په اساس ولاړه ده.پښتونولی د یو خوا څخه یو آیدیولوژی ده او د بلی جانبه څخه د مدنی حقوقو یوه مجموعه هم جوړوی.د قبایلی مدنی کود یا اساسه په خپل ذات کې غیر مذهبي دی او د قانون، پښتونولی او حتی شریعت سره هم په ځیني ابعادو کې مخالف دی؛.لومړیبور روی داسی لیکیچی په غیر پښتون جوامعو کې د جزایی قانون اصلی اصول د ؛شریعت؛ پر بنا ولاړه ده اما په داسی حال کې د شریعت څخه پیروی کول یواځی د یو شعار او معیار په نامه پاتی دی،نور هیڅ سیست وجود نه لری چی د هغی ځای ونیسی؛ (۳۵ص). په طبیعی شکل سره په هغو کلیو کې چی غیر پښتانه هلته میشته دی،د کلیو او ساحاتو د حاکمانو او زورورو لخوا او محلی رهبرانو او محلی دینی مشرانو مطلقه زورواکی هلته پله شوی او د هغی افراطی شکله استعمال او پله کیدل په هغه کلیو کې چی هزاره میشته دی او هزاره جات کې ډیر لیدلی شو.

د پښتونولۍ اصول، چې په حقیقت کې د پښتنو نالیکلی قانون او د ژوند لاره ده، پر څو مهمو ستنو ولاړ دي. دا اصول نه یوازې د افرادو ترمنځ اړیکې تنظیموي، بلکې د افغان ملي هویت په جوړښت کې یې هم ژوره اغېزه کړې ده.

دلته د پښتونولۍ تر ټولو مهم اصول په لنډ ډول وړاندې کوم:

۱. مېلمه پالنه (Hospitality)

دا د پښتونولۍ تر ټولو مشهور اصل دی. د پښتون لپاره مېلمه د خدای رحمت دی. که مېلمه هر څوک وي (دوست وي که دښمن)، کوربه مکلف دی چې د هغه درناوی وکړي، ډوډۍ ورکړي او امنیت یې خوندي کړي.

۲. ننګ او غیرت (Honor)

ننګ د خپل عزت، خاورې، عقیدې او ناموس ساتلو ته ویل کېږي. یو پښتون تل هڅه کوي چې د خپل ځان او خپلې کورنۍ ننګ وساتي او په ټولنه کې په سرلوړۍ ژوند وکړي.

۳. بدله (Revenge/Justice)

بدله د عدالت یو ډول دی. که چا ته زیان ورسول شي، هغه حق لري چې خپله بدله واخلي. خو پښتونوالي دا هم وایي چې "بدله په بدل" ده، یعنې له حده تېری په کې نشته.

۴. ننواتې (Asylum/Forgiveness)

ننواتې د بښنې او پناه غوښتلو یو لوړ اصل دی. که یو څوک چې تېروتنه یې کړې وي، د بل چا کور ته د بښنې لپاره ورشي، کوربه معمولاً هغه بښي او پناه ورکوي. دا اصل د دښمنۍ د پای ته رسولو لپاره کارول کېږي.

۵. پناه (Protection/Sanctuary)

که یو څوک د خطر په وخت کې له یوه پښتون څخه پناه وغواړي، هغه مکلف دی چې حتی د خپل سر په بیه د هغه ساتنه وکړي.

۶. مېړانه (Bravery)

په سختو حالاتو کې د مېړانې او زړورتیا ښودل دي. دا یوازې په جګړه کې نه، بلکې د حق په ویلو او د مظلوم په ملاتړ کې هم صدق کوي.

۷. پت (Dignity/Self-respect)

پت د معنوي عزت او وقار ساتلو ته وایي. یو پښتون باید داسې چلند وکړي چې په ټولنه کې یې وقار ته زیان ونه رسېږي.

۸. توروره (Chivalry)

د کمزورو، ښځو او ماشومانو ساتنه او د هغوی درناوی کول دي.

۹. جرګه (Council)

لکه څنګه چې مو په بحث کې یادونه وکړه، جرګه د ستونزو د حل او پرېکړو لپاره د مشرانو او سپین ږیرو غونډه ده. دا د پښتونولۍ هغه ستنه ده چې د هویت په ملي کچه (لویه جرګه) بدله شوې ده.

دا اصول د پېړیو په اوږدو کې د افغانستان په کلتوري سېستم کې دومره اغېزناک ثابت شوي چې اوس يې ډېری برخې د ټول افغان ملت په مشترک کلتور او هویت کې ځای نیولی دی.

د پښتونولۍ د اصولو په اړه د معتبرو سرچینو لېست په لاندې ډول دی:

۱ .کلاسیکي او تاریخي سرچیني

- **نعمت الله هروي؛ *تاریخ خان‌جهاني او مخزن افغاني*** (۱۰۲۱ هجري قمري): دا یو له پخوانیو کتابونو څخه دی چې د پښتنو د انسابو، تاریخ او اخلاقي کوډونو په اړه يې مستند معلومات وړاندې کړي دي.
- **مونټ سټوارټ الفنسټن؛ *د کابل سلطنت بیان* (An Account of the Kingdom of Caubul)**(۱۸۱۵ میلادي): الفنسټن لومړنی محقق و چې د پښتونولۍ اصول لکه مېلمه پالنه، ننواتې او بدل يې په علمي بڼه نړیوالو ته تشریح کړل.

۲ .معاصري او اکاډمیکې څېړنې

- **سید بهادر شاه ظفر کاکاخیل؛ *پښتانه د تاریخ په رڼا کښې*** :دا کتاب په پښتو ژبه کې د پښتنو د کلتوري، ټولنیزو او تاریخي ریښو یو له تر ټولو جامع سرچینو څخه شمېرل کېږي.
- **پروفیسور لویي ډوپري؛ *Afghanistan***(۱۹۷۳ میلادي): ډوپري په دې کتاب کې په تفصیل سره تشریح کوي چې څنګه د پښتونولۍ اصول د افغانستان له ملي هویت او دولت جوړونې سره غوټه شوي دي.

۳ .تخصصي سرچینې

- **جېمز سپین(James W. Spain)؛ *The Way of the Pathans***(۱۹۶۲ میلادي): نوموړي د پښتنو د نالیکلي قانون (پښتونولۍ) او د جرګو په سیستم باندې ژوره اتنوګرافیکي څېړنه کړې ده.

- **اولاف کارو؛** ***The Pathans***(۱۹۵۸ میلادي): په دې اثر کې د پښتنو تاریخ او د هغوی د چلند اصول (پښتونوالي) له جیوپولیتیکي لیدلوري تحلیل شوي دي.

۴ .کورنی (افغاني) سرچینې

- **استاد عبدالحی حبیبي؛** ***د افغانستان لنډ تاریخ*** :استاد حبیبي په خپلو اثارو کې د ملي هویت په جوړښت کې د قبایلي دودونو او خراساني کلتور ترمنځ تړاو په ډیر دقت سره څېړلی دی.

د افغانستان د تاریخ ټولنې (AHS) مجلې :د تېرو لسیزو په "آریانا" او نورو علمي مجلو کې د جرګو د تاریخچې او پښتونولۍ د اصولو په اړه ګڼې مقالې شتون لري چې مهمې سرچینې دي.

جرګه؛ د ملي پرېکړو او مشروعیت سرچینه

د افغانستان په تاریخ کې "جرګه" او "لویه جرګه" د پښتنو یو لرغونی دود دی چې د وخت په تېرېدو یې ملي بڼه غوره کړې ده. که څه هم دا سیستم د لوېدیځې ډیموکراسۍ پر بنسټ نه دی جوړ شوی، خو تل یې د حیاتي پرېکړو لپاره لاره هواره کړې ده. د ۲۰۰۴ کال لویه جرګه چې اساسي قانون یې تصویب کړ، د ټولو قومونو (تاجیک، هزاره، ازبیک او پښتنو) استازو په کې ګډون درلود او هېڅا ورته د "بې فرهنګه" عمل خطاب ونه کړ.

جالبه دا ده چې ځینې سیاسي څېرې لکه ډاکټر عبدالله عبدالله، کله چې جرګه د دوی د ګټو خلاف وي، هغه یو "قبیلوي او وروسته پاتې دود" بولي، خو کله چې د اساسي قانون د تغیر او د "صدارت" د څوکۍ د رامنځته کولو خبره راځي، بیا همدغه لویه جرګه د مشروعیت یوازینی مرجع ګڼي. دا دوه ګونی چلند ښیي چې ستونزه په جرګه کې نه، بلکې په سیاسي ګټو کې ده.

د پښتونولۍ او طالبانیزم ترمنځ مرکزي تضاد

دا یو لوی تاریخي غلط فهم دی چې "طالبان" د پښتنو د قومي اهدافو استازي وګڼل شي. حقیقت دا دی چې د طالبانو افراطي مذهبي عقیدې د پښتونولۍ له ډېرو اصولو سره په ټکر کې دي :۱ .**د ملا مقام** :د پښتنو په سنتي ټولنه کې ملا یو مشورتي رول لري، نه د پرېکړې کونکی. خو په طالباني او هزاره ګي (شیعه) ټولنو کې د روحاني شخص رتبه "تقلیدي" او حاکمه ده .۲ .**ملي شتمني** :پښتنو واکمنانو د ۳۰۰ کالو په اوږدو کې د بامیانو بودا د یوې تاریخي شتمنۍ په توګه وساتله، خو طالبانو د ای ایس ای (ISI) په لارښوونه او د مذهبي تعصب له مخې هغه ونړوله . ۳ .**د پوهې ضد تګلاره** :طالبان د پاکستان په افراطي مدرسو کې روزل شوي،

چېرته چې د افغانستان ناسیونالیزم او پښتونولۍ ته ځای نشته. هغوی یوازې د پښتنو سیمې له تمدن او تعلیم څخه محرومې وساتلې.

د امیر عبدالرحمن خان او معاصر تاریخ نقد

ځینې کسان د امیر عبدالرحمن خان لښکرکشۍ یوازې پر هزاره جاتو یو "فاشیستي" عمل بولي. خو تاریخ ښیي چې امیر د مرکزي دولت د ټینګښت او د ملوک الطوایفي د ختمولو لپاره پر غلجیو، پکتیا، ننګرهار او نورستان هم ورته بریدونه کړي وو. د هغه هدف د "واحد افغانستان" جوړول وو. د دغو پېښو پرتله کول د ننني "بشري حقونو" له معیارونو سره د تاریخي پلوه ناسم دي.

د واک انحصار او فساد

په تېرو ۲۰ کلونو کې د واک انحصار، د کانونو غیرقانوني استخراج، د ځمکو غصب او د ګمرکي عوایدو غلا د هغو کړیو لخوا وشوه چې ځانونه د "لوړ فرهنګ" خاوندان بولي. د حبیب الله کلکاني او رباني-مسعود د دورو ګډوډي او انارشي ثابته کړه چې د واک په انحصار کې د "فرهنګ" ادعاوې یوازې یو شعار و.

دویم- تاجیکان

تاجیکان د افغانستان دویم ستر قوم دی چې نفوس یې د اټکل له مخې له **اوو څخه تر اتو میلیونو** پورې دی. که د منځنۍ آسیا (تاجیکستان او ازبکستان) او نورو هېوادونو تاجیکان هم ورسره حساب کړو، نو د نړۍ په کچه د دوی شمېر شاوخوا **۱۵ میلیونه** تنو ته رسېږي. پروفیسور حق نظر نظروف په دې باور دی چې د تاجیکانو نږدې ۶۲ سلنه په افغانستان کې ژوند کوي او د هغوی مادي او معنوي فرهنګي ونډه د ماوراءالنهر له تاجیکانو څخه زیاته ده.

تاریخي نومونه او ریښه پېژندنه

اکاډمیسین ډاکټر احمد جاوید په خپلو څېړنو کې د تاجیکانو لپاره ګڼ تاریخي نومونه ذکر کړي دي، لکه :**تاژیک، تازیک، تات، ابناءالاحرار، احرار، دهقان (دهګان)، غلچه، دهوار، فارسیوان، سرت یا سارت** او نور.

د "تاجیک" یا "تازیک" کلمه په اصل کې د غیر عرب، غیر ترک او غیر مغول په مانا کارول شوې ده. ځینې څېړونکي په دې باور دي چې د دې کلمې ریښه له **"دادیک (Dadicae)"** څخه اخیستل شوې چې ۲۵۰۰ کاله پخوا په دې سیمه کې اوسېدل. د وخت په تېرېدو دا کلمه پر "تاجیک" بدله شوه چې د "تاجدار" یا "تاج لرونکي" مانا هم ورکوي؛ دا ځکه چې زردشتیانو به په سر تاج لرونکي خولۍ اېښودې.

د افغانستان د تاجیکانو ډلبندي

تاجیکان په افغانستان کې په څو مهمو ډلو ویشل شوي دي :۱ .**ښاري تاجیکان :** چې په کابل، غزني، بلخ او هرات کې مېشت دي .۲ .**غرني تاجیکان (کوهستاني) :** چې په پروان، نجراب، پنجشېر او غوربند کې ژوند کوي .۳ .**د بره کې تاجیکان :** په لوګر کې مېشت دي .۴ .**فورمولي تاجیکان :**په ارګون کې د خروټو له قوم سره نږدې ژوند کوي .۵ .**غلچې (غرچه) :**د بدخشان او پامیر په لوړو سیمو کې مېشت تاجیکان چې د هغوی د مېشتځای د لوړوالي له امله ورته "غرچه" (د غرو مېشتي) ویل کېږي.

جینیتیکي څېړنې او له ترکانو سره تړاو

د ۲۰۰۹ کال جینیتیکي څېړنې) د ایولین هیر Evelyn Heyer تر مشرۍ لاندې (وښودله چې د تاجیکانو او د منځنۍ آسیا د ترکانو (ازبیک، قرغیز، قزاق) ترمنځ بیولوژیکي توپیر له یوې فیصدۍ هم کم دی. دا په دې مانا ده چې دا قومونه پېړۍ پېړۍ یو له بل سره نږدې پاتې شوي او ګډې ریښې لري، که څه هم نن ورځ یې ژبې سره جلا دي.

دریم – هزاره ګان

هزاره ګان د افغانستان د نفوس شاوخوا **۹ تر ۱۲ سلنه** جوړوي. د دوی اصلي ټاټوبی د بامیان، غور، دایکندي او غزني ولایتونه دي، چې پخوا ورته "هزاره جات" ویل کېدل. د جغرافیایي انزوا او د مواصلاتي لارو د نشتوالي له امله، دا سیمې په تاریخي ډول د هېواد له نورو برخو وروسته پاتې شوې وې. خو په وروستیو دوو لسیزو کې د هزاره ګانو سیاسي، اقتصادي او په ځانګړې توګه تعلیمي رول (د نجونو او هلکانو په کچه) په لویو ښارونو کې خورا پیاوړی شوی دی.

د نژادي ریښو په اړه نظریات

د هزاره ګانو د نژادي اصل په اړه څلور مهم نظریات موجود دي :۱ .**مغولي نژاد :**ډېری تاریخ پوهان (لکه افضل ارزګاني او عسکر موسوي) دوی د چنګېز خان د مغولي لښکرو پاتې شوني بولي. ظهیر الدین بابر هم په "بابرنامه" کې لیکلي چې هزاره ګان لا هم په مغولي اصطلاحاتو خبرې کوي .۲ .**ترکي نژاد :**ځینې څېړونکي دوی د ترکانو یوه فرقه بولي چې له ازبیکانو سره نږدې ریښې لري . ۳ .**آریایي نژاد :**ځینې هزاره لیکوالان د "آریایي" یا "خراساني" هویت ادعا کوي، خو دا نظر د فزیولوژیکي توپیرونو له امله تر ډېره علمي بنسټ نه لري .۴ .**ګډ نژاد :**یو شمېر نور بیا دوی د ترک، تاجیک او مغولو د نژادي آمیزش پایله بولي.

د نفوسو او تاریخي ادعاوو تحلیل

ځیني کسان ادعا کوي چې امیر عبدالرحمن خان د هزاره ګانو **۶۴ سلنه** نفوس (شاوخوا ۶ میلیونه کسان) وژلي دي. که د نفوسو د علم (Demography) له مخې دا حساب کړو:

- که ۱۳۰ کاله پخوا ۶ میلیونه هزاره ګان وژل شوي وای، نو د هغه وخت د افغانستان ټول نفوس باید **سل میلیونه** تنو ته رسېدلی وای، چې دا یو ناشونی اټکل دی.
- حقیقت دا دی چې په ۱۸۹۰م کلونو کې د ټول افغانستان نفوس شاوخوا **۵ میلیونه** و، چې د هزاره ګانو شمېر په کې نږدې **پنځه سوه زره** تنه اټکل کېدای شي. که څه هم د امیر لښکرکشۍ یو لوی بشري مصیبت و، خو د ۶ میلیونو ادعا یو لوی مبالغه آمیز غرض دی.

جینیتیکي حقیقتونه(DNA Analysis)

د اکسفورډ پوهنتون د **سایمن مایرز (Simon Myers)** تر مشرۍ لاندې په ۲۰۱۶ کال کې یوه لویه څېړنه خپره کړه. د ۹۵ بېلابېلو قومونو له څېړلو وروسته ثابته شوه چې:

- د هزاره ګانو DNA له **مغولیانو** سره نږدې شباهت لري.
- دا جینیتیکي یووالی په **۱۳مه پیړۍ** کې د مغولو د یرغل او مهاجرت له وخت سره سمون خوري.
- دا څېړنه ښیي چې هزاره ګان په اصل کې د مغولي او ترکي نژادونو یو ګډ پاتې شونی دی چې په افغانستان کې مېشت شوي دي.

څلورم – د افغانستان ترک تبران

ترکان د افغانستان یو له پخوانیو او تاریخي قومونو څخه دي. په دې لویه ډله کې ازبیک او ترکمن تر ټولو ستري ښاخي جوړوي، خو یو شمېر څېړونکي (لکه الفنستن) هزاره ګان او مغولان هم په ترکي تبرونو کې حسابوي. سربېره پر دې، قرغیز، قزلباش، ایماق او بیات هم د دې لویې نژادي کورنۍ برخې دي.

د ترک تبرانو نفوس د افغانستان د ټول نفوس شاوخوا **۹ تر ۱۲ سلنه** جوړوي. د دوی لوی اکثریت د هېواد په شمال او شمال لوېدیځ (بدخشان، تخار، بغلان، سمنګان، بلخ، سرپل، جوزجان او فاریاب) کې مېشت دي. همداراز په بادغیس، هرات او کابل کې هم د دوی کوچنۍ کتلې ژوند کوي.

سیاسي او اداري محرومیت

له بده مرغه، ترک ټبران په افغانستان کې له خورا محرومو قومونو څخه ګڼل کېږي. نقیب الله عبید د هغوی د پاشلتیا او وروسته پاتې والي لوی لامل په دولت کې د هغوی د واقعي سیاسي استازیتوب نشتوالی بولي. د بېلګې په توګه:

- په دولتي ادارو کې د دوی ونډه حتی تر ۲ **سلنې** هم کمه ده.
- د مالیې وزارت له ۱۲۰ ریاستونو څخه یو هم د ترک ټبرانو په لاس کې نه و.
- په کلیدي بستونو (۱، ۲ او ۳) کې د هغوی شتون یوازې نیمه سلنه (۰.۵٪) اټکل کېږي.

دا ارقام ښیي چې د مرکزي دولتونو تګلارې تر ډېره تبعیضي وې او د ترکانو د ظرفیتونو د ودې مخه یې نیولې ده.

تاریخي او نظامي رول

ترک ټبرانو د افغانستان په لرغوني تاریخ کې خورا ستر رول لوبولی دی. د غزنویانو امپراطورۍ، د هرات تیموریانو او د کابل بابري دولتونو په دې سیمه کې لوی تمدنونه رامنځته کړي وو .په معاصر تاریخ کې، په ځانګړې توګه په تېرو څلوېښتو کلونو کې، د جنرال عبدالرشید دوستم تر مشرۍ لاندې د "ملي جنبش" ګوند په افغانستان کې د یو مهم سیاسي او نظامي ځواک په توګه راڅرګند شو چې د هېواد په معادلاتو کې یې د پام وړ بدلونونه راوستل.

د افغانستان جینیتیکی جوړښت

جینیتیک (Genetics) د بیولوژي یا ژوندپوهنې یوه څانګه ده چې په ژوندي موجوداتو کې د وراثت او د جینونو د لېږد پروسه څېړي. د افغانستان د نفوس په اړه خورا کره جینیتیکي څېړنې په ۲۰۱۲ کال کې په "PLOS ONE"علمي جریده کې خپرې شوې، چې د پښتنو، تاجیکانو، هزاره ګانو او ازبیکانو د ریښو په اړه نوي حقایق په ډاګه کوي.

د پښتنو او تاجیکانو جینیتیکي ورته والی

دا څېړنې ښیي چې د افغانستان د پښتنو او تاجیکانو ترمنځ خورا ډېر جینیتیکي شباهت شتون لري. په زړه پورې ټکی دا دی چې دا دواړه قومونه د ایران یا قفقاز د خلکو په پرتله، د هند د شمالي او لوېدیځو سیمو له اوسېدونکو سره ډېر نږدې دي. دا حقیقت د آریایانو د مهاجرت هغه پخوانۍ تیوري ردوي چې ګواکې هغوی له قفقاز څخه لومړی ایران او بیا افغانستان ته راغلي دي.

تاریخي لښکرکشۍ او د جینونو اغېز

څېړنو ثابته کړې چې تاریخي جګړو او مهاجرتونو پر فرهنګ ډېر اغېز کړی، خو پر جینیتیکي جوړښت یې اغېز کم دی:

یونانیان او فارسیان :سره له دې چې مقدوني سکندر او هخامنشیانو پر دې خاوره واکمني کړې، خو د دوی جینیتیکي اغېز پر عامو خلکو خورا محدود دی.

عربان :په اوومه میلادي پېړۍ کې د عربو لښکرکشیو پر فرهنګ او دین ستر اغېز درلود، خو د سیمې د خلکو په DNA کې د عربو جینونه په نښه شوي نه دي.

د ژبې او جینیتیک تضاد

د افغانستان د قومونو په جوړښت کې یو بل جالب ټکی دا دی چې کله کله جینیتیک او ژبه سره توپیر لري:

هزاره ګان او ازبیکان :د جینیتیک له پلوه دواړه قومونه یو بل ته نږدې دي، خو هزاره ګان په دري (هند-آریایي ژبه) خبرې کوي او ازبیکان په ترکي ژبه.

دا ښیي چې هزاره ګانو د وخت په تېرېدو خپله اصلي مغولي ژبه له لاسه ورکړې او محلي ژبه یې منلې ده، خو خپل جینیتیکي اصالت یې ساتلی دی.

پایله

د افغانستان اوسني قومونه په حقیقت کې د داسې ګډو پلرونو پاتې شوني دي چې له ۸۰۰۰ تر ۱۲۰۰۰ کاله پخوا یې د ښکار ژوند پای ته رسولی او کرنې ته یې مخه کړې وه. د پښتنو او تاجیکانو جلاوالی یوازې د برونزو (Copper Age) په دوره کې د ښاري ژوند له پیل سره سم رامنځته شوی دی.

د افغانستان د نفوسو ژبنی جوړښت

خوشبختانه د هېواد د ژبني جوړښت په اړه لومړني احصایوي معلومات شتون لري. که څه هم د ۱۳۵۸ لمریز کال د سرشمېرنې ارقام په رسمي ډول خپاره نه شول، خو وروسته د مرکزي احصایې اداري د ملګرو ملتونو د نفوسو د صندوق (UNFPA)په همکارۍ د ۲۰۰۳ او ۲۰۰۵ کلونو ترمنځ یو لړ دموګرافیکي معلومات راټول کړل چې په انګلیسي ژبه د "Afghanistan Statistical Yearbook"په چوکاټ کې خپاره شول.

د ژبو پر بنسټ د نفوسو اټکل (۲۰۰۵-۲۰۰۳ سروې)

د دغو معلوماتو له مخې، په کلیوالي سیمو کې د کورنیو د خبرو اترو ژبنی وېش په لاندې ډول و:

دریم جدول: د ژبو پر بنسټ د کلیوالی نفوسو اټکل (۲۰۰۵-۲۰۰۳-۲۰۰۳ سروې)

د ویونکو اټکلي شمېر	د ژبې نوم
۹ میلیونه او څه باندې سل زره	**پښتو**
نږدې ۷ میلیونه	**دري (د هزاره ګي په ګډون)**
۱.۳ میلیونه	**اوزبیکي**
۳۲۹ زره	**ترکمني**
۲۴۹ زره	**پشه يي**
۱۲۷ زره	**نورستاني**
۹۷ زره	**بلوڅي**
۱۵۳ زره	**نورې ژبې**

ژبه او قومي هويت؛ يو مهم توپير

دا ډېره مهمه ده چې پوه شو": د کورنی ژبه تل د قومیت ښکارندويي نه کوي ".د پېړيو په اوږدو کې د نفوسو بې ځایه کېدل، کډوالی او خپلمنځي ودونه د دې لامل شوي چې ډېر خلک خپله مورنی ژبه هېره کړي او د سیمې نوې ژبه خپله کړي:

- هزاره ګان :نږدې ټول د دري ژبې په ځانګړې لهجه (هزاره ګي) خبرې کوي، په داسې حال کې چې نژادي ريښه يې مغولي/ترکي ده.
- پښتانه مېشتي په ښارونو کې :په هرات کې ډېری نورزي او ابدالي پښتانه او په کابل کې محمدزي، سدوزي او بارکزي پښتانه د محیطي اغېزو له امله په دري خبرې کوي.
- د ختيځ او سويل پښتانه په کابل کې :د ننګرهار، لغمان، پکتيا او نورو ولايتونو زرګونه کورنی چې په کابل کې مېشتې شوې دي، په کور دننه په دري ژبه خبرې کوي، خو خپل قومي هويت د پښتنو په توګه ساتي.

دوهمه برخه
د افغانستان تاریخ ته کتنه

سریزه

د افغانستان د معاصر دولت بنسټونه د کوم بهرني یا استعماري قدرت د پلان محصول نه دي، بلکي دا د دې خاورې د ننه د شعوري مبارزو او ملي پاڅونونو یوه تاریخي پایله ده. دا بهیر په ۱۷۰۹ میلادي کال کې د حاجي میرویس خان هوتکي له لوري په کندهار کې پیل شو، چې د پردي تسلط (صفوي دولت) پر وړاندې یې لومړنی خپلواک او بومي دولت رامنځته کړ. د میرویس خان دا اقدام یوازې یوه نظامي بریا نه وه، بلکې د یوه داسې سیاسي واحد بنسټ و چې د افغانستان جغرافیایي او کلتوري هویت یې د سیمې له نورو قدرتونو جلا او خوندي کړ. دا ثابته کړه چې افغانان د "لویې لوبې (Great Game) "له پیلېدو پېړۍ وړاندې د خپل برخلیک ټاکلو او د ملي حاکمیت د جوړولو وړتیا او هوډ درلود.

کله چې په ۱۷۴۷ کال کې احمدشاه بابا د شېر سرخ په تاریخي جرګه کې د پاچا په توګه وټاکل شو، هغه د میرویس خان ناتمامه لاره بشپړه کړه او یو داسې مرکزي دولت یې جوړ کړ چې له آمو څخه تر سینده او له مشهده تر ډیلي پورې یې اداري او سیاسي وحدت درلود. د افغانستان اوسنی دولت د همدغې تاریخي لړۍ ریښتینی میراث دی؛ دا یو داسې جوړښت دی چې د پښتنو، تاجیکانو، هزاره ګانو، ازبیکانو او نورو مېشتو قومونو د ګډ ژوند او تاریخي جرګو په پایله کې رامنځته شوی دی. له همدې امله، د افغانستان دولت د نولسمې پېړۍ د استعماري رغونې (Colonial Construction) پر ځای، د احمدشاهي امپراطورۍ یو طبیعي او قانوني تسلسل دی چې د افغاني هویت، حنفي فقهي او ملي ارزښتونو پر بنسټ ولاړ دی.

د منطقې د ګډ تاریخ عصر

که څه هم د نننۍ افغانستان لرغونې او له تاریخ څخه وړاندې دوران د یوې پراخې سیمې (هندوستان، پاکستان، ایران او منځنۍ اسیا) له ګډ تاریخ سره تړلی دی، خو د افغانستان معاصر تاریخ د هېواد له سیاسي یووالي، بومي خپلواکۍ، اسلامي هویت (حنفي مذهب) او افغاني فرهنګ سره پیل کېږي. په دې برخه کې موږ هڅه کوو دا دوه تاریخي پړاوونه په لنډه توګه معرفي کړو.
دلته زموږ بحث د یو هېواد او د هغه د ټولو خلکو پر تاریخ دی، نه د یو ځانګړي قوم پر تاریخ. د بېلګې په توګه:
که موږ د پښتنو تاریخ لیکو، نو باید په هند کې د هغوی ۳۰۰ کلنې پاچاهۍ هم وڅېړو.

که د تاجیکانو د تېر په اړه غږېږو، نو د سامانیانو دوره او منځنۍ اسیا مو د بحث مرکز وي.
که د ترک ټبرانو تاریخ څېړو، نو د غزنویانو، سلجوقیانو، تیموریانو او حتی د هند د مغولي امپراطورۍ تاریخ په کې شاملېږي.
خو په دې کتاب کې زموږ تمرکز یوازې پر هغه جغرافیه او خلکو دی چې نن ورته "افغانستان "ویل کېږي.

له تاریخ څخه وړاندې دوران او د تمدنونو مثلث

لرغونپوهانو د یوه داسې "تمدني مثلث" شتون ثابت کړی چې نننی افغانستان یې په زړه کې پروت دی. په دې مثلث کې د باختر او مرغاب تمدنونه (BMAC) په شمال او شمال لوېدیځ کې، او د سیند د وادۍ تمدن (Indus Valley) په سویل او ختیځ کې شامل دي. دا تمدنونه نږدې ۵۳۰۰ کاله لرغونوالی لري.

د وروستیو لرغونپوهنیزو او جینیتیکي څېړنو (لکه د پروفیسور مازیار څېړنې) پر بنسټ: ۱. د افغانستان د پښتنو او تاجیکانو نژادي ریښې تر ډېره د سیند وادۍ له تمدنونو (هړپه او موهینجو دارو) سره تړلې دي. ۲. د هېواد د ترک ټبرانو (ازبیک، ترکمن، هزاره او ایماق) ریښې بیا د ماوراءالنهر او منځنۍ اسیا له مدنیتونو سره پیوست دي.

دریم چارت: افغانستان د تمدنی مثلث په منځ کی

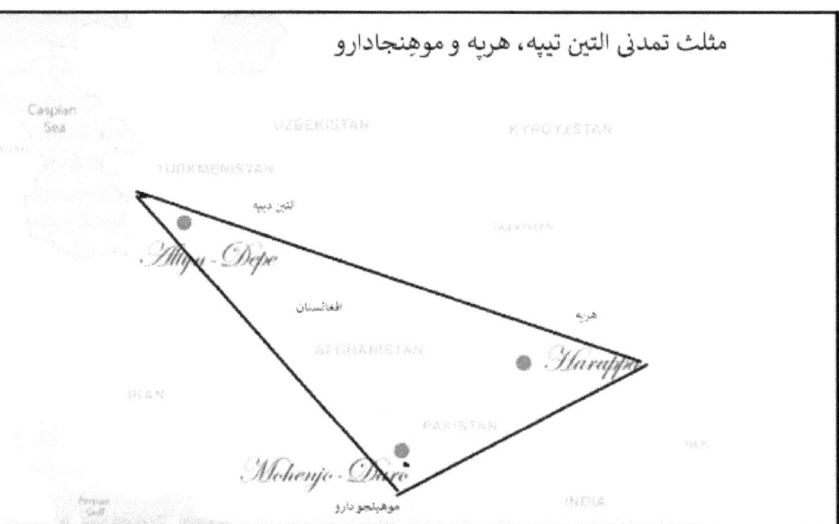

مثلث تمدنی التین تیپه، هرپه و موهنجادارو
هرپه
موهنجو دارو

لرغونی تاریخ او د ویدي او اوستایي آثارو ارزښت

زموږ د سیمې لرغونی تاریخ د دوو معتبرو مذهبي او کلتوري سرچینو یعنی **"ریګویدا "**او **"اوستا "**له مخې پېژندل کیږي. دا کتابونه نه یوازې مذهبي نصوص دي، بلکې د لرغوني افغانستان د جغرافیې، سیندونو او قومونو تر ټولو مستند موخذونه ګڼل کیږي.

۱ .ریګویدا او د اوو سیندونو سیمه

ریګویدا د هندوانو تر ټولو پخوانی کتاب دی چې په سانسکریت ژبه لیکل شوی. د دې کتاب وېدي ترانې (۱۵۰۰ تر ۲۵۰۰ ق.م) په هغه سیمه کې رامنځته شوې چې نن ورته افغانستان ویل کیږي. په ریګویدا کې د هغو سیندونو نومونه ذکر شوي چې نن هم زموږ په جغرافیه کې بهیږي، لکه :**کوبها (کابل)**، **کرومو (کرم)**، **ګومتي (ګومل)** او **هراواتي (ارغنداب یا هلمند)**.

ځلورم چارټ: د ریګویدا په کتاب کې ذکر شوي سیندونه

۲ .اوستا او د آریانا ریښې

اوستا د باختر د زردشتیانو سپېڅلی کتاب دی چې شاوخوا ۳،۶۰۰ کاله قدامت لري. د اوستا له مخې، بلخ د زردشت د دعوت ځای او **بدخشان (آریا ویجه)** د آریایانو اصلي ټاټوبی و. له همدې ځایه آریایان ۱۶ اوستایي ښارونو ته خپاره شول چې نږدې ټول یې په نننی افغانستان کې موقعیت لري (لکه هرات، بلخ، کندهار، کابل او بامیان).

۳ .د شاهنامې ایران او معاصر افغانستان

یو له خورا مهمو ټکو څخه دا دی چې په فردوسي شاهنامه او ګرشاسپنامه کې د "ایران" څخه هدف د نننی افغانستان خاوره او باختر دی. د داستان اتلان لکه **رستم، سهراب او ګرشاسپ** ټول د دې خاورې (سیستان او زابلستان) اوسېدونکي وو. په دغو آثارو کې د اوسني فارس (پخواني پارس) یادونه نشته، بلکې ټولې پېښې په باختر، کابلستان او زابلستان کې تېرې شوې دي.

۴ .د یونانیانو او اراتوستین نقشه

کله چې یونانیان په ۳۳۰ ق.م کې باختر ته راغلل، هغوی د سیمې له کلتور څخه په استفاده دا خاوره په خپلو نقشو کې د **"آریانا (Ariana) "**په نوم ثبت کړه. اراتوستین په دریمه پېړۍ ق.م کې د نړۍ لومړنۍ نقشه رسم کړه چې په هغې کې زموږ د سیمې جغرافیایي حدود په واضحه توګه ښودل شوي دي.

د اسلام څخه د مخه تاریخي لړۍ (سلسله مراتب)

په لاندې جدول کې هغه مهم دولتونه معرفي شوي چې د اسلام له راتګ وړاندې یې په اوسني افغانستان کې واکمني کړې ده:

څلورم جدول: د اسلام له راتګ وړاندې دولتونه چې په اوسني افغانستان کې واکمني کړې ده:

تاریخي دوره	د واکمنۍ نوم / سلسله	سیمه او مرکزیت
لرغونی عصر	د باختر-مرغاب تمدن (BMAC)	شمالي افغانستان او آمو حوزه
۵۵۰ - ۳۳۰ ق.م	هخامنشي امپراطوری	باختر، ګندهارا او اراکوزیا
۳۳۰ - ۳۰۵ ق.م	مقدوني سکندر (یوناني واکمني)	ټول افغانستان
۲۵۰ - ۱۲۵ ق.م	یونان-باختري دولت	بلخ او شمالي سیمې
۱ پیړۍ ق.م - ۴ م پیړۍ	کوشانیان (لوی تمدن)	بګرام، بلخ او پېښور
۴ - ۶ میلادي پیړۍ	یفتلیان (هفتالیان)	تخارستان او زابلستان
۷ میلادي پیړۍ	کابل شاهانو او سیمه ییزې لړۍ	کابل، ګندهارا او بامیان

لرغوني دولتونه او د بهرنیو روایتونو نفوذ

په هیڅ ډول افسانوي کیسو، تاریخي حماسو، مذهبي نصوصو (اوستا) او یا هم په ملي ترانو (شاهنامه) کې د هخامنشي پاچاهانو لکه **کوروش او داریوش** نومونه نه دي اخیستل شوي. هغه څه چې موږ نن د هخامنشیانو د استیلا او واکمنۍ په اړه پوهېږو، ټول د یوناني تاریخ لیکونکو د آثارو په پایله کې زموږ تاریخ ته داخل

شوي دي. د یوناني منابعو پر بنسټ، د نني افغانستان شمالي او لوېدیځې سیمې د دوه سوه کلونو لپاره (۵۵۰-۳۳۴ ق.م) د هخامنشیانو تر اداري لاندې وې.

د یونانیانو او پارتیانو دوره

له هخامنشیانو وروسته، یوناني-باختري دولتونو او سلوکیانو په دې خاوره کې چې دوی **"آریانا "**بلله، د ۳۰۰ تر ۲۰۰ ق.م کلونو ترمنځ حکومت وکړ. له دوی سره جوخت، پارتیان (اشکانیان) چې مرکز یې په خراسان کې و، واک ته ورسېدل. هغوی د زردشتي دین او پهلوي اشکاني ژبې په خپرولو کې مهم رول درلود او نږدې پنځه سېړۍ یې واکمني وکړه.

ساسانیان او ختیځ واکمنان (کوشانیان او یفتلیان)

ساسانیانو چې مرکز یې په تېسفون (بعداد ته نږدې) کې و، د پارتیانو واکمني ماته کړه او د افغانستان پر لوېدیځو برخو یې ولکه ټینګه کړه. خو په همدې وخت کې د افغانستان په شمال او ختیځ کې خورا پیاوړي بومي او سیمه ییز دولتونه موجود وو:

- **کوشانیان :**چې د بودایي تمدن او ورېښمو لارې لوی ساتونکي وو.
- **یفتلیان (سپین هونان) :**چې د ساسانیانو پر وړاندې یې د باختر او تخارستان دفاع کوله.
- **کابل شاهان او هندوشاهان :**چې د اسلام تر راتګ وړاندې یې له بامیان، کاپیسا او کابل څخه د ګندهارا تمدن مشري کوله.

لرغونی تاریخ: د اسلامي دورې پیل او سیمه ییز حکومتونه

که موږ د افغانستان د لرغوني تاریخ پیل د عربو له لښکرکشیو او د اسلامي تمدن له معرفي کېدو څخه ومنو، نو دا ټوله دوره په دوو برخو وېشلی شو :د عربو د مستقیم حاکمیت دوران او د غیر عربو (بومي) دولتونو دوران.

۱ .د مسلمانو عربو تسلط (۶۷۱م - ۸۲۱م)

مسلمانو عربو په ۶۵۱ میلادي کال کې په فارس کې د ساسانیانو واکمني پای ته ورسوله. شل کاله وروسته، په ۶۷۱ م کال کې د اسلام لښکرې کابل ته ورسېدې. په دې وخت کې سیمه ییزو واکمنو (کابل شاهانو او هندوشاهانو) د خپلې واکمنۍ د ساتلو لپاره عربو ته د باج پر ورکولو هوکړه وکړه. د دوو پېړیو په لړ کې، نږدې ۴۰ عرب امیرانو له مرو، بلخ، هرات او نیشاپور څخه پر دې خاوره حکومت وکړ.

۲. غیر عرب (بومي او سیمه ییز) سلطنتونه

له عربو وروسته، یو شمېر مهمو لړیو په دې سیمه کې واکمني وکړه. ځیني یې بومي (مرکز یې په افغانستان کې و) او ځیني یې بهرني (مرکز یې له افغانستانه بهر و) ووړ.

پنځم جدول: په دې سیمه کښې ده دې سیمه کې له عربو وروسته، یو شمېر مهمو لړیو واکمني

ډول / مرکزیت	د واکمنۍ موده	د لړۍ نوم
بومي (خراسان)	۸۲۱ - ۸۷۳ م	طاهریان
بومي (سیستان/زرنج)	۸۶۱ - ۱۰۰۳ م	صفاریان
سیمه ییز (بخارا)	۸۷۴ - ۱۰۰۴ م	سامانیان
بومي (غزني)	۹۷۷ - ۱۱۸۶ م	غزنویان
بومي (غور)	۱۱۴۸ - ۱۲۱۵ م	غوریان
بومي (هرات)	۱۳۷۰ - ۱۵۰۷ م	تیموریان
بومي (کابل)	۱۵۰۴ - ۱۵۳۰ م	بابرۍ دولت

د غزنویانو، غوریانو او د هرات د تیموریانو دولتونه ځکه "بومي" بلل کېږي چې پلازمېنې یې د نني افغانستان په جغرافیه کې وې او له سیاسي پلوه یې له بغداد (عباسي خلافت) څخه خپلواکي درلوده.

د افغانستان معاصر تاریخ: له استیلا څخه تر خپلواکۍ پورې

لکه څنګه چې مخکې وویل شول، د نږدې دوو پېړیو لپاره د اوسني افغانستان خاوره د بهرنیو قدرتونو (ډیلي، اصفهان او بخارا) ترمنځ وېشل شوې وه. د افغانستان معاصر تاریخ په **۱۷۰۹ میلادي کال** کې د بهرني تسلط له پای ته رسېدو او د یو مرکزي، ځواکمن او خپلواک بومي دولت له جوړېدو سره پیل کېږي. دا پروسه په ۱۷۴۷ کال کې د احمدشاهي امپراطورۍ په رامنځته کېدو سره بشپړه شوه، چې قلمرو یې له کسپین سیند څخه تر ډیلي او له آمو څخه تر عربو سیند (بحرِ عرب) پورې پراخ و.

د ۱۸مې پېړۍ په پیل کې د سیمې حالات

د هرات د تیموریانو د دورې له پای ته رسېدو او د ازبیک شیباني خان له ماتې (۱۵۱۰م) وروسته، افغانستان د دوو لویو امپراطوریو ترمنځ ووېشل شو :۱. **لوېدیځې سیمې (هرات او کندهار)** :د فارس د **صفویانو** په لاس کې وې .۲. **ختیځې او شمالي سیمې (کابل او شاوخوا)** :د هند د **مغولي امپراطورۍ** (ګورګانیانو) تر واک لاندې وې.
د میرویس خان هوتکي پاڅون (۱۷۰۹م) دا وېش له منځه یووړ او د افغانانو لپاره یې د یوه ملي هویت بنسټ کېښود. هوتکیانو نه یوازې افغانستان خپلواک کړ، بلکې د صفوي امپراطورۍ د سقوط لامل هم شول او تر ۸ کلونو پورې یې په اصفهان کې حکومت وکړ.

د هندوستان د مغولي امپراطورۍ زوال
په ختیځ کې د هند مغولي امپراطورۍ د نوي کهول په راڅرګندېدو سره د کمزورۍ په حال کې وه. په ځانګړې توګه په ۱۷۳۹ کال کې د نادرشاه افشار برید، د ډیلي تاراج او هلته عام قتل د مغولي مرکزي دولت د واک ستنې ولړزولې. د نادرشاه له مړیني وروسته دا امپراطوري دومره ضعیفه شوه چې هند په کوچنیو سیمه ییزو قدرتونو (سکانو، مهاراجه وو او راجپوتانو) ووېشل شو.

د صفوي امپراطورۍ ځانګړتیاوې او ماتې
صفویان یو مذهبي شیعه دولت و چې په خورا شدت او تعصب یې خپل عقاید خپرول. هغوی په ۱۵۴۵م کې کندهار له مغولیانو ونیو او په ۱۵۹۸م کې یې یو ځل بیا هرات لاندې کړ. شاه عباس د ازبیکانو د بریدونو د مخنیوي لپاره زرګونه کرد کورنۍ له آذربایجان څخه خراسان ته راکوچ کړې وې.
د صفویانو د زوال پر مهال، چې کله میرویس نیکه په کندهار کې قیام وکړ، دا امپراطورۍ له هرې خوا تر بریدونو لاندې وه:

- **په لوېدیځ کې :**عثماني ترکانو آذربایجان، ارمنستان او اوسنی عراقترې لاندې کړي وو.
- **په شمال کې :**روسانو د کسپین سمندر غاړې ونیولې.
- **په منځ کې :**افغانانو په کندهار او هرات کې خپلواکي اعلان کړه او په پای کې یې د اصفهان پلازمېنه ونیوله.

موږ د څه په لټه کې یو؟
زموږ هدف دلته یوازې د یو نشنلیستي یا "لوی افغانستان" تصویر وړاندې کول نه دي، بلکې زموږ علاقه د تاریخي واقعیتونو پلټل دي. موږ غواړو پوه شو چې

افغانانو څنګه وکولی شول د دريو لويو قدرتونو (هند، فارس او بخارا) په منځ کې خپل بومي او ملي دولت رامنځته کړي.

د میرویس خان هوتکي قیام او د هوتکي دولت بنسټ

حاجي میرویس خان هوتک چې د افغانانو په منځ کې په "**میرویس نیکه** "مشهور دی، په ۱۶۷۳ میلادي کال کې په کندهار کې زیږېدلی و. هغه د خالم خان زوی او د نازو انا (د توخي خانانو لور) میوه وه. میرویس خان نه یوازې د یوې مخورې کورنۍ غړی و، بلکې د خپل تدبیر له امله د صفوي دولت له خوا هم د غلجایي قومونو د مشر په توګه په رسمیت پېژندل شوی و.

سیاسي وضعیت او د خپلواکۍ پاڅون

کله چې میرویس نیکه په ۱۷۰۹ کال کې په کندهار کې د صفویانو پر وړاندې قیام وکړ، صفوي امپراطورۍ خپل وروستي ساه ګانې اخیستلې. هغوی په لوېدیځ کې د عثماني ترکانو او په شمال کې د روسانو او ازبیکانو له بریدونو سره مخ وو. میرویس خان له دغه فرصت څخه په ګټنې، د ګرګین په نوم د صفوي ظالم والي واکمني پای ته ورسوله او د کندهار خپلواکي یې اعلان کړه.

د سکې ضرب او د پاچاهۍ اعلان

که څه هم ځینې تاریخپوهان د میرویس نیکه د پاچاهۍ د اعلان په اړه شک لري، خو معتبر اسناد (لکه د سر جان ملکم یادښتونه) ښیي چې هغه د پاچا په توګه سکه وهلې وه. په ۱۹۷۴ کال کې اروابناد استاد خلیلي په بغداد کې د یوې عربي تذکرې په حواله د دغې سکې متن داسې را نقل کړی:

"سکه زد بر درهم دارالقرار قندهار – خان عادل شاه عالم میرویس نامدار"

(ترجمه: د نړۍ عادل خان او نامتو شاه میرویس، د کندهار په دارالقرار کې پر درهم سکه ووهله).

دا بیت په ډاګه کوي چې میرویس نیکه د یوې خپلواکې او مقتدرې واکمنۍ بنسټ ایښی و.

نادر افشار او د افغانانو رول

د هوتکي دولت له زوال وروسته، نادر قلي افشار (چې وروسته نادر شاه شو) واک ته ورسېد. هغه د افغانانو (ابدالیانو او غلجاییانو) نظامي وړتیا ته په کتو، هغوی په خپل لښکر کې د ملا د تیر په څېر وګمارل. احمد خان ابدالي د نادر شاه یو له خورا باوري سپهسالارانو څخه و چې د افغاني او ازبیکي لښکرو مشري یې کوله.

د نادر شاه مړینه او د احمد شاه بابا ظهور
په ۱۷۴۷ کال کې، کله چې نادر شاه په مشهد کې د خپلو سردارانو لخوا ووژل شو، د هغه امپراطوري تیت او پرک شوه. په داسې حال کې چې د نادر شاه وراره (عادل شاه) او لمسي (شاهرخ) په کورنیو جګړو کې بوخت وو، احمد خان ابدالي په خورا تدبیر سره د خپلو لښکرو سره د کندهار په لور روان شو. هغه د شېر سرخ په جرګه کې د پاچا په توګه وټاکل شو او په دې توګه د میرویس نیکه د خپلواکۍ نیمګړی ارمان د یوې لویې امپراطورۍ په بڼه بشپړ شو.

د میرویس نیکه د نسب په اړه د مغرضانه افسانو ځواب
ځینې کسان د ناپوهۍ یا غرض له مخې هڅه کوي میرویس نیکه د "بخارا تاتار" وبولي ترڅو د افغانستان په تاریخ کې د هغه مرکزي نقش کمرنګه کړي. دوی د **"پارسي شهزاده (The Persian Cromwell) "**په څېر د یو خیالي او افسانوي داستان پر بنسټ (چې په ۱۷۲۴م کې په لندن کې چاپ شوی) قضاوت کوي.

حقیقت دا دی چې : ۱ .میرویس نیکه په ۱۷۱۵ کال کې وفات شوی، په داسې حال کې چې په دغه تخیلي کتاب کې د هغه مړینه په فارس کې ذکر شوې. ۲ .په کتاب کې د ګرګین په څېر د تاریخي شخصیتونو یادونه نشته او کیسه په بشپړ ډول "افسانه" ده. ۳ .پښتانه د خپلو شجرو په ساتلو کې خورا دقیق دي او هیڅ غیر پښتون نشي کولی په درواغو ځان د یوې لویې پښتني قبیلې (هوتک) مشر کړي.

شپږم جدول: د هوتکیانو سلسله

شمیره	د پاچا نوم	د پخوانی پاچا سره نسبت	د حکومت پلازمینه	د حکومت دوره (میلادی)
۱	میرویس خان هوتک	د هوتکیانو د سلسی موسس	قندهار	۱۷۰۹-۱۷۱۵
۲	امیر عبدالعزیز هوتک	د میرویس خان هوتک ورور	قندهار	۱۷۱۵-۱۷۱۷

۳	شاه محمود هوتکی	د میرویس خان هوتک زوی	قندهار- اصفهان	۱۷۱۷- ۱۷۲۵
۴	شاه اشرف هوتکی	د امیر عبدالعزیز هوتک زوی	اصفهان	۱۷۲۵- ۱۷۲۹
۵	شاه حسین هوتکی	د میرویس خان هوتک زوی	قندهار	۱۷۲۹- ۱۷۳۸

د افغانستان د معاصر دولت جوړښت؛

احمدشاه بابا

احمدشاه ابدالي چې وروسته د خپلې پوهې او تدبیر له امله په "احمدشاه بابا "مشهور شو، په ۱۷۲۲ میلادي کال کې په هرات کې وزیږېد. هغه په ۱۷۴۷ کال کې د افغانستان د پاچا په توګه وټاکل شو او په ۱۷۷۲ کال کې د توبې په غره کې وفات شو. د احمدشاه بابا افکارو او کړنو د افغانستان پر سیاسي ژوند او ملي هویت دومره ژور اغېز وکړ چې د دې خاورې تاریخ یې له یوې نوې مرحلې سره مخ کړ.

د شېر سرخ جرګه او د پاچاهۍ اعلان

په ۱۷۴۷ کال کې د نادر شاه افشار له مړینې وروسته، افغاني قواوې (۴۰۰۰ غلجایي او ۱۲۰۰۰ ابدالي او ازبیک) د نور محمد خان غلجایي او احمد خان ابدالي په مشرۍ د کندهار په لور وخوځېدې. په کندهار کې د پښتنو، ازبیکانو، هزاره ګانو، بلوڅو او تاجیکانو د مشرانو یوه لویه جرګه جوړه شوه. د نهو ورځو مذاکراتو وروسته، د یو عارف شخصیت)صابر شاه کابلي (په غوښتنه، احمد خان د پاچا په توګه وټاکل شو. صابر شاه د غنمو یو وږی د تاج په ځای د هغه پر خولۍ کېښود، چې دا د برکت او ملي یووالي نښه وه.

اداري او نظامي نظام
احمدشاه بابا يو داسې لښکر جوړ کړ چې د افغانستان د ټولو قومونو استازيتوب په کې کېده. د هغه په لښکر کې بلوڅ، پښتانه، ازبیک، قزلباش، هزاره او تاجيک سرتېري او جنرالان شامل وو. که څه هم هغه يو زړور فاتح و او خپله امپراطوري يې تر ډيلي، لاهور او کشمير پورې وغځوله، خو د خپل ۲۵ کلن سلطنت پر مهال يې د هېواد په کلتوري او صنعتي بيارغونه (لکه ښوونځي او فابريکې) کې کم کار وکړ.

د افغانستان د دولت هويت؛ "خراسان" که "افغانستان"؟
په دې وروستيو کې ځيني مغرضي کړۍ هڅه کوي چې احمدشاه بابا د "خراسان وروستی پاچا" معرفي کړي، نه د افغانستان د دولت بنسټګر. دا ادعا له تاريخي حقايقو سره په ټکر کې ده:

۱ .د خراسان تعريف :خراسان تل يوه پراخه جغرافيايي سيمه وه (چې مرو، نيشاپور او هرات په کې شامل وو)، خو هيڅکله يې د يو داسې خپلواک سياسي واحد په توګه وجود نه درلود چې د احمدشاه بابا له دولت سره دې پرتله شي .۲ . د هويت ريښې :د افغانستان د دولت هويت د ميرويس نيکه له وخت څخه تر نن پورې په دريو شيانو ولاړ دی :سياسي خپلواکي، حنفي مذهب او افغاني کلتور .دا درې واړه مشخصات د احمدشاه بابا په دولت کې په بشپړه مانا موجود وو .۳ . شاهرخ ميرزا :د نادر شاه لمسی (شاهرخ) د احمدشاه بابا له خوا د خراسان د والي په صفت مقرر شوی و، چې دا په خپله ثابتوي چې احمدشاه بابا د ټولې سيمې مقتدر پاچا و او خراسان يې يوازې يوه اداري برخه وه.

اووم جدول: د افغان دولت د بنسټونو مقايسه

احمدشاهي دوره (۱۷۴۷م)	هوتکي دوره (۱۷۰۹م)	مشخصه
لويه امپراطوري (آمو تر ډيلي)	بومي خپلواکي (کندهار)	سياسي دريځ
حنفي مذهب او مذهبي زغم	حنفي مذهب (د صفويانو پر وړاندې)	ديني هويت
ملي او متمرکزه (د جرګې پر بنسټ)	محلي او نظامي	اداري جوړښت
د افغان ملت جوړونه	د افغانيت شعور	ملي هويت

د ابدالی د امپراطوری تشکیل (درانی)

احمد شاه ابدالی د فارس او د هندوستان د دولتونو د ضعف څخه په استفاده، د یو لوی امپراطوری په جوړولو یی لاس پوری کړ چی له نیشاپور څخه بیآ ترلاهور او کشمیر او سند تر ساحاتو غزیدو او دا امپراطوری په دومره لوی والی یی د نیمی پیړۍ لپاره د دی د لمسی د سلطنت تر ختمه پوری ۱۷۹۰م دوام درلود.

پنځم چارت: د درانی امپراطوری نقشه

د احمدشاه بابا اړیکي له ګاونډیو دولتونو سره

احمدشاه بابا نه یوازې یو ستر فاتح و، بلکې یو تکړه ډیپلومات هم و. هغه د خپلو ګاونډیو سره د اړیکو په جوړولو کې له پوځي ځواک او سیاسي ودونو (خویشی) څخه په مهارت کار اخیست.

۱ .هندوستان او د مغولي امپراطورۍ برخلیک

لکه څنګه چې مخکې یادونه وشوه، د نادر شاه افشار بریدونو د هند مغولي امپراطورۍ مرکزي قدرت سخت ځپلی و. کله چې احمدشاه بابا په ۱۷۴۷ کال کې د هند په لور لښکرکشي وکړه، په ډیلي کې مغولي واکمني د پخوا په پرتله ډېره کمزورې شوې وه.

- **سیاسي اړیکي :**احمدشاه بابا د ډیلي له فتحې وروسته، د هند له حاکمانو سره دوستانه او د درناوي اړیکې وساتلې.

- **خويشي (نژدېوالی) :**هغه د مغولي شاهي کورنۍ لور **"ګوهر نساء "**خپل زوی تيمورشاه ته په نکاه کړه، ترڅو د دواړو کورنيو ترمنځ د دوستۍ مزي کلک شي. دا دوستانه اړيکي تر هغه وخته رواني وې چې انګريزانو پر هند بشپړه ولکه ټينګه کړه.

٢ .له ايران سره اړيکي او مذهبي زغم

احمدشاه بابا د نادر شاه لمسی، **شاهرخ ميرزا**، په مشهد (خراسان) کې د والي په توګه وساته. دا د هغه د سياسي بصيرت نښه وه.

- **مذهبي ازادي :**انګرېز سياح **جورج فورسټر** چې د تيمورشاه په وخت کې يې له بنګال څخه تر لندنه سفر کړی و، په خپله سفرنامه کې ليکي چې افغان دولت د خراسان له شيعه مذهبه خلکو سره خورا ښه چلند کاوه. هغوی په خپلو مذهبي او کلتوري مراسمو کې بشپړ ازاد وو، سره له دې چې په هغه وخت کې مذهبي تعصبات په سيمه کې خورا زيات وو.
- **سياسي ثبات :**په داسې حال کې چې ايران د نادر شاه له مړينې وروسته په کورنيو جګړو او هرج او مرج کې ډوب و، تر هغه چې کريم خان زند (١٧٥٧م) واک ته ورسېد؛ افغانستان د يو باثباته او مرکزي قدرت په توګه په سيمه کې پاتې شو.

٣ .له منځنۍ اسيا (بخارا) سره اړيکي

په دې وخت کې په بخارا کې د **جنيدي کورنۍ** واکمنه وه. هغوی په پيل کې د افغانستان پر شمالي سيمو بريدونه کول، خو احمدشاه بابا په ١٧٤٩ کال کې خپل وزير، **شاه ولي خان**، د لښکر سره شمال ته ولېږه.

- **د آمو سيند سرحد :**په ١٧٦٧ کال کې د يوې رسمي هوکړې له مخې، **آمو سيند** د افغانستان او د بخارا د امارت ترمنځ د رسمي پولې په توګه وپېژندل شو. دا سرحد تر ننه پورې د افغانستان د شمالي پولې په توګه پاتې دی.

اتم جدول: د احمدشاه بابا د بهرني سياست لنديز

مهمې پېښې	**د اړيکو بڼه**	**ګاونډی هېواد**
د ډيلي فتحه او د ګوهر نساء سره د تيمورشاه نکاح	نظامي او دوستانه	**هندوستان**
په مشهد کې د شاهرخ ميرزا ساتل او مذهبي زغم	ملاتړی او باثباته	**ايران (خراسان)**

مهمې پېښې	د اړیکو بڼه	ګاونډې هېواد
د آمو سیند د رسمي پولې په توګه منل (۱۷۶۷م)	سرحدي هوکړه	**بخارا**

د افغان دولت استحکام او ملي یوالی

احمدشاه بابا په داسې حال کې واک ته ورسېد چې افغان ولس د پېړیو ملوک الطوایفي، کورنیو جګړو او بهرنیو بریدونو له امله له اقتصادي پلوه په تنګ وو. هغه ثابته کړه چې نه یوازې یو فاتح دی، بلکې د خپل ولس له نبض او د ګاونډیو له سیاسي حالاتو هم بشپړ خبر دی.

۱ .د فیوډالیزم مهارول او د امنیت ټینګښت

تر هغه وخته، د افغانستان په بېلا بېلو برخو لکه هزاره جاتو او شمالي ولایتونو کې فیوډالي نظام (اربابي او میري) حاکم و، چې پر بزګرانو او عامو خلکو یې بې کچې ظلم کاوه.

- **مرکزي واکمني** :احمدشاه بابا د لویو فیوډالانو مخالفتونه (لکه په کندهار کې د نور محمد خان میر افغان او نورو توطیې) په کلکه وځپل.
- **سپاهي نظام** :هغه قبیلوي لښکر له پلازمېنې لرې کړ او په بدل کې یې یو داسې نظامي ځواک جوړ کړ چې معاش یې له دولت څخه اخیست. دې کار د قبیلو د مشرانو د مطلق العنانی مخه ونیوله.
- **استخباراتي نظام** :هغه د "اخبار دفتر" او "هرکاري باشي" له لارې دقیق استخبارات لرل، چې د دولت ضد توطیو په شنډولو کې یې ورسره مرسته کوله.

۲ .د احمدشاه بابا اخلاق او ولسي محبوبیت

احمدشاه بابا یوازینی پاچا و چې تاج یې پر سر نه کاوه او د تخت پر ځای به پر فرش ناست و. هغه ته به ولس د "پلار" او "غازي" خطاب کاوه.

- **تواضع** :هغه د خلکو سره په مخامخ لیدنو کې خورا متواضع و او د تشریفاتو پر ځای یې د انصاف او عدل پلوي کوله.
- **له عیاشۍ لرې والی** :د خپل ۲۵ کلن سلطنت پر مهال یې هیڅکله په تجمل او عیاشۍ وخت تېر نه کړ.

- **د کورنی محدودول :** هغه خپل زامن او خپلوان د دولت په چارو کې له لاسوهنې لرې ساتل، یوازې شهزاده تیمور یې د جهان خان پوپلزي تر روزنې لاندې د راتلونکي لپاره چمتو کاوه.

د احمدشاهي دولت اداري جوړښت

احمدشاه بابا د دولت د چارو د سمون لپاره یو منظم اداري سیستم رامنځته کړ چې په پلازمېنه او ولایتونو کې یې لاندې برخې لرلې:

نهم جدول: د احمدشاه بابا د دولت د چارو د سمون لپاره یو منظم اداري سیستم

دنده / مسئولیت	د ادارې نوم
د دولت د چارو عمومي مدیریت	صدارت (وزارت)
د مالیې او عوایدو تنظیم	اعلی دیوان
د امنیت او کوتوالی چارې	ضبط بېګي دفتر
د جزا او قانون تطبیق	نسقچي باشي
د دربار لیکنې او فرامین	ډیوانِ انشا
د وسلو او نظامي وسایلو ډیپو	قورخانه
د قضایي مسایلو حل او فصل	شرعي محاکم

د احمدشاه بابا وفات او میراث

احمدشاه بابا په وروستیو کلونو کې د شکرې (دیابت) ناروغۍ او په پوزه کې د یو ناسور زخم له امله خورا کمزوری شوی و. هغه په ۱۷۷۲ میلادي کال کې د ۵۱ کلونو په عمر د **توبې په غره** (قندهار ته نږدې) کې وفات شو. د هغه مړینه د افغانستان لپاره د یو لوی مشر له لاسه ورکول وو، خو هغه داسې یو بنسټ اېښی و چې افغانستان یې له آمو تر عمان سمندر پورې په یو سیاسي وحدت کې راوستی و.

په هېواد کې د مېشتو قومونو ترمنځ اړیکې او د استبداد ماهیت

په دې کې شک نشته چې د افغانستان په تاریخ کې ډېرى پاچاهان، لکه امیر عبدالرحمن خان او له هغه مخکې او وروسته واکمن، مستبد او ظالم وو. خو دا استبداد یوازې پر یوه ځانګړي قوم نه، بلکې د هر هغه چا پر وړاندې و چې د مرکزي قدرت مخالفت یې کاوه. پخپله ډېر پښتانه قومونه له خپلو سیمو وشړل شول او د هېواد لیرې پرتو سیمو ته تبعید شول.

مرکزي قدرت که قومي تعصب؟

په تېرو درېیو پېړیو کې یوازې دوه سترې پېښې شته چې مرکزي حکومت له غیر پښتنو قومونو سره په مخامخ جګړه کې ښکېل و :١ **.د امیر عبدالرحمن خان برید پر هزاره جاتو .٢ .پر کافرستان (اوسني نورستان) برید او هلته د اسلام خپرول.**

پوښتنه دا ده چې ایا دا بریدونه "قومي فاشیزم" و او که د مرکزي دولت لخوا د "ملوک الطوایفي" د له منځه وړلو هڅه؟ که څه هم د امیر عبدالرحمن خان په بریدونو کې پر هزاره ګانو بې کچې ظلم وشو، خو دا په حقیقت کې د یو ظالم پاچا اقدام و ترڅو هغه سیمې چې خپلواکي یې غوښته، تر خپل واک لاندې راولي. دا کټ مټ د احمدشاه مسعود له هغه اقدام سره ورته دی چې په ١٩٩٣ کال کې یې په "افشار" کې د هزاره ګانو پر وړاندې وکړ ترڅو په کابل کې خپل حاکمیت ټینګ کړي.

په احمدشاهي دوره کې د قومونو ګډون او برخه

برعکس د وروستیو پېړیو د استبداد، د افغانستان د معاصر دولت بنسټګر احمدشاه بابا یو داسې نظام جوړ کړی و چې ټول قومونه په کې شریک وو. د تاریخي اسنادو له مخې، هزاره ګانو د دراني دولت په استحکام کې بنسټیز رول درلود:

- **درویش علي خان هزاره :**هغه د احمدشاه بابا له خوا د هرات لومړنی حاکم او د نایب السلطنه په توګه وټاکل شو او د بابا د ژوند تر وروستی ورځې په دغه لوړه څوکۍ پاتې شو.
- **بنسټ خان هزاره :**هغه د قاجاري ایرانیانو پر وړاندې د هرات په دفاع کې خورا مېړانه وښوده او د "جام او باخرز" ولایتونه یې فتح کړل.
- **شېر محمد خان هزاره :**په ١٨٣٨ کال کې یې د ٤٠٠٠ سرتېرو په مشری له قاجاري لښکرو څخه د هرات ساتنه وکړه.

د احمدشاه بابا د وخت د والیانو تنوع

د الفنستون او حمید مبارز د څېړنو له مخې، د احمدشاه بابا په اداره کې د قومونو وېش داسې و:

لسم جدول: د احمدشاه بابا په اداره کې د قومونو وېش

قومي ټراو	حاکم / والي	سیمه / ولایت
هزاره	درویش علي خان	**هرات**
بیات (قزلباش)	عباسقلي خان	**نیشاپور**
غلجی	اشرف خان	**قلات**
کاکړ	دوست محمد خان	**شکارپور**
افشار (پارسی)	شاهرخ میرزا	**مشهد**
بلوڅ	نصیر خان	**بلوچستان**
مومند	زین خان	**پنجاب**
قزلباش	میرزا هادي خان	**دارالانشاء (مرکز)**

د پښتنو سلطانانو د حکومتولی بڼه او د چلند څرنګوالی

ایا د پښتنو د حکومتولی طریقه له خپلو ګاونډیو سره توپیر درلود؟ تاریخي شواهد ښیي چې پښتنو سلطانانو د قدرت په اوج کې هم د خپلو رقیبانو او تر لاس لاندې ولسونو سره له خورا زغم او مړانې ډک چلند کړی دی.

١ .د هوتکي او دراني سلطانانو د زغم بېلګې

- **شاه محمود هوتکي :**کله چې هغه په ١٧٢٢م کال کې اصفهان فتح کړ او د صفوي امپراطورۍ دوه سوه کلنه واکمني یې نسکوره کړه، د هغه وخت د دود خلاف یې صفوي شاه حسین او د هغه کورنۍ ونه وژل، بلکې تر خپل ملاتړ لاندې یې وساتل او حتی د هغوی له کورنۍ سره یې د خپلوۍ تارونه وغځول.
- **احمدشاه بابا او تیمورشاه :**احمدشاه بابا د ډیلي له فتحې وروسته مغولي پاچا په خپل تخت وساته او خپله لور یې د هغوی کورنۍ ته په نکاح کړه. د هغه زوی تیمورشاه هم له مغولي او افشاري شهزادګیو سره د نکاح له لارې سیاسي ثبات رامنځته کړ.

- **مذهبي ازادي** :د انګرېز سیاح جورج فورسټر په وینا، د دراني دولت په قلمرو کې شیعه مذهبه خلک په خپلو مذهبي او کلتوري چارو کې بشپړ ازاد وو، په داسې حال کې چې پخپله شیعه ګانو به سنیان (پښتانه) په سمه توګه د مسلمانانو په توګه نه منل.

٢ .کلتوري تعامل؛ د فارسي ژبې پالنه

پښتنو سلطانانو هیڅکله قومي او ژبني تعصب نه درلود. هغوی فارسي (دري) ژبه د خپل دولت د رسمي او اداري ژبې په توګه ومنله.

- احمدشاه بابا، تیمورشاه او شاه شجاع په دري ژبه دیوانونه او شعرونه لرل.
- د پښتنو په سیمو کې د سعدي "ګلستان او بوستان" او د حافظ دیوان په جوماتونو او مدرسو کې تدریس کېدل.
- هغوی د هند د مغولي او فارسي دولتونو اداري او مالي سیستمونه د خپل نوي هېواد لپاره انتخاب کړل.

٣ .د ګاونډیو دولتونو د چلند سره مقایسه

د پښتنو د عادلانه چلند په مقابل کې، د ګاونډیو دولتونو (صفوي، افشاري او عثماني) چلند له وحشت او بې رحمۍ ډک و:

یوولسم جدول: د ګاونډیو دولتونو (صفوي، افشاري او عثماني) چلند

د چلند ډول او تاریخي بېلګې	**واکمن / سلسله**
د شیبک خان ازبیک جسد یې وځېره، غوښې یې پر درباریانو وخوړلې او له ککرۍ یې د شرابو جام جوړ کړ.	**شاه اسماعیل صفوي**
خپل زامن یې ړانده کړل او شهزادګان یې په نشو روږدي کول ترڅو د پاچاهۍ دعوه ونه کړي.	**شاه عباس کبیر**
په ډیلي کې یې عام وژنه وکړه او خپل زوی (رضاقلي میرزا) یې په خپلو لاسونو ړوند کړ.	**نادر شاه افشار**
د قدرت په سر یې خپل ټول ورونه (حتی تیاره خواره ماشومان) په وریښمین پړي خفه کول او وژل.	**عثماني سلطانان**

واکمن / سلسله	د چلند ډول او تاریخي بېلګې
اورنګزیب (هند)	خپل ورور یې وواژه او خپل پلار (شاه جهان) یې په زندان کې وساته.

۴ .د غیر پښتون زمامدارانو چلند په افغانستان کې (۱۹۹۳-۱۹۹۲م)

تاسو په خورا زړورتیا د ۱۹۹۰مې لسیزې د تنظیمي جګړو او په ځانګړې توګه د **"افشار فاجعې** "یادونه کړې ده. دا د تاریخ یوه توره پاڼه ده چې د غیر پښتون مشرانو (لکه مسعود، سیاف، فهیم او نورو) ترمنځ د واک جګړې له امله رامنځته شوه.

- **د افشار فاجعه (فبروري ۱۹۹۳) :**په دې پېښه کې نږدې ۷۰۰ کسان ووژل شول یا لادرکه شول. پر ښځو او ماشومانو تېري وشول او د کابل یو لوی برخه په کنډواله بدله شوه.
- **قوامي تعصب :**په دغو جګړو کې د قیافې له مخې خلک نیول کېدل؛ که به څوک تاجیک و د یوې ډلې لخوا او که به هزاره و د بلې ډلې لخوا به شکنجه کېده.

پایله او تحلیل

د څېړنې خلاصه دا ده چې پښتانه سلطانان د خپلې "بومي" ریښې له امله له ولس سره نرم او متواضع وو، خو هغو کسانو چې بهرنی اغېزې یې لرلې یا یې د واک لپاره دیني او مذهبي تعصب کاراوه، هېواد یې له تباهۍ سره مخ کړ. د طالبانو د لومړۍ دورې چلند هم د همدې "بهرنۍ مدرسې" او "بیګانه کلتور" محصول دی، نه د اصیل افغاني کلتور.

افغان دولت او د پښتنو قبایلي سیستم؛ اصل که ابزار؟

نن ورځ په ډېرې رسنیو کې د "قبیلې" او "قبایلي فاشیزم" اصطلاحات په تحقیري ډول د پښتنو پر وړاندې کارول کېږي. دا نقد اکثره د هغو کړیو لخوا کېږي چې له ایراني ناسیونالیزم او یا هم د تنظیمي جګړو له پاتې شونو (شورا نظار او جمیعت اسلامي) څخه اغېزمن دي. هغوی هڅه کوي چې د "خراسان" او "آریانا" په نومونو د افغانستان اوسنی هویت تر پوښتنې لاندې راولي.

۱ .قبیله د ټولنیز نظم په توګه

برعکس هغه څه چې د مستشرقینو او مغرضو لیکوالانو لخوا ویل کېږي، د پښتنو لپاره قبیله د "وروسته پاتېوالي" نه، بلکې د **"افتخار، قانونمندۍ او ټولنیز مسؤلیت "**نښه ده.

- **پښتونولي :**دا د پښتنو مدني کوډ (Civil Code) دی چې د اسلامي شریعت له چوکاټ سره په موازي ډول په ټولنه کې نظم رامنځته کوي.
- **اولیویر روی :(Olivier Roy)** دغه فرانسوی پوه پښتونولي یو "مثبت سیستم" بولي چې په غیر پښتنو ټولنو کې یې بدیل نشته. هغه په ډاګه کوي چې په غیر پښتنو سیمو کې د داسې یو کوډ د نشتوالي له امله مذهبي مشران او محلي ظالمان (اربابان) بې کچې واکمن دي.

۲ .جرګه؛ د ولسي ډیموکراسۍ سمبول

که څه هم ځینې منتقدین لکه صاحبزاده مرادي، جرګې د "وروسته پاتې دود" په توګه یادوي، خو حقیقت دا دی چې جرګه د پېړیو راهیسې د افغانانو د ګډو پرېکړو یوازینۍ باوري مرجع وه.

- حتي په معاصره دوره کې (د بن کنفرانس او ۲۰۰۴ کال اساسي قانون)، تر هغه چې "لویه جرګه" جوړه نه شوه، هیڅ سیاسي بدلون مشروعیت پیدا نه کړ.
- هیڅ تاجک، هزاره یا ازبک مشر تر اوسه د جرګې مشروعیت په بشپړ ډول رد کړی نه دی، ځکه دا د افغان ولس د ارادې تمثیل دی.

۳ .طالبان او د پښتونولۍ ټکر

دا یو لوی تاریخي ناسم پوهاوی دی چې طالبان د پښتنې قبیلې محصول وګڼل شي.

- **د مدرسې تولید :**طالبان د پاکستان په کډوالو کمپونو او وهابي مدرسو کې روزل شوي دي. هغوی له افغاني ناسیونالیزم او پښتونولۍ سره هیڅ کلتوري تړاو نلري.
- **د بودا مجسمو ویجاړول :**پښتنو سلطانانو د درې سوه کلونو په جریان کې د بامیانو بودا د یو ملي او لرغوني تاریخي اثر په توګه وساتله، خو طالبانو د ای ایس ای (ISI) په لمسونه او مذهبي تعصب دا اثار له منځه یوووړل. دا ثابتوي چې د هغوی ایډیالوژي له افغاني ارزښتونو سره په ټکر کې ده.

دولسم جدول: د پښتنو د قبايلي دولت او ګاونډيو دولتونو مقايسه

ګاونډي دولتونه (صفوي/قاجاري)	د پښتنو قبايلي دولت (۱۸مه پېړی)	ځانګړنه
د حاکم مطلق العنان امر	د جرګې او قبيلو هوکړه	**د واک بنسټ**
مذهبي افراطي حکمونه	پښتونولي او شريعت	**قانوني کوډ**
ميراثي او خانداني استبداد	د مشرانو ترمنځ مصلحت (Consensus)	**ډيموکراتيک اړخ**
مذهبي او ژبنی تعصب	د فارسي او پښتو ګډه پالنه	**د کلتور پالنه**

پايله او تحليل

احمدشاه بابا په ۱۷۴۷ کال کې يو داسې نظام رامنځته کړ چې د هغې زماني له معيارونو سره سم، د ګاونډيو هېوادونو په پرتله خورا ډيموکراتيک او د ولس پر ارادې ولاړ و. د قبيلې او پښتونولی اصول هغه وخت د يوه باثباته دولت د جوړولو بوازينی وسيله وه. د يويشتمې پېړی په معيارونو د اتلسمې پېړی قضاوت کول يو علمي خيانت دی.

د طالبانو د تحريک او پښتني قبايلي کلتور ترمنځ ذاتي تضاد

هغه کړی چې د طالبانو غورځنګ د پښتنو د قبايلي کلتور محصول ګڼي، د "پښتونولی" د مدني کوډ او د طالبانو د سخت دريځې مذهبي ايډيالوژی ترمنځ له ژور ټکر څخه ناخبره دي.

۱ .پښتونولي او شريعت؛ دوه جلا نظامونه

لکه څنګه چې فرانسوي پوه **اوليوير روی** اشاره کړې، پښتونولي يو مثبت او سيکولر (غير مذهبي) سيستم دی چې د پښتنو په کليو کې ټولنيز نظم ساتي. احمدشاه بابا هم د خپل دولت د تنظيم لپاره يوازې پر نړيواله فقه بسنه ونه کړه، بلکې د پښتنو د دوديزو اصولو پر بنسټ يې داسې مقررات جوړ کړل چې له شريعت سره يې په موازي ډول د دولت چارې پر مخ وړلې.

۲ .په پښتني ټولنه کې د ملا او قومي مشر ځایګی

په دودیزه پښتني ټولنه کې د ملا رول یوازې په مذهبي مراسمو (لمونځ، نکاح، جنازه) کې محدود دی. هغه د پرېکړې کولو (Decision Making) واک نلري.

- **د ملا حیثیت :**په پښتني کلیو کې ملا د یو مشورتي غړي په توګه لیدل کېږي، نه د یو سیاسي یا قومي مشر په توګه. ان تر دې چې ډېری ملایان د قوم برخلیک ټاکونکو جرګو ته نه بلل کېږي.
- **مقایسه :**د پښتنو برعکس، په غیر پښتنو ټولنو کې (په ځانګړې توګه د هزاره ګانو په منځ کې) مذهبي مشران د سیاسي رهبرانو حیثیت لري. د بېلګې په توګه، د محمد محقق د لاسونو ښکلول د هغوی په کلتور کې د مذهبي مشر لوړ مقام ښیي، چې دا دول چلند په اصیلو پښتني کلیو کې له ملا سره نشته.

دیارلسم جدول: د طالبانو ایدیالوژۍ او په پښتني ټولنه کې د ملا او قومي مشر ځایګی مقایسه

د طالبانو ایدیالوژي (مدرسه)	پښتني قبایلي سیستم (پښتونولي)	ځانګړنه
مذهبي امیر او ملایان	جرګه او قومي مشران (مشر/خان)	**د واک مرجع**
د مدرسي توندلاری تفسیر	پښتونولي (ننګ، میلمستیا، بدل)	**د پرېکړې بنسټ**
ملا د ټولني مطلق واکمن دی	ملا یو مشورتي غړی دی	**ټولنیز رول**
له هېواده بهر (مدرسوي) ایدیالوژي	بومي او تاریخي افغاني دودونه	**تاریخي ریښه**

۳ .د استبداد عمومیت او د پښتنو محرومیت

دا ادعا چې پښتنو پاچاهانو یوازې نور قومونه ځپلي، له تاریخي پلوه ناسمه ده. افغان سلاطین مستبد وو، خو دا استبداد "قوم" نه پېژانده:

- **د پښتنو ځپل :**امیر عبدالرحمن خان او نادر خان په زرګونو پښتانه مشران (لکه د خوګیانو ملک قیس) تبعید او زنداني کړل.

- **اقتصادي وضعیت :**په تېرو ۳۰۰ کلونو کې پښتني سیمې د مخابراتو، انرژۍ او زیربناوو له پلوه تر ټولو وروسته پاتې سیمې وې. دا ثابتوي چې "پښتون پاچا" په دې معنی نه و چې د پښتنو سیمو ته دې ځانګړی امتیاز ورکړل شوی وي.

دریمه برخه
معاصر افغانستان تر د سلطنتی نظام ختمه پوری

د افغانستان د معاصر تاریخ پیل

د هېواد معاصر تاریخ، د یوه خپلواک دولت له رامنځته کېدو او د ملي حاکمیت له ټینګښت سره یوځای، د نوي دولتي او ملي هویت د جوړېدو پیل دی؛ هغه هویت چې نن سبا نړۍ ورسره د "افغانستان" په نامه اشنا ده. په افغانستان کې د ملي سمبولونو پر وړاندې د بې باورۍ او پاخونونو رامنځته کول، د ایران د فرهنګي بریدونو یو له بدو پایلو څخه دی. ایران هڅه کوي چې په ځانګړې توګه د قومي اقلیتونو او مذهبونو ترمنځ نفاق ته لمن ووهي، ترڅو د دې هېواد خپلواک او ملي هویت له منځه یوسي.

پر ملي سمبولونو دا بریدونه لومړی پر علمي او اداري بنسټونو پیل شول، خو اوس دا لړۍ ورځ تر بلې د افغانستان پر بنسټګرو، د هېواد پر جوړښتي تاریخ، شاهانو، امیرانو، دري ژبې، افغان ملیت، اساسي قانون او بالاخره د افغانستان پر نوم او ځمکنۍ بشپړتیا پورې رارسېدلې ده. دا فرهنګي یرغل په ځانګړې توګه د هغو کسانو لخوا پر مخ وړل کېږي چې په ایران کې یې زده کړې کړې او د لویو خبري دستګاوو، ادبي او مذهبي رسنیو لکه ورځپاڼو، مجلو، ټلویزیونونو او راډیوګانو له لارې فعالیت کوي. دا رسنۍ د ایران د ډېرو پیسو په مستقیمه او غیر مستقیمه مرسته جوړې شوې دي. په دې لیکنه کې به موږ د "افغانستان" پر نوم بحث وکړو، چې ځیني کورني ایرانپال کسان یې پر اکثریت باندې د اقلیت د نوم تپل بولي.

د یوه داسي هېواد جوړېدل چې نوی دولتي حاکمیت لري او نن نړۍ یې د "افغانستان" په نامه پېژني، بنسټ یې په ۱۷۰۹م کال کې په کندهار کې د صفوي فارس پر وړاندې د میرویس خان هوتکي په پاخون کېښودل شو. وروسته د نادرشاه افشار لخوا د لنډ مهاله اخلال او اشغال سره سره، په ۱۷۴۷م کال کې د احمدشاه ابدالي (چې وروسته په دراني مشهور شو) د پاچاهي په اعلان سره دا دولت تحکیم او ثبات وموند. دا بهیر تر ننه پورې له کومې وقفې پرته، لومړی د کندهار او بیا د کابل په مرکزیت، د متغیر جغرافیایي حدودو په لړلو سره ادامه لري.

د دې نوي دولت مشخص هویت د سیمې د دوو لویو قدرتونو (د هند مغولي دولت او د فارس صفوي دولت) پر وړاندې د سیاسي استقلال، حنفي اسلام او افغاني

کلتور (افغانیت او اسلامیت) له ترکیب څخه جوړ شوی دی. دغه هویت د میرویس خان هوتکي له زماني راهیسې د جمهور رئیس اشرف غني تر وخته بدلون نه دی کړی. په "افغانیت" کې نه یوازې د پښتونولی اصول شامل دي، بلکې خراساني کلتور هم په کې لویه برخه لري. په دې ۳۰۹ کلونو کې د جغرافیایي بدلونونو، د واکمنو د لقبونو له بدلون او د رژیمونو له اوښتو سره سره، د دې هېواد او نوي دولت په ماهیت او مشخص هویت کې کوم بنسټیز بدلون نه دی راغلی.

افغانستان له ۱۸مې پېړۍ دمخه دوه پړاوونه تېر کړي دي: د اسلام نه مخکې دوره (لکه: هخامنشي، یونان-بختري، کوشاني، یفتلي او ساماني عصر) او د اسلام نه وروسته دوره (لکه: د راشده خلیفه ګانو عصر، امویان، عباسیان، طاهریان، صفاریان، سامانیان، غزنویان، سلجوقیان، غوریان او نور...). دا دورې په حقیقت کې د سیمې ګډ تاریخ دی او له اوسني بحث څخه بهر دي. هغه څه چې دلته پرې بحث کېږي، له ۱۸مې پېړۍ وروسته د "نوي افغانستان" ظهور دی (سرور دانش، د افغانستان اساسي حقوق، سینا خپرندویه ټولنه، ۱۳۸۹، ۱۹۹ مخ).

ایراني لیکوالان د بهرنیو له سلطې څخه د خلاصون، د یو ځواکمن متمرکز دولت رامنځته کېدل او د یوه نوي شیعه هویت استمرار، د خپل هېواد لپاره هغه عوامل بولي چې پر بنسټ یې صفوي دولت د "معاصر ایران پیل" ګڼي؛ کوم چې د افشاریانو، زندیانو، قاجاریانو او په نهایت کې د پهلوي او اسلامي جمهوریت په لړۍ کې ادامه لري.

کله چې موږ په افغانستان کې د معاصر دولت په اړه له داسې تعریف څخه ګټه اخلو، نو معاصر افغانستان د میرویس خان په مشرۍ د هوتکیانو د دولت له جوړېدو سره پیل کېږي. دغه دولت په لوېدیځ کې د صفوي سلطنت او په ختیځ کې د هند د مغولي امپراطورۍ نفوذ پای ته ورساوه او یو خپلواک او متمرکز حکومت یې رامنځته کړ چې وروسته په چټکۍ سره په افغان ابدالي امپراطورۍ بدل شو.

که څه هم دا دولت په تېرو دریو پېړیو کې د سیمې له دریو قدرتونو (برتانوي هند، تزاري روسیه او قاجاري ایران) سره د خپل استقلال او پولو د ساتنې لپاره په دفاعي جګړو کې بوخت و او جغرافیا یې کوچنۍ شوه، خو بیا یې هم خپل بقا او استمرار ساتلی دی.

لکه څنګه چې د صفوي دولت هویت (شیعه مذهب او ناسیونالیزم) د ایران د ملت جوړونې لامل شو، د افغان دولتونو هویت (هوتکي، ابدالي او د هغوی ځایناستي) چې پر سني حنفي اسلام او افغاني ناسیونالیزم ولاړ دی، د افغان ملت د جوړېدو

سبب شو؛ چېرته چې د قانون او دولت له نظره هر فرد او هر قوم د "افغان" تر نامه لاندې راځي.

افغان هویت: یو ملي که قومي هویت؟

ډېر خلک پوښتنه کوي چې په افغانستان کې د ملي هویت اصل او ماهیت څه دی؟ زما په باور د افغان ملي هویت تعریف داسې دی :د تېرو ۳۰۰ کلونو تاریخ ته په کتو، د افغانستان ملي هویت یوه ناڅاپي پدیده نه ده، بلکې د یوې شعوري او تکاملي پروسې محصول ده. دا هویت چې له ۱۷۴۷ کال راهیسې رامنځته شوی، پر څلورو بنسټیزو ستنو ولاړ دی چې "افغان ملت" له خپلو ګاونډیانو بېلوي:

۱ .**د خراساني کلتور ادغام** :دري ژبه، بډایه ادبیات او د نوروز په څېر دودونه، چې د نښلونکې ژبې او د ټولو قومونو د ګډ کلتوري بستر په توګه یې خپل مرکزي موقعیت ساتلی او پیاوړی کړی دی.

۲ .**پښتونولي** :د اخلاقي او چلند د کوډونو په توګه (لکه مېلمه پالنه او ننواتې) چې له لویې قومي ډلې څخه ټول ملي کلتور ته خپاره شوي او پر هغه یې ژور اغېز کړی دی.

۳ .**د اسلام دین او حنفي مذهب** :چې د یوه معنوي چتر او حقوقي چوکاټ په توګه، د ملت غوڅ اکثریت یې په یوه واحد لاره کې سره یوځای کړی دی.

۴ .**لویه جرګه (د ګډ حکمت او پرېکړې بنسټ)** :د ملي مسایلو په اړه د پرېکړې کولو تر ټولو لوړ سمبول. لویه جرګه له یوه قومي دود څخه پورته، د "مشروعیت ترلاسه کولو ملي میکانیزم" دی، چې په کې د ټولو قومونو او پرګنیو استازي د هېواد د برخلیک ټاکلو (د مشر ټاکلو او اساسي قانون څخه نیولې تر جګړې او سولې) لپاره راټولېږي. دا بنسټ په دولت کې د ټولو خلکو ګډون تمثیلوي.

پایله :د دې تعریف له مخې، **"افغان "**یو قومي هویت نه، بلکې یو منلی شوی **ملي هویت** دی. زموږ د هویت توپیر د ایران له ملي هویت سره (چې پر تشیع او مرکزي ملتپالنې ولاړ دی) په همدې کثرت‌ګرایی او د "خراسانیت"، "پښتونولۍ" او "جرګو" ترمنځ په توازن کې دی. دلته ښودل شویدی چې څنګه دې عناصرو نه یوازې یو بل حذف نه کړل، بلکې د وخت په تېرېدو یې د "افغان ملت" په نوم یو خپلواک هویت رامنځته کړ.

له فیض محمد کاتب هزاره پرته، نږدې ټولو افغان تاریخلیکوالانو لکه احمد علي کهزاد، عبدالحي حبیبي، میر غلام محمد غبار او صدیق فرهنګ، د معاصر افغانستان ریښې په لاندې نومونو یادې کړې دي:

- یو بېل هېواد
- یو واحد او خپلواک هېواد
- یو ملي او خپلواک افغان هویت

دغه هویت چې تر ننه پورې پر خپل ځای پاتې دی، په ۱۷۰۹م کال کې په کندهار کې د میرویس خان هوتک له قیام، په ۱۷۱۷م کال کې په هرات کې د ابدالیانو له تحرکاتو او بیا په ۱۷۴۷م کال کې په کندهار کې د احمدشاه ابدالي د پاچاهۍ له اعلان سره تړلی بولي. هوتکیان وتوانېدل چې په ۱۷۲۲م کال کې د صفوي امپراطورۍ تغر ټول کړي او د فارس ډېرې سیمې له خپل هېواد سره یوځای کړي.

کله چې میرویس خان هوتک د صفویانو پر ضد پاڅون وکړ (۱۷۰۹م کال)، په دې سیمه کې یې د یوه خپلواک بومي دولت شالوده کېښوده. هغه وخت دغه قلمرو چې نن یې د افغانستان په نامه پېژنو، کوم ځانګړی واحد نوم نه درلود او په لاندې سیمو وېشل شوی و: خراسان، ترکستان، بدخشان، کابلستان، افغانستان (د پښتونخوا سیمې)، سیستان، غرجستان، زابلستان، قندهار او بلوچستان.

دغه سیمې د هرات د تیموریانو له زماني وروسته، نږدې دوه پېړۍ د ختیځ له لوري (غزني او کابل) د هند د مغولي امپراطورۍ او له لوېدیځ لوري (هرات، بادغیس او کندهار) د فارس د صفوي امپراطورۍ لخوا اداره کېدې. د کندهار ښار په ځانګړې توګه په کراتو د دې دوو قدرتونو ترمنځ لاس په لاس شوی دی. په دې خاوره کې له شپاړسو څخه زیات قومونه لکه پښتانه، تاجیک، هزاره، اوزبیک، پشه یي، عرب، قرغیز، ترکمن، بلوڅ، قزلباش، بیات او نور مېشته وو.

تاریخي حقیقت دا دی چې د هوتکیانو دولت له صفاریانو او غوریانو وروسته لومړنی بومي دولت و چې د دې خاورې له منځه راپورته شو. دغه دولت په تصادفي ډول نه و جوړ شوی، بلکې د خلکو د سختو مبارزو او د صفوي استیلاګرو د ظلم او په زور د مذهب بدلولو (شیعه سازۍ) پر وړاندې د پاڅون پایله وه. لکه څنګه چې ایراني شنونکي بهرام مشیري ویلي: "ګرګین ته امر شوی و چې پر خلکو له ظلم او ستمه لاس واخلي، خو د خلکو حوصله نوره ختمه شوې وه او قیام یې وکړ".

که څه هم د هوتکیانو بومي دولت ۲۰ کاله وروسته د نادر افشار لخوا له منځه یووړل شو، خو د نادر افشار له مړینې وروسته بیا د احمدشاه ابدالي او نورو افغان مشرانو په همت دا دولت بیا احیا او تحکیم شو. میر غلام محمد غبار په خپل کتاب "افغانستان در مسیر تاریخ" کې لیکي (۳۵۴ مخ)" *د نادرشاه افشار له مړینې سره*

سم، په لښکر کې ګډوډي رامنځته شوه. افغان لښکر چې له ۴ زره غلجیانو او ۱۲ زره ابدالیانو او اوزبیکانو جوړ و، د نور محمد خان غلجایي او احمدخان ابدالي په مشرۍ د کندهار په لور حرکت وکړ. په کندهار کې چې د افغانستان د ټولو قومونو مرکز و، نور محمد خان د غلجایي، اوزبیک، ابدالي، هزاره، بلوڅ او تاجیک مشرانو ته وړاندیز وکړ چې یوه جرګه جوړه او پاچا وټاکي".

احمدشاه ابدالي د اته ورځني بحث وروسته د جرګې لخوا د پاچا په توګه وټاکل شو. د تاج اېښودلو په مراسمو کې د پښتنو، تاجیکو، هزاره ګانو او قزلباشو د قومونو مشران حاضر وو (الفنستن، د کابل سلطنت ګزارش، ۲ ټوک). سرور دانش لیکي : *"په دې ډول د لومړي ځل لپاره د افغانستان په نامه یو دولت په سیمه کې رامنځته شو. احمدشاه د ۲۵ کاله سلطنت وروسته په۱۷۷۲ کال کې له نړۍ سترګې پټې کړې".*

غبار بیا لیکي (۳۶۱ مخ)" *:کله چې احمدشاه هرات ته ورسېد، د درویش علي خان هزاره په ملاتړ یې ښار ونیوه او د هرات حکومت یې همدې هزاره مشر ته وسپاره ".*دا ښیي چې د احمدشاه بابا په اداره او اردو کې د هېواد د ټولو قومونو (هزاره، اوزبیک، غلجایي، ابدالي او نورو) ونډه وه.

احمدشاه بابا د دولت په اداره کې له قبایلي مشرانو کار اخیست، خو د دولت مرکزیت په کندهار کې و چې یو څه قومي رنګ یې درلود. تیمورشاه پرېکړه وکړه چې د سیمه‌ییزو فیوډالانو قدرت کم او دولت په یو ریښتیني "ملي دولت" بدل کړي. د همدې هدف لپاره یې پلازمېنه کابل ته راولېږدوله او د قومي لښکرو پر ځای یې یوه معاش خوره منظمه اردو جوړه کړه. په کابل کې د مرکزیت له امله د بیاتانو او قزلباشانو نفوذ ډېر شو او دري ژبه د اقوامو ترمنځ د اړیکو، اداري او کلتوري ژبې په توګه حاکمه شوه. په همدې وخت کې په افغانستان کې د یوه ملي دولت شالوده پیاوړې شوه او په مرکزي اداره کې د ټولو قومونو ونډه زیاته شوه«.

آیا چا د "خراسان د شاه" تر نامه لاندې خپلواک حکومت کړی؟

ساسانیانو د اوسني افغانستان لوېدیځې سیمې، چې خراسان هم په کې شامل و، خپلې سیمې ګڼلې. د ۶۵۱ میلادي کال وروسته د عربو لخوا د دې سیمو له فتحې او په مرو (د خراسان مرکز) کې د ځایي حکومت له جوړېدو وروسته، د خراسان ولایت د ختیځو فتوحاتو مرکز وګرځېد.

د عباسي خلافت پر مهال، خراسان د اوسني افغانستان ټولې سیمې نه شاملولې. د »**اخبار الزمان** «له کتابه په نقل قول، چې د غزنوي مسعود په زمانه کې لیکل شوی، د هارون الرشید د زامنو ترمنځ د ولایتونو وېش داسې و :۱ .**محمد الامین :** عراق (اوسنی عراق او د ایران برخه)، یمن، حجاز او د شام یوه برخه .۲ .**عبدالله**

مامون :خراسان، ماورالنهر، هند، سند، نیمروز، کابل او زابلستان .۳ .**مؤتمن :**د شام برخه، مغرب، آذربایجان، روم، زرنج او حبش.

لکه څنګه چې لیدل کېږي؛ ماورالنهر، نیمروز، کابل او زابلستان (له کندهاره تر کابله) د خراسان له قلمرو څخه بهر ولایتونه وو.

حقیقت دا دی چې تر احمدشاه بابا وړاندې، نادر افشار دا سیمې ونیولې، هوتکي امپراطورۍ ته یې د پای ټکی کېښود او د »**ایران د شاه** «په نامه یې حکومت وکړ، نه د خراسان د شاه په نامه. تر هوتکیانو وړاندې صفوي پاچاهانو هم د «ایران د شاهانو» (فارس) په نامه حکومت کاوه، نه د خراسان تر نامه لاندې. له صفویانو مخکې شیبک خان اوزبیک او تیموریانو له سمرقند، بخارا او هرات څخه حکومت کاوه، خو د خپلې لویې خاورې لپاره یې (چې له ماورالنهر څخه تر سیند سینده او تر فارس او عثماني ترکیې پورې وه) کوم ځانګړی واحد نوم نه درلود.

خراسان په اصل کې یوه لویه جغرافیایي سیمه وه چې مرو (ترکمنستان)، نیشاپور (ایران) او هرات (افغانستان) په کې شامل وو. په تاریخ کې د "خراسان" په نامه کوم خپلواک هېواد یا خپلواک شاه هیڅکله شتون نه درلود. په زړه پورې خو دا ده چې د صفویانو په ملکي تشکیلاتو کې هیڅ ولایت د "خراسان" په نامه وجود نه درلود او د هغه عصر په هیڅ کتاب کې قندهار او هرات ته د خراسان نوم نه دی اخیستل شوی.

احمدشاه ابدالي په هماغه بڼه چې د خراسان شاه و، د کابل او قندهار شاه هم و. د احمدشاه بابا په وخت کې خراسان یوازې د یوه ولایت نوم و چې د نادر افشار لمسی (شاهرخ) هلته د احمدشاه بابا لخوا د "بګلربیګي" (والي) په توګه ټاکل شوی و. په دې حدودو کې یوازې د اوسني ایران د خراسان برخه شامله وه او هرات په کې نه و. هرات د دراني قلمرو یو بل بېل ولایت و چې درویش علي خان هزاره یې لومړنی بګلربیګي و.

ډېر خلک د خراسان جغرافیایي حوزه د خراسان له فرهنګي او تمدني حوزې سره غلطوي. د خراسان تمدني حوزه له ماورالنهر څخه تر ډیلي، سند او عراق پورې پراخه وه. دا حوزه په لومړي ګام کې د دري ژبې د تکامل او خراساني سبک د ادبیاتو له امله رامنځته شوه، چې وروسته لوېدیځ ته د اوسني ایران تر پولو (د فارسي په نامه) او کوچنۍ اسیا (عثماني ترکیې) او د هند نیمې وچې ته وغځېده.

د صفوي دورې په اوردو کې د خراسان پولې په لاندې نقشه کې په ښه توګه تعریف شوي دي چې د صفوي دورې په اوږدو کې د اروپایي جغرافیه پوهانو لخوا رسم شوې ده:

شپږم چارت: دِ خراسانِ پولې د صفوي دورې په اوږدو کې

د افغانستان د نوم عمومی کول

دا یو تیروتنه او هم مغرضانه عمل دی چی د کوم رسمی فرمان پواسطه د میرویس خان یا احمد شاه ابدالی لخوا وګرځو چی د افغانستان نوم رسما پر دی ساحه د سلطنت کې یی اینبودلی وی.دا طبیعی دی چی دولتونو په هغه نامه چی اکثریت اقوام پکښې وی نامګذاری کیږی. درسته ده چی د ابدالی سلطانانو قلمرو په اول کې افغانستان نه وو نومیدلی، اما دا نوم په طبیعی شکل سره په تدریجی ډول سره د دوی د حاکمیت او قیمومیت لاندې ساحو باندی په رسمین پیژندل شویدی او په رسمی اسنادو کې یی ذکر شوی. دا له یاده باید و نه باسو چی د دی سیاسی استقلال ماهیت، حنفی اسلام،او افغانی فرهنګ دی چی د افغانستان د دولتونو د تداوم مشخصه د میرویس خان هوتک له وخته تر نن ورځی پوری دی،د دی هیواد نوم نه.ډیر هیوادونه د پر نفوس ترین قومونو نوم (یا دین) خپل یی خپل په ځان د هیواد د نوم په شکل اینبودلی دی، لکه هندوستان،تاجیکستان، اوزبیکستان، ترکمنستان،قزاقستان، عربستان، ترکیه،جرمنی، فرانسه،روسیه او داسی نور او نور د هیواد ټول میشته اقوام د دی طبیعی نامګذاری سره کوم مشکل نه لری لکه چی مخکی مو ولیکل در سوه او نهه کاله د مخه،د اتلسمی میلادی پیړی په سر کښې،

کله چې میرویس خان خپل په قیام باندی د صفویانو د شالوده په مقابل کې و خپلواک بومی دولت په دی هیواد کې جوړ کړ او د هغی څخه وروسته بیآ د ۱۷۴۷ م کال کې احمد شاه ابدالی یو خپلواک دولت په دی هیواد کې جوړ کړ، هیواد چې نن یی د افغانستان په نامه پیژنو خاص نوم یی نه درلود مګر د مختلفو جغرافیایی حوزو څخه جوړ شوی وو. د افغانستان نوم یواځی د اتلسمی میلادی پیړۍ د منځ څخه په دی معنی چې د هیواد د سیاسی وحدت کله چې په یو خپلواک هیواد کې د یو افغانی هویت سره میسر شو او د پښتنو د قوم د نفوس د زیاتوالی په وجهه د وخت په تیریدو سره ټول هیواد ته دا نوم ورکړل شو او بالاخره په میلادی نولسمه پیړۍ کې شهرت یی وموند.اګرچې د افغانستان اصطلاح، د یو هیواد د رسمی نوم په شکل په کراتو په ۱۷۸۲ میلادی کال کې د جورج فورسټر په کتاب کې د درانی دولت د قلمرو په برخه کې ذکر شویدی، اما د افغانستان کلمه، د پښتنو د ځای او مکان په شکل (پښتانه)، د اولین وار لپاره د هرات په تاریخامه کښی،د سیف هروی په تالیف د میلادی څلورمی پیړۍ په سر کې ذکر شویدی.

د افغانستان نوم،ملت او دولت ته کرونولوجیکی مختصره اشاره

۱) په ۱۷۸۲ م کال کې د تیمورشاه د سلطنت په وخت کې جورج فورسټر د افغانستان څخه د تیریدو په وخت کې د افغانستان د ملت او هیواد څخه یی نوم اخیستی (جورج فورسټر،د بنګال څخه انګلستان ته مسافرت د هندوستان د شمال، افغانستان، فارس او رسیی له لارو،د لندن چاپ،۱۷۸۹م).

۲) په ۱۷۸۹م کال کې حاجی ابراهیم وزیر اعظم د قاجار دولت په یو رسمی مکتوب کې د افغانستان څخه یاد کړی (صدیق فرهنګ، افغانستان په آخرو پنځو پیړیو کښی).

۳) په ۱۷۸۹ م کال کې وفادار خان وزیر اعظمشاه د زمان په رسمی مکتوب کې د قاجار د صدر اعظم په ځواب کې د افغانستان څخه یاد کړی (صدیق فرهنګ، افغانستان په آخرو پنځو پیړیو کښی).

۴) میرزا اسدالله خان غالب د هندوستان مشهور شاعر او همداراز تاریخ لیکونکی د مغولیه د دربار چې د اتلسمی پیړۍ په پیل کې تقریبا ۲۵ کاله د احمد شا بابا کبیر له تولده وروسته تولد شوي دي. ، خپل په یو لیک کې په اردو ژبه (چې د ((خطوط غالب)) په نامه مشهور دی) د ؛خان؛ کلمه یی تشریح کړی او داسی لیکی چې: ؛خان؛ په عام ډول سره د افغانستان خلکو ته ویل کیږی.

۵) په ۱۸۸۰م کال کې الفنستون د افغانستان له هیواد څخه نوم وړی (موتستوارت الفنستون،د کابل د سلطنت گزارش او د هغې د تابعو قلمروونو په فارس کښې، کشمیر او تاتاری،چاپ د لندن ۱۸۴۲م).

۷) په ۱۸۳۸ م کال کې وایسرا د بریتانوی هند د انګریز او افغان د لمړنی جګړی د پیل څخه د مخه د افغانستان د دولت څخه یی نوم وړی ((صدیق فرهنګ، افغانستان په آخرو پنځو پیریو کښی).

په افغانستان کې د انګلیس استعماري مداخلې

په افغانستان کې د انګلیسانو استعماري مداخلې په ۱۷۹۶م کال کې د احمدشاه بابا د لمسي، **زمانشاه** د سلطنت پر مهال پیل شوې او تر ۱۹۱۹م کاله پورې يې ۱۲۳ کاله دوام وکړ. په دې موده کې د افغانستان په وړاندې د انګلیسانو تګلاره په درېو پړاوونو وېشل شوې وه:

۱ .د **ابدالي امپراطورۍ کمزوري کول او زوال** :د کورنیو او سیمه‌ییزو سیالانو په مرسته (۱۷۹۸-۱۸۳۷م) .۲ .**مستقیم اقدامات** :د افغانستان د مستعمره کولو لپاره پوځي بریدونه (۱۸۴۲-۱۸۳۸م او ۱۸۸۰-۱۸۷۸م) .۳ .د **افغانستان بدلول په یوه "حایل" او تحت‌الحمایه هېواد)** :۱۹۱۹-۱۸۸۱م.(

لومړی پړاو (۱۸۳۷-۱۷۹۸م): د توطئو پیل

د انګلیس له استعمار سره د افغانانو لومړی ټکر غیر مستقیم خو خورا وژونکی و. په ۱۷۹۸م کال کې د هند مهاراجه‌ګانو چې د "شرقي هند کمپنی" له پراختیا په وېره کې وو، زمانشاه ته بلنه ورکړه چې هند ته لښکر وباسي. انګلیسانو د دې خطر د مخنیوي لپاره خپل استازی، مهد علي خان د قاجاري ایران دربار ته واستاوه او هغوی يې وهڅول چې پر افغانستان برید وکړي.

انګلیسانو د شاهزاده محمود او کامران په ملاتړ کورنیو جګړو ته لمن ووهله. زمانشاه چې ډیلي ته نږدې شوی و، د ایران د برید له امله بېرته راستنېدو ته مجبور شو، چې په پایله کې ونیول شو او سترګې یې ړندې شوې. په دې توګه د انګلیسانو په توطئه او د ایراني قاجاریانو په مرسته په افغانستان کې د سدوزایانو او بارکزایانو ترمنځ د ۴۰ کلونو لپاره کورنۍ جګړې پیل شوې. په دې موده کې د رنجیت سنګ د انګلیسانو په ملاتړ کشمیر، ملتان، سند او په ۱۸۳۴م کال کې پېښور ونیول.

دویم پړاو (۱۸۴۲-۱۸۳۸م او ۱۸۸۰-۱۸۷۸م): مستقیم پوځي یرغلونه

انګلیسانو غوښتل افغانستان د هند په څېر خپله مستعمره کړي.

- **لومړۍ جګړه (۱۸۴۲-۱۸۳۸م)** :انګلیسانو د روسانو د نفوذ د مخنیوي په پلمه پر افغانستان یرغل وکړ. خو د افغانانو د ملي مقاومت له امله په ۱۸۴۲م کال کې شاتګ ته اړ شول. د ډاکټر براېډن په استثنا، د هغوی ټول

لښکر په ګندمک کې له منځه لاړ. په پایله کې امیر دوست محمد خان بېرته واک ته ورسېد او د افغانستان د اوسنیو پولو یووالی یې تامین کړ.

- **دویمه جګړه (۱۸۸۰-۱۸۷۸م)**: انګلیسانو یو ځل بیا هڅه وکړه چې په کابل کې خپل سفیر په زور ومني. امیر شېرعلي خان ورسره مخالفت وکړ، چې له امله یې انګلیسانو له دریو خواوو پر افغانستان برید وکړ. تر جګړې وروسته د **ګندمک معاهده** پر امیر محمد یعقوب خان تحمیل شوه، چې له مخې یې د افغانستان بهرني سیاست کنټرول د انګلیسانو لاس ته ورغی .خو کله چې د انګلیس سفیر، کیوناري په کابل کې د حاکم په څېر چلند پیل کړ، افغانانو پاڅون وکړ او هغه یې وواژه. دا جګړه په میوند کې د انګلیسانو په سخته ماته او د امیر عبدالرحمن خان په واک ته رسېدو پای ته ورسېده.

دریم پړاو (۱۹۱۹-۱۸۸۱م): حایل هېواد

په دې پړاو کې انګلیسانو خپله تګلاره بدله کړه او افغانستان یې د تزاري روسیې او بریتانوي هند ترمنځ د یو "حایل (Buffer State) "په توګه وکاراوه. امیر عبدالرحمن خان که څه هم په کورنیو چارو کې خپلواک و، خو بهرنۍ اړیکې یې د انګلیسانو تر څارنې لاندې وې. انګلیسانو په دې موده کې د افغانستان سرحدونه د خپلو ګټو په رڼا کې وټاکل، چې دا حالت تر ۱۹۱۹م کال او د خپلواکۍ تر ګټلو پورې دوام وکړ.

د هرات حماسه؛ د پردي غصب پر وړاندې د ۷۰۰ ورځو مقاومت [۲۰ د نومبر ۱۸۳۶ تر ۸ د سپتمبر ۱۸۳۸]

هرات تل د تاریخ په اوږدو کې د "خراسان مرغلره" او د تمدنونو نښلوونکی پاتې شوی. د ۱۸۳۶ کال د نومبر په ۲۰مه، د محمد شاه قاجار په مشرۍ ایراني لښکر، چې د روسي مشاورینو ملاتړ ورسره و، پر هرات برید وکړ. دا یوازې یو نظامي برید نه و، بلکې د یو ملت د خپلواکۍ د ازمویلو شیبه وه.

۱ .د تاریخي جعل مخنیوی

ایراني مورخین ډېرۍ وخت هڅه کوي چې د هرات بېلتون د انګرېزانو د دسیسې پایله وبولي، خو حقیقت دا دی:

- هرات په ۱۷۱۷ م **کال** کې د عبدالله خان ابدالي په مشرۍ له صفویانو خپله خپلواکي اخیستې وه.

- په **۱۷۴۷ م کال** کې د احمد شاه بابا په تاج اېښودلو سره، هرات د نوي افغانستان د جغرافیې نه بېلېدونکې برخه شوه.
- د ایران ماته په هرات کې د انګرېزانو د یو جاسوس (پوټینجر) له امله نه، بلکې د هرات د خلکو د بې ساري مېړانې او د قاجاري لښکر د بې کفایتۍ پایله وه.

۲ .د هرات تاریخي شالید (له اوستا تر تیموریانو)

هرات چې په اوستا کې د **"هریوا "**په نوم یاد شوی، د پېړیو په اوږدو کې د لویو امپراتوریو مرکز پاتې شوی:

- **طاهریان او صفاریان :**هرات د دري ژبې او اسلامي کلتور د غوړېدو مرکز شو.
- **غوریان :**سلطان غیاث الدین غوري هرات د خپلې امپراتورۍ پلازمېنه کړه او د هرات جامع جومات یې ودان کړ.
- **تیموریان :**د شاهرخ میرزا او ګوهرشاد بېګم په وخت کې هرات د نړۍ د هنر او معمارۍ "رنسانس" تجربه کړ.

۳ .د استعمار لویه لوبه(The Great Game)

په ۱۹مه پېړۍ کې هرات د درېو لویو قدرتونو د سیالۍ ډګر و:

1. **افغانان :**د احمد شاه بابا د امپراتورۍ د ساتلو لپاره.
2. **بریتانیا :**د هند د مستعمرې د ژغورلو لپاره (له زمان شاه دراني څخه وېره).
3. **تزاري روسیه :**د سویل لور ته د نفوذ پراخولو لپاره.

انګرېزانو د زمان شاه د خطر د مخنیوي لپاره له ایران سره تړون وکړ ترڅو افغانان په کورنیو جګړو او د ایران په سرحدي شخړو بوخت وساتي.

۴ .د هرات د ارګ تاریخي ارزښت

د اختیارالدین کلا (ارګ) چې د سکندر مقدوني له مهاله ریښې لري، د هرات د مقاومت سمبول دی. دا کلا چې په وار وار ویجاړه او بیا رغول شوې، نن هم د افغان تاریخ د برم شاهده ده.

د برېتانوي هند تر ملاتړ (حمایت) لاندې د افغانستان د بهرني سیاست راوستل

امیر عبدالرحمن خان

امیر عبدالرحمن خان د محمد افضل خان زوی او د امیر دوست محمد خان لمسی و چې له ۱۸۸۰ څخه تر ۱۹۰۱م کال پورې یې پر افغانستان حکومت وکړ. هغه په ۱۸۴۰م کال کې زېږېدلی و او په ځوانۍ کې یې د قطغن او بدخشان د والي په توګه کار کړی و. عبدالرحمن خان له خپل تره، امیر شېرعلي خان سره تر مخالفت او ماتې وروسته بخارا ته جلاوطن شو، خو په ۱۸۶۶م کال کې بېرته راستون شو، شېرعلي خان ته یې ماتې ورکړه او خپل پلار یې پر تخت کېناوه. تر ډېرو بدلونونو وروسته، بالاخره په ۱۸۸۰م کال کې د "ضیاء الملة والدین" تر نامه لاندې د افغانستان د امیر په توګه وټاکل شو.

لکه څنګه چې مخکې یادونه وشوه، په تاسف سره د دویمې افغان-انګلیس جګړې پوځي بریا په یوې ډیپلوماتیکې ماتې بدله شوه. د دې پر ځای چې امیر عبدالرحمن خان پر انګلیسانو خپل شرایط ومني، له هغوی یې د غوښتنو پوښتنه وکړه. په پایله کې، انګلیسان وتوانېدل چې افغانستان د روسیې او برېتانوي هند ترمنځ په یو "حایل" او د خپل حمایت لاندې (Protectorate) هېواد بدل کړي؛ دا وضعیت تر ۱۹۱۹م کال پورې دوام وکړ.

د دولت جوړونې او مرکزي ادارې اصلاحات

امیر عبدالرحمن خان، چې په "اوسپنیز امیر (Iron Amir) "مشهور و، په خپله ۲۱ کلنه واکمنۍ کې د دولت د ادارې په تنظیمولو پیل وکړ:

- **مالیاتي سیستم :** هغه مالیاتي چارې اصلاح او منظمې کړې.
- **پوځي اصلاحات :** یو پیاوړی او منظمه معاش‌خوره اردو یې رامنځته کړه.
- **مرکزي واکمني :** هېواد یې په ولایتونو ووېشل او والیان یې په مستقیم ډول له مرکز څخه ټاکل، ترڅو د ملوک‌الطوایفي او محلي زورواکو واکمني پای ته ورسوي.

• **د داخلي پاڅونونو ځپل :**هغه ټول قومي مشران او سیمه‌ییز پاڅونوال په زور مطیع کړل. د هزاره‌جاتو خپلواکې سیمې یې د مرکزي اداري تر امر لاندې راوستې او کافرستان یې تر فتحې وروسته په "نورستان" بدل کړ.

د سرحدونو ټاکل

د هغه په دوران کې د افغانستان معاصرې پولې وټاکل شوې :١ .د **ډیورنډ کرښه (١٨٩٣م) :**له بریتانوي هند سره د سرحد په توګه وټاکل شوه .٢ .**د شمال پوله :** له تزاري روسیې سره د پنجدې تر جګړې وروسته سرحدونه وټاکل شول .٣ .**د لوېدیځ پوله :**له ایران سره د پولو رسمول او تعین بشپړ شو.

د واکمنۍ ماهیت او پایله

امیر عبدالرحمن خان د یوه داسې هېواد واګې په لاس کې واخیستل چې مشخص سرحدونه یې نه درلودل او کورنیو جګړو ځپلی و. هغه د بهرنۍ خپلواکۍ د محدودولو په بدل کې، د انګلیسانو له ملاتړ څخه کار واخیست ترڅو خپل داخلي موقف تثبیت کړي. که څه هم د هغه طریقې خشنې او توندې وې، خو وتوانېد چې افغانستان له هرج او مرج څخه وباسي او یو نسبي ثبات او مرکزي واکمني رامنځته کړي. هغه په ١٩٠١م کال کې په کابل کې مړ او په باغِ بالا کې خاورو ته وسپارل شو.

د امیر عبدالرحمن خان د حکومتولۍ لارې چارې

د افغان-انګلیس له لومړۍ او دویمې جګړې وروسته، انګریزانو په افغانستان کې د "تفرقه واچوه او حکومت وکړه" سیاست ته مخه کړه، چې له امله یې فیوډالیزم پیاوړی شو. د عبدالرحمن خان په واک ته رسېدو سره، د واک د تمرکز (Centralization)سیاست پیل شو چې د محلي خوانینو او فیوډالانو له سخت مقاومت سره مخ شو.

اداري او قضايي اصلاحات

امیر په دې وتوانېد چې هېواد په څلورو لویو ولایتونو (ترکستان، هرات، کندهار او کابل) او اوو لویو حکومتونو (ولسوالیو) ووېشي. هغه د دولتي پوستونو پلورل بند کړل او د روڼتیا لپاره یې بنسټیز کتابونه لکه **اساس القضات، نصایح الصبیان** او **شهاب الحساب** تالیف او پلي کړل، ترڅو د قانون نشتوالی جبران کړي.

د اردو عصري کول او د اجباري خدمت سیستم

د امیر د قدرت اصلي ستنه اردو وه. هغه د پخواني فیوډالي او قبیلوي لښکر پر ځای، یوه منظمه او عصري اردو رامنځته کړه.

• **جوړښت :**اردو یې په درېیو برخو (توپچي، سپاره او پلي) ووېشله.

- **د "هشت نفرۍ" سیستم :** هغه له هرې قبیلې څخه د اتو کسانو په منځ کې د یوه تن د اجباري عسکرۍ سیستم (هشت نفري) رامنځته کړ.
- **تجهیزات :** امیر د ۵۰ زرو څخه تر ۶۰ زرو پورې منظم ځواکونه لرل چې په پرمختللو وسلو سمبال وو.

اقتصادي فشار او مالیات

امیر پر هغو قومونو (لکه غلجي، پنجشیري او پکتیاوال) چې پخوا یې یوازې خپلو خانانو ته مالیه ورکوله، مستقیم دولتي مالیات وضع کړل. په دې مالیاتو کې د کارېزي ځمکو، زکات، واده او میراث مالیې شاملې وې، چې د ډېرو پاڅونونو لامل هم شوې.

د ملایانو او دیني قشر کنټرول

امیر هغو ملایانو ته چې د ده اطاعت یې نه کاوه، دوه لارې وښودې: تبعید یا مرګ. خو هغو ملایانو ته چې د ده پلوي یې کوله، معاشونه مقرر کړل او دیني مدرسې یې د دولت تر کنټرول لاندې راوستې. په دې توګه هغه دین د دولت د ثبات لپاره وکاراوه.

د "ناقلینو" پالیسي او قومي بدلونونه

د عبدالرحمن خان یو له خورا اغېزناکو سیاستونو څخه د "ناقلینو" پالیسي وه. هغه د پیاوړو پښتنو قومونو (په ځانګړې توګه د غلجیانو) د ځپلو لپاره هغوی په اجباري ډول له خپلو سیمو څخه شمال او غیر پښتني سیمو ته ولېږدول. په دې سره یې هم د هغوی قومي پیوستون مات کړ او هم یې په شمالي سرحدونو کې یو دفاعي کمربند جوړ کړ.

تخنیکي او صنعتي پرمختګ

امیر یوازې په جګړو بوخت نه و؛ هغه بهرني انجینران او ډاکټران راوبلل، د صابون، شمعې، څرمني او وسلو جوړولو فابریکې یې جوړې کړې او د اروپا د صنعتي مشاورینو نظر یې په مواصلاتو او اوبو لګولو کې وکاراوه.

تاریخي تراژیدی: هزاره جات او نورستان

د امیر د واکمنۍ دوه خونړي پړاوونه پر هزاره جاتو او کافرستان (نورستان) بریدونه وو. که څه هم هدف د مرکزي دولت ټینګښت و، خو په هزاره جاتو کې محلي قواوو داسې جنایتونه وکړل چې امیر حبیب الله خان وروسته د هغوی له کورنیو څخه بخښنه وغوښته. تاسو په سمه توګه دا پېښې د طالبانو له وروستیو

جنايتونو (په يکاولنګ او باميان کې) سره پرتله کړې دي، چې ښيي تاريخي تعصبات څنګه تکرارېږي.

د پنجده اشغال او د شمالي سرحدونو ټاکل

په ۱۸۷۳م کال کې د انګلستان د بهرنيو چارو وزير، **لارډ ګرينويل** (Lord Granville)او د تزاري روسيې استازي، **پرنس ګورچکوف** د يوې هوکړې له مخې د افغانستان شمالي سرحدونه يوازې د کاغذ پر مخ وټاکل. کله چې امير عبدالرحمن خان په ۱۸۸۰م کال کې واک ته ورسېد، د سرحدونو د عملي تثبيت اړتيا پيښه شوه.

په ۱۸۸۴م کال کې يو ګډ هيئت وټاکل شو، خو تزاري روسيې خپلو لښکرو ته امر وکړ چې پرمختګ وکړي. هغوی د هريرود پر سيند د "خاتون پل" د پوځي اډې په توګه وکاراوه او په ۱۸۸۵م کال کې يې **پنجده** او **آقتيپه** اشغال کړل. تر جنجالونو وروسته، بالاخره په ۱۸۸۷م کال کې د انګليس او روسيې ترمنځ يو شپږ فقرېيز پروتوکول لاسليک شو، چې له مخې يې د **ذوالفقار له درې تر خماب** پورې د ۵۶۰ کيلومترو په اوږدوالي شمال لوېديځه پوله تثبيت او نښانې يې نصب شوې.

د امير عبدالرحمن خان دوره او د ډيورنډ کرښې تړون (۱۸۹۳م) [د پولو ټاکل او د "لويې لوبې" جيوپوليټيکي فشارونه]

امير عبدالرحمن خان چې کله واک ته ورسېد، افغانستان د دوه سترو امپراتوريو (تزاري روسيه او برتانوي هند) ترمنځ د "حايل (Buffer State) "په توګه واقع و. د امير د دورې يو له خورا جنجالي پېښو څخه په ۱۸۹۳ کال کې له برتانوي هند سره د ډيورنډ کرښې د تړون لاسليک کول وو.

۱ .د تړون تاريخي شاليد او شرايط

په نولسمه پېړۍ کې برتانيا د "مخکې تګ (Forward Policy) "سياست درلود او غوښتل يې د روسيې د احتمالي يرغل مخه ونيسي. هغوی پر امير عبدالرحمن خان فشار راوړ ترڅو د نفوذ سيمې او سرحدي پولې وټاکي.

- **د ډيورنډ ماموريت :**د ۱۸۹۳ کال د اکتوبر په مياشت کې د سر مورټيمر ډيورنډ په مشرۍ يو برتانوي پلاوی کابل ته راغی.
- **لاسوند (تړون) :**د نومبر په ۱۲مه، د امير او ډيورنډ ترمنځ يو لنډ متن په دوو پاڼو کې لاسليک شو، چې هدف يې د دواړو قدرتونو ترمنځ د نفوذ د سيمو جلا کول وو.

۲ .د امير مجبوريتونه او د لاسليک شرايط

تاریخ پوهان د دې تړون په اړه مختلف لیدلوري لري، مګر د امیر عبدالرحمن خان په "تاج التواریخ" او نورو اسنادو کې ځینې ټکي روښانه دي:

- **پوځي فشار :**برتانیا افغانستان په اقتصادي او پوځي محاصره کې ساتلی و او امیر په هغه وخت کې د داسې یو ځواکمن لښکر خاوند نه و چې په یوازې سر له انګرېزانو سره په ټولو محاذونو کې وجنګېږي.
- **د یووالي ساتنه :**امیر ویره لرله چې که دا تړون ونه شي، انګرېزان به په مستقیم ډول پر کابل برید وکړي او د افغانستان پاتې برخه به هم له منځه یوسي. هغه د یوه "نیمګړي" مګر "واحد" افغانستان ساتل غوره وبلل.

۳ .د ډیورنډ کرښې اغیزې

دا تړون یوازې یوه سرحدي کرښه نه وه، بلکې د افغانستان په سیاسي او اجتماعي جوړښت کې یې ژور ټپونه پرېښودل:

- **د پښتنو وېش :**دې کرښې یو واحد قوم (پښتانه) په دوو برخو ووېشل، چې تر نن ورځې پورې یې د سیمې ثبات اغیزمن کړی دی.
- **د ستراتیژیکو سیمو له لاسه ورکول :**افغانستان له خپلو ځینو مهمو سیمو او د هند سمندر ته له لارې بې برخې شو.
- **دایمي جنجال :**له هغه وخته راهیسې هیڅ افغان حکومت دا کرښه د یوې رسمي او دایمي نړیوالې پولې په توګه په رسمیت نه ده پېژندلې، او دا د کابل او اسلام اباد ترمنځ د شخړو اصلي محور دی.

یادونه :د تړون بشپړ متن، رسمي نقشې او هغه حقوقي اسناد چې د دې معاهدې په تخنیکي اړخونو پورې اړه لري، د کتاب په پای لیک (ضمیمه) کې کتلی شئ.

حقوقي موقف او د ۱۹۲۱ کال معاهده

د ۱۹۲۱ کال معاهده، چې د هېواد د خپلواکۍ له ګټلو وروسته په کابل کې لاسلیک شوه، د ډیورنډ کرښه تاییدوي؛ خو دا معاهده یوازې د دریو کلونو لپاره د اعتبار وړ وه او هر لوري حق درلود چې د یو کال مخکیني خبر ورکولو په صورت کې یې فسخه کړي. په ۱۹۴۹ کال کې، افغانستان په یوه لویه جرګه کې دا معاهده په یو اړخیزه توګه لغوه کړه.

دا ادعا چې افغانستان د ۱۹۶۹ کال د جینوا کنوانسیون له مخې د ۱۹۲۱ کال معاهده نشي لغوه کولی، ناسمې دي؛ ځکه د جینوا کنوانسیون پر پخوانیو معاهدو

(Retroactive)اغېز نه کوي. له همدې امله، افغانستان هېڅکله د ډیورنډ کرښې پورې غاړه سیمو باندې خپل تاریخي حق له لاسه نه دی ورکړی.

پایله: د ثبات او اوسپنیزې پنجې دوران

د امیر عبدالرحمن خان دوران که څه هم له تاوتریخوالي سره مل و، خو هېواد ته یې نسبي ثبات راوړ. د ډیورنډ معاهدې له انګریزانو سره د هغه اندېښنې کمې کړې او هغه ته یې فرصت ورکړ چې په هېواد کې دننه د ملوک‌الطوایفي او فیوډالي نظام ریښې وباسي. هغه د روحانیت رول محدود کړ، د اوقافو چارې یې دولتي کړې او د **اساس القضات** په رامنځته کولو سره یې یو متمرکز دولتي نظم جوړ کړ چې د افغانستان د ټولو قومونو لپاره د یو تاریخي یادګار په توګه پاتې شو.

امیر حبیب الله خان (سراج الملة والدین)

امیر حبیب الله خان د امیر عبدالرحمن خان زوی و چې په ۱۸۷۲م کال کې په سمرقند کې زېږېدلی و او په ۱۹۰۱م کال کې د پلار تر مړینې وروسته د افغانستان امیر شو. هغه د ۱۸ کلنې واکمنۍ په لومړیو کې له ځینو بغاوتونو سره مخ شو، خو د پلار برعکس یو نرمخویه، پوه او حلیم انسان و. د میر محمد صدیق فرهنګ په وینا، هغه د نورو محمدزي پاچایانو په پرتله ډېر لوستی او په علمي لحاظ سواد لرونکی پاچا و.

عمومي بښنه او د عدالت تامین

د امیر حبیب الله خان یو له لومړنیو او د پام وړ کارونو څخه د هغو زندانیانو او تبعید شویو کسانو بښنه وه چې د امیر عبدالرحمن خان د استبداد قرباني شوي وو. هغه ټولو ته اجازه ورکړه چې بېرته هېواد ته راستانه شي او خپل جایدادونه تر لاسه کړي.

- **د هزاره ګانو په اړه فرمان** :د هغو هزاره ګانو په اړه چې د عبدالرحمن خان په وخت کې یې ډېر ستم لیدلی و، امیر په ۱۹۰۴م کال کې یو فرمان صادر کړ. هغه امر وکړ چې د دوی غصب شوې ځمکې دې بېرته ورکړل شي او که چېرې پر هغو ځمکو ناقلین مېشته وي، هغوی ته دې په نورو سیمو کې بدیله ځمکه ورکړل شي.

بنسټیز او کلتوري کارونه

امیر حبیب الله خان په افغانستان کې د معاصر عصر بنسټګر ګڼل کېږي : ۱ .**حبیبیه ښوونځی (۱۹۰۳م) :**د هېواد د لومړي عصري ښوونځي بنسټ یې کېښود چې وروسته د مشروطه غوښتونکو پر مرکز بدل شو.

۲ .**صنعت او برېښنا :**په جبل السراج کې یې د لومړۍ برېښناکوټ او د نساجۍ فابریکې (۱۹۱۵-۱۹۱۲م) بنسټ کېښود.

۳ .**مطبوعات :**په ۱۹۰۶م کال کې یې د "سراج الاخبار" جریدې اجازه ورکړه، چې که څه هم په لومړي سر کې ودرول شوه، خو په ۱۹۱۱م کال کې یې د محمود طرزي تر نظر لاندې د هېواد په روښانتیا کې لوی رول ولوباوه. ۴ .**حربي ښوونځی (۱۹۰۹م) :**د منظمې اردو د روزنې لپاره یې د حربي ښوونځي بنسټ کېښود چې هندي او ترکي استادانو په کې تدریس کاوه. ۵ .**ترانسپورت :**د لومړي ځل لپاره یې هېواد ته موټرونه راوړل او د کابل-جلال اباد او کابل-کندهار لارې یې د موټرو د تګ راتګ لپاره چمتو کړې.

محمود طرزي او د پښتو ژبې تقویت

د محمود طرزي (د افغان ژورنالېزم پلار) بېرته راستنېدل د امیر په دربار کې یو کلتوري انقلاب و. طرزي نه یوازې د استقلال او آزادۍ فکر خپور کړ، بلکې د لومړي ځل لپاره یې د پښتو ژبې (چې هغه وخت یې د افغاني ژبې نوم ورکړی و) د رسمي کولو او پیاوړتیا غږ پورته کړ. طرزي په "سراج الاخبار" کې ټینګار کاوه چې پښتو باید په ښوونځیو کې تدریس شي او د افغان ملت د اصلي هویت په توګه وپېژندل شي.

آلِ یحیی (مصاحبان) او د انګریزانو نفوذ

امیر د آلِ یحیی کورنۍ (نادر خان او ورونو ته یې) هم د راستنېدو اجازه ورکړه. نادر خان او ورونه یې چې په هند کې زېږېدلي وو، په دربار کې ډېر نفوذ وموند او د امیر د خاصو سلاکارانو یا "مصاحبانو" په توګه وپېژندل شول. همدا راز امیر حبیب الله خان د ډیورنډ کرښې معاهده له انګریزانو سره تایید کړه.

د امیر مړینه

که څه هم امیر ډېر اصلاحات راوستل، خو په شخصي ژوند کې په عیاشۍ او خوشګذرانۍ هم تورن و. بالاخره هغه د ۱۹۱۹م کال د فبرورۍ په ۱۹مه، کله چې په لغمان کې په ښکار بوخت و، په مرموز ډول په خپله خیمه کې ووژل شو. د هغه د مړینې په اړه ډېرې توطئې ذکر شوي چې ځینې یې امان الله خان او ځینې نور یې نادر خان او شجاع الدوله خان ته منسوبوي.

غازي امان الله خان او د افغانستان سیاسي استقلال

امیر امان الله خان، چې په "غازي امان الله خان" مشهور دی، د امیر حبیب الله خان دریم زوی او د امیر عبدالرحمن خان لمسی و. هغه په ۱۸۹۲م کال کې د کابل په پغمان کې زیږېدلی و. امان الله خان په حربي ښوونځي کې زده کړې کړې وې او له اردو سره یې نږدې اړیکې لرلې. د ۱۹۱۹م کال د فبرورۍ په ۲۷مه، د پلار تر مړینې وروسته واک ته ورسېد.

د خپلواکۍ جګړه او د استقلال لاسته راوړل

شاه امان الله د واکمنۍ په لومړیو کې د افغانستان د بشپړې خپلواکۍ اعلان وکړ، چې له امله یې د افغان-انګلیس دریمه جګړه پیل شوه. دا جګړه د ۱۹۱۹م کال د اګست په ۸مه د **راولپنډۍ د معاهدې** په لاسلیکولو سره پای ته ورسېده. که څه هم د معاهدې په متن کې د "استقلال" کلمه نه وه، خو د انګلیس د پلاوي مشر، **سر هملټن ګرانټ** په یو رسمي مکتوب کې تایید کړه چې بریتانیا د افغانستان خپلواکي په کورنیو او بهرنیو چارو کې په رسمیت پېژني.

اماني اصلاحات او روښانه دوره

د شاه امان الله دوره د افغانستان په تاریخ کې د "روښانتیا دوره" ګڼل کېږي. د هغه ځینې مهم کارونه دا وو:

- **اساسي قانون**: د هېواد د لومړي اساسي قانون تصویبول او د مشروطه شاهي نظام جوړول.
- **ټولنیز اصلاحات**: د غلامۍ (برده ګۍ) لغوه کول او د زده کړو اجباري کول.
- **بهرني سفرونه**: په ۱۹۲۷م کال کې اروپا، اسیا او افریقا ته د شپږو میاشتو سفر، ترڅو له عصري نړۍ سره اړیکې ټینګې کړي.
- **پراختیایي چارې**: د عامه کتابتونونو جوړول، د مطبوعاتو ازادي او بهر ته د محصلینو لېږل.

توطئې او د "ملا لنګ" پاڅون

د شاه امان الله تندلاري اصلاحات د ځینو محافظه کارو کړیو او د انګرېزانو له مخالفت سره مخ شول. په ۱۹۲۴م کال کې په پکتیا کې د **ملا لنګ** په مشرۍ پاڅون

وشو. انګرېزانو په دې توطئه کې مستقیم لاس درلود او حتی یو هندي یې د "عبدالکریم" په نامه د پخواني پاچا د زوی په توګه د ځدرانو قوم ته ننه کړ ترڅو د دولت ضد جګړه رهبري کړي. شاه امان الله مجبور شو چې د دې پاڅون د ځپلو لپاره خپل ځیني اصلاحات وځنډوي. بالاخره ملا لنګ ونیول شو او په ۱۹۲۵م کال کې اعدام شو. شاه د دې بریا په یاد په دهمزنګ کې د **"منارِ علم او جهل "**بنسټ کېښود.

ایا افغانستان مستعمره و؟

کله چې امان الله خان واک ته ورسېد، انګرېزانو په کابل کې حتی یو سفارت هم نه درلود او نه یې کوم عسکر یا اداري مامور په افغانستان کې و، په داسې حال کې چې په هند کې هر څه د انګرېزانو په لاس کې وو. نو افغانستان د کلاسیک تعریف له مخې هېڅکله "مستعمره" نه و، بلکې یوازې یې بهرنی سیاست د ګندمک د معاهدې له امله محدود شوی و، چې امان الله خان بېرته خپل کړ.

د اسد ۲۸مه؛ د استقلال حقیقي نېټه

که څه هم د راولپنډۍ معاهده د اګست په ۸مه لاسلیک شوه، خو شاه امان الله دا تړون ۱۲ ورځې وروسته د اګست په ۱۹مه (د اسد ۲۸مه) تایید کړ. له همدې امله دا ورځ د ملي استقلال د رسمي ورځې په توګه لمانځل کېږي. دا ورځ د کوم خاص قوم ناسیونالیزم نه، بلکې د ټول افغان ملت د مېړانې او یووالي سمبول دی.

عصري غوښتنه او په افغانستان کې د مودرنیزم نهضت

عصري کېدل یا مودرنیزم، چې په تېرو دریو پېړیو کې یې نړۍ د علمي او تخنیکي پرمختګ لور ته بیولې، د شاه امان الله خان په دوره کې د یوه پیاوړي نهضت په بڼه راڅرګند شو. کله چې امان الله خان په ۱۹۱۹م کال کې دا لاره غوره کړه، افغانستان له دغه نړیوال خوځښت څخه نږدې دوه پېړۍ وروسته پاتې و.

د مودرنیزم نړیوال شاخصونه

په پرمختللې نړۍ کې مودرنیزم په لاندې برخو کې خلاصه کېده:

- له ټکنالوژۍ څخه پراخه استفاده او د انرژۍ د تولید او مصرف مدیریت.
- د مریتوب (غلامی) لغوه کول او د نژادي تبعیض پر ضد مبارزه.
- د ښځو او نارینه وو مساوي حقوق او په ټولنه کې د ښځو فعال ګډون.
- ډیموکراسي، د بشر حقونه، او د دولت او دین جلاوالی (سیکولرېزم په مدني چارو کې).

اسلامي تمدن او عصري کېدل

د عصري کېدو غوښتنه باید د لوېدیځ تمدن انحصار ونه ګڼل شي. اسلامي نړۍ هغه وخت خپل اوج ته ورسېده چې د عباسیانو په دوره کې یې له علم او ساینس سره نږدې اړیکه پاتې شوه. په بلخ، هرات او غزني کې د ابن سینا بلخي او ابوریحان بیروني په څېر پوهانو د بشري تمدن بنسټونه کېښودل.

سنتي اسلام، پښتونوالي او د طالبانو تضاد

د میر عبدالواحد سادات او نورو محققینو په قول، د افغانستان سنتي اسلام د تاریخ په اوږدو کې له عرفان، زغم او فرهنګي پوهې سره غاړه غړۍ و (لکه د مولانا، جامي او رحمان بابا فکر). خو په وروستیو لسیزو کې "سیاسي اسلام" د سړې جګړې په پایله کې هېواد د جګړې پر ډګر بدل کړ.

دلته یو مهم ټکی شته :**د طالبانو مذهبي جنبش او د پښتونوالی ارزښتونه په تضاد کې دي.**

- د احمد شاه ابدالي په دوره کې هم یوازې پر فقهي احکامو تکیه نه کېدله، بلکې قومي اصول (پښتونوالي) د مدیریت برخه وه.
- په پښتني سیمو کې "ملا" د پرېکړې کونکی (تصمیم ګیرنده) نه و، بلکې مشورتي رول یې درلود؛ تصمیم د قومي مشرانو او جرګې لخوا نیول کېده.
- طالبان د هغو مدرسو تولید دي چې په پاکستان کې د وهابیت تر اغېز لاندې روزل شوي، چې د افغانستان له ملي ارزښتونو او ناسیونالیزم سره پردې دي (مثلاً د بامیان د بودا مجسمو ویجاړول چې پخوانیو پښتنو پاچایانو د ملي شتمنۍ په توګه ساتلې وې).

د اماني دورې د عصري کولو پروګرامونه

شاه امان الله خان، چې د محمود طرزي او ملکې ثریا له روښانه فکرونو اغېزمن و، د ترکیې او فارس (ایران) له تجربو په ګټنې لاندې اصلاحات راوستل :۱ .د نجونو او هلکانو لپاره د زده کړو عامول او بهر ته د محصلینو لېږل .۲ .د اجباري حجاب لغوه کول او په ټولنه کې ښځو ته ونډه ورکول .۳ .د مطبوعاتو ازادي او د "سراج النسوان" خپرول .۴ .د نوي اساسي قانون او مدني قوانینو معرفي کول . ۵ .د اوسپنې پټلۍ او نویو اداري ودانیو جوړول.

د اصلاحاتو پر وړاندې قیامونه او سقوط

د امان الله خان اصلاحات د دریو لویو پاڅونونو له امله له ماتې سره مخ شول :۱ . **د ملا لنګ قیام) ۱۹۲۴ :**(په سویل کې .۲ .د **شینوارو قیام) ۱۹۲۸ :**(په ختیځ

کې .۳ .د حبیب الله کلکاني پاڅون) ۱۹۲۹ :(چې بالاخره د کابل د سقوط لامل شو.

دا قیامونه طبقاتي نه وو، بلکې د مذهبي مشرانو او ملایانو لخوا رهبري کېدل چې پاچا ته يې د "کافر" خطاب کاوه. کله چې په ۱۹۲۸م کال کې حبیب الله کلکاني پر کابل برید وکړ، دولت یوازې ۸۰ تنه محافظین لرل چې د هغه د ۲۰۰۰ کسیز لښکر په وړاندې يې مقاومت کاوه، چې په پایله کې يې د اماني دورې روښانه فصل پای ته ورسېد.

د معاصر افغانستان پنځه بنسټګر

د دغ فصل په پای کې اړینه ده چې د معاصر افغانستان د هغو پنځو لویو بنسټګرو یادونه وکړو چې په تېرو فصلونو کې مو پرې بحث وکړ. دغو کسانو د صفوي او مغولي امپراتوریو له ویجاړیو وروسته، د افغانستان د هویت په مشخص کولو او د هېواد په تحکیم کې بنسټیزه ونډه لرلې ده:

۱ .**میرویس خان هوتکي :**میرویس خان په حقیقت کې د افغانستان **"جورج واشنګټن "**دی. هغه په داسې حال کې پاڅون وکړ چې د هېواد برخلیک د صفوي او مغولي امپراتوریو ترمنځ وېشل شوی و. ده په کندهار کې د صفوي واکمنۍ په پای ته رسولو سره، د لومړي ځل لپاره یو خپلواک افغاني سیاسي مشرتابه رامنځته کړ.

۲ .**احمد شاه ابدالي (احمد شاه بابا) :**هغه د صفوي او مغولي دولتونو له کمزورۍ څخه په ګټنې، د ابدالي امپراتورۍ بنسټ کېښود. احمد شاه بابا افغانستان ته یو مشخص افغاني او حنفي اسلامي هویت ورکړ او هغه جغرافیا يې تثبیت کړه چې نننی افغانستان يې وارث دی. د هغه له مړینې نږدې درې سېړۍ وروسته هم افغانستان د هغه د سیاسي تفکر پر بنسټ ولاړ دی.

۳ .**امیر دوست محمد خان :**کله چې افغانستان د بهرنیو دسایسو له امله په څو خپل سرو حکومتونو (کندهار، مزار شریف او هرات) وېشل شوی و او مرکزي واکمنې له منځه تللې وه، امیر دوست محمد خان وتوانېد چې دا تیت و پرک ولایتونه بېرته متحد کړي. هغه د هېواد د ځمکنۍ بشپړتیا او ملي یووالي د بېرته ژوندي کولو اتل وګڼل شو.

۴ .**امیر عبدالرحمن خان :**هغه د افغان-انګلیس له دویمې جګړې وروسته، ملوک‌الطوایفي نظام په "اوسپنیزه پنجې" له منځه یووړ. عبدالرحمن خان یو پیاوړی مرکزي دولت رامنځته کړ او د هېواد لپاره يې عصري ملکي او پوځي اداري

جوړې کړې چې د نوي دولتدارۍ بنسټ وګرځېد. هغه د افغانستان پولې هم په نړیواله کچه تثبیت کړې.

۵ .غازي امان الله خان :کله چې امان الله خان واک ته ورسېد، افغانستان د بریتانیا تر ملاتړ لاندې (Protectorate) هېواد و او بهرنۍ چارې یې د انګریزانو لخوا اداره کېدې. امان الله خان د افغانستان د بشپړ سیاسي استقلال په اعلان او له بریتانیا څخه د هغه په رسمي پېژندلو سره، هېواد ته په نړیواله کچه عزت او خپلواک هویت وباښه.

اوم چارت: د معاصر افغانستان پنځه بنسټګر

د سقوي اړودوړ او د شاه امان الله اصلاحات

د شاه امان الله خان اصلاحي ګامونه د هغه وخت له تندلارو افکارو سره په ټکر کې وو او د کلیوالي خلکو له روحیې او د افغانستان له دودیزو شرایطو سره یې سمون نه درلود. د روحانیونو مخالفت او د قبایلو پاڅون په پایله کې دولت له سقوط سره مخ کړ، چې د خلکو ترمنځ د «سقوي ګډوډۍ» په نامه مشهور شو.

حبیب الله کلکاني، چې د پلار د کسب (سقاوۍ) له امله په «بچهٔ سقا» مشهور و، په پیل کې د امان الله خان په اردو کې یو عادي عسکر و. نوموړي د امان الله خان کړنې د افغاني ارزښتونو خلاف ګڼلې او د مذهبي عالمانو او نقشبندي مشرانو په ملاتړ یې په کلکان کې پاڅون وکړ، ځان یې د افغانستان فرمانروا وباله او پر کابل یې برید وکړ.

شاه امان الله خان په تاریخ کې د لومړي ځل لپاره خپله مېرمن په اروپايي جامو کې صحنې ته راوېستله او له خلکو يې وغوښتل چې د هغې په څېر جامې واغوندي، مګر دا کار د خلکو له سخت مقاومت سره مخ شو. پاڅونوالو د ۱۹۲۹ کال د جنوري په ۱۴مه پر کابل وروستی برید وکړ. شاه سلطنت خپل ورور عنایت الله خان ته وسپاره او په خپله کندهار ته لاړ. عنایت الله خان هم له درې ورځو پاچاهۍ وروسته کابل پرېښود. حبیب الله کلکاني د ۱۳۰۷ کال د مرغومې په ۲۸مه پر تخت کېناست او ځان يې «امیر حبیب الله» ونوماوه.

که څه هم امان الله خان هڅه وکړه بېرته کابل ونیسي، خو ماتې يې وخوړه. حضرت نورالمشایخ مجددي په پکتیا کې له خپلو وسله والو مریدانو سره د غزني په لور حرکت وکړ او د شاه امان الله پر ځواکونو يې برید وکړ. د دربار دننه د ځینو کسانو په مرسته او د پراخو تبلیغاتو له امله، د شاه اردو وپاشل شوه او هغه مجبور شو چې د هند له لارې ایټالیا ته جلا وطن شي.

حبیب الله کلکاني او د اماني دورې سقوط

حبیب الله کلکاني چې د پلار د کسب له امله په «بچهٔ سقا» مشهور و، په ۱۳۰۸ هـ.ش (۱۹۲۹م) کال کې د امیر امان الله خان دولت د «کفر» او «لادینی» په شعارونو له منځه یووړ. امان الله خان چې نن هم د افغانانو په ذهن کې د خپلواکۍ د شاه، عصري غوښتونکي او بې ساري مصلح په توګه یادېږي، د همدې پاڅون له امله واک پرېښودو ته اړ شو.

امیر حبیب الله کلکاني د افغانستان د معاصر تاریخ یوازنی تاجیک تبار پاچا و، چې د نهو میاشتو لپاره يې واک په لاس کې درلود. نوموړي د امان الله خان د لوېدیځ پالونکو اصلاحاتو پر ځای د اسلامي شریعت د پلي کېدو اعلان وکړ، اساسي قانون يې لغوه کړ او ټول مالیات او عوارض يې غیرشرعي وبلل. که څه هم په پیل کې خلکو د یوې سوچه اسلامي ادارې په هیله د هغه ملاتړ وکړ، خو ډېر ژر اقتصادي ستونزو او ناامنیو د حکومت بنسټونه ولړزول.

د مذهبي افراطیت عصر ته ستنېدل

د حبیب الله کلکاني په دوران کې د معارف او تعلیم څرخ په ټپه ودرېد او ښوونځي منع شول. دا دوره د افغانستان په تاریخ کې له فکري پلوه یوازې د طالبانو له لومړۍ

دورې (۲۰۰۱-۱۹۹۶) سره پرتله کېدای شي، که څه هم د طالبانو په وخت کې د هلکانو لپاره زده کړې په بشپړه توګه نه وې منع شوې.

د "سقاوی" اصطلاح نوی تعبیر

په وروستیو کلونو کې ځینې لیکوالان، لکه رزاق مامون، د "سقاوی" اصطلاح ته له بلې زاویې ګوري. دوی دا یوازې یو ارتجاعي پاځون نه، بلکې په واک کې د تاجیکانو د بېرته راڅرګندېدو او د "تاریخي حذف" د مخنیوي یو ګام بولي. مامون دا بهیر په څلورو پړاوونو ویشي :۱ .لومړی سقاوی (د کلکاني واکمني) .۲ .دویمه سقاوی (د رباني او مسعود حکومت) .۳ .درېیمه سقاوی (د طالبانو ضد مقاومت) . ۴ .څلورمه سقاوی (د ۲۰۰۱ کال وروسته په واک کې د شورای نظار ګډون).

خو دلته بنسټیزه پوښتنه دا ده: ایا د لومړی سقاوی پاځون واقعاً د عدالت غوښتنې جګړه وه که د پرمختګ او تمدن پر وړاندې یو تور مذهبي حرکت؟ ایا دا پاځون په پکتیا کې د "ملای لنګ" له پاځون سره څه توپیر درلود؟ که دا د عدالت غوښتنه وي، نو ایا د نورو قومونو ورته پاځونونه هم د عدالت غوښتنې په نوم یادېدای شي؟

څوارلسم جدول: د حبیب الله کلکاني لیډلوری د امان الله خان لیډلوری په مقایسه

د حبیب الله کلکاني لیډلوری	**د امان الله خان لیډلوری**	**موضوع**
د اساسي قانون لغوه کول او شریعت	د عصري اساسي قانون جوړول	**قانون**
د ښوونځیو تړل او د معارف مخنیوی	د ښوونځیو او معارف پراختیا	**زده کړې**
د مالیاتو لغوه کول (غیر شرعي بلل)	د دولتي نظام لپاره منظم مالیات	**مالیات**
د لوېدیځ پالنې (Westernism) ضد	لوېدیځ ته میلان او عصري کېدل	**بهرنی پالیسي**

د حبیب الله کلکانی د دولت سقوط

کله چې په افغانستان کې "سقوي اړودوړ" اوج ته ورسېد، جنرال محمد نادر خان (چې پخوا د دفاع وزیر و او له فرانسې څخه راستون شوی و) د خپلو ورونو په مرسته د کابل نیولو قصد وکړ. نوموړي د سویلي سیمو د قبایلو، په ځانګړې توګه د ځاځیو او وزیرو په ملاتړ، د ۱۳۰۸ کال د تلې په ۲۱مه (۱۹۲۹م، اکتوبر) کابل ونیو. حبیب الله کلکاني او نږدې کسان یې شمالي ته وتښتېدل؛ خو سره له دې چې

نادر خان هغوی ته د سر د امان وعده ورکړې وه، د تسلیمۍ وروسته یې ټول اعدام کړل. همدا علت دی چې د کلکاني پلویان نادر شاه ته د "غدار" لقب ورکوي.

د کلکاني د ماتې عوامل او د ملاتړ سرچینې

که څه هم د حبیب الله کلکاني حکومت یوازې نهه میاشتې و، خو د افغانستان په دودیز سیاسي مسیر کې یې یو لوی بدلون وښود. هغه د مذهبي عالمانو، په ځانګړې توګه د نقشبندیه طریقې او د مجددي کورنۍ (نورالمشایخ او شمس المشایخ) پراخ ملاتړ درلود. همداراز د منځنۍ اسیا د "باسمچی" غورځنګ مشر، ابراهیم بیګ هم د هغه ملاتړی و.

د حبیب الله کلکاني د پاڅون تر شا کلتوري او مذهبي انګېزې وې، نه سیاسي یا ملي پروګرامونه. د هغه په دوران کې:

- د امان الله خان ټول اصلاحي پروګرامونه ودرول شول.
- ښوونځي وتړل شول او عصري قوانین لغوه شول.
- هیواد بېرته د شریعت هغې سختدریځې بڼې ته ستون شو چې د دیوبندي مدرسو تر اغېز لاندې وه.

ولې د حبیب الله حکومت سقوط وکړ؟

دا پوښتنه چې ولې د روحانیونو له ملاتړ سره سره دا حکومت ړنګ شو، دوه مهم ځوابونه لري:

۱. **د پښتنو قبایلو عکس العمل**: پښتنو قومونو نشول زغملی چې د قدرت دودیز اریستوکراتیک (دراني/بارکزي) جوړښت له منځه لاړ شي. کله چې نادر خان د یو مخور شخصیت په توګه ډګر ته راغی، د سرحد دواړو غاړو ته قومونه د هغه تر بیرغ لاندې راټول شول.

۲. **د مجددي کورنۍ د موقف بدلون**: کله چې د مجددي کورنۍ پوه شوه چې د کلکاني تر سیوري لاندې ګډوډي (انارشي) د دوی اوږد مهاله ګټې نه ساتي، خپل ملاتړ یې ترې واخیست او له نادر خان سره یې همکاري پیل کړه.

۲ .تاریخي تحلیل او مقایسه (جدول)

د دې لپاره چې د حبیب الله کلکاني د حکومت ځانګړنې په اسانۍ درک شي، دا جدول وګورئ:

پنځه لسم جدول: د حبیب الله کلکاني د حکومت ځانګړني

ځانګړنه	تفصیل
د ملاتړ سرچینه	نقشبندي مشران، مجددي کورنۍ، د دیوبندي فکر لارویان
اصلي شعار	د رسول الله د دین خادم، د کفر او لادینۍ ضد مبارزه
اقتصادي حالت	د بهرنۍ سوداګرۍ درېدل، د خپلسرو مالیاتو لوړېدل
د سقوط لامل	د پښتنو قبایلو پاځون، د روحانیونو د ملاتړ کمېدل، اداري انارشي

۳ . مهم ټکي

په پورته متن کې د **"باسمچي جنبش "**او د **"ابراهیم بیګ "**یادونه خورا مهمه ده. دا ښیي چې د کلکاني حکومت یوازې داخلي نه، بلکې سیمه بیز اړخونه هم لرل. ابراهیم بیګ چې له شوروي څخه تښتېدلی و، په کلکاني کې د مذهبي حاکمیت یو ملاتړی لیدلی و.

همداراز، دا ټکی چې **"هزاره قوم "**د امان الله خان وفادار پاتې شول، د تاریخ یو حقیقت دی؛ ځکه امان الله خان په افغانستان کې غلامي لغوه کړې وه او هغوی ته یې انساني حقوق ورکړي وو، نو ځکه یې د کلکاني له حکومت سره مقاومت وکړ.

د محمد نادر خان سلطنت

د محمد نادر شاه نسب او لومړنی ژوند

محمد نادر شاه د محمد یوسف خان زوی او د سردار یحیی خان لمسی و. هغه د ۱۸۸۳ز کال د اپریل په ۹مه (۱۲۶۲ لمریز) د هند په "ډېره ډون" کې زیږېدلی و. نادر خان خپل د عمر ۱۸ کلونه په هند کې تېر کړل او هلته یې پر هندي او انګلیسي ژبو سربېره په فارسي (دري) هم مهارت ترلاسه کړ. د هغه نیکه، سردار سلطان محمد خان (طلایي) د پېښور حکمران او د امیر دوست محمد خان ورور و. د هغوی کورنۍ د امیر محمد یعقوب خان له جلاوطنۍ وروسته هند ته کډه شوې وه او شاوخوا ۲۵ کاله یې هلته تېر کړل.

افغانستان ته راستنېدل او پوځي دندې

په ۱۹۰۱ز کال کې د امیر عبدالرحمن خان په اجازه دا کورنی بېرته هیواد ته راستنه شوه. د امیر حبیب الله خان په دربار کې د نږدېوالي له امله دا کورنی په "مصاحبانو" مشهوره شوه. نادر خان په ۲۹ کلنی کې پوځي خدمت پیل کړ او په ۱۹۰۷ز کال کې د نایب سالاری او وروسته د سپه سالاری رتبې ته ورسېد. هغه یو مستعد او هوښیار پوځي و.

د خپلواکی جګړه او له امان الله خان سره اختلاف

د افغان-انګرېز په درېیمه جګړه (۱۹۱۹ز) کې نادر خان په پکتیا جبهه کې د انګرېزانو پر ضد لویې بریاوې ترلاسه کړې، چې د تال او وانه فتح یې د بېلګې په توګه یادولای شو. شاه امان الله د هغه د دغو خدمتونو په پار د "استقلال منار" د هغه په نوم منسوب کړ. خو وروسته د ځینو توطیو او د منګلو د پاڅون د ځپلو پر سر د اختلاف له امله، د پاچا او نادر خان اړیکي ترینګلي شوې. په پایله کې نادر خان د وزیر مختار په توګه فرانسې ته ولېږل شو او په ۱۹۲۶ز کال کې یې له سیاسي چارو استعفا وکړه او په "نیس" ښار کې مېشت شو.

واک ته رسېدل

کله چې حبیب الله کلکاني کابل ونیو، نادر خان د خپلو ورونو په مرسته بېرته هیواد ته راستون شو. هغه د سویلي قبایلو (ځاځیو او وزیرو) په ملاتړ د ۱۹۲۹ز کال د اکتوبر په ۱۳مه کابل ونیو. د اکتوبر په ۱۵مه (۱۳۰۸ لمریز، د تلې ۲۳مه) د قومي مشرانو لخوا د پاچا په توګه اعلان شو. که څه هم د امان الله خان پلویانو تمه لرله چې هغه به واک شاه امان الله ته وسپاري، خو نادر خان خپله سلطنت اعلان کړ.

۲ .تحلیلي او تاریخي ټکي

پورته په متن کې ځینې مهم تاریخي حقایق په نښه شوي چې د نادر شاه د شخصیت په پېژندلو کې مرسته کوي:

- **فکري مخینه :**په هند کې د ژوند په دوران کې هغه له عصري او انګلیسي زده کړو سره بلد شوی و، خو په عین حال کې یې له خپلې افغاني کورنۍ څخه د قدرت غوښتنې او سیاست درسونه اخیستي وو.
- **پوځي شهرت :**نادر خان د امان الله خان د دورې تر ټولو پیاوړی جنرال و. په پکتیا کې د هغه نفوذ همدا اوس هم د تاریخ یوه برخه ده.

- **د مشروعیت پوښتنه**: تاسو په سمه توګه ولیکل چې د امان الله خان پلویان ترې خپه شول؛ ځکه هغوی فکر کاوه چې نادر خان به د امان الله خان د بېرته راستنېدو لپاره لاره هواره کړي، نه دا چې خپله به د "طلایي" لړۍ واکمني پیل کړي.

د افغانستان دوهم اساسی قانون

د محمد نادر شاه د واکمنۍ او اساسي قانون اصلاح شوې بڼه

د ۱۹۳۱ کال اساسي قانون او سیاسي اصلاحات

کله چې محمد نادر شاه واک ته ورسېد، د امان الله خان د دورې ډېرې نظامنامې یې لغوه کړې او قضایي چارې یې بېرته مذهبي عالمانو ته وسپارلې. په ۱۳۱۰ لمریز (۱۹۳۱ز) کال کې یې نوی اساسي قانون د یوې لویې جرګې له لارې تصویب کړ. د دې قانون مهمې ځانګړنې دا وې:

- **د حنفي فقهي برتري**: د لومړي ځل لپاره حنفي مذهب د دولتي قانون د سرچینې په توګه په رسمي ډول ومنل شو.
- **د شورا جوړښت**: ملي شورا (انتخابي) او د اعیان مجلس (انتصابي) رامنځته شول، خو په عمل کې قدرت د سلطنتي کورنۍ په لاس کې و.
- **مذهبي نفوذ**: د لومړي ځل لپاره مذهبي مشران په وزارتونو او لوړو دولتي پوستونو وګمارل شول.

فرهنګي او عمراني خدمتونه

سره له دې چې نادر شاه یو محافظه کار پاچا و، خو ځینې مهم بنسټونه یې کېښودل:

- **معارف او روغتیا**: د کابل د طب پوهنځی (چې وروسته د کابل طبي پوهنتون شو) جوړ شو.
- **مطبوعات**: د "اصلاح" ورځپانه یې بنسټ کړه او "انیس" یې دولتي کړه. د کابل ادبي انجمن او د افغانستان "کالنی" (سالنامه) هم په همدې دوره کې پیل شول.
- **اقتصاد**: په ۱۳۱۰ل کال کې د هیواد لومړنی بانک (افغان ملي بانک) د عبدالمجید زابلي په هڅو جوړ شو.

د نادر شاه وژنه او د استبداد دوره

د نادر شاه واکمني د سخت استبداد او د امان الله خان د پلویانو له ځپلو سره مل وه. ډېرې مشروطه غوښتونکي لکه عبدالرحمن لودین زنداني یا اعدام شول. د غلام

نبي خان څرخي وژلو د غچ اخیستنې اور بل کړ. په پایله کې، د ۱۳۱۲ لمریز کال د لړم په ۱۷مه (۱۹۳۳ز)، نادر شاه د اماني (نجات) لیسې د یو زده کونکي، **عبدالخالق هزاره** لخوا د ډزو په پایله کې ووژل شو. له هغه وروسته د هغه ۱۹ کلن زوی، محمد ظاهر شاه، پر تخت کېناست.

۲ .تاریخي تحلیل: دوه بېلابېل لیدلوري

په پورته متن کې د نادر شاه د شخصیت په اړه دوه مهم لیدلوري راغلي چې د افغانستان په تاریخ کې تل پرې بحث کېږي:

شپاړسم جدول: د نادر شاه د شخصیت په اړه دوه مهم لیدلوري

د پلویانو لیدلوری (رشتیا او عزیز نعیم)	د نیوکه کوونکو لیدلوری (غبار او فرهنګ)
نادر شاه په هغو شرایطو کې "ثبات" راوست او تدریجي پرمختګ یې پیل کړ.	نادر شاه یو "غچ اخیستونکی" او "مستبد" و چې روښانفکران یې وژل.
هغه د هیواد د بې سواده او محافظه کارې ټولنې په نظر کې نیولو سره ګامونه اخیستل.	هغه د انګرېزانو په ملاتړ واک ته ورسېد او د هغوی ګټې یې ساتلې.
هغه د معارف، سړکونو او اقتصادي بنسټونو (بانک) بنسټګر و.	د مطبوعاتو او ازادۍ دښمن و (تر دې چې په تصویرونو کې یې د خولې جبري کول غوښتل).

د محمد ظاهر شاه سلطنت
زیږېدنه او زده کړې

محمد ظاهر شاه د ۱۹۱۴ز کال د اکتوبر په ۱۵مه په کابل کې زیږېدلی و. هغه خپلې لومړنۍ زده کړې په کابل کې (حبیبیه او استقلال لېسو کې) پیل کړې. کله چې یې پلار، محمد نادر خان، په فرانسه کې سفیر و، ظاهر شاه هم هلته لاړ او په فرانسوي ښوونځیو (لکه باستور او مونتپیني) کې یې زده کړې وکړې. له همدې امله، هغه پر فرانسوي ژبه بشپړ حاکم و، خو کله چې په ۱۶ کلنۍ کې بېرته افغانستان ته راستون شو، له پښتو ژبې سره یې بلدتیا کمه وه.

واک ته رسېدل

په ۱۹۳۳ز کال کې، کله چې نادر شاه د عبدالخالق لخوا ووژل شو، ظاهر شاه یوازې ۱۹ کلن و. د نادر شاه ورونو (شاه محمود خان او هاشم خان) هغه د نوي پاچا په توګه اعلان کړ. که څه هم هغه پاچا و، خو د واکمنۍ په لومړیو ۲۰ کلونو کې اصلي واک د هغه د کاکاګانو (هاشم خان او شاه محمود خان) په لاس کې و، چې د صدر اعظمانو په توګه یې کار کاوه.

د ثبات او ډیموکراسۍ دوره د ظاهر شاه دوره په افغانستان کې د "سولې د دورې" په نوم مشهوره ده. د هغه د واکمنۍ مهمې ځانګړنې دا وې:

- **بې طرفي :**په دویمه نړیواله جګړه (۱۹۴۵-۱۹۳۹) کې یې د افغانستان بې طرفي وساتله او هیواد یې له ورانۍ وژغوره.
- **د ۱۹۶۴ کال اساسی قانون :**دا قانون د افغانستان په تاریخ کې یو زرین پړاو و. په دې قانون کې د لومړي ځل لپاره د "افغان" کلمه د افغانستان د ټولو اتباعو لپاره تعریف شوه.
- **د دری ژبه:** پدی نوی اساسی قانون کی د فارسی به عوض د **دری** نوم په رسمی توګه کار واخیستل شو.
- **عصري کول :**د پوهنتونونو جوړول، د ښځو د حقوقو وده (لکه د حجاب اختیاري کول په ۱۹۵۹ کې)، د برېښنا بندونو او سړکونو جوړول د هغه د دورې لاسته راوړنې دي.

د ۱۹۶۴ کال په اساسي قانون کې د "فارسي "پر ځای د "دري "نوم کارول یوازې د کلمو بدلون نه و، بلکې ځانګړي سیاسي او ملي اهداف یې لرل:

۱ .د هویت جوړول او ملي کول

د محمد ظاهر شاه په دوره کې، د افغانستان دولت هڅه کوله چې د هیواد لپاره یو ځانګړی ملي هویت پیاوړی کړي. د "دري" نوم کارول د دې لپاره وو چې وښیي دا ژبه د افغانستان خپله لرغونې او اصیله ژبه ده او له ګاونډیو هیوادونو (لکه ایران) سره د کلتوري او سیاسي توپیرونو د ساتلو په موخه دا نوم غوره شو.

۲ .اساسي قانون او رسمي کېدل

په دغه قانون کې راغلي وو چې پښتو او دري د افغانستان رسمي ژبې دي. له هغې نېټې وروسته په ټولو دولتي ادارو، مکتبونو، او رسمي اسنادو کې د فارسي پر ځای "دري" کلمه مروجه شوه.

د ۱۹۶۴ کال د اساسي قانون نورې مهمې ځانګړنې:

دغه قانون د افغانستان په معاصر تاریخ کې تر ټولو دیموکراتیک قانون ګڼل کېږي ځکه:

- د شاهي کورنۍ جلا کول :شاهي کورنۍ (د پاچا کاکاګان، وروڼه او اولادونه) له سیاسي واک، صدارت او پارلمان څخه منع شول، ترڅو د هیواد سیاسي چارې غیر کورنیو کسانو ته وسپارل شي.
- د ګوندونو ازادي :که څه هم په عمل کې د ګوندونو قانون لاسلیک نشو، مګر د دې قانون په رڼا کې د بېلابېلو ایدیالوژیو خاوندانو (لکه ویښ ځلمیان، شعلهٔ جاوید، مساوات، افغان ملت، ملت او د خلق/پرچم ډلې) په فعاله توګه فعالیت پیل کړ.
- د بیان او مطبوعاتو ازادي :دا هغه وخت و چې ډېرې شخصي او خپلواکې جریدې په کابل او نورو ولایتونو کې چاپ شوې.

کودتا او جلاوطني په ۱۹۷۳ز کال کې، کله چې ظاهر شاه په ایټالیا کې د درملنې لپاره و، د هغه د کاکا زوی او پخواني صدرِ اعظم، سردار محمد داوود خان، د یوې سپینې کودتا له لارې شاهي نظام پای ته ورساوه او جمهوریت یې اعلان کړ. ظاهر شاه ۲۹ کاله په ایټالیا کې په جلاوطنۍ کې تېر کړل.

بېرته راستنېدل او مړینه په ۲۰۰۱ز کال کې د طالبانو د رژیم له سقوط وروسته، هغه بېرته افغانستان ته راستون شو. که څه هم هغه بېرته پاچا نشو، خو د بیا رغونې په پروسه کې یې مهم رول درلود او د "بابای ملت" (د ملت پلار) لقب ورکړل شو.

هغه په پایله کې د ۲۰۰۷ کال د جولای په ۲۳مه په کابل کې وفات شو او د ټپې مرنجان په شاهي هدیره کې خاورو ته وسپارل شو.

د ظاهر شاه د دورې د ارزونې لپاره دا ټکي خورا مهم دي:

اوولسم جدول: د ظاهر شاه د دورې ځانګړنه

ځانګړنه	**تفصیل**
سیاسي ثبات	په ۴۰ کلونو کې افغانستان د کومې لویې کورنۍ یا بهرنۍ جګړې شاهد نه و.
تولنیز اصلاحات	د ښځو تعلیم او په سیاست کې د هغوی ګډون ته لاره هواره شوه.
نړیوالې اړیکې	د ختیځ او لوېدیځ (شوروي او امریکا) ترمنځ یې د توازن سیاست پر مخ ووړ.
میراث	د ۲۰۰۴ کال اساسي قانون تر ډېره د ظاهر شاه د ۱۹۶۴ کال د قانون پر بنسټ جوړ شو.

د محمد ظاهر شاه د حکومتدارۍ لومړۍ درې دورې

الف: د هاشم خان دوره (۱۹۴۶-۱۹۳۳) - د مطلق العنانۍ عصر د ظاهر شاه د سلطنت په لومړیو ۱۳ کلونو کې اصلي واک د هغه د کاکا، سردار محمد هاشم خان په لاس کې و. په دې دوره کې:

- حکومت پر شخصي استبداد ولاړ و او د قانون حاکمیت کمزورۍ و.
- ډېرې روښانفکران او د بلې مفکورې خاوندان پرته له محکمې زنداني شول.
- سره له دې، د پوځ د عصري کولو او تنظیم لپاره لومړني ګامونه واخیستل شول.

ب: د شاه محمود خان دوره (۱۹۵۳-۱۹۴۶) - د آزادۍ لومړۍ تجربه د شاه محمود خان په صدارت سره، په افغانستان کې د "لیبرالیزم" یوه لنډه څپه راغله:

- **د ۱۹۵۰ کال د مطبوعاتو قانون :**په لومړي ځل د خپلواکو او حزبي نشریاتو لپاره لاره هواره شوه.

- **اوومه شورا (لیبرال پارلمان) :**په ۱۳۲۸ کال کې یو داسې پارلمان منځ ته راغی چې د حکومت پر کړنو یې نیوکې کولې.
- **سیاسي ډلې :**د "ویښ زلمیان"، "وطن" او "خلق" په څېر ډلې رامنځته شوې چې د مشروطه غوښتنې غږ یې پورته کاوه.

د مهمو نشریاتو او سیاسي کړیو لنډیز

د شاه محمود خان د دورې د مهمو جریانونو د پېژندنې لپاره دا جدول وګورئ:

اتلسم جدول: د شاه محمود خان د دورې د مهمو جریانونو د پېژنده

د بیان طرز	سیاسي تړاو / ډله	د مسوول مدیر نوم	د نشریې نوم
عمومي انتقادي	ویښ زلمیان	فیض محمد انګار	**انګار**
مستدل او معتدل	د وطن حزب	میر غلام محمد غبار	**وطن**
تونډ او احساساتي	د خلق ګوند (محمودي)	ډاکټر محمودي	**ندای خلق**
ادبي او اصلاحي	ویښ زلمیان	ګل پاچا الفت	**ولس**

تاریخي تحلیل او پایله

یو خورا مهم ټکی دا دی چې د شاه محمود خان د دورې ازادي ولې ودرول شوه؟ حکومت احساس وکړ چې د روښانفکرانو نیوکې او د ویښ زلمیانو غوښتنې د سلطنت ثبات ته خطر پېښوي. له همدې امله په ۱۹۵۱ کال کې دا تجربه پای ته ورسېده او مشران یې زنداني شول.

دا تجربه د دې لامل شوه چې کله په ۱۹۶۳ کال کې بېرته د "ډیموکراسۍ لسیزه" پیل شوه، یو نوی سیاسي نسل مخکې له مخکې روزل شوی و، چې د تېرو تجربو په رڼا کې یې مبارزه کوله.

ج: د محمد داوود خان صدارت (۱۹۶۳-۱۹۵۳) - اقتصادي وده او سياسي فشار
کله چې سردار محمد داوود خان واک ته ورسېد، هغه د هيواد پرمختګ ته لومړيتوب ورکړ، خو سياسي ازادۍ يې محدودې کړې:

- خپلواک مطبوعات ودرول شول او يوازې دولتي خپرونو ته اجازه ورکړل شوه.
- **اقتصادي پلانونه :**د لومړي ځل لپاره "پنځه کلن پراختيايي پلانونه" پلي شول او د سړکونو، برېښنا بندونو او صنعتي فابريکو بنسټ کېښودل شو.
- **ټولنيز بدلون :**په ۱۹۵۹ کال کې د حجاب د لرې کولو (کشفِ حجاب) پروسه په تدريجي ډول پيل شوه چې د ښځو د ټولنيز ګډون لپاره لوی ګام و.

د سردار محمد داوود خان د صدارت لسيزه (۱۹۶۳-۱۹۵۳) د افغانستان په معاصر تاريخ کې يو له خورا جنجالي او په عين حال کې د بنسټيزو بدلونونو پړاو ګڼل کېږي. دا دوره د "اقتصادي عصري کولو" او "سياسي کنګل کېدو" يو ترکيب و.

دلته د هغه د لس کلن صدارت دوه مهم اړخونه (پښتونستان او له شوروي سره اړيکې) په تفصيل سره څېړو:

۱. د پښتونستان موضوع او له پاکستان سره شخړه

داوود خان د پښتونستان د داعيې يو له خورا کلکو ملاتړو څخه و. د هغه په نظر، د ډيورنډ کرښې د هغې غاړې پښتنو او بلوڅو ته بايد د برخليک ټاکلو حق ورکړل شوی وای.

- **سياسي پايلې:** دې موضوع د افغانستان او پاکستان اړيکې دومره خرابې کړې چې څو ځله سرحدونه وتړل شول.
- **اقتصادي ضربه:** ځرنګه چې افغانستان په وچه کې ايسار هيواد و، د پاکستان لخوا د ترانزيتي لارو تړل کېدو افغاني سوداګرو ته درانه زيانونه واړول او حکومت يې اړ کړ چې د بديلو لارو په لټه کې شي.
- **پايلې:** همدا فشار و چې افغانستان يې د شوروي اتحاد غېږې ته ور واچاوه، ترڅو د شمال له لارې خپل ترانزيت او تجارت تنظيم کړي.

۲. له شوروي اتحاد سره نظامي او اقتصادي نږدېوالی

کله چې امريکا د پښتونستان د موضوع او د افغانستان د "بې طرفی" د پاليسی له امله له کابل سره د وسلو له مرستې ډډه وکړه، داوود خان شوروي اتحاد ته مخه کړه.

- **نظامي مرستې:** په ۱۹۵۶ کال کې د افغانستان او شوروي ترمنځ لومړنی لوی نظامي تړون لاسلیک شو. افغان پوځ د شوروي په وسلو سمبال شو او زرګونه افغان افسران د زده کړو لپاره مسکو ته ولېږل شول (چې وروسته يې همدې افسرانو په کودتاګانو کې رول ولوباوه).
- **اقتصادي پروژې:** د کابل-حیرتان لویه لاره، د سالنګ تونل، د ننګرهار د کانونو پروژه او د بګرام او کابل هوايي ډګرونه د همدې دورې د مرستو پایله وه.
- **د توازن له منځه تلل:** که څه هم داوود خان غوښتل بې طرفه پاتې شي، خو د هیواد اقتصاد او پوځ په بې ساري ډول پر شوروي متکي شو.

۳. د داوود خان د صدارت پای (۱۹۶۳)

بالاخره په ۱۹۶۳ کال کې د پاکستان سره د اړیکو د بشپړ شلېدو او د اقتصادي بحران له امله، ظاهر شاه له داوود خان څخه د استعفا غوښتنه وکړه.

- **علت:** شاه غوښتل چې د پاکستان سره اړیکې بېرته عادي کړي او د هیواد په سیاسي نظام کې د "ډیموکراسی لسیزه" پیل کړي، چیرې چې د شاهي کورنۍ غړي (لکه داوود خان) نور په حکومت کې رسمي دندې ونلري.
- **میراث:** داوود خان د صدارت له څوکۍ په داسې حال کې لاړ چې یو نوی او مجهز پوځ، عصري سړکونه او د ښځو د آزادۍ لومړني ګامونه یې پرېښودل، خو په عین حال کې یې د "سیاسي فشار" یو داسې تخم هم وکاره چې وروسته د هغه په خپله کودتا (۱۹۷۳) کې راشنه شو.

په افغانستان کې د دیموکراسی لسیزه (۱۳۴۳ څخه تر ۱۳۵۲ ه. ش)

د هاشم خان، شاه محمود خان او محمد داوود خان د دیکتاتوری حکومتونو د کالونو څخه وروسته، د افغانستان خلک د اول ځل لپاره د اساسی قانون په جوړښت او پله کیدو ۱۹۶۴ م (۱۳۴۳ هجری شمسی) په یو شاهی مشروطه دولتی سیستم کې لیدل چې د دی موجب سیاسی خپلواکی، د بیآن حق، د فکر حق او د مطبوعاتو خپلواکی تضمین کړی وو. شاه د غیر مسول موقف په اختیارولو او واجب الاحترام د دولت په مشرتابه کې اواجرایه، مقننه او قضاییه قدرت یی خلکو ته ورپریښو او د سلطنتی کورنیو غړی یی د شاهیی دموکراتیک اروپایی هیوادونو د تعامل په شان د صدارت د چوکیو او د وزارت خانو د چارو څخه ممنوع کړ.په راتلونکی لسو کالو کې چی د دیموکراسی د لسیزی په نامه مشهور دی، د هر بل هیواد په شان

د یو تازه منځ ته راغلی دیموکراسی سیستم، د په اوج ته د رسیدلو کالونه د سیاسی فعالیتونو په هیواد کې ګنل کیږی. په لسګونو سیاسی حزبونه او په لسګونو آزاد او غیر دولتی رسنۍ د سیاسی او اجتماعی دګرونو کې منځ ته راغلل او زمینه د قومونو د افکارو او د سیاسی جریاناتو د دواړه خواوو چپ افراطی (دی کې دخیل خلق، پرچم، شعله، جاوید) او ښی افراطی (چی دی کې شامل د مسلمانو ځوانانو سازمان، یا اخوان الملسمین، چی وروسته بیآ په حزب اسلامی او جمعیت اسلامی باندی بدل شوو) او منځیني جریانات (لکه افغان ملت، مساوات) شامل وو، زمینه ورته مساعده شوه. په دی دوران کې دیر صدر اعظمان راغلل او ولاړل (ډاکټر یوسف، محمد هاسم میوندوال، ډاکټر عبدالظاهر، نر احمد اعتمادی او محمد موسی شفیق). دا دوره د بیان، سیاسی او اجتماعی افکارو په مطبوعاتو کې د خپلواکی د دوران سره په همزمان اوسیدو او نظاهرات او پرله پسی اعتصابونو سره د محصیلینو، استادانو او متعلمینو او معلمینو او د صنعتی موسساتو د دمامورینو وو.

په تاسف سره بد فرجامه کودتا د سرطان په ۲۶ د ۱۳۵۲ سردار داوود خان د محمد ظاهر شاه د مشروطه شاهی دولت د سقوط، د دیموکراتیک اساسی قانون د انحلال او د دیموکراسی د لسیزی د ختمیدو علت وګرځیدو. دا کودتا د بی ثباتی او سیاسی کش مکشونو پیل په هیواد کې دی چی تر نن ورځی پوری ادامه لری. دا کودتا،د هیواد د بدل شوی شرایطو په نه نظر کې نیولو سره، د پارلمان د دیموکراسی مخه ونیوله، اجتماعی،د مطبوعاتو او سیاسی آزادۍ یی واخیستی او د یو دیکتاتور دولت چی د یو شخص وو سره یی عوض کړ. په آخر کې داوود د ایران د شاه په وعدوو سره، او د مصر او عربستان جمهور رییسانو، کوښښ وکړ چی چپی افسران او عناصر چی د ده د قدرت ته د رسیدو عاملین هم وو، له دولت څخه خارج کړی او خپل حساب د دیموکراتیک خلق حزب سره تصفیه کړی. دا عمل د دی د سقوط موجب او د حزب دیموکراتیک خلق افغانستان ح.د.خ.ا د په قدرت رسیدو علت د ۱۳۵۷ د ثور په اوومه شو.

د دیموکراسی په لسیزه کې مطبوعات

غیر دولتی مطبوعات

خپلواکی، ملی اتحاد – د نشر ځای کابل، ونۍ واره، تاریخ د نشر ۱۳۴۸-۱۳۵۱ ه.ش، د امتیاز صاحب عبدالحکیم مژده، ژبه: دری او پښتو

افغان - – د نشر ځای کابل، ونۍ واره، تاریخ د نشر ۱۳۴۹-۱۳۵۲ کې نشر شو، د امتیاز صاحب محمد حسن اولس مل، ژبه: دری او پښتو

افغان ملت – د نشر ځای کابل، ونۍ واره، تاریخ د نشر ۱۳۴۵-۱۳۵۲، د امتیاز صاحب انجینیر غلام محمد فرهاد، ژبه: دری او پښتو

افغان ولس – د نشر ځای کابل، ونی واره، تاریخ د نشر ۱۳۴۸-۱۳۴۸ شو، د امتیاز صاحب قیام الدین خادم، ژبه: پښتو

افکار نو: د نشر ځای کابل، ونی واره، تاریخ د نشر ۱۳۵۰-۱۳۵۲، د امتیاز صاحب نور الله، ژبه: دری او پښتو

برید –

پرچم: د نشر ځای کابل، ونی واره، تاریخ د نشر ۱۳۴۶-۱۳۵۲، د امتیاز صاحب او مسوول مدیر: سلمیان لایق، مګر د ۱۳۴۸ د اسد د ۶ د دوشنبی ګڼه ۷۱ شمیری ګڼه د امتیاز صاحب: کمافی اسابق سلیمان لایق او مسوول مدیر د هغه میر اکبر خیبر وو، ژبه: دری او پښتو

پروانه: د نشر ځای کابل، ونی واره، تاریخ د نشر ۱۳۴۷ ه.ش، د امتیاز صاحب امان الله پروانه، ژبه: دری او پښتو

پکتیکا: د نشر ځای کابل، ونی واره، تاریخ د نشر ۱۳۴۸-۱۳۵۲، د امتیاز صاحب شاه زمان وریح ستانیزی، ژبه: دری او پښتو

پیام امروز: د نشر ځای کابل، ونی واره، تاریخ د نشر ۱۳۴۴-۱۳۴۷، د امتیاز صاحب غلام نبی خاطر، ژبه: دری او پښتو

پیام وجدان: د نشر ځای کابل، ونی واره، تاریخ د نشر ۱۳۴۵-۱۳۵۲، د امتیاز صاحب عبدالرووف ترکمنی، ژبه: دری او پښتو

پیکار: د نشر ځای کابل، ونی واره، تاریخ د نشر ۱۳۵۰-۱۳۵۲، د امتیاز صاحب غلام محمد الماسک، ژبه: دری او پښتو

ترجمان: د نشر ځای کابل، ونی واره، تاریخ د نشر ۱۳۴۷-۱۳۵۲، د امتیاز صاحب ډاکټر عبدالرحیم نوین، مسول مدیر: علی اصغر بشیر هروی

جبهه ملی: د نشر ځای کابل، ونی واره، تاریخ د نشر ۱۳۴۷-۱۳۵۲، د امتیاز صاحب عبدالرب اخلاق، ژبه: دری او پښتو، کلنی اشتراک:په داخل کې ۱۶۰ افغانۍ او خارج کې ۸ ډالر.

خلق: د نشر ځای کابل، ونی واره، تاریخ د نشر -۱۳۴۵ ه. ش، د امتیاز صاحب نور محمد تره کی مسول مدیر: بارق شفیعی، ، ژبه: دری او پښتو

خیبر: کابل، ونی واره، تاریخ د نشر ۱۳۴۷-۱۳۵۲، د امتیاز صاحب محب الرحمن هوسا، ژبه: پښتو

روزګار: کابل، ونی واره، ۱۳۵۰-۱۳۵۲، د امتیاز صاحب محمد یوسف فرند، ژبه: دری او پښتو

سپیده دم: کابل، ونی واره، ۱۳۴۸، د امتیاز صاحب سید محمد بامداد، ژبه: دری او پښتو

شعله جاوید: کابل، ونی واره، ۱۳۴۷-۱۳۵۲، د امتیاز صاحب رحیم محمودی، ژبه: دری او پښتو

شوخک: کابل، ونی واره، ۱۳۵۰-۱۳۵۲، د امتیاز صاحب عبدالعزیز مختار، ژبه: دری او پښتو

صدای عوام: کابل، ونی واره، -۱۳۴۷، د امتیاز صاحب عبدالکریم فرزان

کمک: کابل، ونی واره، ۱۳۴۷-۱۳۴۷، د امتیاز صاحب یعقوب کمک، ژبه: دری او پښتو

ګهیز: کابل، ونی واره، ۱۳۴۷-۱۳۵۱، د امتیاز صاحب منهاج الدین ګهیز او عبدالسلیم فرقانی

مردم: کابل، ونی واره، ۱۳۵۴-، د امتیاز صاحب سید مقدس نګاه، ژبه: دری او پښتو

معرفت: کابل، ونی واره، -۱۳۵۲، د امتیاز صاحب غلام معصوم اخلاص، ژبه: دری او پښتو

ملت: کابل، ونی واره، ۱۳۵۰-۱۳۵۲، د امتیاز صاحب فدا محمد فدایی، ژبه: دری او پښتو

ندای حق: کابل، ونی واره، ۱۳۵۰-۱۳۵۲، د امتیاز صاحب عبدالستار صدیقی، ژبه: دری او پښتو

وحدت: کابل، ونی واره، ۱۳۴۴-۱۳۵۲، د امتیاز صاحب خال محمد خسته، ژبه: دری او پښتو

موخه: کابل، ونی واره، ۱۳۴۷-۱۳۵۲، د امتیاز صاحب غلام محمد اورمړ، ژبه: دری او پښتو

سبا: کابل، ورځپانه، ۱۳۴۷-۱۳۴۷، د امتیاز صاحب غلامنبی خاطر، ژبه: دری او پښتو

کاروان: کابل، ورځپانه، ۱۳۴۷-۱۳۵۲، د امتیاز صاحب صباح الدین کشککی، مسوول مدیر: عبدالحق واله، ژبه: دری او پښتو

مساوات: کابل، ورځپانه، ۱۳۴۵-۱۳۵۲، د امتیاز صاحب محمد شریق ایوبی، مسوول مدیر:پوهاند رحیم الهام، ژبه: دری او پښتو

دولتي جریدی

انیس او اصلاح او ادغام دولتي ورځپاڼي اصلاح – انیس

هیواد ورځپاڼه

کابل تایمز (په انګلیسي ژبه)

د مصور مجله د کورني لپاره ؛ژوندون؛ چې په دې دوره کې تیراژ د هغې ۲۰۰۰ څخه ۶۰۰۰ شمیرو ته پورته شوی وو.

ضمنا پیام حق، پښتون ږغ، انیس اطفال، ننګرهار، کندهار، آریانا او افغانستان، هرات او کمکیانو انیس په کابل کښې،یوه مجله په هرات کې او اتلس دولتي جریدي د افغانستان په ولایاتو کې منتشر شول.

د دیموکراسی د لسیزی مخالفان

په دې آخرو کې ډاکټر سید عبدالله کاظم یوه مقاله د دیموکراسي د زمینو د ترقي او رشد په هکله د افغان جرمن آنلاین په ویب پاڼه کې په خاصه توګه زما د مقالي په ځواب کې د ؛توضیحات د سرطان د ۲۶ ۱۳۰۵ د کودتا د عواقبو په اړه؛ تر نامه لاندې نشر کړی. محترم ډاکټر کاظم په دې مخاله کې خپل د داوود خان آرزومندی د پخوانیو زمینو د بشپړکولو او د لزوم موارد یې د یوې سالمې دیموکراسي لپاره توضیح کړې چې د لوستونکو لپاره د داوود خان د تفکر د پروسې د پوهیدو لپاره ډیره مفیده ده. دی د داوود خان د آرزومندیو او کوښښونو څخه د یو واحد ملي ګرا حزب په جوړولو کې د لویه جرګې بهتروالي ۱۳۵۵، د هغې څخه دمخه او وروسته، څخه یاد کوی.

د دې څخه دمخه په یوه مقاله کې د ؛د دیموکراسي څخه دوه برداشتونو؛ په نامه،کوښښ یې وکړ په خلاصه ډول سره د دې په هکله تبصره وکړي خپل برداشتونه او نظریات د دیموکراسي څخه توضیح کړي. د دې په خاطر چې فکر کوم دا موضوع د فیسبوک د ډیرو دوستانو لپاره جالبه ده، د نظر دغه تبادلات دلته تاسو ته وړاندې کوم.

کاشکې چې د دې قدرت موجود وی چې سیاسي او اجتماعي بدلونونه د یو د مخه محاسبه شوی ماسټر پلان په اساس سرته رسول شوی وی. د محترم کاظم په وینا،د واقعي دیموکراسي تحقق او پر ځای کیدل د شرایطو سره سم د مولفتونه نیازمنده ده او او داسې شرایط دی چې د مخه یا په تدریجي ډول سره باید سالم جهت ته مخ ته یوړل شي... د دې شان تحولاتو راستل چې د دیموکراسي د تحقق لازمه ده په یو هیواد کښې،دا یو آساده کار نه دی او او د یوې شپې په دوام کې سرته رسیدی نشي. محترم کاظم داسې لیکي:؛شهید محمد داوود خپل په یوه بیانیه کې ذکر کړ

چې ترقی د اقتصاد او اجتماع او فرهنګي تحول،د بنسټیزو ریفورمونو سرته رسول او د واقعي دیموکراسي د یو بل سره نږدې اړیکې لري؛.

د محترم کاظم د لیکنې په اساس زما برداشت دا دی چې په ډیر ساده شکل سره داوود خان دا آرزو درلود چې د ده د صدارت دوران به حد اقل شل کالو لپاره دوام لري تر څو د سواد د همګرایي، د اقتصاد د پر مختګ،په تدریجي ډول سره دیموکراسي معرفي کیږي.د دې استراتیژي مشکل په دې کې دی چې زمان او وخت داوود خان ته د دې ډول تدریخي دیموکراسي چې د ده په خوښه وي، اجازه زمان ورته نه ورکوي. راځئ چې د ایران تجربې ته وګورو،محمد رضا شاه په عمل کې د د داوود شاه د مودل څخه استفاده کول غوښت:اول د دیموکراسي څخه وروسته د اقتصاد او اجتماع پر مختګ. پایله یې دا شوه چې په ډیرو پانګه اچولو او لږښتونونفتي عواید په واقعیت کې د ژوند سطحه، آرامي،سواد، صحت په عالي درجو ورسیدل په عین زمان کې د ساواک سیاسي فشار څخه چیغې وهلې. خلک دې ته منتظر نه شول چې شاه موعود دیموکراسي معرفي کړي او سلامي انقلاب یې د دیموکراسي پر ځای د دیکتاتوری تر ټولو بدترینه ډول او عکس العمل یې ځای پر ځای کړی. که خمیني مذهبي فشارونه یې نه وو ځای پر ځای کړي، دوهم انتخاب د یو کمونیستي نظام ځای پر ځای کول د خلکو د انقلاب د داخل څخه وو.

که د دیموکراسي تدریجي معرفي کولو مودل یا د داوودخاني مودل د مذهبي فشارونو په پایله په ایران کې سرته ورسیده، د دې تجربې تکراریدل په افغانستان کې او یا د یو حکونیستي نظام ځای په ځای کیدل تر څه حده وو؟ آیا کولی شو د معارف د عمومي کولو نقش د خپلواکي د غوښتنې په شدت کې او دیموکراسي غوښتنه په ایران کې له نظره وغورځوو؟ همدغه اصل په افغانستان کې هم صدق کوي.

پر دیموکراسي د عقیده لرلو اساسي اصول، د دیموکراسي معرفي کول او د هغې د نتایجو او عواقبو منل دي.د دیموکراسي سلطنت دستګاه د اساسي قانون پر اساس ۱۳۴۳ (۱۹۶۴) معرفي کړ مګر د هغه د عواقبو څخه ډاریدل او د هغې د نتایجو د منلو تعهد یې نه درلود. د محترم کاظم په لیکنه کې د داوود خان تشویش د چپیانو په قدرت رسیدل او یا د ښي طرفو یا راستیانو چې افراطیان وو د پارلماني انتخاباتو له لارې د یو منځ مهاله ملي حزب په شاه کې توضیح شوی. دا هم هغه ډار دی چې چې د ظاهر شاه لخوا هم د سیاسي احزابو د قانون د انفاذ مخه یې ونیوله. پایله یې هم مونږ ولید چې د تکلیفونو څخه ډکه وه. ومو لیدل چې، نه تمام عیاره دیموکراسي او نه هم مطلق العناني د داوودخاني چې بالاخره د داوود په کودتا وختمیده.

راځئ چې وګورو که د ظاهر شاه په سیاسي تجربه ته یې د تمامیدو اجازه ورکړې وو څه ممکن شوی وو؟ زه بشپړیقین لرم چې هر کله چې دولت د یوې خوا څخه دولتي ساختارونه، د دولت د ادري سیستم،(Public Service) اردو،پولیس،

مقننه قوه، د دی نهادونو د مسلکی کولو له لاری (غیر سیاسی کول) د دوی، بهتره تعلمات، بهتره تجهیزات او د بهتر خبر ورکولو او د لازمه قوانینو په وضع کولو تقویت کولو او د بلی خوا څخه د احزابو قوانین یی نافذ کولو او دیموکراتیک بنسټونو څخه یی ملاتړ کولو او د دیموکراسی له نتایجو څخه یی ویره نه درلود، په یقین سره چی دیموکراسی په استواره ګامونو د وخت په تیریدو سره په جامعه کې لازمی پوخوالی حد ته رسیدو او په ډیر احتمال سره په یو پارلمانی ټاکنه کې په وروستیو دورو کښی، لکه د مثال په توګه ۱۳۵۶ یو متحده افراطی اسلامی حزب او یا د دیموکراتیک خلق حزب کیدی شو چی بریالی شی.آیا دا بریالیتوب د قیامت د ورځی نښه وه؟نه! د دی حزبونو بریالیتوب د حزبونو د قوانینو په چوکاټ کې او د اساسی قانون په چوکاټ کې د دی حزبونو د کړنو په معدل کیدو او د دوی اتکا پر دیموکراتیکو لارو د قدرت د اخیستلو په خاطر خپریدو او بلوغ او د جامعی سیاسی پوخوالی ته رسیدی شو او مرسته به یی کړی وی. د خلکو عینی تجربی د دی حزبونو د حکومتداری د لاسته راوړنو خپله په طبعی شکل سره د میانه رو احزابو د نفوذ د اضافه کیدو، مساوات، افغان ملت، د عوامو ږغ، ملي غورځنګ او نورو سره مرسته وکړ، او ممکن یوه ورځ دغه حزبونو حکومتی قدرت د پالمانی انتخاباتو له لاری شاید لاسته راوړی وو. هندوستان، تر یوه حده هم پاکستان،دغه لاره یی انتخاب کړ او دی ته انتظار نه شول چی خلک یی ټول آرامه او با سواده شی تر څو دیموکراسی معرفی کړی او د هغی ثمره نن د دیموکراسی موجودیت د دی هیوادونو په رګونو کې خپل په سترګو وینو. دا هغه لاره وه چی دیموکراتیکو هیوادونو لکه بریتانیا، فرانسه، او امریکا دا یی تجربه کړ، دوی منتظر نشول چی خلک یی ټول آرامه او باسواده شی تر څو دیموکراسی معرفی کړی د هغی په عوض کې دولتی نهادونو او دیموکراتیک ګندونو ته یی تقویت ورکړ او د دیموکراسی نتایج او لاسته راوړنو ته یی احترام وکړ.

د دی په اساس زما لیهر یوه داسی دیموکراسی چی په ختو او خړچاوو کې غرق وی مګر د بیان خپلواکی، او د خلکو د په موکراتیکو پروسو کې د دولتی قدرت د اخیستو په برخه خپلواکی پکې ضمانت شوی وی، په زرګونو وارو د یو دیکتاتوری څخه چی د خلکو لپاره پلونه او تونلونه جوړ کړی، ماته ډیر ارزښت لری.

په افغانستان کې د دیموکراسی د توسعی د پروسی دوه مختلف برداشتونه

ځیني په دی عقیده دی چی داوود خان داسی آرزو درلود چی د د د صدارت دوره حد اقل د شلو کالو لپاره تمدید کیږی، د عمومی کیدو څخه یی وروسته د ټولو لپاره علم، د اقتصاد پر مختګ او د خلکو چمتوالی د فرهنګی، دیموکراسی هغه هم به

تدریجي ډول سره معرفي کیږي. دی ستراتیژی مشکل په دې کې دی چې زمان او وخت داوود خان ته د دی ډول تدریجي دیموکراسي چې د ده په خوښه وی، اجازه زمان ورته نه ورکوی. راځئ چې د ایران تجربی ته وګورو،محمد رضا شاه په عمل کې د د داوود شاه د مودل څخه استفاده کول غوښت:اول د دیموکراسي څخه وروسته د اقتصاد او اجتماع پر مختګ. پایله یی دا شوه چې په ډیرو پانګه اچولو او لږښتونونفتی عواید په واقعیت کې د ژوند سطحه، آرامی،سواد، صحت په عالی درجو ورسیدل په عین زمان کې د ساواک سیاسی فشار څخه چیغی وهلی. خلک دی ته منتظر نه شول چې شاه موعود دیموکراسي معرفي کړی او سلامی انقلاب یی د دیموکراسي پر ځای د دیکتاتوری تر ټولو بدترینه ډول او عکس العمل یی ځای پر ځای کړی. که خمیني مذهبي فشارونه یی نه وو ځای پر ځای کړی، دوهم انتخاب د یو کمونیستی نظام ځای پر ځای کول د خلکو د انقلاب د داخل څخه وو.

که د دیموکراسي تدریجي معرفي کولو مودل یا د داوودخاني مودل د مذهبي فشارونو په پایله په ایران کې سرته ورسیده، د دی تجربی تکراریدل په افغانستان کې او یا د یو حکونیستی نظام ځای په ځای کیدل تر څه حده وو؟ آیا کولی شو د معارف د عمومي کولو نقش د خپلواکی د غوښتنی په شدت کې او دیموکراسي غوښتنه په ایران کې له نظره وغورځوو؟ همدغه اصل په افغانستان کې هم صدق کوی.

دیموکراسي یو فرصت د جامهی د ذهنی او سیاسي تکامل لپاره دی. د افغانستان د آخرو پنځوسو کالونو سیاستمداران د یموکراسي په لسیزه کې ۱۳۴۳ څخه تر ۱۳۵۲ تربیه شوی وو. که د ظاهر شاه دیموکراسي تجربی ته د تکامل اجازه ورکړل شوی وو،هر کله چې دولت د یوی خوا څخه دولتی ساختارونه، د دولت د ادری سیستم، (Public Service) اردو،پولیس، مقننه قوه، د دی نهادونو د مسلکی کولو له لاری (غیر سیاسي کول) د دوی، بهتره تعلمات، بهتره تجهیزات او د بهتر خبر ورکولو او د لازمه قوانینو په وضع کولو تقویت کولو او د بلی خوا څخه د احزابو قوانین یی نافذ کولو او دیموکراتیک بنسټونو څخه یی ملاتړ کولو او د دیموکراسي له نتایجو څخه یی ویره نه درلود، په یقین سره چې دیموکراسي په استواره ګامونو د وخت په تیریدو سره په جامعه کې لازمی پوخوالی حد ته رسیدو او په یو د جامعی په یو بنسټیزه اخلاقی نهاد بدلیدی شوو. هندوستان، تر یوه حده هم پاکستان،دغه لاره یی انتخاب کړ او دی ته انتظار نه شول چې خلک یی ټول آرامه او با سواده شی تر څو دیموکراسي معرفي کړی او د هغی ثمره نن د دیموکراسي موجودیت د دی هیوادونو په رګونو کې خپل په سترګو وینو. دا هغه لاره وه چې دیموکراتیکو هیوادونو لکه بریتانیا، فرانسه، او امریکا دا یی تجربه کړ، دوی منتظر نشول چې خلک یی ټول آرامه او باسواده شی تر څو دیموکراسي معرفي کړی د هغی په عوض کې دولتی نهادونو او دیموکراتیک ګندونو ته یی تقویت ورکړ او د دیموکراسي نتایج او لاسته راوړنو ته یی احترام وکړ.

د دی په اساس زما لپار یوه داسی دیموکراسی چی په ختو او خړچاوو کې غرق وی مګر د بیآن خپلواکی، او د خلکو د په دیموکراتیکو پروسو کې د دولتی قدرت د اخیستو په برخه خپلواکی پکې ضمانت شوی وی، په زړګونو وارو د یو دیکتاتوری څخه چی د خلکو لپاره پلونه او تونلونه جوړ کړی، ماته ډیر ارزښت لری.

باید له هیره و نه باسو چی یو مات او ګوډه دیموکرامسی هم کولی شی د خلکو امنیت تامیین کړی په داسی ډول چی لکه د امنیت او مصونیت څخه چی د ظاهرخان په دیموکراسی کې ورڅخه مستفید وو!

۱ د دیموکراسی لسیزه: د ازادی او ننګونو پړاو

دا لسیزه د افغانستان په معاصر تاریخ کې یوازینۍ دوره وه چې پکې د قدرت تفکیک (اجرائیه، مقننه او قضایه) په قانوني ډول رامنځته شو.

- **سیاسي تنوع :**له چپ افراطي (خلق او پرچم) څخه تر ښي افراطي (اخوان المسلمین) او میانه رو (افغان ملت او مساوات) پورې ټولو ته د فعالیت زمینه برابره شوه.
- **مطبوعاتي انقلاب :**لکه څنګه چې تاسو په لېست کې یادونه وکړه، په لسګونو خپلواکې نشریې لکه *انګار، ولس، پیام وجدان، شوخک* او نورې د بېلابېلو افکارو استازولي کوله.

۲ .د دوو نظریو ټکر: تدریجي دیموکراسي که فوري دیموکراسي؟

دلته د سردار محمد داوود خان او د دیموکراسی د غوښتونکو ترمنځ دوه ډوله لیدلوري شتون لري:

نولسم جدول: د سردار محمد داوود خان او د دیموکراسی د غوښتونکو ترمنځ دوه ډوله لیدلوري

د دیموکراسی غوښتونکو لیدلوری (بنسټیز)	د داوود خان لیدلوری (تدریجي)
دیموکراسي یو تمرین دی؛ خلک باید په ختو او خړچاوو کې د لامبو وهلو له لارې لامبو زده کړي.	لومړی باید اقتصاد، سواد او کلتوري زیربناوې جوړې شي، بیا دیموکراسي راشي.

د ديموكراسى غوښتونكو ليډلورى (بنسټيز)	**د داوود خان ليډلورى (تدريجي)**
د دولتي نهادونو (پوليس، اردو، قضا) مسلكي كول او بې طرفه ساتل د افراطيت مخه نيسي.	د چپيانو او افراطيانو له قدرت ته رسېدو وېره.
د سياسي ګوندونو د قانون انفاذ او په پارلماني مبارزو كې د هغوى بلوغ.	د قدرت انحصار د يو واحد "ملي ګرا" حزب په لاس كې.

۳ .د ۱۳۵۲ كال كودتا او د ثبات د پاى پيل

د سرطان د ۲۶مې كودتا د افغانستان د بدمرغيو پيل دى. كه څه هم داوود خان د "واقعي ديموكراسى" شعار وركړ، خو په عمل كې يې:

- د ۱۹۶۴ كال ديموكراتيک اساسي قانون منحل كړ.
- خپلواک مطبوعات او سياسي ازادي يې له منځه يوړه.
- د قدرت د انحصار له امله يې هغه لاره پرانيسته چې په ۱۳۵۷ كال كې د ثور كودتا او د كمونيستي رژيم واكمنۍ ته ورسېده.

۴ .تاريخي درس: ديموكراسي كه ديكتاتوري؟

پورته وويل شو چې **"يوه داسې ديموكراسي چې په ختو او خړچاوو كې غرق وي مګر د بيان خپلواكي پكې وي، په زرګونو وارو د يوې ديكتاتورۍ څخه چې خلكو ته پلونه او تونلونه جوړ كړي، ماته ډېر ارزښت لري."** دا استدلال ښيي چې پلونه او تونلونه (فزيكي زيربنا) د خلكو د فكري او سياسي شعور (انساني زيربنا) ځاى نشي نيولى. كه ظاهر شاه د سياسي ګوندونو قانون لاسليک كړى واى او داوود خان كودتا نه واى كړې، شايد افغانستان نن د هند په څېر د يوې پخې ديموكراسۍ خاوند واى.

۵ .د مطبوعاتو ارزښت

پورته د هغو لسګونو نشريو يادول چې په دې لسيزه كې خپرېدې، دا ثابتوي چې افغان ټولنه د فكر او بحث لپاره څومره تږې وه. د دې نشريو بندول د ټولنې د "ژبې غوڅول" وو چې په پايله كې يې د ټوپک او باروتو ژبه واكمنه شوه.

د **عقرب د دریمې (اکتوبر ۲۵، ۱۹۶۵)** پېښه د افغانستان د ډیموکراسۍ په لسیزه کې یو له خورا مهمو او برخلیک ټاکونکو پېښو څخه ده. دا پېښه په حقیقت کې د نوي اساسي قانون له تصویب وروسته د دولت او روښانفکره قشر (محصلینو) ترمنځ لومړی جدي ټکر و.

لاندې د دې پېښې جزییات او عواقب په لنډ ډول وړاندې کوم:

۱. د پېښې شالید

وروسته له هغه چې د ۱۹۶۴ کال د اساسي قانون له مخې لومړنی پارلماني ټاکنې وشوې، د افغانستان لومړنی غیر خانداني صدر اعظم، **ډاکټر محمد یوسف**، وټاکل شو. کله چې نوموړي غوښتل خپله کابینه پارلمان ته د باور رایې اخیستلو لپاره معرفي کړي، د ولسي جرګې په غونډو کې د فساد او بې کفایتۍ تورونه پورته شول.

۲. د محصلینو لاریون

محصلینو غوښتل چې د ولسي جرګې په غونډو کې ګډون وکړي او د خبرو جریان له نږدې وګوري. کله چې پولیسو د هغوی مخه ونیوله، لاریونونه پیل شول. د ۱۳۴۴ کال د عقرب په دریمه، زرګونه محصلین د کابل سړکونو ته راووتل او د پارلمان د ودانۍ په لور یې حرکت وکړ.

۳. د وینې تویېدنه او د ډاکټر یوسف استعفا

د لاریون په ترڅ کې د پولیسو او محصلینو ترمنځ نښته وشوه. پولیسو ډزې وکړل چې په پایله کې یې درې تنه محصلین شهیدان او لسګونه نور ټپیان شول. دا د دیموکراسۍ د لسیزې لپاره یوه لویه صدمه وه.

- **پایله:** ډاکټر محمد یوسف یوازې څو ورځې وروسته د دې پېښې د مسوولیت او سیاسي فشار له امله استعفا ورکړه.
- **اغېزه:** د دې پېښې په یاد کې هر کال د عقرب دریمه د محصلینو لخوا لمانځل کېده او دا ورځ د افغان محصلینو د مبارزې په سمبول بدله شوه.

۴. د محمد هاشم میوندوال صدارت

له ډاکټر یوسف وروسته، **محمد هاشم میوندوال** صدر اعظم شو. هغه یو کلتوري او سیاسي شخصیت و چې هڅه یې وکړه د محصلینو غوسه سړه کړي. هغه حتی د پوهنتون انګړ ته لاړ او له محصلینو سره یې په مخامخ خبرو کې خپله خواخوږي وښوده.

د عقرب د دریمې تاریخي تحلیل:

دا پېښنه د دې لامل شوه چې:

۱. **سیاسي قطب بندي:** د محصلینو په منځ کې د چپي او ښي اړخو ډلو (لکه شعله جاوید او خلق) نفوذ خورا زیات شو. هغوی له دې پېښې څخه د حکومت پر ضد د تبلیغ په توګه ګټه واخیسته.

۲. **د بیان ازادي او وېره:** حکومت پوه شو چې دیموکراسي یوازې په کاغذ نه، بلکې په عمل کې له ننګونو سره مخ ده؛ نو ځکه یې په تدریجي ډول د ځینو ازادیو په محدودولو پیل وکړ.

محمد هاشم میوندوال د افغانستان د دیموکراسی د لسیزې یو له خورا محبوبو او مخکښو سیاستوالو څخه و. هغه د ډاکټر محمد یوسف له استعفا وروسته (د عقرب له پېښې وروسته) صدارت ته ورسېد او هڅه یې وکړه چې د دولت او ولس (په ځانګړې توګه د ځوان نسل) ترمنځ واټن کم کړي.

دلته د هغه د صدارت او د **"مساوات"**ګوند په اړه مهم معلومات وړاندې کوم:

۱ د میوندوال شخصیت او صدارت(۱۹۶۵–۱۹۶۷)

میوندوال یو تجربه کار ډیپلومات او لیکوال و. هغه لومړنی صدر اعظم و چې په مستقیم ډول د کابل پوهنتون انګړ ته لاړ او د معترضو محصلینو ترمنځ کېناست. هغه غوښتل وښيي چې حکومت د خلکو غږ اوري.

- **اقتصادي لیدلوری :**هغه د "ملي اقتصاد" پر پیاوړتیا ټینګار کاوه.
- **تولنیز سیاست :**هغه په خپله دوره کې د بیان او مطبوعاتو ازادی ته ډېره پراختیا ورکړه.

۲ .د "مساوات" ګوند (د افغانستان د مترقي دیموکرات ګوند)

میوندوال په ۱۳۴۵ کال کې د **"مساوات** "تر نامه لاندې خپله جریده او ګوند (مترقي دیموکرات ګوند) بنسټ کېښود. دا ګوند د هغه وخت د "چپ" او "ښي" افراطیت په مقابل کې یو **"میانه رو** "یا منځلاری لوری و.

د مساوات ګوند د مرامنامې (ایدیالوژی) مهم ټکي:

- **اسلامي سوسیالیزم :**میوندوال باور درلود چې د اسلامي عدالت او د سوسیالیزم د مثبتو اړخونو (ټولنیز عدالت) په یو ځای کولو سره افغانستان پرمختګ کولی شي.
- **ملي یووالی :**هغه د قومي او ژبني تعصبونو کلک مخالف و او د یو واحد "افغان ملت" پر جوړولو یې ټینګار کاوه.

- **قانوني مبارزه :**برعکس د چپیانو (خلق او پرچم) چې د انقلاب غوښتونکي وو، میوندوال د اساسي قانون په چوکاټ کې د تدریجي اصلاحاتو پلوی و.

۳ .د میوندوال شهادت او د هغه میراث

میوندوال په ۱۹۶۷ کال کې د ناروغۍ (او ځینو سیاسي فشارونو) له امله استعفا ورکړه، خو د یو ملي مشر په توګه د خلکو په زړونو کې پاتې شو. کله چې سردار محمد داوود خان په ۱۹۷۳ کې کودتا وکړه، میوندوال د نظام د پرځولو په تور ونیول شو او په زندان کې په خورا مرموز ډول په شهادت ورسېد.

ډېری تاریخ پوهان په دې باور دي چې میوندوال د داوود خان لپاره یو لوی سیاسي سیال و، نو ځکه یې د هغه له منځه وړل یو ضرورت ګاڼه.

۴ .ولې میوندوال بریالی نشو؟

که څه هم میوندوال یو ښه پروګرام درلود، مګر دوه لویو خنډونو هغه پرېښنود:

۱. **ارګ (پاچا) :**ظاهر شاه لا هم د سیاسي ګوندونو د قانون له لاسلیک کولو وېره لرله، چې دې کار د میوندوال په څېر دیموکراټانو لاسونه وتړل.

۲. **افراطي ډلې :**د پارلمان دننه او بهر، چپیانو او رادیکال مذهبي ډلو د هغه د حکومت پر وړاندې سخت خنډونه جوړول.

د "مساوات" جریده په هغه وخت کې د روښانفکرانو ترمنځ خورا مشهوره وه ځکه هغوی پکې د افغانستان راتلونکی په یوه منځلاري او ولسواک نظام کې لیده.

د **محمد موسی شفیق** صدارت (۱۹۷۳-۱۹۷۲) که څه هم د ډیموکراسۍ د لسیزې تر ټولو لنډه دوره وه (نږدې اووه میاشتنې)، خو د لاسته راوړنو له پلوه خورا ستره او برخلیک ټاکونکې وه. هغه یو نوښتګر، زړور او په نړیوالو حقوقو پوه سیاستوال و.

دلته د هغه د کارونو او په ځانګړي ډول د هلمند د اوبو د تړون په اړه معلومات درکوم:

۱ د محمد موسی شفیق شخصیت

شفیق د کابل له دار العلوم څخه فارغ او بیا یې په الازهر او کولمبیا پوهنتونونو کې زده کړې کړې وې. هغه د ۱۹۶۴ کال د اساسي قانون یو له اصلي لیکوالانو څخه و. کله چې هغه صدراعظم شو، د هیواد په اداره کې یې د "تحرک" او "قاطعیت" روحیه پو کړه.

۲. د هلمند د اوبو تړون (۱۳۵۱ هـ.ش / ۱۹۷۳م)

دا د شفیق د صدارت تر ټولو جنجالي او مهم کار و. د افغانستان او ایران ترمنځ د هلمند د اوبو پر سر له یوې پېړۍ راهیسي شخړه وه. شفیق د دې لپاره چې افغانستان له سیاسي انزوا څخه وباسي او له ایران سره اړیکي عادي کړي، دا تړون لاسلیک کړ.

- **د تړون جزییات :**د دغه تړون له مخې، افغانستان ومنله چې په هره ثانیه کې به **۲۶ متر مکعب** اوبه ایران ته ورکوي.
- **د شفیق استدلال :**هغه باور درلود چې د اوبو د حق د تثبیت له لارې به ایران نور د افغانستان په کورنیو چارو کې مداخله ونکړي او افغانستان به وکولی شي پر هلمند سیند خپل بندونه (لکه کجکي او کمال خان) په ډاډه زړه جوړ کړي.
- **نیوکې :**په هغه وخت کې چپیانو او ځینو ملي پالو ډلو پر هغه تور پورې کړ چې "د افغانستان اوبه يې پلورلې دي"، خو نن ورځ ډېری حقوقپوهان په دې باور دي چې دا تړون د افغانستان په ګټه و، ځکه د ایران د بې ځایه ادعاوو مخه يې ونیوله.

۳. اصلاحات او بهرنۍ سیاست

شفیق غوښتل چې افغانستان د سیمې په "سویزرلنډ" بدل کړي:

- **له پاکستان سره اړیکي :**هغه هڅه وکړه چې د پښتونستان پر سر له پاکستان سره کړکېچ کم کړي ترڅو د افغانستان ترانزیټي ستونزې حل شي.
- **اداري تصفیه :**هغه په دولتي ادارو کې د فساد پر ضد جدي مبارزه پیل کړه.
- **د ډیموکراسۍ پیاوړتیا :**شفیق غوښتل چې بالاخره د سیاسي ګوندونو قانون نافذ کړي او د ظاهر شاه او خلکو ترمنځ باور بېرته رامنځته کړي.

۴. د سرطان ۲۶مه او د شفیق برخلیک

کله چې محمد موسی شفیق د اصلاحاتو په اوج کې و، سردار محمد داوود خان کودتا وکړه. داوود خان له شفیق سره د هلمند د تړون او د هغه د غربي تمایلاتو له امله مخالف و. شفیق زنداني شو او وروسته د ثور له کودتا (۱۹۷۸) وروسته د کمونیستي رژیم لخوا په شهادت ورسېد.

تاریخي پایله:

محمد موسی شفیق د ډیموکراسی د لسیزې "وروستی چانس" و. که د هغه حکومت ته وخت ورکړل شوی وای، شاید افغانستان د یوې پیاوړې پارلماني ډیموکراسی خاوند شوی وای او د جنګونو مخه نیول شوې وای.

د دی برخی مآخذ او منابع:

1 . محمد صدیق فرهنگ ؛افغانستان په آخرو پنځو پیړیو کښی؛،عرفان،تهران، پسرلی ۱۳۵۸

2 . لودیک آدامک، دایره المعارف ایرانیکا

3 . اولیرو روی، اسلام او د هغه مقام افغانستان کښی، ۱۹۹۰

4 . رفیعه ذکریا، انترنیتی ورځپانه ؛اوون؛، د جولای ۱۹ ۲۰۱۶،

5 . د هندوستان ملي آرشیف، د کابل د معاهدی متن ۱۹۲۱،

6 . لودیک ادامک، افغانستان ۱۹۰۰-۱۹۲۳، د دیپلوماسی تاریخ

7 . بریل اورمانی،و ف لدویک، ۲۰۰۶، د افغانستان سیاسی او دیپلوماتیک تاریخ، ۱۹۰۱-۱۸۶۳، لندن

8 . شاه ولی خان، زما یاداښتونه

9 . میر عبدالواحد سادات، د تکفیر ذهنیت او د قتل کولو تداوم،د مدنی ارزښتونو سلاخی کول او ....د هود انترنیتی ویب پانه)

10 . صاحبنظر مرادی، د احمد شاه ابدالی څخه تر عبدالرحمن خان پوری، د خراسان زمین ویب پانه، د قوس ۲۸ ۱۳۹۰.

11 . محمود محمود، د ایران او انګلیس سیاسی تاریخی روابط، تهران.

څلورمه برخه
د محمد داوود خان جمهوریت

د سرطان د ۲۶ کودتا ۱۳۵۲د بی ثباتی پیل

ننی سیاسی حادثی زمونږ د نږدی او د لیری تاریخونو انعکاس دی. د دی له لاری د ننی حوادثو تفسیر کول د تاریخی حادثو په بنسټ د حادثو د لا ښه پوهیدلو او د ورځخه د تیریدو د لارو د باسلو لپاره په اوسنی وخت کې مرسته کوی.زمونږ ځوانان دا حق لری چی خپل تاریخ د هیڅ ډول تعصب او د کومی مداحی څخه د وقت د حکمرانانو لخوا، پوه شی.

د دی کودتا په پایله کې مشروطه شاهی نظام د توپک په زور د حرب دیموکراتیک خلق او د هغه د هواخواهانو او افسرانو پواسطه او د داوود خان د نږدیو کسانو له طرفه د خپله داوود خان په پلانګذاری او قومانده، له منځه یوړلی شوه او په دی ډول سره د نظامی کودتا نا غوره عمل زمونږ په هیواد کې مروج شو.

سردار محمد داوود خان

سردار محمد داوود خان د سردار محمد عزیز خان روز چی د محمد یوسف خان زوی وو چی د سردار یحیی خان زوی او هغه بیآ د سلطان محمد خان طلایی زوی او د سردار پاینده مخحمد خان محمد زایی د اولادوو څخه وو، دی.

داوود خان په ۱۲۸۸ هجری شمسی کال کې چی د ۱۹۰۹ میلادی کال د جولای د ۱۸ سره سمون خوری د کابل په ښار کې نړۍ ته سترګی پرانیستلی خپل ابتدایی تحصیلات یی د حبیبیه په لیسه کې تمام کړ، خپل عالی تحصیلات یی بیا په فرانسه کې سرته ورسولی او نظامی تحصیلات یی بیآ په حربیه لیسه کې بشپړ کړ.

داوود خان د دی څخه وروسته چی د صدر اعظمی رتبی ته منصوب شو، په مختلفو نظامی، امنیتی ساحاتو کښی، په دې کې دخیل د قندهار ولایت او د حربیه د وزیر کار یی هم سرته ورسولو. دی د یو څو وخت لپاره د داخله وزارت په چوکی کې

هم کار وکړ. مګر دی په دی باندی قانع نه وو او په ۱۹۵۳ کال کې د صدر اعظم مقام ته منصوب شو او په دی مقام کې یی لس کاله کار وکړ.داوود خان هغه نسبی آزداری چی د شاه محمود خان د صدارت په وخت کې منځ ته راغلی وو محدود کړ او یو ؛پولیسی حکومت؛ یی په هیواد کې ټینګ کړ.

مګر داوود خان په هیواد کې د بنسټیزو اقتصادی کارونو په برخه کې په هیواد کې کوښښونه وکړ، پنځه کلن اقتصادی او اجتماعی اول او دوهم پلانونه یی طرح او تطبیق کړل چی د عمده او مهمو لارو په ښارونو کې او د برق د بندونو پلان او د آبیاری پلانونو باندی ختم شول. همدارز د سلطنتی نظام د ختمولو څخه وروسته د اووه کلن پلان په طرح او تطبیق باندی په ۱۳۵۵ هجری شمسی کې اقدام وکړ مګر د دوه کالو څخه وروسته د ثور د میاشتی په اوومه نیټه د ۱۳۵۷ کال (د ۱۹۷۸ م د اپریل په ۲۷) د ده رژیم نسکور شو.

سردار محمد داوود خان د جمهوری نظام بنسټ ایښودونکی او ړومبنی جمهور رییس (د دولت رییس) د افغانستان وو.هغه په همدی شان د قدرتمندترینه زمامدارانو د افغانستان څخه په آخرو څو لسیزو کې شمیرل کیږی. داوود خان د یو نظامی کودتا له لاری د سرطان په ۲۶ د ۱۳۵۲ شمسی کال کې چی د ۱۹۷۳م سره سمون خوری قدرت ته ورسید او خپل بریالی کودتا ته یی د ؛انقلاب؛ نوم ورکړ. داوود خان د محمد ظاهر شاه د ړنګولو سره، چی د کاکا زوی یی وو، د افغانستان د سلطنتی نظام ته یی د پای ټکی کیښود او خپل په ړومبنی رادیویی پیام کښی، د کودتا د بریالیتوب څخه وروسته،د جمهوری نظام د په کار راتګ اعلان یی وکړ.

د سردار محمد داوود خان دولت د سیاسی قدرت د لاسته راوړلو څخه وروسته په خپل اولینه رادیویی بیانیه کې د سیاسی نظام د شکل په اړوند داسی وویل:؛زه خپل د هیواد د راتلونکی د سعادت په خاطر د یو دیموکراسی د قایمولو په واقعی او معقول ډول یی چی د هغی اساس د افغانستان د اکثرو خلکو لپاره د خدماتو برابرول دی، بله لار می نه لټوله او په فکر کې یی هم نه یم زما په نظر د دی شان یو اجتماعی وضع تامین کول ،د خلکو د حقوقو تامین کول او د ملي حاکمیت په اصل باندی اعتراف کول دی، چی باید پورته ذکر شوی دوه اصلونو ته په واضیح او یا په پټه، خلل وارد نه کړی؛.

پورتنی اظهارات چی د محمد داوود خان د پاک نیت او د هیواد سره د مینی ښکارندوی وو، دا هیڅ کله هم باید د پوښتنی لاندی رانشی، مګر د خاصو عواملو له وجهی چی شاید ممکن د جامعی د بیسوادی او د سیاسی رشد د نشتوالی له وجهی څخه او یا هم د زمانی مصلحت وی، سردار محمد داود خان هر هغه څه یی چی د دیموکراسی او د ملي حاکمیت په هکله په اول کې تعهد یی کړی وو، د اساسی قانون د تدوین په جریان کې بلی خواته ولاړ. د موادو په ارزیابی او مطالیه د موادو پر بنسټ د جمهور رییس په صلاحیتونو او وظایفو کې د جمهوری ریاست

په مقام کې چې دی په خپله په هغه پوست کې وو، د ۱۳۵۵ کال د حوت د میاشت په اساسی قانونک ښی د افغانستان د جمهوری دا ښایی چې دا ټول د دی په شاه او خوا متمرکزه وو. دا واضیح ده چې خلک او ملت د استازو له لاری یعنی د پارلمان او ولسی جرګی له لاری د هیواد په حاکمیت کې ونډه درلوده مګر په اساسی قانون د ۱۳۵۵ حوت کې د محمد داوود جمهوری حکومت دی ته اړ نه وو چې د پارلمان څخه د اعتماد رایی تر لاسه کړی، ولسی جرګه یا ملي شورا نشو کولی چې دی حکومت یا د کابینی د غړو څخه اعتماد سلب کړی، په دی اساس خلکو نشو کولی چې خپل د استازو له لاری د هیواد په ادراه کې برخه واخلی او خپل اراده په دولتی حاکمیت کې تمثیل کړی. تعیین کول، برطرف کول او د مامورینو د استعفا قبلول ریس جمهور او د کابینی غړی د (۸۷) مادی په اساس او د اساسی قانون د یوولسمی مادی د برخی په اساس ټول د جمهور ریس د وظایفو او مسوولیتونو څخه شمیرل کیده.د همدی له کبله د افغانستان د جمهوری د اساسی قانون ۲۱ ماده چې حکم یی کولو؛په افغانستان کې ملي حاکمیت خلکو پوری تعلق لری؛ دا په عملي برخه کې د پوښتنی لاندې راځی.

د محمد داوود خان په اساسی قانون کې د حزب انقلاب ملي پرته،چې سردار محمد داود خان پوری مربوط وو، بل هیڅ احزابو د فعالیت اجازه نه درلود. دا موضوع د اساسی قانون په څلوېښتمه ماده کې داسی توضیح شویدی.

؛د افغانستان د خلکو د غوښتنو د روښانولو او د اجتماعی او سیاسی تربیی په خاطر تر هغه چې دغه آرزو سرته ورسیږی او خپل طبیعی حالت ته ورسیږی د حرب انقلاب ملي د رهبری لاندې چې د ملي او مترقی پیش آهنګی بنسټ ایښودونکی دی د سرطان د ۲۶ د افغانستان د خلکو لپاره، په دی هیواد کې یواځی یو حزبی سیستم موجود او مستقر دی.؛ په دی ترتیب سره د سردار داوود خان له نظره تر هغه چې د افغانستان جامعه معیین سیاسی پوخوالی ته ونه رسیږی، د افغانستان د دولت لپاره یی د یو حزبه حکومتی شکل انتخاب کړی وو.

د احترام وړ او د تقوا له نظره د تحسین وړ د سردار محمد داوود خان د شخصیت څخه پرته او د دی د آرزوګانو څخه سربیره د هیواد د اقتصادی پرمختګ په لار کښ، د دی کودتا نتایج د سیاسی او امنیتی او اجتماعی او اقتصادی پرمختګ له نقطی نظرو څخه ډیر د فاجعو څخه ډکه وه. د داوود خان د کودتا فاجعه باره عواقب، چې د افغانستان د سیاسی نقطی د چرخیدو وخت د افغانستان په تاریخ کې دی.

باید د دی کودتا نتایج او عواقب په خلاصه توګه سره جمعبندی کړو:

1 - د دی کودتا په پایله کې مشروطه شاهی نظام د توپک په زور د حرب دیموکراتیک خلق او د هغه د هواخواهانو او افسرانو پواسطه او د داوود خان د نږدیو کسانو له طرفه د خپله داوود خان په پلانګذاری او قومانده، له منځه یوړلی شوه او په دی ډول سره د نظامی کودتا نا غوره عمل زمونږ په هیواد کې مروج شو

2 - مشروطه پارلماني شاهي نظام چې به اساسي قانون باندي متکي و ديموکراسي ساقط شو او د هغې پر ځای یو دیکتاتوری یو کسیزه نظام چې اتکا یې پر یو کس باندی وو د دولت د رییس په امر کودتا په هیواد کې حاکم شو او نوم یې جمهوری پرې کېښود.

3 - نع یواځې دا چې د هیواد د خلکو په سیاسي حیات، اقتصادی او اجتماعی برخو کې هیڅ مثبت تحول را نه غې، مګر بر عکس د افغانستان خلک یې د ټولو هغو لاسته راوړنو څخه په اجتماعی او سیاسی مبارزاتو کې یې چې درلود،هم محروم کړ

4 - د صدارت مقام چې د پارلمان په مقابل کې ځواب ورکونکی وو،لغو اعلان شو

5 - پارلمان لغو شو

6 - د قضایه قوی استقلالیت لغو شو

7 - د مطبوعاتو خپلواکی لغو شوه

8 - د صدر اعظم د مقام په لغو کیدو، پارلمان، د قضایه قوی د استقلالیت لغو او د مطبوعاتو د آزادئ لغو،د دولت د ټولو ارګانونو اداره د یو کس په لاس کې شوه

9 - د پوهنتونونو استقلالیت خپل د رییس په انتخابولو کې او د پوهنځیو د رییسانو، د آزادانه انتخاباتو له لاری د علمی کدرونو او د پوهنتونونو او پوهنځیو لغو شول

10 - د استادانو اتحادیه لغو شوه،د محصیلنو اتحادیه لغو شوه، د بیآن د آزادئ حق لغو شو، د اجتماعاتو د آزادئ حق لغو شوه

11 - د سرطان ۲۶ کودتا د افغانستان د دولت بنسټیی ویجاړ کړ او د دی نظام ټول مخالفین له یوی خوا څخه د دی د له منځه وړلو شرایط برابر کړ او له بلی خوا یی د بریالیتوب او د د بریالیتوب د امید لاری هواری کړی

12 - د کودتا رژیم د مخالفینو په بالقوه او بالفعل سرکوب کولو لاس پوری کړ چې ډیر خلک د دی پروسی قربانیان شول

13 - په دی له منځه وړلو کې ښی طرفه مذهبي ډلی او منځ مهاله دیموکراتیک روشنفکران د موخه لاندې راغلل.د دی څخه محمد هاشم میوند وال یو دیموکرات روشنفکر صدر اعظم د رژیم د جلادانو د کړاونو لاندې یی ساه وختله او یو نور شمیر اعدام شول

14 - د دی کودتا په پایله کښی، د مذهبي افراطی ډلی ښی طرفه ډلی لکه ربانی، ګلبدین او مسعود د هیواد څخه وتښتیدل او د پاکستان د نظامی استخباراتو

غیرې ته یې پناه یوړله چې د هغې د مشکلاتو څخه ډکه پایله تر نن ورځې مونږ وینو او ادامه لري

15 - د دې فرصت څخه په استفاده کمونیستي ډلې پرچم او خلق خپل ځان یې د کودتا منطقي په ځای ناستي بلل، یو ځل بیآ سره یو شول او د قدرت د لاسته راوړلو هلې ځلې یې وکړې او آماده ګې یې ونیولې او په پایله کې یې د رژیم د ساقط کولو پر کار بریالي شول

16 - که د داوود خان د صدارت د دوران تولې لاسته راوړنې د اول او دوهم پنځه کلن پلانونو تطبیق کول وو په دیموکراسي دوره کې د دې څخه وروسته، هم دریم او څلورم پنځه کلن پلانونه تطبیق شول

17 - د کودتا رژیم د اولنی کودتاچیانو د ملګرو پواسطه ساقط کړی شو

18 - هغه کسانو چې د کمونیستي دوران د مطبوعاتو خپلواکی،د اجراییه قوی استقلالیت، د مقننه او قضایه قوو او د مشروطه سیستم پارلماني قدرت د دولت یې د دولت محکوم کړ د ننی بحرنی حالات د هغو خپلواکیو له وجهی بولی ، باید پوه شي چې د طبیعي سیاسي روند د حکم په اساس او د ملتونو سیاسي او اجتماعي او اقتصادي د بشري جامعو ژر یا وروسته دا ډول آزادۍ غواړي او لاسته یې راوړي او هغه کسان چې دا ډول خپلواکیانی له خلکو څخه اخلي په هر سیاسي فرهنګ او قاموس کې د دیکتاتور په نامه پیژندل کیږي!

19 - د ۱۳۵۲ د سرطان ۲۶ کودتا په عمل کې شاهي مشروطه نظام چې په پارلماني دیموکراسي باندې متکي وو ساقط کړ او د هغې پر ځای یې یو نظام حاکم کړ چې مطلق سیاسي حاکمیت یې درلود او نوم یې پرې جمهوریت کیښود تر دې حده چې سیاسي لرلید یو حربه دیکتاتوري (د ملي غورځنګ حزب) د مطبوعاتو د آزادۍ نه موجودیت او دیموکراسي زیرې یې ورکولو.

د دې سره سره چې ډیر خلک په دې معتقد دي چې داوود خان د مخکني شوري په پلوی او حمایت او د افغانستان د خلق دیموکراتیک حزب په مرسته قدرت ته ورسید، مګر د حزب دیموکراتیک خلق د رهبرانو روزانه لا نور قدرت واړو ته رسیدلی د داوود خان د حکومت پا آخرو کې د دې لپاره خوشاینده نه وو. **داوود خان** د ۱۳۵۷ کال په پیل کې د دې حزب اکثر مشران یې بندیان کړل. مګر د حزب دیموکراتیک خلق هواداران د ډیر نفوس له لارې چې په دولت کې دننه یې درلود، په خاص ډول سره اردو او پولیس کښې، په کودتا یې لاس ووهل. د داوود خان په خلاف کودتا د ثور په اوومه د سهار له خوا د حزب دیموکراتیک خلق د رهبرۍ لاندې پیل او د ورځ تر آخره پورې تمامه شوه او هر څه تغیر وکړ. داوود خان د

خپلی کورنی د ۱۸ غړو سره یو ځای د ریاست جمهوری د مانی په داخل کې په قتل ورسیدل او قدرت حزب دیموکراتیک خلق لاسته ورغی.

دلته پورتنی لیکنې د مهمو ټکو خلاصه او یو تاریخي انځور وړاندې کوم:

۱ د سردار محمد داوود خان شخصیت او تضادونه

داوود خان یو داسې شخصیت و چې له یوې خوا یې د هیواد د اقتصادي بډاینې او ملي غرور لپاره صادقانه هیلې لرلې، خو له بلې خوا یې پر **"مطلق العنانی "**او فردي واک باور درلود.

- **اقتصادي لیدلوری :**هغه د کجکي، هلمند او سترو سړکونو په جوړولو کې لوی رول درلود.
- **سیاسي لیدلوری :**هغه د ۱۳۴۳ کال د ډیموکراسۍ لسیزه د هیواد لپاره "خطرناکه" بلله او په دې باور و چې تر څو خلک باسواده نشي، ډیموکراسي ګټه نه لري.

۲ د ۱۳۵۵ کال اساسي قانون او د واک انحصار

د داوود خان د دورې اساسي قانون (۱۳۵۵) د جمهور رییس په لاس کې بې ساري واکونه متمرکز کړل:

- **یو حزبي نظام :**یوازې "د ملي انقلاب حزب" ته د فعالیت اجازه وه (۴۰مه ماده).
- **د پارلمان کمزورتیا :**پارلمان د حکومت د عزل یا نصب واک نه درلود.
- **قضایه قوه :**خپلواکي یې له منځه لاړه او په بشپړ ډول د دولت تر کنټرول لاندې شوه.

۳ د سرطان د ۲۶مې کودتا ۱۷ ویجاړونکي عواقب

پورتنی لیست شوي ټکي د افغانستان د نننی بدبختی ریښې ښیي. دلته د هغو څو مهم لنډیز دی:

1. **د مشروعیت ختمول :**کله چې پاچا (د هیواد د ثبات سمبول) په غیر قانوني ډول لیرې شو، نو هر چا ته دا جرئت ورکړل شو چې د کودتا هڅه وکړي.

۲. **د منځلارو ځېل :**د محمد هاشم میوندوال په څېر دیموکراتانو شهادت د دې لامل شو چې سیاسي ډګر یوازې افراطي چپ او افراطي ښي (اسلامپالو) ته پاتې شي.

۳. **بهرنی مداخله :**د مذهبي مشرانو (حکمتیار، رباني، مسعود) تېښته پاکستان ته، د کابل او اسلام اباد ترمنځ د داسي دښمنی پیل و چې تر نن پورې دوام لري.

۴ .د تاریخ تکرار: له داوود خان څخه تر ثور کودتا پورې

داوود خان په لومړیو کې له چپي افسرانو (خلق او پرچم) سره نږدې و، خو کله چې یې وغوښتل د هغوی نفوذ کم کړي او د لویدیځ او عربي نړۍ په لور میلان پیدا کړي، ډېر ناوخته و.

- **د ثور کودتا) ۱۳۵۷ :**(چپیانو چې لا پخوا یې په اردو کې ریښې ځغلولې وې، د داوود خان په وړاندې هماغه وسله وکاروله چې ده د ظاهر شاه په وړاندې کارولې وه.
- **غمجنه پایله :**داوود خان د خپلې کورنی له ۱۸ غړو سره د ارګ په دننه کې ووژل شو، چې دا د افغانستان په تاریخ کې یو له خورا دردناکو پېښو څخه ده.

۵ .د نننۍ نسل لپاره درس

د تاریخ پوهېدل د دې لپاره دي چې له تېرو غلطیو زده کړه وشي.

- **دیکتاتوري بمقابله ډیموکراسي :**هر هغه نظام چې د بیان ازادي، د ګوندونو فعالیت او د خلکو رایه اخلي، که هر څومره پلونه او تونلونه هم جوړ کړي، په پای کې د بې ثباتی لامل کیږي.
- **بې ثباتي :**افغانستان له ۱۳۵۲ کال راهیسي په یوه داسي "دائري جنګ" کې راګیر دی چې پیل یې له همدې پوځي مداخلې څخه وشو.

د داوود خان د دولت ختم په حقیقت کی د بارکزائیانو د سلسلې ختم هم وو.

شلم جدول: د بارکزایی سلسله – د آل یحیی کورنی

شمیره	د شاه نوم / د دولت رییس	د مخکنی امیر سره نسبت	پلازموینه	د حکومت دوره (میلادی)
۱	محمد نادر شاه	محمد نادر خان د محمد یوسف خان زوی، د سردار یحیی خان لمسی او د سردار سلطان محمد خان طلایی د پیښور حکمران اولاده سردار پاینده محمد خان محمد زایی د امیر دوست محمد خان ورور وو.	کابل	۱۹۲۹-۱۹۳۳
۲	محمد ظاهر شاه	د محمد نادر خان زوی	کابل	۱۹۳۳-۱۹۷۳
۳	محمد داوود خان (د دولت رییس)	د نادر خان وراره د سردار محمد عزیز خان زوی د محمد یوسف خان زوی	کابل	۱۹۷۳-۱۹۷۸

د دی برخی د مآخذو منابعو فهرست

د دی کتاب په دویمه، دریمه او څلورمه برخه کې، چې د افغانستان لرغونی او معاصر تاریخ، د سلطنتي نظام پای او د بې ثباتی پیل څېړي، له لاندې معتبرو او مهمو تاریخي سرچینو څخه ګټه اخیستل شوې ده:

۱. معاصرې او کلاسیکي بهرنی سرچینې

- **مونټ سټوارټ الفنسټن (Mountstuart Elphinstone):** د "کابل د سلطنت ګزارش" (An Account of the Kingdom of Caubul)، چې په ۱۸۱۵ او ۱۸۴۲ کلونو کې چاپ شوی. دا د

افغانستان د خلکو، قومونو او جغرافيي په اړه يو له خورا لومړنيو او دقيقو سرچينو څخه ګڼل کيږي.

- **لويي ډوپري (Louis Dupree):** د "افغانستان" په نوم د هغه مشهور اثر (۱۹۷۳)، چې د افغانستان د ټولنپوهنې او معاصر تاریخ په برخه کې يو معتبر رفرنس دی.
- **اوليور روی (Olivier Roy):** د "اسلام او په افغانستان کې مقاومت" او "اسلام او سياسي نوښت" کتابونه، چې په ځانګړي ډول د معاصر تاريخ د تحولاتو لپاره کارول شوي دي.
- **سی ای بوسورث (C.E. Bosworth):** په انسائيکلوپيډيا ايرانيکا کې د غزنويانو او سيمه ييزو دولتونو په اړه د هغه څېړنې.

۲. افغاني تاريخي اثار

- **مير غلام محمد غبار:** د "افغانستان در مسير تاريخ" کتاب، چې د هوتکيانو، ابداليانو او د هيواد د سياسي جريانونو په برخه کې د يوې اساسي سرچينې په توګه ترې استفاده شوې ده.
- **فيض محمد کاتب هزاره:** د هغه تاريخي ليکنې چې د افغانستان د ملي هويت او پېښو په مستند کولو کې مهم رول لري.
- **احمد علي کهزاد او عبدالحي حبيبي:** د افغانستان د لرغوني او منځني تاريخ په اړه د دې دواړو نامتو مورخينو اثار.
- **صديق فرهنګ:** د هغه تاريخي ليدلوري او ليکنې.

۳. نورې مهمې سرچينې او اسناد

- **بابرنامه:** د ظهير الدين محمد بابر خاطرې، چې د کابلستان او سيمې د تاريخي وضعيت په اړه لومړني معلومات وړاندې کوي.
- **ايراني محققين:** لکه د علي اکبر بينا او محمد احمد پناهي سمناني اثار، چې د هرات د جګړو او صفوي دورې د تاريخ لپاره ترې حواله اخيستل شوې ده.
- **رسمي اسناد:** د افغانستان د ۱۳۴۳ او ۱۳۵۵ کلونو اساسي قوانين او د بيلابيلو دورو دولتي جريدې او مطبوعات.
    - سيدال يوسفزی، نادر څنګه پاچايی ته ورسيد، د ميوند نشراتی مرکز، سبا کتابتون،پيښور، ۱۳۷۸
    - .شهرت ننګيال، پخوانی شاه محمد ظاهر شاه، د نصير احمد نشاط ترجمه، د ميوند نشراتی مرکز، سبا کتابتون، پيښور، ۱۳۷۹
    - محمد نجيم آريا، محمد هاشم ميوندوال، د ميوند نشراتی مرکز، سبا کتابتون، پيښور، ۱۳۷۸

پنځمه برخه
د ثور د اوومی کودتا
د ديموکراتيک جمهوری دولت (۱۹۷۸ ــ ۱۹۹۲م)

د افغانستان د ديموکراتيک جمهوری دولت د څوارلس کالو لپاره، د ثور د اوومه ۱۳۵۷ هجری شمسی څخه چی د اپريل ۲۷ د ۱۹۷۸ سره سمون خوری تر اتم د ثور ۱۳۷۱ پوری چی د آپريل ۲۸ د ۱۹۹۲م سره سمون خوری پوری په قدرت کې وو. په دی دوران کې څلور رهبران د حزب ديموکراتيک خلق څخه د دولت د رييس په مقام کې او د ديموکراتيک خلق د حزب د منشی عمومی په صفت دول يی رهبری کړچی دوی دا کسان وو: نور محمد تره کی، حفيظ الله امين، ببرک کارمل او ډاکټر نجيب الله.

کمونيستی پرچم او خلق ډلی، چی د دی مربوط صاحبمنصبان د سردار محمد داوود خان د کودتا په برياليتوب کې مهم رول درلود خپل ځان يی د داوود خان د کودتايی رژيم منطقی وارثان بلل. د پرچم او د خلق د بيا متحد کيدو څخه وروسته، چی د حزب ديموکراتيک خلق افغانستان په تحکيم او د دوی په صفوفو ختم شو،د قدرت د واړی د لاسته راوړلو لپاره يی تياری ونيولی. په پايله کې يی د اولين ځل لپاره داوود خان د دی احزابو د مشرانو په بندی کولو د ثور په شپږمه، زمينه مساعده کړه، هغه افسران چی جزب د جمهوری دولت پوری تړلی وو د ثور په اوومه نيته د ۱۳۵۷ه ش کال چی د اپريل ۲۷ د ۱۹۷۸ سره سمون خوری ساقط کړ.

په لږ وخت کې د قدرت د لاسته راوړلو څخه وروسته د خلقيانو او پرچميانو قدرت د اکتوبر د انقلاب په نمونه او د د سياسی حزب د جوړيدو ــ د جامعی د اقشارو په موفق کيدو خپل په ضد يی کړل او بالاخره د اتحاد شوروی په مداخله، يو ايديالوژيکه مبارزه يی په خپلواکی برخهه ملي جنګ باندی بدل کړ. په دی آخرو کې فريد مزدک د ډاکټر نجيب الله معاون د بی بی سی سره په يو مصاحبه کې داسی وويل، ای کاش چی حزب ديموکراتيک خلق قدرت ته نه وای رسيدلی. زما په نظر يو منطقی هيله نه دی، داسی يی بايد ويلی وی چی د حزب رهبريت د يو تاريخی فرصت د له لاسه ورکولو سره د يوی ديموکراتيکی جامعی د جوړولو چی تل د حزب په نشراتو کې منعکس کيدو، لکه د سياسی پلوراليزم جوړول، د خلکو د ديموکاتيکو خپلواکيو تحقق ورکول لکه د بيآن خپلواکی او د اجتماعی سازمانونو

جوړښت، خپل صفوفو ته او د افغانستان خلکو ته یې خیانت وکړ او د شوری اتحاد دیکتاتوری نمونه یې په عوض کې تطبیق کړ او د شوروی سره یو ځای د تاریخ ژورو کثافت دانیو ته ولوید!

د اتحاد شوروی د قواوو د خارجیدو څخه وروسته د افغانستان څخه په ۱۹۸۹م کال کې او د دوی د اقتصادی مرستی قطعه کیدل د ډاکټر نجیب الله له دولت څخه دری کاله دوام درلود او په دی دریو کالو کې یی وشو کولو چی په بریالیتوب سره د دولت له سقوط څخه د مجاهدینو لاسته مخنیوی وکړی او بالاخره د مالی منابعو په ختمیدو سره، د یو سیاسی توافق د نشتوالی له وجهی د مجاهدینو ډله د جګړی د ختم او د یو ملي دولت د جوړولو په خاطر، د دولت دوام امکان نه درلود په جبر سره د قدرت د تسلیمولو و مجاهدینو ته مجبور شول.ډاکټر نجیب الله د کابینی په آخرینه جلسه کې د مالی منابعو د ختمیدو څخه خپل وزیران خبر کړ او خپل د یو سیاسی توافق ته د رسیدو د ناکامی خبر په ژینیوا کې د مجاهدینو د ډلو سره، او خبر یی ورکړ چی خپل د دولت د کار آخر ته رسیدلی دی د دی له مخی خپلو ملګرو او وزیرانو ته یی اجازه ورکړ تر څو خپل د راتلونکی په هکله خپل تصمیمونه ونیسی او خپله هم وغوښت چی ډهلی ته خپلی کورنی ته ورشی، مګر د دوستم ملیشه چی د کابل د هوایی ډګر امنیت یی په لاس کې وو،د ده پرواز څخه یی مخ نیوی وکړ او دی د بلی لاری د نشتوالی څخه د متحده مللو دفتر ته په کابل کې پناه یوړله.

د حکومت د کار د ختمیدو په اعلان و وزیرانو مجلس ته او د هغی څخه وروسته د ډاکټر نجیب الله ناکامی د هیواد څخه د بیرون تللو، بی ځایه نه دی چی ملګری او د نجیب الله د دولت وزیران خپل د راتلونکی په اړه،خپله تصمیمونه ونیول او هر یو یوی خواته ولاړل.پی دی ګډوډی کښی، د فرصتپاله جنرال عبدالرشید دوستم له احمد شاه مسعود څخه پلوی کول او د دولت او د نظامی قواوو تسلیمول د ډاکټر نجیب الله د څو پرچمی عناصرو پواسطه لکه وکیل، فرید مزدک، جنرال نبی عظیمی، جنرال علومی او نور په ۱۹۹۲م کال کښی، احمد شاه مسعود او د جمعیت حزب ته یی دا موقع ورکړ چی د د مجاهدینو تر منځ د ټولو موافقاتو څخه په ستګی پټولو ټول قدرت خپل په لاس کې واخلی او مطلق حاکمیت وموندی.

د ثور د اوومی کودتا ۱۵۵۷ هجری شمسی

د ثور د میاشتی په ۷ نیته د ۱۳۵۷ هجری شمسی کال (اپریل ۲۷ ۱۹۷۸ میلادی)،د افغانستان د خلق دیموکراتیک حزب (ح د خ ا) د په وینو لړلی کودتا سره د محمد داوود خان جمهوریت یی ختم کړ او د کودتا انقلابي شوراکودتاچیانو د جمهوری دیموکراتیک افغانستان د دولت اعلان یی وکړ نور محمد تره کی د شورای انقلابي د ریاست د مقام لپاره انتخاب کړ او ببرک کارمل د معاون په صفت او حفیظ الله امین د خارجه وزیر په صفت موظف شول.

د افغانستان د دیموکراتیک جمورتی د څوارلس کالو لپاره، د ثور د اوومه ۱۳۵۷ هجری شمسی څخه چی د اپریل ۲۷ د ۱۹۷۸ سره سمون خوری تر اتم د ثور ۱۳۷۱ پوری چی د آپریل ۲۸ د ۱۹۹۲م سره سمون خوری پوری په قدرت کې وو. په دی دوران کې څلور رهبران د حزب دیموکراتیک خلق څخه د دولت د رییس په مقام کې او د دیموکراتیک خلق د حزب د منشی عمومی په صفت دول یی رهبری کړچی دوی دا کسان وو:نور محمد تره کی،حفیظ الله امین، ببرک کارمل او ډاکټر نجیب الله.

د افغانستان د دیموکراتیک خلق د حزب فکری بنسټ مارکسیزم – لیننیزم ایډیولوژی وی او د کمونیست شوروی اتحاد د حکومت داری او سیاستونو څخه یی د نمونی په شکل استفاده کولو او حمایت یی ورڅخه کولو.

خلقیانو او پرچمیانو قدرت د اکتوبر د انقلاب په نمونه او د د سیاسی حزب د جوړیدو – د جامعی د اقشارو په موفق کیدو خپل په ضد یی کړل او بالاخره د اتحاد شوروی په مداخله، یو ایدیالوژیکه مبارزه یی په خپلواکی برخهه ملي جنګ باندی بدل کړ. په دی آخرو کې فرید مزدک د ډاکټر نجیب الله معاون د بی بی سی سره په یو مصاحبه کې داسی وویل، ای کاش چی حزب دیموکراتیک خلق قدرت ته نه وای رسیدلی. زما په نظر یو منطقی هیله نه دی، داسی یی باید ویلی وی چی د حزب رهبریت د یو تاریخی فرصت د له لاسه ورکولو سره د یوی دیموکراتیکی جامعی د جوړولو چی تل د حزب په نشراتو کې منعکس کیدو، لکه د سیاسی پلورالیزم جوړول، د خلکو د دیموکراتیکو خپلواکیو تحقق ورکول لکه د بیآن خپلواکی او د اجتماعی سازمانونو جوړښت، خپل صفوفو ته او د افغانستان خلکو ته یی خیانت وکړ او د شوری اتحاد دیکتاتوری نمونه په عوض کې تطبیق کړ او د شوروی اتحاد سره یو ځای د تاریخ ژورو کثافت دانیو ته ولوید!

د ثور د اوومی کودتا عوامل

د کودتا، کارروایانو، نتایج او د هغوی لاسته راوړنی عوامل او علتونه چی د حزب دیموکراتیک خلق افغانستان ۱۴ کلنه حکومت پر ځای پریښود، د افغانستان د معاصر تاریخ تر ټولو ډیره برخه تشکیل کوی. د میر اکبر خیبری پټ په قتل رسول، یو کس د حزب د مشرانو (د ۱۳۵۷ د حمل د میاشت په ۲۵ هجری شمسی)، د حزب د قدرت نمایانو مظاهری د دی د خاوروته سپارلو په مراسمو کښی، او د داوود خان اقدامونه چی څو تنه د حزب رهبران یی د کودتا څخه دوه ورځی د مخه بندیان کړل ټول د کودتا ظاهری عوامل ښکاره کوی.

داوود خان د یو بدلون په لړ کې د ایران او سعودی عربستان د ملیارد ډالری مرستو په امید خپل پرچمی همکاران یی له کابینی څخه لیری کړل او د بی لطفی چلند یی ورسره وکړ.د دی سره په عین وخت کښی،د پاکستان سره د تشنج پلوی د

سیاست د غوره کولو، د پخواني سیاست څخه لیري والي له شوروي څخه، د ایران او سعودي عربستان سره نږدي ارتباطات، د یو واحد گوند په جوړولو کې هلي ځلي (ملي غورځنګ) ټول د قریب الوقوع مستقیم اقدامات د سیاسي عناصرو پر ضد د چپ طرف ښکاره کولو.

همدا وو چي حزب خاص اماده گی په خاص ډول سره په اردو کې ونیولو. د هغي څخه د دوه جناحو د اتحادیو بیآ جوړولو اقدام ؛خلق؛د نور محمد تره کی په مشی او ؛پرچم؛ د ببرک کارمل په مشري یی جوړ کړ ؛د افغانستان د دیموکراتیک خلق حزب (ح. د.خ. ا) په ۱۹۷۷م کښی.یو ځل نور محمد تره کی ویلی وو:د داوود خان د جمهوري نسکور کول د ثور د کودتا څخه د مخه (تره کی دی ته همیشه د ثور انقلاب ویل) د کار لاندې وو.په واقعیت کې ؛چپیانو؛ - خلقیان او پرچمیان – د ښکاره کولو څخه پرته د خیبر د مړینی حادثی ته هم آماده وو تر څو د داوود خان د عمل مخنیوی وکړی.. د ثور کودتا د حفیظ الله امین په مشري، د هغي اساسي غوښتني په ځواب کښی، چي د حزبي مشرانو د ژغورنی په خاطر وو. د نصیر مهرین په نظر ؛د کودتا د بریالیتوب علت د منظم نظامیانو تشکیل په اردو کښی،د جمهوري د نظامي ناکاري او خشونت په کارونو کې یی، او د خلکو صرف ورته کتني کولي شو ومنو؛. (د دري ژبي دویچه ویلی).

حفیظ الله امین ویلی وو چي ؛د ثور انقلاب په هم هغه کچه چي واشنګټن یی غافلګیره کړی وو په هم هغه پیمانه یی ماسکو هم متعجب کړی وو؛. د جاناتان ستیلل په قول چي د ګاردین پخواني خبرنګار وو (د افغانستان د جګړو د ډګرونو ارواح کتاب کښی، د لندن چاپ ۲۰۲۱۲م کال په انګلیسي ژبه) د شوروي مسولین،په خاصه توګه بیآ د ((کی جی بی KGB)) غړي په خدمت بوښت مامور په کابل کښی، د ثور د اوومی د کودتا څخه غافلګیره شول. د دوی په باور نه افغانستان نیل ته د سوسیالیزم پخوالي ته رسیدلی او نه د هغي څخه د مخه د خلق دیموکراتیک ګوند د زمامداري پیدا کونکی وو. په حقیقت کې ګوند د دوه جناحي داخلي سوروي، له دننه څخه مات کړ. ((خلق)) تندروه روند او د اکثریت لرونکی، د کودتا دسیسه یی جوړه کړی وه. دا ډله د ((پښتو)) ژبي خلکو د ډلو ملاتړیی درلود چي کار او یا د پوهني نظام ته د لاس رسي لپاره په خپلو میشتو ساحاتو کې وو. ((پرچم)) د اقلیت او منځ مهاله ډله، د متوسط ښار میشتو ډلو ((دري)) ژبو زړونه یی ګرم ساتو.

د افغانستان دیموکراتیک خلق ګوند

میر غلام محمد غبار، نور محمد تره کی، ببرک کارمل، میر اکبر خیبر، ثدیف الله روهي او علي محمد زهما، اولین کسان وو چي د تدارکاتو په کمیټه کې د خلق د دیموکراتیک ګوند د جوړولو هلی ځلی یی وکړ.د یوی لنډی زماني څخه وروسته طاهر بدخشي هم د دی کمیټي سره یو لاسی شو مګر غلام محمد غبار د دی کمیټي

څخه لیری ولاړ او علی محمد رهما او صدیق الله روهی هم د افغانستان څخه خارج ته ولاړل.

د دی کسانو څخه ځیني د شاهي کورني لخوا هم حمایت کیدل،په دی وتوانیدل چې په ۱۳۴۲ لمریز کال کې ړومبنی تشکیلاتی هسته چې د ؛اولی کمیتی؛ په نامه مشهروه وه،منځ ته راوړی.د نسبتا خپلواکی فضا څخه په استفاده چې په څلویښتمه لسیزه کې (د افغانستان د دیموکراسی لسیزه) جوړ شوی وو، د دی کمیتی غړی د ۱۳۴۳ د جدی په ۱۱ نیټه د خلق د دیموکراتیک گوند اولینه کنگره یی په غیر علنی ډول سره د نور محمد تره گی په کور کښی، د کابل په کارته چهار ساحه کې دایره کړه. په دی کنگره کې د ۲۷ څخه اضافه د حزب غړو برخه واخیست، طاهر بدخشي د نور محمد تره کی او ببر کارمی اولین ژوند لیک یی چې د حزب لوړ پوړی غړی وو یی قرات کړ او د هغی څخه وروسته د جلسی تر ټولو مشر شخص ، آدم خان جاجی د جلسی د موقت رییس په صفت انتخاب شو. په دی جلسه کې د هر یو غړی د خبرو کولو څخه وروسته یوه اساسنامه د خلق د دیموکراتیک گوند په تصویب ورسیدو او ۱۸ کسیزه ډله د ؛پلینیوم؛ په نامه د حزب انتخاب شول. دا پلینیوم د حزب مرکزی کمیته یی چې د ۷ اصلی اعضاوو او څلورو علی البدل غړو څخه جوړه وه انتخاب کړل. نور محمد تره کی، ببرک کارمل،صالح محمد زیری،طاهر بدخشی، سلطانعلی کشتمند، شهرالله شهپر او دستگیر پنجشیری اصلی غړی او ډاکټر شاه ولی، ظاهر افق، ډاکټر ظاهر او نور احمد نور د علی البلد غړو په نامه انتخاب شول.

همدا راز د گوند مرکزی کمیته، نور محمد تره کی یی د عمومی منشی او ببرک کارمل یی د منشی د معاون په صفت انتخاب کړ.

دا گوند، خپل په ړومبنی جدی حرکت کښی، وتوانیدو چې د حزب څو غړی د استازی په نامه ملي شورا په دولسم دور کښی، د افغانستان پارلمان ته داخل کړی. په هغه ټاکنه کښی، ببر کارمل،آناهیتا راتبزاد، نوراحمد نور او فیضان الحق فیضان شورا ته یی لاره ومونده مگر نور محمد تره کی او حفیظ الله امی شورا ته لاره و نه مونده.

د دی نامزادانو څخه یو هم، په ټاکنیز تبلیغاتو کښی،خپل ځان د مارکسیستی فکرونو پلوی معرفی نه کړ. کارمل او راتبزاد، چې د کابل څخه مجلس ته لاړ وو خپل ځانونه یی د دیموکراسی پلویان او نرړ احمد نور چې د قندهار له پنجوایی څخه لاړ وو خپل د پلار له نفوذ څخه چې لوی ملاک وو په منطقه کې یی استفاده وکړ.

د ملي شورا د کار د پیل څخه وروسته، ظاهر شاه،د دوهم ځل لپاره محمد یوسف یی د صدارت مقام لپاره مخ ته کړ. ډاکټر یوسف د شورا د غړو د اکثریت د رایو څخه وروسته، دا مقام یی لاسته راوړ. د خلق د دیموکراتیک گوند غړی غړښته

چې د شورا جلسې، د ړومبنی صدر اعظم د اساسی قانون لپاره په علنی ډول سره جوړه شي او د ۱۳۴۳ لمریز کال د عقرب په دریمه،مظاهری یی پیل کړی. د دی مظاهرو په پایله کښی، په وینو لړلی درگیری منځ ته راغلی او د افغانستان سیاسی فضا متشنجه شوه او ډاکټر یوسف مجبور شو چی د اعتماد د رایی د لاسته راوړلو څخه څلور ورځی وروسته استعفا ورکړی.

د ۱۳۴۵ لمریز کال د حمل په ۲۲ نیټه، د دیموکراتیک گوند ړومبنی نشریه د ؛خلق؛ په نامه چی د امتیاز صاحب یی نور محمد تره کی وو او بارق شفیعی یی مسول مدیر وو، په کابل کې په انتشاراتو پیل وکړ. د خلق نشریه د سیاسی اهدافو او د حزب د ایدیولوژی د خپرولو لپاره وو او په غیر مستقیم ډول سره مارکسیستی مفکوری یی نشر او تبلیغ کولی.

دا نشریه د هم هغی کال د جوزا په میاشت کښی، د یاد شویو مطالبو د چاپ په خاطر د خلکو او د پارلمان د قهر باعث شو او د پارلمان له تصویب څخه وروسته، په داسی حال کې چی یواځی شپږ شماری یی چاپ شوی وو،د دولت له جانبه توقیف شو. مگر د توقیف څخه وروسته په غیر قانونی او پټه بڼه هم چاپ او منتشر کیدو.

صدیق وفا د خلق د دیموکراتیک گوند یو پخوانی غړی په یو فیسبوکی بحث کې خپل د ځنو پخوانیو ملگرو سره داسی لیکی:"د افغانستان د خلق دیموکراتیک گوند د یو پیشآهنگ په صفت کار کونکی طبقه (رحمتکښان) د عینی اوضاعو په نظر کې نیولو سره او د سیاسی او اجتماعی مشخص تحلیل سره هم هغه وخت (د ۱۳۴۳ کال د جدی ۱۱) بنسټ کیښودل شو. دا گوند د اولین وار لپاره د افغانی جامعی بنسټیزه مسایل یی د جامعه شناسی او علمی دیدگاه څخه (تاریخی متریالیزم) مطرح کړ د هغی زمانی انقلابیوند مترقی ایدیالوژی په پیش بینی د اجتماعی ژوند اساسی تضادونه یی د موخه لاندې ونیول او د انقلاب بدلیدل یی د تاریخی ونډی په شکل مطرح او د حزب په پروگرامونو او برنامو کې یی د منل شویو لاربښوونو د نړیوال انترناسیونال کار کولو او بین المللی کنفرانسونو) د ملي دیموکراتیک انقلاب د سرته رسولو په موخه د ملي او انقلابي لویو جبهو له لاری او د غیر سرمایه داری د لارو د پیاوړی کولو فورمول بندی او وړاندې کړ چی په هم هغه وخت کې ضروری او انقلابي وبلل شو او زمونږ اکثریت (هغه کسان چی په دی صفحه کې شامل دی او نور چی د حزب غړیتوب یی درلود مگر دلته حاضر نه دی) په انقلابي شور او شوق سره په وطنپراستانه شکل سره هغه مرام یی ومنلو او د هغه د تحقق په لار کې یی مبارزی وکړی، د دی څخه پرته چی کوم د انتقاد نظر یا کوم بحث پیل کونکی نظر ولرو، د دی سره سره چی زما معلومات بشپړنه دی ممکن ځینې دوستان په دی حلقه کې د مخفی یا علنی مخالفانو له ډلی څخه وی، هغه مرام او هغه خط مشی وو چی زه تری خبر نه یم، په هرحال، دا چی داډول یوه جبهه په افغانستان کې جوړه نشوه،د فیودالی څخه د مخه د تولید څرنگوالی او فیودالی او اجتماعی فیودالی مناسبات پر دی تک لاره متکیاو همدا

راز عجله شوی او په خو فرقو ویشل شوی رهبران د ملي ديموكراتيک تحول د تحقق مانع شول او په عوض کښیی کودتا د انقلاب پر ځای راغی،او د کارګران طبقه د تیټمیزان په خاطر د صنایعو پر مختګ منځته رانه غی. د حزب مشران د لازم سیاسی او ایدیالوژیکی پخوالی څخه بهره منده نه وو او حاکم تفکر په حزب کې د اذهانو او نادرستو توجیهاتو مجموعه وه چی په خپله جوړیده. او په آخر کې حقایق یی له منځه وړل او بالاخره دا چی د سیاسی قدرت د لاسته راوړلو څخه وروسته د یو ناپیژندل شوی جوړښت په شکل د افغانستان تاریخ ته او د د حزب دولت ته داخل شول، بل نقد د دی ټکی باید پیل شی نه له هغی ځایه څخه چی ضرور د حزب د جوړولو لپاره نه وو او یا دا چی حزب ولی جوړ شو؟"

د ګوند شعبی

د حزب له تشکیل څخه لا ډیر وخت تیر نه وو چی د ۱۳۴۶ لمریز کال د ثور په میاشت کښی، دا ګوند د بیلیدو او په شعباتو په تجزیه کیدو لاندې راغی او په دوه ډلو وویشل شو، د شعبه کیدو څخه وروسته، هر یو د دوه شعبو څخه خپل ځان د خلق د دیموکراتیک ګوند اصلی غړی بلل. د ۱۳۴۶ لمریز کال په حوت میاشت کښی، نور احمد اعتمادی د هغی وخت صدر اعظم، د ؛پرچم؛د نشریی د نشر کیدو اجازه یی ببرک کارمل ته ورکړ او دا نشریه په ونې واره ډول سره، په داسی حال کې چی د امتیاز ښاوند یی میر اکبر خیبر وو او مسول مدیر یی سلیمان لایق وو، په نشر رسیدو. د پرچم د نشریی د انتشار څخه وروسته، د تره کی ډله د خلق او د ببرک ډله د پرچم په نامه مشهور شول.

د خلق او د پرچم تر منځ اختلاف، اکثر د محلی او قومی تضادونو له رویه وه او د دی په خاطر پښتو ژبی غړی چی قبیلوی او کلیوالی ریښی یی درلود د خلق په ډله کې او فارسی ژبی چی ښار میشته خلک وو د پرچم شعبی کې سره راغونډ شول. د خلق د دیموکراتیک ګوند کې اختلافات یوائې د خلق او پرچم په شعبو خلاصه نه شوه او ځینې د طاهر بدخشی په مشرۍ د پرچم له شعبی څخه بیل شول او نیو حزب یی د ؛د افغانستان د زحمتکښانو د سازمان؛په نامه چی د ؛ملی ستم؛ په نامه معروف وو منځ ته راوړ.

طاهر بدخشی چی د تاجیک قوم څخه وو دا اعتقاد یی درلود اساسی او عمده تضاد په فعلی وخت کې قومی او ملیتی تضاد دی او د قومی او ژبنی مسایلو پر سر د خلق د دیموکراتیک ګوند د مشرانو سره اختلاف پیدا کړ. د دی له خاطره د دی شعبه د ؛ملی ستم؛ د ډلی په نامه معروفه شوله چی نن یی ډاکټر لطیف پدرام د پیروانو څخه دی. بیآ وروسته ملي ستم هم په دوه شعبو وویشل شو، د سازا ډله (د افغانستان د زحمتکښانو سازمان) د طاهر بدخشی په مشرتابه او د ؛سفزا؛ شعبه (د افغانستان د زحمتکښانو فدایی سازمان) د ؛باعث بدخشی؛ په مشرۍ.

د ۱۹۷۷م میلادی کال په منځ کښی، د خلق او پرچم د مشرتابه مقاماتو د مشترکه جلسی په لړ کې د افغانستان د خلق دیموکراتیک ګوند تشکیل شو. نور محمد تره کی د عمومی منشی په صفت د مرکزی کمیټی د افغانستان د خلق د دیموکراتیک واحد حزب په صفت انتخاب شو. ببرک کارمل او دوه نور کسان (یو د پرچم او بل د خلق له شعبو څخه) د مرکزی کمیټی د منشیانو په صفت انتخاب شول، په دی ډول سره د ګوند د دوه شعبو بیاً اتحاد تامیین کړی شو.

د نور محمد تره‌کي ژوندلیک (۱۲۹۶ - ۱۳۵۸ هـ.ش)

نور محمد تره‌کی د غزني په یوه نادارہ بزګره کورنی کې زیږېدلی و. هغه له ماشومتوبه د ژوند سختی ګاللې وې:

- **په هند کي بدلون :** په بمبئي کې د پښتون شرکت د استازي په توګه دندې او هلته له استعمار ضد افکارو سره اشنایي د هغه په ژوند کې بنسټیز بدلون راوست.
- **ادبي او سیاسي فعالیت :** تره‌کي د "ویښ زلمیانو" په غورځنګ کې فعاله ونډه لرله او لومړني سوسیالیستي داستانونه یې په پښتو ولیکل (لکه: د غوایي لور، دادي خدمت، څرنګه آزادي).
- **د ح.د.خ.ا بنسټ :** د ۱۳۴۳ کال د جدي په ۱۱مه د هغه په کور کې د افغانستان د خلکو دیموکراتیک ګوند بنسټ کېښودل شو.

د قدرت لاسته راوړل او د رژیم فرمانونه

د ۱۳۵۷ کال د ثور له کودتا وروسته، تره‌کی د انقلابي شورا رئیس او صدر اعظم شو. هغه د ټولنې د چټک بدلون لپاره ۸ مهم فرمانونه صادر کړل، چې مهم یې دا وو:

- **۶م فرمان :** د بزګرانو د پورونو بخښل (چې په عمل کې یې د کلیوالي اقتصاد سیستم ګډوډ کړ).
- **۷م فرمان :** د ښځو د حقوقو او مهر تنظیم (چې د دودیزې ټولنې له سخت غبرګون سره مخ شو).

- **۸م فرمان :** د ځمکې اصلاحات (د ځمکو وېش په داسې حال کې چې د اوبو او تخم چمتو کولو لپاره کوم بدیل پلان نه و).

د تره‌کي د رژیم ننګوني او دیکتاتوري

لکه څنګه چې تاسو په خپله لیکنه کې په نښه کړي، د تره‌کي حکومت د څو بنسټیزو ستونزو له امله له ماتې سره مخ شو:

۱. **د ټولنې نه پېژندل :** د افغانستان په څېر په یوه دودیزه ټولنه کې د مارکسیستي فرمانونو تحمیلول د خلکو غوسه راپاروله.

۲. **خونړۍ ځپل (اختناق) :** په داسې حال کې چې ۹۰۰۰ جنايي بندیان خوشې شول، خو زرګونه روښانفکران، مذهبي مشران او مخالفین زندانونو ته واچول شول او یا اعدام شول.

۳. **د شخصیت پالنه :(Personal Cult)** په دولتي رسنیو او مکتبونو کې د تره‌کي د شخصیت ستاینه د یو "کبیر رهبر" په توګه پیل شوه، چې د خلکو لپاره د منلو نه وه.

غمجنه مړینه

د تره‌کي او حفیظ الله امین ترمنځ د واک پر سر اختلاف د دې لامل شو چې امین د ۱۳۵۸ کال د سنبلې په ۲۵مه پر ارګ برید وکړي. تره‌کی چې یو وخت یې امین خپل "وفادار شاګرد" باله، په پای کې د هماغه په امر د بالښت په واسطه خفه او ووژل شو.

حفیظ الله امین: له پغمانه تر صدارته

حفیظ الله امین په ۱۳۰۸ لمریز کال کې په پغمان کې زیږېدلی و. هغه د امریکا په کولمبیا پوهنتون کې زده کړې کړې وې او د افغانستان د خلکو دیموکراتیک ګوند یو له خورا فعالو تنظیموونکو څخه و.

- **په اردو کې نفوذ :**امین په پوځ کې د حزبي افسرانو د جذب مسوول و او د ثور د کودتا په عملي کولو کې یې اصلي رول درلود.

- **د واک انحصار :**کله چې هغه واک ته ورسېد، خپله کورنۍ (ورور او وراره) يې په حساسو پوستونو وګومارل او د ګوند د نورو غړو (په ځانګړي ډول پرچميانو) په ځپلو يې پيل وکړ.

۲ .له شوروي اتحاد سره د اړيکو خرابېدل

د امين او مسکو ترمنځ بې باوري هغه وخت اوج ته ورسېده چې امين د تره‌کي د وژلو امر ورکړ. شوروي اتحاد د تره‌کي مړينه نه غوښته.

- **د سفير شړل :**امين د شوروي سفير "پوزانوف" له افغانستان څخه وويست، چې دا کار د برژنف لپاره يو لوی سپکاوی و.
- **ديکتاتوري او وحشت :**د امين په دوره کې په زرګونو کسان په زندانونو کې ووژل شول او د هيواد په بېلابېلو برخو (لکه هرات او لوګر) کې د هغه د رژيم پر وړاندې خونړي پاڅونونه وشول.

۳ .د ۱۳۵۸ کال د جدي د شپږمې خونړۍ پېښه

امين په دې باور و چې شوروي به د هغه ملاتړ وکړي، نو ځکه يې د "ضد انقلابي عناصرو" د ځپلو لپاره د نظامي مرستې غوښتنه وکړه. خو مسکو د هغه د لرې کولو پلان درلود.

- **د سرې لښکر يرغل :**د ۱۳۵۸ کال د جدي په ۶مه، شوروي ځانګړو ځواکونو د "هوايي پله" له لارې کابل محاصره کړ.
- **د تاج بېګ ماڼۍ بريد :**په دارالامان کې د امين پر ميشت ځای (تاج بېګ ماڼۍ) سخت بريد وشوه. امين او د هغه د کورنۍ غړي ووژل شول.
- **د ببرک کارمل واک ته رسول :**ببرک کارمل د شوروي د ټانکونو په ملتيا کابل ته راوستل شو او د نوي واکمن په توګه اعلان شو.

۴ .د تاريخي درسونو تحليل

د امين استبدادي چلند نه يوازې د ولس غوسه وپاروله، بلکې د ګوند په دننه کې يې هم داسې درزونه رامنځته کړل چې بالاخره يې د بهرني اشغال لپاره لاره هواره کړه. امين د "قدرت ساتنه" د خپل کار محور ګرځولی و، خو په پای کې د هماغه زبرځواک له خوا له منځه لاړ چې ده يې د مرستې تمه لرله.

ببرک کارمل (۱۳۰۸ - ۱۳۷۵ هـ.ش)

ببرک کارمل د ۱۳۵۸ کال د جدي په لومړيو کې (د ۱۹۷۹ ډسمبر) د شوروي اتحاد د سرو لښکرو په واسطه له مسکو څخه کابل ته راوستل شو. هغه د حفيظ الله

امین له وژل کېدو او د هغه د حکومت له پرځېدو وروسته، د انقلابي شورا د رئیس او د دولت د مشر په توګه واک ته ورسېد.

۱ .نسب او زېږېدنه

ببرک کارمل د جنرال محمد حسین زوی و، چې د ۱۳۰۸ لمریز کال د جوزا په ۱۶مه د کابل په سویل ختیځ کې د "کمري" په کلي کې زېږېدلی و. د هغه د نسب په اړه بېلابېل روایتونه شتون لري:

- **لومړی روایت :**د هغه پلرونه د هندوستان د کشمیر له سرینګر څخه افغانستان ته کډه شوي وو. دا روایت د ډېری مورخینو له خوا د واقعیت په توګه منل شوی دی.
- **دویم روایت :**ځیني پلویان یې هغه د "کاکړ" پښتون قوم یوې څانګې ته منسوبوي. خو د هیواد د نفوسو په ثبت کې د هغه د پلرني نسب په اړه له "حسین" پورته نور شواهد نه دي موندل شوي، چې دا ښیي د هغه کورنۍ په افغانستان کې اوږدې تاریخي ریښې نه لرلې.

۲ .زده کړې او سیاسي پیل

کارمل د کابل په نجات (اماني) لیسه کې زده کړې وکړې او په ۱۳۳۰ لمریز کال کې د کابل پوهنتون د حقوقو پوهنځي ته شامل شو. په پوهنتون کې د زده کړو پر مهال هغه د کيڼ اړخو (چپیانو) او کمونیستي مفکورو تر اغېز لاندې راغی او د دولت ضد فعالیتونو کې یې برخه واخیسته.

- **زندان او خوندیتوب :**د خپلو سیاسي فعالیتونو له امله څو ځله له تعقیب او زندان سره مخ شو، خو د خپل پلار د نفوذ له امله، چې له سردار محمد داوود خان سره یې نږدې اړیکې لرلې، له سختو مجازاتو څخه خوندي پاتې کېده.

۳ .د ګوند جوړول او انشعاب

په ۱۳۴۳ لمریز کال کې کارمل د نور محمد تره‌کي او ۲۹ نورو کسانو سره یوځای د **افغانستان د خلکو دیموکراتیک ګوند** بنسټ کېښود. خو ډېر ژر د ګوند په منځ کې درز پیدا شو او کارمل د نیمایي غړو په جلا کولو سره د **"پرچم "**څانګه جوړه کړه او د هغې مشري یې پر غاړه واخیسته.

- **پارلماني دوره :**هغه په ۱۹۶۵ کال کې د کابل د شېرشاه مېنې له ساحې څخه پارلمان ته لاره وموندله او د یو تکړه ویناوال په توګه یې شهرت پیدا کړ.

۴. بیا یوځای کېدل او واک ته رسېدل

په ۱۳۵۶ کال کې د شوروي په منځګړيتوب "خلق" او "پرچم" بېرته سره یو شول. ترهکي عمومي منشي او کارمل یې مرستیال وټاکل شو. د ثور له کودتا وروسته هغه د دولت د دویم نمبر شخص په توګه وټاکل شو، خو د امین سره د مخالفت له امله سفیر شو او بیا جلاوطنۍ ته مجبور شو. په پای کې د شوروي د یرغل په پایله کې بېرته واک ته ورسول شو.

۵. د ژوند پای

ببرک کارمل د ۱۳۷۵ کال د قوس په ۱۲مه (د ۱۹۹۶ دسمبر ۲) په مسکو کې د سرطان ناروغۍ له امله مړ شو. د هغه جسد حیرتان ته راوړل شو او هلته خاورو ته وسپارل شو، خو وروسته داسې راپورونه ورکړل شول چې د طالبانو په لومړۍ دوره کې یې مړی له قبره ایستل شوی او د آمو سیند ته غورځول شوی دی.

تاریخي نقد:

ببرک کارمل داسې مهال واک ته ورسېد چې د هېواد خپلواکي د شوروي اتحاد تر پښو لاندې وه. که څه هم هغه هڅه وکړه چې د "ملي پیوستون" او ځینو اصلاحاتو له لارې ولسي ملاتړ ترلاسه کړي، خو د "شوروي د ګوډاګي" لقب هغه د یو مشروع مشر په توګه د خلکو په وړاندې ثابت نه کړای شو.

د ببرک کارمل د واکمنۍ دوره (۱۳۵۸-۱۳۶۵) په حقیقت کې د افغانستان په تاریخ کې د "سختې کمونیستي دیکتاتورۍ" څخه د "نرمې او مصلحتي دیکتاتورۍ" لور ته د تلو هڅه وه، ترڅو د خلکو غوسه سړه شي.

د کارمل د حکومت د هغو ځانګړو بدلونونو لنډیز چې د کتاب په دې فصل کې ورته اشاره کېدلی شي:

۱. د ترهکي او امین د تېروتنو "جبران"

کارمل د واک په لومړیو ورځو کې هڅه وکړه چې ځان د ترهکي او امین له میراث څخه جلا کړي:

- **د زندانیانو خوشي کول:** هغه په زرګونو کسان چې د امین په وخت کې پلچرخي زندان ته اچول شوي وو، خوشې کړل. (که څه هم په ورته وخت کې یې د خپلو مخالفو ډلو نیول هم پیل کړل).
- **د بیرغ بدلول:** د ترهکي د وخت سور بیرغ، چې د شوروي بیرغ ته ورته و، لغوه کړ او پر ځای یې د افغانستان دودیز درې رنګه (تور، سور، شنه) بیرغ له یو لړ بدلونونو سره بېرته رامنځته کړ.

۲. د "ملي پراخ بنسټه جبهې" جوړول

کارمل پوهېده چې یوازې د خلکو دیموکراتیک ګوند نشي کولی واکمني وکړي، نو د "افغانستان د ملي پلارني وطن جبهه" (جبهه ملی پدر وطن) یې رامنځته کړه. د دې جبهې هدف دا و چې غیر ګوندي کسان، قومي مشران او مذهبي څېرې د حکومت په ګټه وکاروي.

۳. د "ملي اردو" او "خاد" پیاوړتیا

د کارمل په دوره کې د افغانستان استخباراتي سازمان (خاد) د ډاکټر نجیب الله په مشرۍ د یو بې ساري ځواک په توګه راڅرګند شو. خاد نه یوازې د نظام مخالفین ځپل، بلکې په ټولنه او اداراتو کې یې د شوروي تر څارنې لاندې پراخ نفوذ درلود.

۴. د شوروي اتحاد بشپړه تکیه

د کارمل د حکومت تر ټولو لویه ننګونه دا وه چې هره پریکړه به د شوروي مشاورینو له خوا کېدله. په حقیقت کې هغه نشو کولی چې د شوروي له قوماندې پرته یو ګام هم پورته کړي. همدا لامل و چې:

- **د مقاومت شدت:** مجاهدینو د هغه حکومت ته د "ګوډاګي رژیم" خطاب کاوه او په کلیو او بانډو کې جهاد نور هم پراخ شو.
- **نړیواله انزوا:** د ملګرو ملتونو په کچه ډېری هیوادونو د افغانستان اشغال وغانده او د کارمل حکومت یې په رسمیت ونه پېژانده.

۵. له واکه لیرې کېدل (۱۳۶۵)

په ۱۹۸۶ کال کې کله چې په شوروي اتحاد کې میخایل ګورباچوف واک ته ورسېد، هغه پوه شو چې کارمل د افغانستان جګړه نشي ګټلی. نو کارمل یې مسکو ته د "درملنې" په نوم وغوښت او د واک واګې یې **ډاکټر نجیب الله** ته وسپاره.

پایله:

ببرک کارمل که څه هم د یو روښانفکره او تکړه ویناوال په توګه شهرت درلود، خو د هغه سیاسي برخلیک د شوروي په اشغال پورې تړلی و. هغه ونه توانېد چې د خلکو مذهبي او ملي حساسیتونه درک کړي.

د جهاد تشدید او د مقاومت نړیوال کېدل

دا به یو تاریخي ناسم پوهاوی وي که موږ د افغانانو پاڅون یوازې د شوروي اتحاد تر یرغل پورې محدود کړو. حقیقت دا دی چې د ۱۳۵۸ کال د جدي له ۶مي (د شوروي له لښکرکشۍ) شپږ میاشتې وړاندې، د کابل رژیم د هیواد پر ۳۵ سلنه خاوره کنټرول له لاسه ورکړی و. د ۱۳۵۸ کال د سرشمېرنې ارقام ښیي چې په دغو سیمو کې د ناامنۍ له امله احصایه اخیستل ناممکن وو. د شوروي مداخلې یوازې دغه پاڅون ته د "ملي ازادۍ بښونکي" حرکت بڼه ورکړه او کیفیت یې بدل کړ.

۱ .ولسي او خپلجوشه پاڅونونه

د هیواد په بېلابېلو برخو لکه لوګر، بادغیس او هرات (د اسماعیل خان په مشرۍ) کې خونړي پاڅونونه وشول. په مرکزي سیمو (هزارستان) کې هم جهاد د بهرنیو ډلو له لاسوهنې پرته په خپله خوښه پیل شو.

- **په دایکندي او بامیانو کې مقاومت :** د ۱۳۵۸ کال د حمل په میاشت کې د شیخ محمد حسین صادق نیلي په مشرۍ په دایکندي او د سید محمد علي لم لم په مشرۍ په بلخاب کې جهاد پیل شو.

- **د میدان وردګو او پغمان فتح :**مجاهدینو د ارباب غریبداد او استاد محمد اکبري په مشرۍ بهسود او جلریز ولسوالۍ ازادې کړې او د ۱۳۵۸ کال د وږي تر پایه یې پغمان او ارغندي ته ځانونه ورسول، چې کمونیستي قواوو ته یې درانه تلفات واړول.

۲ .د تنظیمونو جوړېدل او د بهرنیو هیوادونو رول

د وخت په تېرېدو سره، مقاومت په دوو لویو مرکزونو کې تنظیم شو:

- **په پاکستان کې :**اووه سني مذهبه جهادي تنظیمونه (اووه ګونې شورا).
- **په ایران کې :**اته شیعه مذهبه تنظیمونه (اته ګونې شورا) .دې فعالیتونو ته د سعودي عربستان، امریکا او انګلستان په مرسته لا شدت ورکړل شو. د شوروي مستقیمې مداخلې د جګړې ابعاد نړیوال کړل او د سعودي په ګډون له نورو اسلامي هیوادونو څخه "عرب مجاهدین" هم افغانستان ته راغلل.

۳ .د برژینسکي ستراتیژي او "زرغون کمربند"

د جیمي کارټر د ملي امنیت سلاکار، **زبیګنیو برژینسکي**، په دې باور و چې افغانستان د شوروي لپاره په "دویم ویتنام" بدلیدلی شي. هغه د "زرغون کمربند " (Green Belt)طرحه وړاندې کړه، چې له مخې یې باید د اسلامي جهادي قواوو څخه د کمونیزم د پراختیا په وړاندې کار اخیستل شوی وای.

- **سایکلون عملیات :(Operation Cyclone)** امریکا د سي آی اې (CIA)له لارې تر ټولو لوی استخباراتي عملیات پیل کړل، چې هدف یې د مجاهدینو تمویل او تجهیز و. برژینسکي په ډاګه ویل چې د شوروي د امپراتورۍ نړول د یو شمېر "وارخطا مسلمانانو" تر راپیدا کېدو ډېر مهم و.

۴ .د شوروي ناهیلي او د واک لېږد

د جګړې د لګښتونو په زیاتېدو او د مجاهدینو د مقاومت په پراخېدو سره، مسکو پوه شو چې په نظامي بنه دا جګړه نشي ګټلی. له همدې امله یې په کابل کې د سیاسي جوړښت بدلولو هڅه وکړه؛ ببرک کارمل یې څنګ ته کړ او واک یې **ډاکټر نجیب الله** ته وسپاره، ترڅو د "ملي روغې جوړې" له لارې د سقوط مخه ونیسي.

ډاکټر نجیب الله
له طبابت څخه تر ولسمشرۍ (۱۳۲۶ - ۱۳۷۵ هـ.ش)

ډاکټر نجیب الله د ۱۳۶۵ کال د ثور په ۱۳مه د ببرک کارمل پر ځای د ګوند عمومي منشي او د دولت مشر وټاکل شو. هغه د پکتیا د احمدزي پښتون قوم پورې اړه لرله او د کابل پوهنتون د طب له پوهنځي څخه فارغ شوی و.

۱ .واک ته رسېدل او قومي هویت
د نجیب الله انتخاب یوازې حزبي نه و، بلکې شوروي اتحاد غوښتل یو "واقعي پښتون" د کارمل پر ځای کېښنوي ترڅو د پښتنو غوسه سړه کړي. هغه د "خاد" د ریاست پر مهال د شوروي اتحاد بشپړ باور ترلاسه کړی و او په ګوند کې یې د خلقیانو او پرچمیانو ترمنځ د یو منځګړي په توګه ځان ثابت کړی و.

۲ .د "ملي روغې جوړې" سیاست او اصلاحات
نجیب الله د "ګورباچوف" د نوو سیاستونو (پریسترویکا او ګلازنوسټ) تر اغېز لاندې په افغانستان کې پراخ اصلاحات پیل کړل:
د نوم بدلول :د افغانستان د خلکو دیموکراتیک ګوند نوم یې په "وطن ګوند "بدل کړ.
نوی اساسي قانون :په ۱۳۶۶ کال کې یې لویه جرګه راوبلله او د مذهبي ازادۍ او سیاسي کثرت پالنې (Pluralism) بنسټ یې کېښود.
اسلام ته پاملرنه :هغه د لومړي ځل لپاره په رسمي مذهبي ناستو کې ګډون پیل کړ ترڅو وښيي چې دولت د اسلام ضد نه دی.

۳ .د شوروي وتل او د جلال اباد جګړه
د ۱۳۶۷ کال د دلو په ۲۶مه (۱۹۸۹ فبروري) شوروي ځواکونه له افغانستانه ووتل. ډېرو په دې باور وو چې نجیب به سمدستي سقوط وکړي، خو د جلال اباد په جګړه کې د مجاهدینو ماتې دا ثابته کړه چې د نجیب الله دولت لا هم پیاوړی دی. نجیب الله د دریو کلونو لپاره د شوروي له مستقیم حضور پرته جګړه مخته یوووړه.

۴ .د نظام ړنګېدل او د نجیب الله برخلیک
د نجیب الله د دولت د سقوط اصلي لاملونه د شوروي اتحاد پاشل کېدل (د یلتسین له خوا د مرستو بندول) او کورني اختلافات وو:
داخلي کودتا :د شهنواز تني ناکامه کودتا او وروسته د جنرال دوستم مخالفت د نظام ستنې ولړزولې.

د ملګرو ملتونو دفتر ته پناه :په ۱۳۷۱ کال کې کابل ته د مجاهدینو په ننوتلو سره، نجیب الله د ملګرو ملتونو دفتر ته پناه یووړه او پنځه کاله هلته پاتې شو.

شهادت :
د ۱۳۷۵ کال د تلې په ۶مه، کله چې طالبان کابل ته ننوتل، نجیب الله او د هغه ورور جنرال احمدزی یې له دفتره راویستل او د اریانا په څلورلاره کې یې په دار وځړول.

تاریخي لیدلوری:
په پورتنی متن کې دا ټکی ډېر مهم دی چې نجیب الله وړاندوینه کړې وه چې که قدرت په سوله ییز ډول انتقال نشي، په هیواد کې به د "ویني حمام" جوړ شي. دا وړاندوینه د مجاهدینو د خپلمنځي جګړو پر مهال په حقیقت بدله شوه. نن ورځ د ډاکټر نجیب الله انځورونه په کابل کې د یو "وطنپال" مشر په توګه پلورل کېږي، خو د هغه د "خاد" دورې تور سیوری لا هم د خلکو په حافظه کې پاتې دی.

د دیموکراتیک جمهوری دولت کمزورتیاوې

۱ .د تره‌کي او امین ترمنځ خونړۍ نښته

که څه هم نور محمد تره‌کی او حفیظ الله امین دواړه د "خلق" ډلې مشران وو، خو ډېر ژر د دوی ترمنځ د واک پر سر سخته شخړه پیل شوه. تره‌کی د شوروي اتحاد په ملاتړ غوښتل امین له واکه لرې کړي، خو امین چې په اردو کې یې نفوذ درلود، له دې پلان خبر شو.

- **د تره‌کي وژنه :**د ۱۳۵۸ کال د وږي په میاشت کې امین پر ارګ برید وکړ، تره‌کی یې ونیوه او وروسته یې په بالښت خپه کړ او و یې واژه. امین په رسمي ډول اعلان وکړ چې تره‌کی د "ناروغۍ" له امله مړ شوی دی.

۲ .د حفیظ الله امین ۱۰۰ ورځې او د شوروي وېره

حفیظ الله امین د شاوخوا سلو ورځو لپاره واکمن و. هغه په هیواد کې د وحشت او فشار سیاست نور هم سخت کړ، خو په عین حال کې یې له شوروي اتحاد سره د شک په سترګه کتل پیل کړل. مسکو وېرېده چې امین شاید له لویدیځ (امریکا) سره

نږدې شي، ځکه نو پرېکړه يې وکړه چې هغه له منځه يوسي او پر ځای يې خپل باوري کس، ببرک کارمل، واک ته ورسوي.

۳ .د سرې لښکر يرغل (د ۱۳۵۸ کال د جدي ۶مه)

د ۱۹۷۹ کال د ډسمبر په ۲۷مه، د شوروي اتحاد زرګونه سرتيري د هوا او ځمکې له لارې افغانستان ته را داخل شول. د دې عملياتو لومړی موخه د حفيظ الله امين له منځه وړل و.

- **پر تاج بېګ مانۍ برید :**د شوروي ځانګړو ځواکونو (KGB) پر تاج بېګ مانۍ برید وکړ او حفيظ الله امين يې وواژه.
- **د ببرک کارمل راتګ :**په داسې حال کې چې کارمل لا په تاشکند کې و، د هغه غږ د کابل راډيو له څپو خپور شو چې د "امين د سينډک" د رژيم د پرځېدو او د نوي پړاو د پيل زيری يې ورکاوه.

۴ .د ببرک کارمل دوره او د مقاومت پيل

د شوروي له اشغال سره سم، په ټول افغانستان کې ولسي پاڅونونه او وسله وال مقاومت (جهاد) پيل شو. کارمل هڅه وکړه چې په ځينو اصلاحاتو سره د خلکو زړونه وګټي، خو د شوروي د ټانکونو سيوري د هغه مشروعيت په بشپړ ډول له منځه وړی و.

- **د جهاد نړيوال کېدل :**امريکا، پاکستان، سعودي عربستان او نورو هيوادونو د مجاهدينو ملاتړ پيل کړ، چې افغانستان يې د سړې جګړې په تود ډګر بدل کړ.

۵ .له کارمل څخه نجيب الله ته د واک لېږد

په ۱۹۸۶ کال کې، کله چې شوروي اتحاد پوه شو چې کارمل په افغانستان کې امنيت نشي ټينګولی، هغه يې استعفا ته مجبور کړ او پر ځای يې د دولتي استخباراتو (خاد) پخوانی رييس، **ډاکټر نجيب الله**، وټاکه. نجيب الله د "ملي روغې جوړې" سياست وړاندې کړ، خو جګړه لا دمخه له کنټرول څخه وتلې وه.

تاريخي پايله:

د ثور کودتا چې د "کارګرانو او بزګرانو د سوکالۍ" په شعار پيل شوې وه، په پايله کې يې افغانستان د نړۍ د زبرځواکونو د جګړې قرباني شو، ميليونونه افغانان شهيدان، ټپيان او هجرت ته مجبور شول، او د هيواد ټولې زيربناوې له منځه لاړې.

د "خلق" ډلي واکمني: په وينو لړلی پېل

د افغانستان د خلکو ديموکراتيک گوند د "خلق" څانگي د زمامدارۍ پېل، د افغانستان د تاريخ يوه له خونړيو دورو څخه وه. په دې پړاو کې د سردار محمد داوود خان ۴۰ تنه نږدې ملگري او همفکره کسان، چې دوه پخواني لومړي وزيران (صدراعظمان) هم پکې شامل وو، له محاکمې پرته ووژل شول. ورپسې دا لړۍ پراخه شوه؛ ماويستان، اسلامپالي او ان د "پرچم" ډلې گڼ شمېر غړي يا په پټه ووژل شول او يا په زندانونو کې تر شکنجو لاندې پاتې شول.

۱ .اصلاحات که د پاڅون لاملونه؟

خلقي رژيم د يو لړ ټولنيزو اصلاحاتو په پلمه (لکه د ولور کمول، د ماشومانو د ودونو مخنيوی، د کرنيزو پورونو لغوه کول او د سواد زده کړې جبري پروگرامونه) غوښتل ټولنه بدله کړي. مگر د دې پروگرامونو "مديريتي تېروتنې" او په زور تحميلول د ولسي پاڅونونو اصلي لامل وگرځېدل.

د کمونيستي رژيم يو پخوانی چارواکی **صالح محمد زيری** د خلکو مقاومت داسې تشريح کوي:

"په پيل کې کليوال خلک خوشحاله وو، خو کله چې پوه شول موږ کمونيستان يو، چلند يې بدل شو. خلکو ويل موږ په اسلام عقيده نه لرو؛ ممکن بې ځايه يې هم نه ويل، ځکه دوی ليدل چې موږ لمونځ نه کاوه".

۲ .د ښار او کلي ترمنځ ژوره فکري فاصله

د حزب ډېری غړي په ښارونو کې د لوېديځو او مارکسيستي افکارو تر اغېز لاندې روزل شوي وو. هغوی د افغاني کليو له دوديز، مذهبي او عشيره‌وي جوړښت څخه بې خبره وو. هغوی غوښتل د خامو خښتو په کورونو کې ميشتو خلکو ته په زور د ښاري ژوند مفکوره ورکړي. ملايانو، ملکانو او د ځمکو خاوندانو خپل امتيازونه په خطر کې وليدل، خو تر ټولو د حيرانتيا خبره دا وه چې حتی "مومن بزگران" هم د دوی له هغو اقتصادي طرحو سره مخالف وو چې د دوی مذهبي او کلتوري ارزښتونه يې ننگول.

د نجيب الله د حکومت نسکورېدل او د ارزښتونو پاشل کېدل

کله چې په ۱۹۸۵ کې په مسکو کې **ميخايل گورباچوف** واک ته ورسېد، د شوروي په سياست کې د "پريسترويکا" او "گلازنوست" تر عنوان لاندې بدلون راغی. نجيب الله هم په کابل کې د "ملي روغې جوړې" سياست پيل کړ او د گوند نوم يې په **"وطن گوند "**بدل کړ، خو دا هر څه ناوخته وو.

د عبدالله نایبي (پرچمي تیوریسن) لیدلوری:

نایبي په خپلو وروستیو تحلیلونو کې د حزب د ناکامۍ بنسټیز لامل "د ګوند دننه د ډیموکراسۍ نشتوالی" بولي. هغه وایي:

- **استبداد او وېره :** په ګوند کې "مرکزیت" پر "ډیموکراسۍ" غالب و. غړو د وجدان په کچه د مظلومانو دفاع ته ځان وقف کړی و، خو یوه کوچنۍ دیکتاتوره ډله پر ګوند او دولت مسلطه شوه چې هر ډول ازادي یې سلب کړه.
- **له خپل ځان پردي کېدل :** د جدي د ۶مې له پېښې وروسته، ګوند او دولت په بشپړ ډول د شوروي په اراده کې "منحل" شول. افغاني ټولنې د خپل برخلیک ټاکلو واک له لاسه ورکړ.
- **د ارزښتونو مړینه :** د واکمنۍ په وروستیو کلونو کې حزبي ملګرتیا په دښمنۍ، توطیو او تفتین بدله شوه. سیاسي اخلاق له منځه لاړل او یوازې د قدرت ساتلو هنر (چل او ول) پاتې شو.

تاریخي پایله او نړیوال تاثیرات

په افغانستان کې د ۱۴ کلنې جګړې او د شوروي د مداخلې پایله یوازې د کابل د رژیم سقوط نه و، بلکې:

۱. **د سړې جګړې پای :** د افغانانو مقاومت د شوروي د فرسوده نظام ملا ماته کړه او سړه جګړه پای ته ورسېده.

۲. **د کمونیزم ماتې :** په نړیواله کچه د مارکسیزم-لنینیزم تیوري خپل اعتبار له لاسه ورکړ او د کیڼ اړخو حرکتونو تغر ټول شو.

۳. **د نفاق تخم :** که څه هم د حزب مشرانو خپله ناکامي د "نړیوال ارتجاع" کار باله، خو په حقیقت کې هغوی د ټولنې په ژورو کې د نفاق او بې باورۍ داسې تخم وکاره چې تر کلونو پورې یې وینه تویوله.

انساني زیانونه، مالي مصرفونه او د جګړې اغېزې

د افغانستان په څوارلس کلنه جګړه کې (د ثور له کودتا تر سقوط پورې) دواړو خواوو خورا درانه مالي او انساني لګښتونه پر غاړه واخیستل:

۱ .مالي لګښتونه

پخواني شوروي اتحاد په افغانستان کې د خپلو اهدافو لپاره په اوسط ډول د کال پنځه ملیارده ډالره او په مجموعي توګه په ۹ کلونو کې **۴۵ ملیارده ډالره** مصرف کړل.

له بلې خوا، امریکا، سعودي عربستان، اروپايي هیوادونو او نورو اسلامي هیوادونو د ۱۹۸۰ او ۱۹۹۲ کلونو ترمنځ نږدې **۱۰ ملیارده ډالره** نغدي مرسته او وسلې د مجاهدینو په واک کې ورکړې وې.

۲ .د مرګ ژوبلې وېرووونکې احصایې

د افغانستان دیموکراتیک جمهوریت دوره د میلیونونو افغانانو د شهادت، معلولیت او کډوالۍ دوره وه. د دقیقو احصایو پر بنسټ (نور احمد خالدي، ۱۹۹۱):

- **۱۹۷۸ - ۱۹۸۷ ز کال :**په لومړیو لسو کلونو کې نږدې **۸۷۶،۸۲۵** افغانانو خپل ژوند له لاسه ورکړ، چې پکې ۶۵۰،۰۵۶ نارینه او ۲۲۷،۷۶۹ ښځې شاملې وې.
- **کلنی اوسط :**په دې دوره کې په اوسط ډول هر کال ۸۸ **زره کسان** وژل شوي دي.
- **مجموعي تلفات :**که دا ارقام د خلق دیموکراتیک ګوند د ۱۴ کلنې حاکمیت دورې ته وکاروو، نو د بالغو انسانانو د مړینې کچه **۱.۳۲ میلیون** کسانو ته رسېږي.

۳ .د کډوالۍ لویه غمیزه

د کابل رژیم سخت دریځه سیاستونه، د مجاهدینو پر کلیو او سیمو هوایي او ځمکني بریدونه او د دوارو خواوو ترمنځ خونړۍ نښتې د دې لامل شوې چې په میلیونونو افغانان له خپلو مېنو بې‌ځایه شي:

- **داخلي بې‌ځایه شوي :**ډېری خلک له کلیو څخه د کابل په څېر خوندي ښارونو ته پناه یووړه.
- **بهرنۍ کډوالي :**پاکستان او ایران ته د کډوالو شمېر میلیونونو ته ورسېد. د ملګرو ملتونو د پناه غوښتونکو د ادارې (UNHCR) د معلوماتو له مخې، په **۱۹۸۸ کال کې** د افغان کډوالو او کورنیو بې‌ځایه شویو شمېر له **شپږو میلیونو** څخه هم زیات و.

لنډیز او تحلیل:

دا ارقام یوازې وچې شمېرې نه دي، بلکې د یو داسې نسل کیسه کوي چې په جګړه کې ایره شو. د شوروي اتحاد او امریکا د مالي سیالۍ پایله دا شوه چې افغانستان د سرې جګړې په میدان بدل شو او درونډ قیمت یې یوازې افغان ولس ورکړ.

اتم چارټ: کې د افغان کډوالو او کورنیو بې‌ځایه شویو شمېر

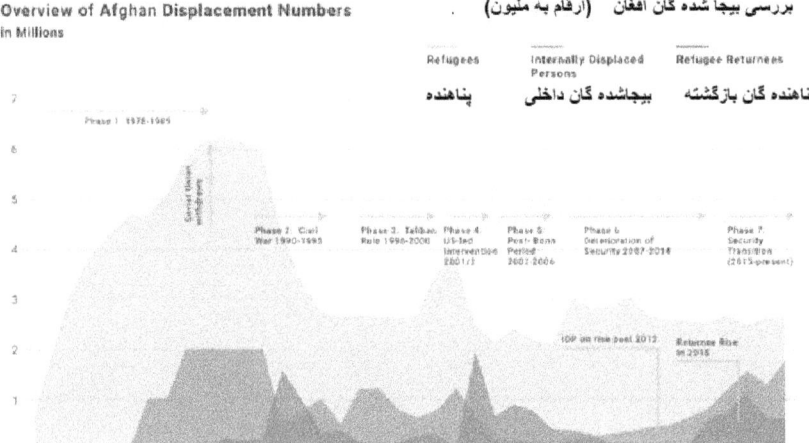

پناهنده
منبع: اداره‌ء پناهندگان ملل متحد (یوان اچ سی آر)

د کډوالۍ کلتوري او ډیموګرافیکي اغېزې

د افغانستان جګړو نه یوازې فزیکي ویجاړۍ رامنځته کړې، بلکې د هیواد په ټولنیز جوړښت کې یې هم ژور بدلونونه راوستل:

۱ .د کډوالۍ بېلابېل لوري

- **ښاري نخبګان** :با استعداده او تحصیل‌کړي ښاري افغانان د دې لپاره چې په امریکا، استرالیا او اروپا کې میشت شي، لومړی پاکستان او هندوستان ته کډوال شول. د دې طبقې وتلو افغانستان له فکري او تخصصي پلوه له یوې لویې تشې سره مخ کړ.
- **کلیوال پناه غوښتونکي** :د کلیو اوسېدونکي چې اکثریت یې سني مذهبه وو، په پاکستان کې د کډوالو په کمپونو کې ځای پر ځای شول. په مقابل کې، شیعه مذهبه افغانانو، په ځانګړې توګه هزاره وو، ایران ته کډه وکړه.

۲ د ۲۰۰۲ کال بېرته راستنېدنه او کلتوري تضادونه

د ۲۰۰۲ میلادي کال راهیسې د دغو کډوالو یو لوی شمېر بېرته هیواد ته راستون شو. خو دا راستنېدنه یوازې د انسانانو فزیکي راتګ نه و؛ دوی له ځان سره د هغو هیوادونو (ایران او پاکستان) بېلابېل فرهنګي او ذهني اغېزې هم راوړې. دغه نوي

ذهنیات کله ناکله د هیواد له داخلي دودونو سره په ټکر کې شول او په ټولنه کې یې د نویو ستونزو او کړکیچونو لمبو ته لمن ووهله.

۳ د ښارونو د ډیموګرافیک جوړښت بدلېدل

د جګړو په پایله کې د افغانستان د ښارونو نفوس له دوو اړخونو بدل شو:

- **د کیفیت بدلون :** د ښارونو لومړنی او بومي نفوس اکثریت کډوالی ته مجبور شو او د هغوی ځای د هغو کلیوالو لخوا ډک شو چې د جګړو له امله ښارونو ته راغلي وو.
- **د ښاري فرهنګ بدلون :** په دې بڼه د ښارونو په نفوس او کیفیت کې داسې بدلونونه راغلل چې د پامه نشي غورځول کېدی. دې کار نه یوازې د ښارونو فزیکي بڼه بدله کړه، بلکې د "ښاري فرهنګ" اصالت یې هم له ننګونو سره مخ کړ.

د دی برخی د سرچینو لړ لیک

۱.جاناتان ستیل، د افغانستان د جګړو د ارواحو کتاب، د لندن چاپ ۲۰۱۲ میلادی کال: (په انګلیسی ژبه)

۲. نور احمد خالدی، د افغانستان د جګړو،دیموګرافیکی پایلی، د مرکزی آسیا د سروی مجله، د مرکزی آسیا د مطالعاتو ټولنه، ۱۰ جلد،۳ شمیره ۱۹۹۱ کال، آکسفورد.(په انګلیسی ژبه)

۳. بصیر احمد حسین زاده د بی بی سی فارسی وبسایټ

۴. سلطان علی کشتمند،سیاسی یادښتونه او تاریخی پیښی، ناشر نجیب کبیر، ۲۰۰۲ کال.

۵. صدیق وفا، فیسبوکی بحثونه

۶. لوموند دیپلوماتیک، د کمونیستی تجربی بیآ کتنه په افغانستان کښی، ۲۰۱۲ میلادی

۷. فرید مزدک، د فارسی بی بی سی سره مرکه

۸. د جنرال عبدالقادر سیاسی خاطری، دوهم چاپ، د ۱۳۹۲ ژمی، هامبورګ.

۹. صباح الدین کشککی، **د اساسی قانون لسیزه،** ناشر د میوند نشراتی مرکز، دریم چاپ، ۱۳۷۷، پیښور

۱۰. عبدالله نایبی ویبسایټ ؛د افغانستان د خلکو نوی ګوند؛ د مقالی عنوان ؛د افغانی ټولنی نحطاط؛

۱۱. نصیر مهرین – د آلمان ږغ

۱۲. Artemy Kalinovsky, A Long Goodbye:The Soviet Withdrawal from Afghanistan, Harvard University Press, Cambridge, ۲۰۱۱

۱۳.یاسین رسولی د افغانستان پخوانی دیپلومات په لندن کې / بی بی سی، / برژینسکی، په تاریخ کې کوم شی ډیر مهمه ده؟ د طالبان موجودیت او که د شوروی نړیدل؟، د سه شنبی ورځ، د ۱۳۹۶ کار د جوزا ۲۳ نیټه

۱۴.سید محمد باقر مصباح زاده (د لمر پیام،۱۳۹۶)

۱۵. د متحده ملتونو د پناه غوښتونکو اداره UNCHR

۱۶. د لمر د پیام انترنیتی خپرونه، د ۱۳۹۵ کال د ثور ۸ نیټه

۱۷. احمد رشید، طالبان،نظامیګر اسلام، نفت او بنسټ پالنه په مرکزی آسیا کښی، د یل د پوهنتون د مطبعی چاپ شوی،د امریکا متحده ایالات، ۲۰۰۰ (په انګلیسی ژبه).

شپږمه برخه

د مجاهدینو حکومت (۱۹۹۲-۱۹۹۶ میلادی)

د مجاهدینو حکومت او د جهاد مدیریت (۱۹۹۶-۱۹۹۲ز)

د افغانستان په دوديزه ټولنه کې د تره‌کي، کارمل او نجيب الله د رژيمونو پر وړاندې د ولسي مقاومت مشري، له بده مرغه د سياسي اسلامپالو ډلو لاس ته ورغله. دغه ډلې پر دوو اصلي جريانونو وېشل شوې وې :۱ .**مکتبي اسلامپال :**(د اخوان المسلمين او سيد قطب له فکره اغېزمن) لکه ګلبدين حکمتيار او برهان الدين رباني .
۲ .**دوديز (سنتي) اسلامپال :**لکه مولوي يونس خالص، محمدي، حقاني، ګيلاني او مجددي.

دا ګوندونه چې اصلي ريښې يې د داوود خان له دورې راهيسې په پاکستان کې پلنډ شوې وې، د وخت په تېرېدو سره يې د روښنفکرۍ له چوکاټ څخه د قومي، مذهبي او ژبنيو وفاداريو لور ته سقوط وکړ.

۱ .د پېښور اووه ګونی ايتلاف (هفتګانه)

دا ايتلاف په ۱۹۸۵ز (۱۳۶۴ لمريز) کال کې په پېښور کې اعلان شو. دا ټولې ډلې سني مذهبه وې او له جمعيت پرته نورې ټولې يې په اکثريت ډول د پښتنو مجاهدينو وې:

- **د حکمتيار اسلامي حزب :**اکثريت پښتانه - ايډيالوژيک.
- **د خالص اسلامي حزب :**اکثريت پښتانه - سنتي.
- **د افغانستان اسلامي جمعيت :**د رباني او مسعود په مشرۍ - اکثريت تاجک.
- **د رسول سياف اسلامي اتحاد :**اکثريت پښتانه - وهابي مشربه.
- **د پير سيد احمد ګيلاني ملي محاذ :**اکثريت پښتانه - صوفيه مشربه او شاهي پلوه.
- **د صبغت الله مجددي ملي نجات جبهه :**اکثريت پښتانه - سنتي.
- **د مولوي محمد نبي محمدي انقلابي حرکت :**اکثريت پښتانه - د ديني مدرسو طالبان او مولويان.

د يادوني وړ ده چي له دغو اوو تنظيمونو څخه يو هم د يو "دراني" پښتون لخوا نه رهبري کېده؛ بلکي اکثريت غلجي او د نورو پښتون ميشتو سيمو مشران وو، چي دا بيت ورته صدق کوي:

توره به غلجی کوي پاچاهي به درانی کوي

۲ .د ایران اته ګونی ایتلاف (هشتګانه)

دا ايتلاف په ايران کي د ميشتو شيعه مجاهدينو و، چي اکثريت يې د هزاره قوم پورې تړلي وو. په دغو کي مهمي ډلي دا وې:

- **د نصر سازمان :**د عبدالعلي مزاري په مشرۍ.
- **د افغانستان اسلامي حرکت :**د شيخ آصف محسني په مشرۍ.
- **د اسلامي انقلاب پاسداران :**د محمد اکبري په مشرۍ.
- او نورې ډلي لکه رعد، نهضت او جبهه متحد.

په ۱۹۸۹ز کال کي د دغو ډلو اکثريت د عبدالعلي مزاري تر مشرۍ لاندې په **"حزب وحدت "**کي سره مدغم شول، چي وروسته د هزاره قوم د اصلي سياسي استازي په توګه راڅرګند شو.

تاريخي تحليل:

په پورته متن کي دا ټکی خورا مهم دی چي د ۱۹۸۰-۱۹۶۰ کلونو ترمنځ افغان سياست د "روشنفکرۍ" له حالته ووت او د "مذهبي او قومي" وفادارېو لور ته يې نزول وکړ. دا بدلون د ګاونډيو هيوادونو (پاکستان او ايران) د مرستو د وېش له طريقې سره مستقيم تړاو درلود، چي هر هيواد د خپلي خوښي ډلي تمويلولې.

د جګړې مالي سرچيني او د وسلو برابرول

د افغانستان د جګړې لپاره د پيسو برابرولو اصلي منابع د سعودي عربستان او د امريکا متحده ايالاتو (CIA) حکومتونه وو. د "سي آی اې" له خوا د نړۍ له بېلابېلو هيوادونو لکه مصر، ترکيې، انګلستان، چين او حتی اسرايلو څخه وسلي او مهمات پېرودل کېدل او د نړيوالو قاچاقي شبکو له لارې مجاهدينو ته رسول کېدل. اټکل کېږي چي له ۱۹۸۰ تر ۱۹۹۲ ز کال پورې له دغو سرچينو څخه له **۱۰ مليارده ډالرو** زياته مرسته شوې وي.

د پاکستان د استخباراتو (ISI) رول او د جنرال اختر مديريت

د مجاهدينو په نظامي او سياسي مشرتابه کي د پاکستان د استخباراتي سازمان رول د "ايږې دام (Bear Trap) "په کتاب کې، چي د ډګروال يوسف او مارک اډکين

اثر دی، په ښه توګه بیان شوی دی. د دغه کتاب له مخې، **جنرال عبدالرحمن اختر** (د آی اس آی اته کلن مشر) د افغانستان د جهاد اصلي طراح او لوړپوړی آمر و.

د جنرال اختر د ستراتیژۍ مهم ټکي دا وو:

- **د پردې تر شا مدیریت :** هغه په حقیقت کې د افغانستان د چریکي جګړې مخکښ و او د مجاهدینو د ډلو ترمنځ یې یو نسبي نظم رامنځته کړی و.
- **نظامي لومړیتوب :** د هغه عقیده دا وه چې تر سیاسي جوړجاړي وړاندې باید په جبهو کې نظامي بریاوې تر لاسه شي، ځکه سیاسي ناتواني به جهاد له ناکامۍ سره مخ کړي.
- **د اکمالاتي چینلونو کنټرول :** جنرال اختر دومره مهارت درلود چې حتی د امریکا (CIA) یې هم پرېښوده چې د مجاهدینو د وسلو پر وېش او روزنیزو کمپونو مستقیم کنټرول ولري.

"کابل باید وسوځي" – د تخریب ستراتیژي

د ډګروال یوسف په وینا، د جنرال اختر په ستراتیژیک پلان کې اصلي هدف د کابل لاندې کول نه، بلکې د کابل د ټولو تاسیساتو له منځه وړل وو. د هغه شعار دا و : **"کابل باید وسوځي ."** هغه غوښتل چې د کابل ټولې اکمالاتي او ارتباطي لارې پرې کړي، ترڅو ښار د سخت فشار له امله له مقاوته پرته تسلیم شي. په دې پلان کې د عام المنفعه تاسیساتو تخریب هم شامل و، لکه:

- د سالنګ تونل او د تیلو پایپ لاینونه.
- د برېښنا بندونه او د اوبو ذخیرې.
- پلونه، ښوونځي، مدرسې او روغتونونه.

د جنرال اختر لویه هیله دا وه چې د کابل له سقوط وروسته هلته د "شکراني لمونځ" ادا کړي، خو مخکې له دې چې د مجاهدینو بریا خپلو سترګو وګوري، له دنډې ګوښه شو.

د جینیوا (ژنیو) هوکړه او د شوروي وتل

بینن سیوان، چې یو قبرسي ډیپلومات او د ملګرو ملتونو د سرمنشي ځانګړی استازی و، د جینیوا د هوکړې له اصلي طراحانو څخه ګڼل کېږي. د دغې هوکړې پر بنسټ چې د ۱۹۸۸ کال د اپریل په ۱۴مه لاسلیک شوه، شوروي اتحاد ومنله چې د خپلو ځواکونو ایستل د ۱۹۸۸ د مۍ په ۱۵مه پیل او د ۱۹۸۹ د فبرورۍ په ۱۵مه بشپړ کړي.

په حقیقت کې، شوروي اتحاد د دغې هوکړې په لاسلیکولو سره د نجیب الله له حکومت څخه خپل ملاتړ کم کړ. د شوروي بهرنیو چارو وزیر، **ایدوارډ شواردنادزي**، وروسته په خپلو یادښتونو کې اعتراف وکړ:

"ما د دې هوکړې د لاسلیک پر مهال ډېر بد احساس درلود... په الوتکه کې پوه شوم چې موږ له نجیب الله سره خیانت وکړ".

که څه هم شوروي ووت، خو امریکا د جینیوا د تعهداتو خلاف، د پاکستان له لارې مجاهدینو ته د وسلو لېږد ته دوام ورکړ. مجاهدینو هم، چې په دې ناسته کې یې برخه نه درلوده، د جینیوا هوکړه ونه منله.

د ملي روغې جوړې ناکامي او تنظیمي جګړې

تاریخ ښيي چې کورنۍ شخړې یا د یوې خوا په بشپړ نظامي بریالیتوب پای ته رسېږي او یا د ملي روغې جوړې له لارې. داسې هیلې موجودې وې چې په افغانستان کې به واک په سوله ییز ډول یو موقت حکومت ته ولېږدول شي، خو په وروستیو شپېبو کې دغه پروسه له ماتې سره مخ شوه.

د احمد شاه مسعود په وینا، هغه وغوښتل چې د یوې "نړیوالې توطیې" مخه ونیسي او کابل ته له خپلو متحدو قواوو (چې د شمال ټلوالې عناصر او د جنرال دوستم ملیشې هم پکې وې) سره ننوځي. د نجیب الله د حکومت د ځینو پرچمیانو فرصت‌طلبي او له مسعود سره د هغوی یوځای کېدل د دې لامل شول چې د سولې چانس له منځه لاړ شي او هېواد په خونړیو تنظیمي جګړو کې ډوب شي.

د پېښور هوکړه (د ثور ۶مه، ۱۳۷۱)

اووه ګونو جهادي ګوندونو په پېښور کې د ۱۹۹۲ کال د اپریل په ۲۴مه پر یوې کړنلارې هوکړه وکړه ترڅو یو انتقالي دولت جوړ کړي. د دې هوکړې مهم ټکي دا وو:

- **صبغت الله مجددي** :د دوو میاشتو لپاره د دولت د موقت رئیس په توګه.
- **برهان الدین رباني** :له مجددي وروسته د څلورو میاشتو لپاره د انتقالي دولت د رئیس په توګه.
- **ګلبدین حکمتیار** :د لومړي وزیر (صدر اعظم) په توګه.
- **احمد شاه مسعود** :د دفاع وزیر په توګه.

د وزارتونو وېش:

د پېښور هوکړې له مخې، وزارتونه د تنظیمونو ترمنځ داسې ووېشل شول:

۱. **صدارت (لومړی وزیري)** :اسلامي حزب (حکمتیار).

۲. **د صدارت معاونیت او کورنی چارې :**اسلامي اتحاد (سیاف).

۳. **د صدارت معاونیت او معارف :**اسلامي حزب (خالص څانګه).

٤. **د صدارت معاونیت او بهرنی چارې :**ملي محاذ (ګیلاني).

٥. **دفاع وزارت :**اسلامي جمعیت (رباني/مسعود).

٦. **ستره محکمه :**اسلامي حرکت (آصف محسني).

دغه هوکړه د جهادي مشرانو لکه مولوي محمد نبي، صبغت الله مجددي، رسول سیاف، قطب الدین هلال (د حکمتیار په استازیتوب)، برهان الدین رباني، مولوي خالص او پیر ګیلاني لخوا لاسلیک شوه. مګر دغه کاغذ پر مخ هوکړه هیڅکله په کابل کې په سوله ییز ډول پلې نه شوه او د قدرت پر سر جګړو کابل په کنډواله بدل کړ.

د مجاهدینو د اسلامی دولت قدرت ته د رسیدو مهالویش

-۱/۱/۱۹۹۲ د افغانستان د حکومت د اردو افسران او سرتیری د حیراتان په سرحدی ښارګوټی کې د جنرال عبدالمومن په مشری د ډاکټر نجیب الله د حکومت پر خلاف یی پاڅون وکړ.

- ۱۵/۳/۱۹۹۲ د سمنګان ولایت د مجاهدینو په لاس ولوید

- ۱۸/۳/۱۹۹۲ د مزار شریف ښار د جنرال دوستم په همکاری د مجاهدینو سره، د مرکزی حکومت له تصرفه څخه دباندی شی.

- ۲۰/۳/۱۹۹۲ د ډاکټر نجیب الله مخالف ډله د مزار شریف په ښار کښی، د افغانستان د اسلامی جنبش سازمان او راتولیدل د جنرال دوستم تر مشرتابه لاندې .

- ۱۴/۴/۱۹۹۲ مجاهدید د قهرمان قومندان احمد شاه مسعود تر قوماندی لاندې د بګرام د نظامی هډی کنترول خپل کړ.

۱۶/۴/۱۹۹۲ د کابل د حکومت خارجه وزیر عبدالوکیل پروان ته ولاړ،تر څو د احمد شاه مسعود سره د قدرت په انتقال مجاهدینو ته،وغږیږی.

۱۶/۴/۱۹۹۲ ډاکټر نجیب الله د متحده ملتونو د سازمان دفتر ته په کابل کې پناه یوړه.

۱۸/۴/۱۹۹۲ د امیر اسماعیل خان په مشرئ، د هرات ولایت د مجاهدینو پواسطه فتح شو.

۲۰/۴/۱۹۹۲ د مختلفو ډلو مجاهدینو ته، د قندهار ښار تسلیم شو

۲۳/۴/۱۹۹۲ د جلال آباد ښار، ګردیز، مهترلام او نوی قلا ټول مجاهدینو ته تسلیم شول

۲۴/۴/۱۹۹۲ د افغانستان مجاهدینو په یوه طرحه سره هوکړه وکړه چې د هغې پر بنسټ صبغت الله مجددی د دوو میاشتو لپاره د افغانستان د انتقالی حکومت جمهور رییس تعیین شو.

۲۵/۴/۱۹۹۲ د مجاهدینو مختلفو ډلو د کابل کنټرول په خپلو لاسونو ونیول او همداراز د کورنیو جګړو لړۍ د قدرت د واړی د په لاس نیولو په موخه پیل شول.

۲۵/۴/۱۹۹۲ د افغانستان د اسلامی دلت لمړنۍ اعلامیه د کابل د ښار د امنیت په اړوند صادره شوه. د اعلامیې د صادریدو سره سم، د اسلامی ګوند او د اسلامی جمعیت د متحدینو تر منځ جګړی د کابل د ښار د سویل ی حوزو په اکثریتو ځایونو کې پیل شوه او د اسلامی حزب دی ته اړ شو چې شاته ولاړ شی او د کابل څنډو ته عقب نشینی وکړی، او د احمد شاه مسعود، جنرال دوستم او د وحدت ګوند د کابل د ښار بشپړکنټرول په خپل لاس ونیوو

-۲۸/۴/۱۹۹۲ صبغت الله مجددی د افغانستان د اسلامی موقت دولت رییس د مجاهدینو د کاروان سره کابل ته ننوت.

- ۲۸/۴/۱۹۹۲ د قدرت د واړی د انتقال مراسم مجاهدینو ته د خارجه چارو د وزارت په داخل کې پیل شو او فضل حق خالق یار د ډاکټر نجیب الله د حکومت صدر اعظم، په رسمی توګه حکومت ښاغلی مجددی ته وسپارلو.

- ۲/۵/۱۹۹۲ د مجاهدینو د حکومت نوی کابینه اعلان شوو

- ۲۲/۵/۱۹۹۲ صبغت الله مجددی د چارو زمامت یی قیادی شورا ته ورتسلیم کړ او قیادی شورا برهان الدین ربانی یی د مجاهدینو د موقت حکومت د رییس په حیث انتخاب کړ

- ۱۱/۱۲/۱۹۹۲ ملي ماتم ورځ د هغو مړیو په خاطر چې د مجاهدینو په ورستیو جګړو کې د کابل په ښار کې یی خپل ژوند له لاسه ورکړ، اعلان او ولمانځل شو

- ۳۱/۱۰/۱۹۹۲ د استاد ربانی د ریاست جمهوری وخت سرته ورسیدو، مګر د قدرت انتقال تر هغه چې د اهل حل او عقد شورا جوړه نه شوه، وځنډید.

- ۲۹/۱۲/۱۹۹۲ په کابل کې د اهل حل او عقد شورا جوړه شوه

- ۳۰/۱۲/۱۹۹۲ د اهل حل او عقد، استاد برهان الدین ربانی یی د مجاهدینو د حکومت د جمهور رییس په صفت وټاکلو

۸/۳/۱۹۹۳ د افغانستان د مجاهدینو مشران د اسلام آباد د هوکړی د لاسلیک کولو څخه وروسته د مکله مکرمی خواته ولاړل

۲۱/۲/۱۹۹۴ په پیښور کې دری افغان اتباعو یو ملي بس چی پکې زده کونکی سواره وو،یی ګروګان ونیولو.

۲۲/۲/۱۹۹۴ غلو هغه ملي بس چی څلور اویا زده کونکی پکې سواره وو، یی اسلام آباد ته یوړ او دا یی وغوښت چی د کابل جنګ ځپلی ښار ته د غذایی مواد ور ولیږی

۲۰/۷/۱۹۹۴ د امیر اسماعیل خان په نووخت چی د هرات والی وو، یو داسی شورا چی په هغه کې سیاسی، علمی، فرهنګی، نظامی، د هیواد د ننه او دباندی شخصیتونو څخه، د هرات په ښار کې جوړه شوه، تر څو د کړاونو او مشکلاتو د حل لاره ومومی.

د کابل سقوط او د جمال خاشقجي یادښتونه

سعودي خبریال **جمال خاشقجي** (چې په ۲۰۱۸ز کال کې په استانبول کې ووژل شو)، د ۱۹۹۲ز کال په اپریل کې د ګلبدین حکمتیار له ځواکونو سره د کابل په لوېدیځ، سرخاب کې و. هغه په ۲۰۰۶ز کال کې په "الوطن" ورځپانه کې د هغه وخت د حالاتو په اړه داسي لیکلي وو:

"د سرخاب ورځې د افغانستان په معاصر تاریخ کې یو مهم تحول و. هغو تورو ورځو هیلي په خاورو ولړلي او د مجاهدینو هغه ارمانونه یې برباد کړل چې غوښتل یې یو عادلانه اسلامي دولت جوړ کړي".

خاشقجي زیاتوي چې حکمتیار په هغه وخت کې د ډېرو ځوانانو اتل و، خو واقعیت دا و چې د هغه راکټونو کابل په وینو کې ولمباوه. خاشقجي د خپلې سترګي لیدلی حال داسي بیانوي:

"ما د حکمتیار تر څنګ په خپلو غوږونو د **احمد شاه مسعود** غږ اورېده چې له مخابرې یې په خورا تواضع له هغه هیله کوله: 'پېښور ته لاړ شه، له نورو مشرانو سره یو ځای شه او کابل ته له جګړې پرته په ګډه ننوځئ.' خو حکمتیار په پوره لجاجت ردوله او تینګار یې کاوه چې یوازې د وسلو په زور او د شنو بیرغونو لاندې به کابل ته ننوځي".

د بن لادن او محمد قطب منځګړیتوب

خاشقجي وایي چې حتی د اخوان المسلمین مشهور نظریه ورکوونکي **استاد محمد قطب** او **اسامه بن لادن** هم له حکمتیار سره په مخابره کې خبرې وکړې او هغه یې

له یوازې سرې حملې منع کړ، خو هغه چا ته غوږ نه کېښود. بن لادن ورته تکرارول" *انجینیر صاحب! غږ مې اورې؟* "خو حکمتیار مخابره بنده کړه او په سبا یې د کابل په لور د "دوزخ دروازې" خلاصې کړې.

د واک بدلون او د پښتنو سیاسي تشه

د ډاکټر نجیب الله د حکومت له پاشل کېدو وروسته، د جنرال دوستم د ملیشو او د پرچمي اړخ د ځینو غړو یوځای کېدل له احمد شاه مسعود سره، د ځواک توازن بدل کړ. په پایله کې:

- **د واک لېږد :**د ۱۹۲۹ز کال (حبیب الله کلکاني) له دورې وروسته، دا دویم ځل و چې سیاسي مشرتابه په بشپړ ډول د تاجکستانو لاس ته ورغی.
- **ملوک الطوایفي :**هیواد د جنګسالارانو ترمنځ په قومي او سمتي سیمو وویشل شو او مرکزي حاکمیت له منځه لاړ.
- **سیاسي تشه :**په داسې حال کې چې جمعیت او وحدت ګوندونو د خپلو قومونو (تاجک او هزاره) د سیاسي او تاریخي غوښتنو استازیتوب کاوه، پښتانه له یوې لویې سیاسي تشې سره مخ وو.

د پښتنو په سیمو کې جهادي تنظیمونو (لکه د حکمتیار حزب، سیاف، خالص او حقاني) یوازې پر مذهبي ایدیالوژۍ تکیه کوله، خو ملي او ټولنیز ارمانونه یې تر پښو لاندې وو. همدا لامل و چې دغه سیاسي تشه لومړی مذهبي افراطیانو او وروسته بیا **طالبانو** ډکه کړه.

تاریخي قضاوت

ډېرو جهادي مشرانو احمد شاه مسعود تورناوه چې هغه د "ملي ستم" مفکورې ته معتقد و او د پښتنو د حاکمیت د پای ته رسولو لپاره یې له شوروي او نورو قوتونو سره پټې معاملې کړې وې. دا تضادونه د دې لامل شول چې کابل په کنډواله بدل شي او د وروروله پر ځای د نفاق تخم وشیندل شي.

پروفیسور صبغت الله مجددي (۱۹۲۶ – ۲۰۱۹ز)

صبغت الله مجددي د ملا میا محمد معصوم زوی، په ۱۹۲۶ز (۱۳۰۵ لمریز) کال کې په کابل کې په یوه مشهوره روحاني کورنۍ کې زیږېدلی دی. هغه په اصل کې د هرات ولایت دی او کورنۍ یې د نقشبندیې طریقه لرله. مجددي صاحب د اسلام د دویم خلیفه حضرت عمر فاروق (رض) له اولادې او د مشهور مذهبي عالم شیخ احمد سرهندي (مجدد الف ثاني) له لمسیانو څخه و.

۱ .زده کړې او تدریس

مجددي صاحب لومړنۍ زده کړې په حبیبیه لیسه کې وکړې او بیا یې په کابل کې د اسلامي علومو ځانګړي درسونه ولوستل. په ۱۹۴۸ز کال کې مصر ته لاړ او د الازهر پوهنتون د حقوقو او اسلامي فقهې له پوهنځي څخه یې د "شرف" په درجه ماسټري (لسانس پورته) ترلاسه کړه. افغانستان ته له راستنېدو وروسته یې په کابل پوهنتون، دارالعلوم او د معلمانو د روزنې په عالي موسسو کې کلونه کلونه تدریس وکړ.

۲ .سیاسي مبارزه او جهاد

د ۱۹۷۰مې لسیزې په وروستیو کې، کله چې کمونیستي رژیم (خلقي حکومت) پر روحاني کورنیو فشارونه زیات کړل، مجددي صاحب په ۱۹۷۹ز کال کې هیواد پرېښود او په پاکستان کې یې د **"افغانستان د ملي نجات جبهه (NFSA)"** تاسیس کړه. د هغه د ګوند غړي اکثریت دودیز پښتانه او د نقشبندیې طریقې پلویان وو. هغه د جهادي مشرانو په منځ کې په اعتدال او میانه روۍ مشهور و.

۳ .د دولت ریاست او د قدرت لیږد

په ۱۹۸۹ز کال کې، کله چې مجاهدینو په جلا وطنۍ کې حکومت جوړ کړ، مجددي صاحب یې د رئیس په توګه وټاکل شو. د کابل له سقوط وروسته، د ۱۹۹۲ز کال د اپریل په ۲۸مه هغه لومړنی مجاهد مشر و چې کابل ته داخل شو او د دوو میاشتو لپاره یې د انتقالي دولت مشري په غاړه واخیسته. هغه واک په رسمي توګه د ډاکټر نجیب الله د حکومت له لومړي وزیر، فضل الحق خالقیار څخه تسلیم کړ او دوه میاشتې وروسته یې د اسلام اباد د هوکړې له مخې برهان الدین رباني ته وسپاره.

۴ .کلتوري او ټولنیز لیدلوری

مجددي صاحب د ځینو نورو سختدریځو مشرانو خلاف، په ټولنیز ژوند او سیاست کې د ښځو د ونډې مخالف نه و. هغه د بیان په صراحت او زړورتیا مشهور و او ډېری وخت به یې پر پاکستاني چارواکو او نورو جهادي مشرانو ښکاره نقدونه کول. په ۲۰۰۴ کال کې یې د اساسي قانون د لویې جرګې مشري وکړه او تر ډېره یې د حامد کرزي له حکومت څخه ملاتړ کاوه (کرزی صاحب یو وخت د مجددي د دفتر مدیر پاتې شوی و).

۵ .وفات

پروفیسور صبغت الله مجددي د ۹۳ کلونو په عمر، د یوې اوږدې ناروغۍ له امله د ۲۰۱۹ز کال د فبرورۍ پر ۱۱مه په کابل کې وفات شو او په خپله پلرنۍ هدیره کې خاورو ته وسپارل شو.

پروفیسور برهان الدین رباني (۱۹۴۰ – ۲۰۱۱ز)

برهان الدین رباني د افغانستان د تاجیک ټبر له مشهورو مشرانو او د افغانستان د اسلامي جمعیت ګوند بنسټ ایښودونکی و. هغه په ۱۹۴۰ز کال کې د بدخشان ولایت په فیض اباد کې زیږېدلی و. لومړنۍ زده کړې یې په خپله سیمه او کابل کې ترسره کړې او بیا د کابل پوهنتون د شرعیاتو پوهنځي ته شامل شو. رباني صاحب په ۱۹۶۹ز کال کې د مصر له الازهر پوهنتون څخه په اسلامي فلسفه کې ماسټري ترلاسه کړه. هغه په مصر کې د "اخوان المسلمین" له مفکورو اغېزمن شو او بېرته هیواد ته راستون شو.

۱ .د سیاسي مبارزې پیل

په ۱۳۳۶ لمریز کال کې، رباني صاحب د خپلو همفکره استادانو (لکه غلام محمد نیاز، موسی توانا او نورو) سره یو ځای د "مسلمانو ځوانانو" د نهضت بنسټ کېښود. په ۱۳۵۱ کال کې، کله چې استاد نیاز استعفا وکړه، رباني د دغه خوځښت مشري د **"اسلامي جمعیت"** تر نامه لاندې پر غاړه واخیسته. د سردار محمد داوود خان له کودتا وروسته هغه پاکستان ته لاړ او د هغه د نظام پر ضد یې وسله واله مبارزه پیل کړه. مګر د هغه اصلي شهرت او د ګوند پیاوړتیا په افغانستان کې د شوروي اتحاد له مداخلې وروسته وه، چې د پاکستان له لارې یې زیاتې مالي او نظامي مرستې ترلاسه کړې.

۲ .د مجاهدینو مشري او واکمني

په ۱۹۹۲ز کال کې د کابل له سقوط وروسته، د صبغت الله مجددي له دوه میاشتنۍ دورې وروسته، رباني صاحب د افغانستان د اسلامي دولت د رئیس په توګه واک ته ورسېد. که څه هم د پېښور هوکړه د قدرت پر دوراني لېږد ولاړه وه، خو د رباني صاحب په دوره کې د قدرت انتقال له خنډونو سره مخ شو:

- **د واک غځول :**هغه د امنیتي ستونزو په پلمه خپله کاري دوره څو ځله وغځوله، چې دې کار د نورو ډلو (په ځانګړې توګه د حکمتیار د اسلامي حزب) غبرګون او مخالفت راوپاروه.
- **د تنظیمي جګړو پیل :**د ۱۹۹۲ز کال له پیل سره سم، کابل په خونړیو تنظیمي جګړو کې ډوب شو. مختلفې ډلې له بېلابېلو خواوو پر ښار ورننوتې او کابل په "جنګي جزیرو" ووېشل شو.

۳ .بشري تلفات او نړیوال قضاوت

د رباني د واکمنۍ پر مهال جګړو عامو خلکو ته بې‌ساري زیانونه واړول. د بښنې نړیوال سازمان (Amnesty International) او نورو بشري بنسټونو په وینا، په دې کورنیو جګړو کې لږ تر لږه **۲۵ زره غیرنظامي** کسان ووژل شول. په دغو کلونو کې بې‌عدالتي، د خلکو ورکېدل، شکنجې او پر ښځو تېري هغه تورې پېښې وې چې د کابل په تاریخ کې ثبت شوې.

۴ .شهادت

برهان الدین رباني د ۱۳۹۰ لمریز کال د وږي په ۲۹مه (۲۰۱۱ز)، په کابل کې په خپل کور کې د یوې "انتحاري حملې" له امله شهید شو. هغه مهال نوموړی د افغانستان د **سولې د عالي شورا** رئیس او له طالبانو سره د دولت لوړپوړی مرکچي و.

تنظیمي جګړې او د کابل ویرانېدل (۱۳۷۱ – ۱۳۷۵ لمریز)

ډېری افغانان چې په دغو کلونو کې په کابل کې نه وو، د تنظیمي جګړو د وحشت په اړه روښانه تصور نه لري. دغو جګړو نه یوازې د زرګونو بې‌ګناه هیوادوالو ژوند واخیست، بلکې کابل یې په کنډواله بدل کړ. که څه هم نړۍ په هغه وخت کې افغانستان هېر کړی و، خو د نړیوالو خبري آژانسونو پاتې شونې راپورونه د دغه وحشت کیسه کوي:

۱ .د نړیوالو رسنیو په هینداره کې د کابل وضعیت

- **اسوشیټیډ پریس (۱۹۹۴ز) :**په کابل کې تر ۱۰۰۰ زیات کسان ووژل شول او نږدې نیم ملیون خلک د خپلو کورونو پرېښودو ته اړ شول.

- **سره صلیب (۱۹۹۴ز):** د رباني حکومت پر ضد د نښتو په ۲۸ ورځو کې ۱۲,۲۰۰ مړي او ټپیان ثبت شول.

- **نیویارک ټایمز (۱۹۹۳ز):** یوازې په شپږو ورځو کې ۷۰۰ کسان ووژل شول. په هره دقیقه کې پر بنار لسګونه راکټونه ورېدل چې بېوزله خلک یې په وینو کې لیت پیت کول.

- **رویترز (۱۹۹۲ز):** صبغت الله مجددي د خپلې دورې په وروستیو کې احمد شاه مسعود تورن کړ چې د کابل په بدامنۍ کې لاس لري.

[Image ۱: A black and white photo of a street in Kabul in ۱۹۹۳, showing destroyed buildings and an empty tank]

۲. د افشارو فاجعه او مذهبي تضادونه

د افشارو پېښه (د ۱۳۷۱ کال د دلو ۲۱مه) د افغانستان په معاصر تاریخ کې یوه له تر ټولو خونړیو غمیزو څخه ده. د استاد صباح د مستندو لیکنو له مخې، دا عملیات د احمد شاه مسعود، رسول سیاف، قسیم فهیم او نورو تنظیمي مشرانو لخوا طرحه شوي وو.

- **جنایات:** په دې پېښه کې پر هزاره او شیعه هیوادوالو برید وشو، چې نږدې ۷۰۰ کسان ووژل شول یا لادرکه شول.

- **وحشت:** عیني شاهدان وایي چې په افشارو کې، پر ښځو او ماشومانو تېري وشو، د مړو ګډاګاني وښنودل شوې او حتی د ماشومانو په وینو پر دېوالونو شعارونه ولیکل شول.

۳. چور، تالان او د کابل د شتمنیو غلا

د تنظیمي جګړو پر مهال، غلا او لوټمار د تنظیمونو په یو "معمول" بدل شوی و.

- **د موسیقۍ د الاتو پلور:** د کابل او جلال اباد څخه غلا شوي د موسیقۍ الات د پېښور په "دبګرۍ" بازار کې په ډېره ټیټه بیه پلورل کېدل.

- **د مزار شریف چور:** د جمعیت او جنبش ترمنځ په جګړو کې د خلکو کورونه لوټ شول. قوماندانانو خپلو ملیشو ته ویلي وو" د خلکو سر زموږ او مال ېې ستاسو".

- **د شیرپور مانۍ:** ډېری کارپوهان په دې باور دي چې ننني افسانوي مانۍ د هغو غلا شوو پیسو او څمکو په سر جوړې شوې دي.

۴. د اسیرانو سره غیر انساني چلند

د تنظیمونو ترمنځ د اسیرانو سره چلند د ټولو نړیوالو کنوانسیونونو خلاف و. په سرونو کې د میخونو ټکوهل، د اندامونو پرې کول، او د مړو بې‌حرمتي هغه څه وو چې په رسنیو کې راڅرګند شول.

د "بېښنې منشور" او د عدالت سبوتاژ کول

په ۲۰۰۶ز (۱۳۸۵ لمریز) کال کې، د افغانستان پارلمان د **"ملي روغې جوړې منشور "**تصویب کړ. دې منشور د تېرو ۲۸ کلونو ټول جنګي جنایتکاران وبخښل. دې کار د "انتقالي عدالت" پروسه له منځه یووړه او په هیواد کې یې د معافیت کلتور عام کړ، چې په پایله کې یې جنګسالاران د محاکمې پر ځای لوړو دولتي څوکیو ته ورسېدل.

د مجاهدینو د حکومت سقوط او د طالبانو ظهور

په ۱۹۹۰مه لسیزه کې د طالبانو د تحریک راپورته کېدل په حقیقت کې د مجاهدینو د خپل‌منځي جګړو او انارشۍ منطقي پایله وه. د ۱۹۹۴ او ۱۹۹۶ کلونو ترمنځ د طالبانو چټکه بریا دا ثابته کړه چې ولس له موجوده بې‌امنیو او پاټکسالارۍ څخه تر پوزې راغلی و. له بلې خوا، دا د هغو پښتنو یو نشنلیستي غبرګون هم و چې ځانونه یې په واک کې محروم ګڼل.

۱ .د افغانستان ملوک‌الطوایفي (۱۹۹۴ز کال)

مخکې له دې چې طالبان کابل ونیسي، افغانستان عملاً د جنګسالارانو ترمنځ په لاندې ډول وېشل شوی و:

- **کابل او شاوخوا :**د رباني – مسعود د حکومت تر ولکې لاندې.
- **لوېدیځ (هرات) :**د اسماعیل خان په لاس کې.
- **ختیځ ولایتونه (ننګرهار، لغمان، کنړ) :**د "مشرقي شورا" لخوا اداره کېدل.
- **شمالي ولایتونه :**د جنرال رشید دوستم د "جنبش" په واک کې.
- **مرکزي افغانستان (بامیان) :**د هزاره ګانو د ګوندونو (وحدت) په لاس کې.
- **سویل (کندهار) :**د وړو جنګسالارانو او غلو د ډلو ترمنځ وېشل شوی و.

۲ .په کندهار کې انارشي او د ولس غبرګون

د احمد رشید په وینا، په کندهار کې وضعیت د زغملو نه و. جنګسالارانو د خلکو عزت او دارايي لوټله؛ حتی د ټیلیفون مزی، فابریکې او د سړک جوړوني ماشینونه یې پر پاکستاني سوداګرو پلورل. په کوټه او کندهار کې میشته ټرانسپورټي مافیا له هر موټر څخه په لسګونو ځایه "حق العبور" اخیست. همدا وحشت د دې لامل شو چې د ملا محمد عمر په مشرۍ طالبان د "امنیت" په شعار سره راپورته شي.

۳ .سیاسي خلا او د پښتنو محرومیت

د ډاکټر نجیب الله د حکومت له سقوط وروسته، د واک انډول په بشپړ ډول د یوې محلي ډلې (اسلامي جمعیت) په ګټه بدل شو. دا له ۱۹۲۹ز کال وروسته دویم ځل و چې پښتانه له سیاسي مشرتابه څخه لرې ساتل کېدل.

- **د پښتنو ګوندونه :**پښتانه په خپلو کې وېشل شوي وو او یو واحد مشر یې نه درلود. د حکمتیار، سیاف، خالص او پیر ګیلاني ګوندونو یوازې پر مذهبي شعارونو تکیه کوله او د پښتنو د سیاسي او ټولنیزو ارمانونو لپاره یې کومه ملي برنامه نه درلوده.
- **د افغان ملت رول :**د "افغان ملت" په څېر نشنلیسټ ګوندونه د جګړو له امله ونه توانېدل چې دا سیاسي خلا ډکه کړي.
- **د طالبانو راتګ :**دغه سیاسي تشه په پای کې د طالبانو د مذهبي افراطیانو لخوا ډکه شوه، چې هم یې مذهبي رنګ درلود او هم یې پښتنو ته د بېرته واک ته رسېدو هیله ورکړه.

۴ .د احمد شاه مسعود تورنول

ډېری جهادي مشران او پښتانه سیاستوال احمد شاه مسعود په دې تورنوي چې هغه د "ملي ستم" مفکورې ته وفادار و او د پښتنو د سیاسي واک د ختمولو لپاره یې له شوروي او نورو بهرنیو منابعو سره پټې معاملې کړې وې. دې وضعیت قومي کرکې او ژبني تضادونه تر بل هر وخت زیات کړل.

د دې فصل د سرچینو او ماخذو لړ لیک

1. جمال احمد خاشقجی، د ؛الوطن؛ ورځپانه د ریاض چاپ د ۲۰۰۶ میلادی می ۹ نیټه، ژباړونکی عبدالاحد هادف. جیو هزاره ۲۰۱۸ Geo Hazara October میلادی
2. د ؛ایرۍ دام؛ یا د افغانستان د جهاد د پردې شاته واقعیتونه، تالیف د دګروال یوسف متقاعد افسر د آی.اس.آی د پاکستان د اردو اوامریکایی بناغلی مارک ادکین، د

محمد قاسم آسمایی ژباړه، اکترونیکی نشر:۲۰۱۵ میلادی The Bear Trap: Afghanistan's' Untold Story

3. د تاریخ گروگانان،دوهمه برخه، مزوروف، فارسی رو www.farsi.ru

4. استاد صباح، ؛؛په هیواد کې د دری نیمه لسیزه جنایتونو مستندات؛؛، د ؛اصالت؛ انترنیتی مجله،د ۲۰۱۳ اکتوبر ۱۴ نیټه

5. د آریانا نیوز خبری ویب سایټ

6. د افغانستان سیاسی گوندونه، دوهم جلد، لمړی چاپ، د ۱۳۸۴ ژمی، کابل، د افغانستان د اسلامی جمهوریت د عدلیی وزارت

7. د آفتاب یا لمر د پیام د رسنی اطلاعاتی پایگاه، انترنیت

8. سید محمد علی جاوید، انترنیتی خبرپانه ؛د خراسان جمهوری؛ ۱۳۹۴ دلو ۲ نیټه

9. د کابل جگړه او تنظیمی وحشت د نړیوالو رسنیو پر بنسټ، د افغانستان پیوستون گوند، سه شنبه، ۱۳۹۴ د ثور ۸

10. د کابل پرس انترنیتی جریده ؛د افغانستان په تنظیمی نښتو کې د وګړو د شتمنیو لوټیدل؛ ۲۰۰۶ میلادی د اپریل شپږمه

11. محمد حسین جعفریان، د ؛مشرق؛ انترنیتی جریده

12. د دویچه ویلی دری پروگرام

13. احمد رشید، طالبان، د عبدالودود ظفری ژباړه، المیدا کلیفورنیا، ۲۰۰۲

14. احمد رشید، طالبان، نظامیگر اسلام، نفت او بنیادگرایی په مرکزی آسیا کښی، د یل د پوهنتون د مطبعی چاپ، د امریکا متحده ایالات، ۲۰۰۰ (په انگلیسی ژبه).

اوومه برخه

د طالبانو اسلامی امارت (۱۹۹۶-۲۰۰۱ ز)

طالبانو د ۱۹۹۶ز کال د سپټمبر په ۲۶مه کابل ونیو او خپل حکومت یې د **"افغانستان اسلامي امارت "**په نوم اعلان کړ. یوازې دریو هېوادونو (پاکستان، سعودي عربستان او متحده عربي اماراتو) دغه نظام په رسمیت وپېژانده. د طالبانو ظهور د مجاهدینو د انارشۍ او ملوک‌الطوایفی د پای ټکی و، خو په بدل کې یې یو داسې مذهبي نظام رامنځته کړ چې د هېواد پر ټولنیز او کلتوري ژوند یې ژورې او ډېر ځله منفي اغېزې وښندلې.

۱ .ټولنیز او کلتوري محدودیتونه

د طالبانو حکومت د سختدریځه مذهبي لیدلوري پر بنسټ لاندې بندیزونه ولګول:

- **د ښځو حقوق :**ښځو ته د زده کړو او له کوره د باندې د کار اجازه نه وه.
- **رسنۍ او هنر :**تلویزیون، موسیقي، نقاشي او عکاسي منع شول. په ۲۰۰۱ کال کې یې د بامیان دوه زره کلنې د **بودا مجسمې** چې د افغانستان تاریخي ویاړ و، په باروتو والوزولې.
- **شخصي ازادي :**د نارینه‌وو لپاره د ږیرې پرېښودل جبري شول او خلک به په زوره لمانځه ته بیول کېدل. د لواطت، زنا او غلا لپاره سختې جسماني جزاګانې او اعدامونه په عام محضر کې ترسره کېدل.
- **سپورت :**کرکټ یوازینی سپورت و چې تر یو بریده یې اجازه درلوده.

۲ .د طالبانو ظهور؛ د انرژۍ د انتقال پروژه(TAPI)

د طالبانو د ظهور تر شا یو له لویو اقتصادي موخو څخه له ترکمنستان څخه د افغانستان له لارې پاکستان او هند ته د ګازو د پایپ‌لاین غځول وو.

- **نړیوال شرکتونه :**د امریکا **یونیکال (Unocal)** او د ارجنټاین **بریداس (Bridas)**شرکتونو د دې پروژې د ګټلو لپاره سیالي کوله. په دغه وخت کې د حامد کرزي او زلمي خلیلزاد نومونه د دغو شرکتونو د سلاکارانو په توګه یادېدل.

- **د خلیلزاد رول:** زلمي خلیلزاد په خپل کتاب (استازي) کي منلي چي په ۱۹۹۷ کال کي یې په "هیوستن" ښار کي د طالبانو د استازو (لکه امیر خان متقي) او یونیکال شرکت ترمنځ د ناستي کوربه توب کړی و.
- **د پروژي ناکامي:** کله چي د طالبانو او اسامه بن لادن (القاعده) اړیکي نږدي شوي او د ښځو د حقوقو مسئله راپورته شوه، امریکا پر طالبانو بندیزونه ولګول او یونیکال خپل دفتر په کابل کي وتاړه.

۳. د قدرت د ترلاسه کولو مهم پړاوونه

د طالبانو لخوا د هېواد د ولایتونو نیول اکثرا له جګړي پرته او د معاملې له لاري وو:

- **اکتوبر ۱۹۹۴:** طالبان له سپین بولدک څخه راغلل او د حکمتیار د وسلو لویه ډیپو یې ونیوله.
- **نومبر ۱۹۹۴:** کندهار ښار ونیول شو. نصیر الله بابر (د پاکستان د کورنیو چارو وزیر) په ښکاره وویل" *طالبان زموږ بچیان دي*".
- **سپتمبر ۱۹۹۵:** هرات د طالبانو لاس ته ورغی.
- **سپتمبر ۱۹۹۶:** جلال اباد او بیا کابل ونیول شول. طالبانو **ډاکټر نجیب الله** او د هغه ورور له دفتره راوویستل او په آریانا څلورلاري کي یې وځړول.
- **۱۹۹۷ - ۲۰۰۱:** طالبانو د هېواد ۹۰٪ خاوره تر ولکي لاندي راوسته او یوازي د بدخشان او تخار ځیني برخي له رباني او مسعود سره پاتي شوې.

تاریخي قضاوت

طالبانو که څه هم امنیت تامین کړ او د ټوپکسالاري تغر یې ټول کړ، خو هېواد یې له عصري تمدن، تعلیم او نړیوالو اړیکو څخه محروم کړ. هغوی یو داسي نظام جوړ کړ چي خدماتي سکتورونه (روغتیا، مخابرات، صنعت) پکي په ټپه ولاړ وو. د هغوی دغه افراطي تګلاره او د القاعده شبکې سره ملګرتیا په پای کي د ۲۰۰۱ کال د سپټمبر د ۱۱می پېښې او د هغوی د نظام د سقوط لامل شوه.

ملا محمد عمر مجاهد او د طالبانو تحریک

ملا محمد عمر یو له هغو مشرانو و چې خورا لږو کسانو له نږدې لیدلی دی. د هغه د ژوند، شخصیت او ایدلوري په اړه ډېرې معلومات د هغو محدودو کسانو له خولې دي چې له ده سره یې لیدلي، لکه نصیر الله بابر، رحیم الله یوسفزی او ځینې ایراني خبریالان.

۱ .زېږون او لومړنی ژوند

د ملا عمر د زېږون په اړه بېلابېل روایتونه شته، خو د طالبانو د رسمي ژوندلیک له مخې:

- هغه په ۱۹۶۰ز کال کې د کندهار په خاکرېز ولسوالی کې په یوه غریبه کورنی کې زېږېدلی چې د هوتک قوم پورې تړاو لري.
- په ۵ کلنی کې یې پلار مړ شو او وروسته اروزګان ته کډوال شول.
- د شوروي ضد جهاد پر مهال یې د مولوي خالص په تنظیم کې د "نیک محمد" تر قوماندې لاندې جګړه وکړه او په همدې دوره کې یې خپله یوه سترګه له لاسه ورکړه.

۲ .د ایراني خبریالانو د سترګو لیدلی حال

محمد حسین جعفریان، یو ایرانی خبریال چې په ۱۳۷۳ (۱۹۹۴ز) کال کې یې کندهار ته سفر کړی، د ملا عمر په اړه وایي:

"موږ ته د ملا عمر د لیدو او تصویر اخیستو اجازه نه وه. خو کله چې له کندهاره د هرات په لور روان وو، په لاره کې مو یو موټر ولید چې خپله ملا عمر چلاوه. هغه یو تنومند سړی و، کینه سترګه یې معیوب وه، لویه ږیره او لنګی یې درلوده. هغه یوازې و او هیڅ ساتونکی (محافظ) ورسره نه و. په ډېره ماته ګوډه فارسي یې زموږ حال وپوښت او ډاډ یې تر لاسه کړ چې مېلمستیا مو سمه شوې ده که نه".

۳ .د طالبانو فکري او ایدیولوژیکي ریښې

د طالبانو فکري بنسټ د هغو مدرسو محصول دی چې په پاکستان (بلوچستان او پښتونخوا) کې د افغان کډوالو لپاره جوړې شوې وې.

- **مدرسي :**د دغو مدرسو ډېره برخه د **مولانا فضل الرحمن** (جمعیت علماء اسلام) تر اغیز لاندې وې.

- **فکري ترکیب :**د طالبانو مفکوره د حنفي فقهي، دیوبندي مکتب او سلفي ګرۍ یو ترکیب دی، چې ورسره د پښتنو قبیلوي عرف (پښتونولي) هم په خورا کلکه غوټه شوې ده.
- **نسلي تشه :**د احمد رشید په وینا، د طالبانو نوی نسل په کمپونو کې راستر شوی و؛ هغوی د افغانستان د تاریخ او کلتور په اړه لږ، خو د خپلې خوښې "اسلامي نظام" په اړه یې په مدرسو کې ډېر زده کړي وو.

۴ .د طالبانو د حکومت لومړني توندلاري اقدامات

کله چې طالبانو کابل ونیو، د هغوی لومړنی او تر ټولو وحشتناکه اقدام د ډاکټر نجیب الله اعدام و:

- **د نجیب الله وژل :**هغوی د ملګرو ملتونو له دفتره ډاکټر نجیب او د هغه ورور احمدزی راوېستل، تر سختو شکنجو وروسته یې په مرمیو وویشتل او مړي یې په آریانا څلورلارې کې وځړول.
- **شرعي قوانین :**طالبانو سمدستي ښځې له کار او زده کړو منع کړې، حجاب یې جبري کړ او د "امربالمعروف" اداره یې د خلکو د څارنې لپاره وګومارله.
- **نړیوالي اړیکې :**د ملا عمر په دوره کې افغانستان د القاعده شبکې او اسامه بن لادن لپاره په یو خوندي پټنځای بدل شو، چې وروسته یې هېواد له نړیوالو بندیزونو سره مخ کړ.

طالباني تفکر، وهابیت او دیوبندیزم

د طالبانو د سیاسي او مذهبي تفکر د پېژندلو لپاره، د تاریخي بهیرونو مطالعه اړینه ده. د طالبانو فکري رېښې په حقیقت کې د **دیوبندي** تفکر هغه نسخه ده چې په هندي شبه قاره کې د **وهابیت** د بدیل په توګه پېژندل کېږي.

۱ .د سلفي ګرۍ او وهابیت اغېز

د طالبانو ایډیولوژي له دریو مهمو تاریخي شخصیتونو اغېزمنه ده:

- **احمد بن حنبل :**د حدیثو پر ظاهر ټینګار او د عقل له کارولو سره مخالفت.
- **ابن تیمیه :**د "کفر او ایمان" سخت تعریف او د هغو مسلمانانو تکفیر چې د ده له تګلارې سره مخالف وو (په ځانګړي ډول شیعه ګان).
- **محمد بن عبدالوهاب :**په نجد کې د وهابیت بنسټ ایښودونکی، چې د ابن سعود له کورنۍ سره یې د مذهب او سیاست یو ګډ نظام رامنځته کړ.

د ابن تیمیه افکار صریح دي؛ هغه له عقلاني استدلال سره بشپړ مخالف و او یوازې پر "نقل" (حدیث او روایت) تکیه کوله. هغه حتی د ښځو او ماشومانو ځورول او د مخالفینو د اموالو مصادره کول په ځینو حالاتو کې روا ګڼل.

۲ .په پاکستان کې د دیوبندي مدرسو رول

په پاکستان کې د اسلامي افکارو درې مهم بهیرونه شتون لري چې پر طالبانو یې مستقیم اغېز کړی:

- **دیوبندي بهیر (بنسټپال) :**په ۱۸۶۷ز کال کې د قاسم نانوتوي لخوا په هند کې پیل شو. دا مکتب په پاکستان کې په **"جمعیت علماء اسلام "**بدل شو چې اوس یې مشري مولانا فضل الرحمن او مولانا سمیع الحق کوي. طالبان د همدې مدرسو فارغان دي.
- **مودودي بهیر (اخواني ډوله) :**د ابوالاعلی مودودي لخوا بنسټ اېښودل شوی (جماعت اسلامي). دا بهیر تر ډېره پر سیاسي مبارزه او انتخاباتو باور لري او له طالبانو سره یې ایډیالوژیکي توپیر لري.
- **سید احمد خان بهیر (لیبرال) :**یو روشنفکره بهیر و چې د عقل او عصري علومو پلوي یې کوله، خو بنسټپالو ملایانو هغه د "انحراف" په توګه رد کړ.

۳ .پښتونولي او مذهبي سختدریځي

یو له خورا مهمو ټکو څخه چې تاسو ورته اشاره کړې، د طالبانو په فکر کې د **"پښتونولۍ "**او **"مذهب "**ترکیب دی.

- **خلافت او امارت :**طالبانو د ابوالکلام آزاد د "اسلامي امارت" تیوري په افغانستان کې پلې کړه. هغوی د ولسواکۍ او ټاکنو پر ځای پر "بیعت" او "اهل حل او عقد" باور لري.
- **د ښځو په وړاندې چلند :**که څه هم په پاکستان کې دیوبندي ملایان ښځو ته د یو څه حقوقو قایل دي، خو طالبانو د سختدریځه کلیوالي دودونو له امله پر ښځو داسې محدودیتونه ولګول چې حتی په نورو اسلامي هېوادونو کې بې ساري وو.
- **د عصري تمدن نفي :**د تلویزیون، سینما او انځورونو سره د طالبانو مخالفت د هغوی د "ظاهري کلتوري مقاومت" یوه برخه وه، که څه هم په عملي چارو کې یې له عصري وسلو او وسایطو کار اخیست.

۴ .تکفیر او مذهبي تضاد

طالبانو د سلفي او دیوبندي فکر تر اغېز لاندې د نورو مذهبونو (په ځانګړي ډول شیعه ګانو او بریلویانو) په وړاندې سخت دریځ نیولی و. په ۱۳۷۷ (۱۹۹۸ز) کال کې په مزار شریف کې د شیعه ګانو ډله ییزه وژنه د همدې "تکفیري" فکر یوه خونړۍ بېلګه وه، چې هغوی ته یې د "رافضي" خطاب کاوه.

تاریخي پایله

طالباني تفکر یو داسې جریان دی چې تغذیه یې له هېواده بهر (پاکستان او سعودي) څخه کېږي، خو بڼه یې په کور دننه د پښتنو له سنتي او کلیوالي فرهنګ سره نغښتې ده. دغه نظام د عقل، هنر، د ښځو د حقوقو او سیاسي ازادیو په وړاندې یو لوی خنډ وګرځېد، چې افغانستان یې له نړۍ څخه په بشپړ ډول منزوي کړ.

طالبان او پښتونولي: یو ژور تضاد

ډېری کسان د طالبانو تحریک ته د یو "پښتني جنبش" په سترګه ګوري، خو هغوی د پښتونولۍ د ارزښتونو او د طالبانو د مذهبي ایدیولوژۍ ترمنځ له ژور تضاد څخه ناخبره دي.

۱ .د شریعت او پښتونولۍ ټکر

تاریخ ښوولې چې په پښتني ټولنه کې عرفي قوانین (پښتونولي) تل د مذهبي قوانینو ترڅنګ خپلواک پاتې شوي. د بېلګې په توګه:

- **احمد شاه ابدالي :** هغه یوازې پر شرعي احکامو بسنه ونه کړه، بلکې د قبایلو د مدیریت لپاره یې داسې اساسنامې وضع کړې چې د قبایلي مشرانو د دودونو سره سمې وې.
- **د ملا مقام :** په پښتني دود کې "ملا" هېڅکله د یو سیاسي یا نظامي مشر رول نه دی لرلی. د پښتنو په سیمو کې د ملا رول یوازې مشورتي او مذهبي دی. د دې برعکس، د افغانستان په نورو قومونو کې (لکه شیعه هزاره ګان) مذهبي مشران د "رهبر او پیر" په توګه د مطلق اطاعت مقام لري. په پښتني سیمو کې تصمیم نیوونکی "جرګه او خان" وي، نه ملا.

۲ .د هویت ورکونه او ناسیونالیزم نشتوالی

طالبان د هغو مدرسو محصول دي چې په پاکستان کې د کډوالو په کمپونو کې جوړې شوې وې. دا ځوانان له خپل ملي تاریخ، ناسیونالیزم او پښتونولۍ څخه لیرې، یوازې د وهابي او سختدریځه افکارو تر اغېز لاندې لوی شوي دي.

- **د بودا د مجسمو ویجاړول :**د دې تضاد ښکاره بېلګه د بامیانو د بودا د مجسمو تخریب و. پښتنو پاچاهانو د ۳۰۰ کلونو په اوږدو کې دغه مجسمې د یوې "ملي شتمنۍ" په توګه وساتلې، خو طالبانو د پاکستاني او وهابي لارښووونو پر بنسټ او د ملي ارزښتونو په ضد، دغه تاریخي اثار له منځه یووړل.

د سپټمبر ۱۱مه او د طالبانو سقوط

د القاعده شبکې سره د ملا محمد عمر ملګرتیا د طالبانو د رژیم د پای پیل شو. که څه هم القاعده له طالبانو سره مالي مرستې کولې، خو د سپټمبر د ۱۱مې تروریستي بریدونو وروسته د اسامه بن لادن نه تسلیمولو، امریکا د طالبانو په وړاندې جګړې ته اړ کړه.

۱ .د طالبانو نسکورېدل (۲۰۰۱ز)

په ۲۰۰۱ کال کې د امریکا هوایي ځواک او د هغوی د میلیونونو ډالرو په مرسته، محلي ملېشو (شمال ټلوالې) وکولای شول طالبان له واکه لیرې کړي. دا بدلون یو ځل بیا افغانستان د ټوپکواکو (جنګ سالارانو) په ډګر بدل کړ:

- په شمال کې دوستم، عطا محمد نور او محقق قدرت ته ورسېدل.
- په لوېدیځ کې اسماعیل خان او په سویل کې ګل آغا شېرزي او حامد کرزي نفوذ پیدا کړ.
- کابل ته د **نظار شورا** ملېشې ننوتلې او د قدرت واګې یې په لاس کې واخیستې.

۲ .د بن کنفرانس او د قدرت انحصار

د بن تر هوکړې وروسته نوی دولت د ډیموکراسۍ په شعار جوړ شو، خو په حقیقت کې قدرت په غیر متوازن ډول د نظار شورا او د هغوی د پلویانو ترمنځ وویشل شو. د دغې ډلې قوماندانان د اردو جنرالان شول او د ۱۴ کلونو لپاره یې ټول مهم سیاسي او نظامي بستونه په انحصار کې وساتل. د ۲۰۱۴ کال ټاکنو وښودله چې دغه ډله حتی په متناسب ډول د قدرت شریکولو ته هم چمتو نه وه.

د پښتنو قرباني

د ۱۹۹۶ څخه تر ۲۰۰۱ پورې د طالبانو مذهبي استبداد د پښتون قوم پر لمنه یو ننګین داغ بلل کېږي، ځکه د دغه جهل او تروریزم تر ټولو لویه قرباني پخپله پښتانه شول. پښتانه چې د ډیورنډ کرښې دواړو غاړو ته مېشت دي، د پاکستان د سیاستونو

او د طالبانو د فاشیستي افکارو له امله هم له تمدنه پاتې شول او هم یې ملي هویت ته زیان ورسېد.

د طالبانو د ظهور او نسکوریدو،زمانی جدول

- ۱/۱۰/۱۹۹۴ د پاکستان د تجارتی موادو کاروان د قندهار د مجاهدینو لخوا ودرول شو.
- ۱۰/۱۰/۱۹۹۴ یوه ډله چی ځان یی طالب ګڼلو د سپین بولدک سرحدی ښار باندی یی یرغل وکړ او هغه یی تصرف کړ
- ۵/۱۱/۱۹۹۴ د طالبانو نوی جوړشوی ګوند د قندهار اکثر ساحی تصرف کړلی
- ۱۲/۱۱/۱۹۹۴ د طالبانو ډله د قندهار ولایت په بشپړډول سره د تصرف لاندې راوست، او د قندهار مجاهدینو د هرات خواته تیښته وکړ
- ۱۰/۲/۱۹۹۵ د لړی جګړی څخه وروسته، د میدان ولایت د طالبانو په لاس ورغی
- ۱۱/۲/۱۹۹۵ طالبانو بشپړد لوګر ولایت په کنترول کې ونیولو
- ۱۹/۲/۱۹۹۵ طالبانو د خوست ښار په خپل لاس کې ونیولو
- ۱۱/۳/۱۹۹۵ د اسلامی وحدت ګوند مشر عبدالعلی مزاری چی د طالبان په لاس اسیر وو، د میدان په ولایت کې په قتل ورسید
- ۹/۴/۱۹۹۵ روسی طیاره،د تالقان بازار یی په شدت سره بمبارد کړ
- ۱۷/۴/۱۹۹۵ د فراه د تصرف په موخه، طالبانو پراخ بنسته یرغل پیل کړ
- ۵/۹/۱۹۹۵ د هرات ښار د طالبانو په کنترول کې شو
- ۲۶/۶/۱۹۹۶ ګلبدین حکمتیار چی د افغانستان د صدر اعظم په صفت ټاکل شوی وو، د کابل ښار ته راورسید
- ۶/۷/۱۹۹۶ صدر اعظم او نویو وزیرانو د تحلیف / سوګند مراسم یی پر ځای کړل
- ۱۱/۹/۱۹۹۶ د جلاآباد ښار د طالبان په لاس شو.
- ۲۷/۹/۱۹۹۶ د کابل ښار د طالبانو لخوا فتح شو. ډاکټر نجیب الله د افغانستان مخکنی جمهور رییس د ځومسئلهکسانو لخوا د متحده ملتونو د سازمان د دفتر څخه په کابل کې د باندی وویستل شو او نامعلومه ساحی ته انتقال شو.
- /۱/۱۲ ببرک کارمل د افغانستان پخوانی جمهور رییس د مسکو په ښار کې وفات شو

- ۱۸/۵/۱۹۹۷ جنرال عبدالملک د افغانستان د اسلامی جنبش سیاسی رییس د جنرال دوستم پر خلاف چې د ګوند مشر وو، پاڅون یې وکړ او د مزار شریف اداره یې په خپل لاس کې واخیست
- ۲۴/۵/۱۹۹۷ د مزار شریف ښار د طالبانو لاس ته راغی
- ۲۶/۵/۱۹۹۷ د طالبانو پر خلاف عمومی قیام په مزار شریف کې پیل شو
- ۲۷/۵/۱۹۹۷ د دی څخه وروسته چې د طالبانو قواوو ته ډیره مرګ ژوبله واووښت، د هیواد د شمالي ولایتونو څخه په شا ولاړل
- ۲۶/۱۰/۱۹۹۷ د طالبانو اداره د افغانستان نوم په رسمی توګه د افغانستان اسلامی امارت باندی واړوله
- ۱۳/۱/۱۹۹۸ د آریانا یوه مسافر وړونکی الوتکه د پاکستان د کویټه د ښار سره نږدی، سقوط وکړ
- ۲۳/۱/۱۹۹۸ د افغانستان پخوانی صدر اعظم ډاکټر محمد یوسف په آلمان کې وفات شو
- ۴/۲/۱۹۹۸ د تخار په ولایت کې د سخت زلزلی له امله، پنځه زره کسانو خپل ژوند له لاسه ورکړ
- ۱۹/۳/۱۹۹۸ یوه د بوینګ الوتکه چې د آریانا هوایی شرکت پوری مربوط وو د کابل د ولایت سویل ی ساحه کې سقوط وکړ
- ۲۹/۴/۱۹۹۸ د طالبانو د استازو او د متحده جبهی د ملایانو تر منځ، په اسلام آباد کې مذاکری پیل شو
- ۸/۸/۱۹۹۸ د دوهم ځل لپاره، طالبانو د مزار شریف کنترول په خپل لاس کې واخیست
- ۸/۸/۱۹۹۸/ نهه دیپلوماتان او یو ایرانی خبرنګار خپل په قونسلګری کې د مزار شریف په ښار کښی، د طالبانو لخوا، په قتل ورسیدل
- ۱۱/۸/۱۹۹۸ د تخار د ولایت د تالقان ښار د طالبانو لاسته ورغی
- ۸/۸/۱۹۹۸ طالبانو د مزار شریف د میشتو عامو وګړو او د مسلحو کسانو په عام قتل یی لاس پوری کړ
- ۲۰/۸/۱۹۹۸ د خوست او ننګرهار په ولایاتو کښی، دوه نظامی اردوګاهوی د امریکا د موشکو د حملی لاندې راغلل

- ۱/۹/۱۹۹۸ د ایران اسلامی دولت اعلان وکړ،چی د افغانستان په سرحداتو کې یو لوی نظامی مانور سرته رسوی.
- ۱۳/۹/۱۹۹۸ د بامیان ولایت د طالبانو لاسته ورغی
- د ۱۹۹۹ فبروری کې د بامیان دوه مجسمی منهدم شولی
- ۱۸/۷/۱۹۹۹ ملا محمد عمر،د یوی اعلامیی په ترځ کښی، د امریکا تحریم د طالبانو په وړاندې یی محکوم کړ
- ۲۷/۷/۱۹۹۹ طالبانو د کابل د شمال خوا ولایاتو د لاسته راوړنی په موخه،پراخ بنسته عملیات پیل کړل
- ۱۵/۱۰/۱۹۹۹ د طالبانو د اقتصادی تحریم څخه وروسته، د آریانا د الوتکو پرواز د هیواد څخه د باندی، ممنوع اعلان شول
- ۲۵/۱۰/۱۹۹۹ د نړیوال متحده سازمان، د برهان الدین ربانی د حکومت قانونیت د یو بل کال لپاره تمدید کړ.
- ۱۸/۳/۲۰۰۰ په کابل کې د طالبانو راډیو اعلان وکړ چی، د نوی کال لمانځنه د شریعت خلاف دی، او باید و نه لمانځل شی
- ۲۶/۳/۲۰۰۰ امیر اسماعیل خان د هرات پخوانی والی، په قندهار کې د طالبانو د زندان څخه وتښتید
- ۲۶/۲/۲۰۰۱ د طالبانو راډیو په کابل کې یو فتوا نشره کړه چی د هغه پر بنسټ، په افغانستان کې به ټول مجسمی له منځه یوړل شی
- ۹/۳/۲۰۰۱ طالبانو د بامیان مجسمه،چی په نړی کې نه موندلی کیدونکی تاریخی اثر وو، له منځه یوړ
- ۳/۴/۲۰۰۱ احمد شاه مسعود د اروپا د پارلمان د مقاماتو په غوښتنه، هغه قاره ته سفر وکړ
- ۹/۹/۲۰۰۱ احمد شاه مسعود د خواجه بهاالدین په ساحه کې د تخار په ولایت کې د دوو عربی کسانو پواسطه چی ځانونه یی خبرنګاران معرفی کړی وو، په قتل ورسید
- ۲۵/۹/۲۰۰۱ طالبانو د امریکا سفارت ته په کابل کښی، اور ورواچولو
- ۷/۱۰/۲۰۰۱ د امریکا یرغل پر افغانستان

- ۲۰۰۱/۱۰/۲۶ طالبانو د مجاهدینو پخوانی قومندان عبدالحق یی اسیر ونیولو او د ملګرو سره یی د لوګر په ولایت کې یی په دار وځړولو
- ۲۰۰۱/۱۱/۹ د مزار شریف ښار د افغانستان د ملي متحده جبهی د قواوو پواسطه فتح شو
- ۲۰۰۱/۱۱/۱۲ د طالبانو آخرینه نظامی مرکز د کابل په شاه او خوا کښی،یی د لاسه ولاړ

پایلې: د طالبانو د ظهور او واکمنی تحلیل

د ۱۹۹۰مې لسیزې په نیمایي کې د طالبانو د تحریک ظهور، په حقیقت کې د مجاهدینو د حکومت د انارشي (بې‌نظمی)، د پاکستان د دولت له ناوړه استفادې او د پښتنو د نشنلستي احساساتو له پارولو څخه رامنځته شوی یو واقعیت و. په ۱۹۹۶ کال کې د طالبانو چټکې بریاوې او د کابل په ګډون د ډېری ولایتونو نیول، تر ډېره د جګړې پایله نه وه، بلکې د هیواد له بې‌امنیو او ګډوډیو څخه د خلکو د سختې ناراحتی او د یو قومي غبرګون نښه وه.

خو له بده مرغه، د طالبانو رژیم په هیواد کې د منځنیو پېړیو په څېر مذهبي اختناق او فشار واکمن کړ. همدا علت و چې په ۲۰۰۱ کال کې د دغه رژیم نسکورېدل او د بن د هوکړې پر بنسټ د ډیموکراسی او اساسي قانون په رڼا کې د نوي حکومت جوړېدل، د ملت او په ځانګړې توګه د روڼ اندو (روشنفکرانو) له خوا په پراخه کچه ومنل شو. د ۱۹۹۶ تر ۲۰۰۱ کلونو پورې د طالبانو واکمني، چې د پاکستان په مستقیم ملاتړ ولاړه وه، د افغان ملت پر لمنه یو تور داغ او د پښتون قوم لپاره یوه لویه جفا وه؛ ځکه د دغې جګړې او وروسته پاتېوالي تر ټولو لویه قرباني همدغو پښتنو ورکړه چې د ډیورنډ کرښې دواړو غاړو ته مېشت وو.

احمد رشید په خپل اثر کې لیکي:

"ډېری طالبان د پاکستان په کمپونو کې زېږېدلي او په مدرسو کې یې یوازې جنګي مهارتونه او مذهبي افکار زده کړي وو. هغوی د خپل هیواد د تاریخ او هویت په اړه لږ معلومات لرل، خو د مدرسو له لارې یې د هغې 'مثالي ټولنې' په اړه ډېر څه زده کړي وو چې ۱۴۰۰ کاله وړاندې د پیامبر (ص) په دوران کې وه او اوس یې د هغې د تطبیق هڅه کوله".

د طالبانو د واکمنی کلیدي پېښې (۱۹۹۴ز)

د طالبانو د واکمنی په اړه کې لاندې پېښو بنسټیز رول درلود:

- **د اکتوبر ۱۲مه :**شاوخوا ۲۰۰ تنه طالبان له سپین بولدک څخه افغانستان ته داخل شول. دا ښارګوټی د ګلبدین حکمتیار په لاس کې و، خو طالبانو

د هغه قواوو ته ماتې ورکړه او د حکمتيار د وسلو لويه ډيپو يې ونيوله چې ۱۸۰۰۰ کلاشينکوفونه او بې‌شمېره مهمات پکې وو.

- **د اکتوبر ۲۰مه :**د پاکستان د کورنيو چارو وزير، نصيرالله بابر د ۶ لوېديځو هيوادونو له سفيرانو سره (د رباني د حکومت له خبرولو پرته) کندهار او هرات ته سفر وکړ او د کويټې-هرات د لارې د جوړولو لپاره يې د ۳۰۰ ميليون ډالرو د راټولولو ژمنه وکړه.
- **د اکتوبر ۲۸مه :**بې نظير بوټو په عشق اباد کې له اسماعيل خان او جنرال دوستم سره وکتل ترڅو د پاکستاني سوداګريزو کاروانونو پر مخ لاره خلاصه وساتي.
- **د اکتوبر ۲۹مه :**د پاکستان د پوځ د لوژيستيک برخې يو کاروان (۸۰ لارۍ) چې د آی.ايس.آی (ISI) د افسر **کرنيل امام** له خوا اداره کېده، د کندهار په لاره کې د محلي قومندانانو (لالي، منصور او حليم) له خوا ودرول شو.
- **د نوامبر لومړۍ اوونۍ :**طالبانو پر کندهار بريد پيل کړ. منصور اچکزی يې ونيوه، ويې واژه او مړی يې د ټانګ په ميل پورې وځړاوه.
- **د کندهار سقوط :**طالبان کندهار ته داخل شول. ملا نقيب الله، چې ۲۵۰۰ وسله‌وال يې لرل، د آی.ايس.آی په منځګړيتوب او د پيسو په بدل کې له جګړې لاس واخيست او طالبانو ته تسليم شو.

په پای کې، نصيرالله بابر په ښکاره د طالبانو د بريا وياړ ځان ته منسوب کړ او ويې ويل" :**طالبان زموږ دي".**

ددی برخی مهمی سرچينی

۱ .د احمد رشيد کتاب(Taliban)

دا د نړۍ يو له خورا مشهورو کتابونو څخه دی چې په ۲۰۰۲ کال کې د **"Taliban: Militant Islam, Oil and Fundamentalism in Central Asia"**په نوم چاپ شوی. احمد رشيد هغه خبريال دی چې د طالبانو د منځته راتګ پړاوونه يې له نږدې څارلي او ستاسو په متن کې ذکر شوي ارقام (لکه ۱۸۰۰۰ کلاشينکوفونه يا د نصير الله بابر ويناوې) له همدې کتاب څخه اخيستل شوي.

۲ .د طالبانو رسمي ژوندليک(Biography of Mullah Omar)

هغه معلومات چې د ملا محمد عمر د زيږون (۱۹۶۰ز کال، خاکرېز ولسوالۍ) او د هغه د پلار د مړينې په اړه دي، د طالبانو د اسلامي امارت له هغې رسمي بيانيې څخه اخيستل شوي چې د ملا عمر د مړينې له تاييد وروسته خپره شوه.

۳ .د محمد حسين جعفريان خاطرې

هغه برخې چې د ايراني خبرياالانو د سترګو ليدلی حال بيانوي، د محمد حسين جعفريان له خاطراتو او د هغه له مستند فلم **"سفر به جمهوری طالبان "**څخه اخيستل شوي. دا د ملا عمر په اړه يو له خورا محدودو مستندو ليدنو څخه ده.

۴ .د بې نظير بوټو او نصير الله بابر مرکې

د پاکستان د هغه وخت د چارواکو څرګندوني د **بي بي سي (BBC)** له ارشيفونو او د بې نظير بوټو له هغو مرکو څخه اخيستل شوي چې په مانيلا او نورو ځايونو کې يې د طالبانو د ملاتړ په اړه کړې وې.

۵ .د اوليور روی اثار(Olivier Roy)

فرانسوی محقق اوليور روی چې د **"The Failure of Political Islam"** او د افغانستان د ټولنپوهنې په اړه يې ډېر څه ليکلي، د پښتونولی او شريعت ترمنځ د تضاد په بحث کې د يوې مهمې سرچينې په توګه کارول شوی دی.

۶ .د احمد شاه ابدالي د دورې تاريخي متونه

د احمد شاه بابا د دورې د قوانينو او د پښتني قبايلو د عرفي حقونو (پښتونولۍ) ترمنځ د اړيکو لپاره له کلاسيکو تاريخي منابعو استفاده شوې.

اتمه برخه
د افغانستان اسلامی جمهوری دولت

«د لوېدیځې نړۍ خپلو ګټو ته په کتو، په افغانستان، عراق، سوریه، یمن او لیبیا کې د تر ټولو افراطي اسلامپالو ملاتړ وکړ او هغوی ته یې د واک واړې په لاس کې ورکړې! په ۱۹۹۲ کال کې مجاهدین، په ۱۹۹۶ کال کې طالبان او په ۲۰۰۱ کال کې د شمال ټلواله په افغانستان کې د دې ښکاره مثالونه دي. د غرب ګټې د وخت او زمان سره سم بدلیږي را بدلیږي، او له هغه سره سم د غرب دوستان او دښمنان هم د بدلون په حال کې دي. که څوک د غربي نړۍ په دې سیاسي الفبا پوه نشي، د تل لپاره به په تعجب، ګمراهی او سرګردانی کې وي!»

(فیسبوک: ډاکټر نور احمد خالدي)

د بن کنفرانس، اساسی قانون او هیلې

د آلمان غږ یا ډویچه ویلې په ۲۰۱۱ کال کې ولیکل: «د آلمان د لوېدیځ بن ښار، که څه هم له افغانستان سره په زرګونو کیلومتره واټن لري، مګر د تېرو لسو کلونو پېښو د دغه ځای نوم د دې جګړه ځپلي هېواد له سیاست سره غوټه کړی دی. یوه لسیزه وړاندې په ۲۰۰۱ کال کې، د افغانستان راتلونکی د دغه ښار په یوه هوټل کې ولیکل شو.»

په ۲۰۰۱ میلادي کال کې د طالبانو د نظام له منځه تلل، د بن کنفرانس جوړېدل، د موقت دولت رامنځته کېدل چې په هغه کې ټولو د طالبانو ضد ځواکونو برخه درلوده او بالاخره په ۲۰۰۳ کال کې د لوېدیځې نړۍ په قاطع ملاتړ د لویې جرګې له خوا د "افغانستان اسلامي جمهوریت" د نوي اساسي قانون تصویب، زموږ د غم ځپلي او ستم لیدلي هېوادوالو لپاره د یوې نوې او روښانه راتلونکې، سولې او هوساینې زیری و.

د بن کنفرانس په ۲۰۰۱ کال کې د افغانستان لپاره یو بنسټ جوړوونکی کنفرانس و. د دغه کنفرانس په متن کې دې ته پاملرنه شوې وه چې د سیاسي جوړښتونو په رامنځته کولو سره د یوه قوي دولت لپاره شرایط برابر او سیاسي ثبات رامنځته شي. په دغه کنفرانس کې د لومړي ځل لپاره بېلابېل افغان سیاستوال د نړیوالې ټولنې په ملاتړ او د ملګرو ملتونو تر څار لاندې راټول شول ترڅو هېواد له بحران څخه وباسي.

د بن کنفرانس ګډونوال

په دې کنفرانس کې له متحدې جبهې (شمال ټلوالې) څخه یونس قانوني، محمد قسیم فهیم، ډاکټر عبدالله، حاجي قدیر، عباس کریمي، حسین انوري، عارف نورزی، مصطفی کاظمي، آمنه افضلي او میرویس صادق؛ د روم له ډلې (د ظاهر شاه پلویان) څخه عبدالستار سیرت، عزیز الله واصفي، هدایت الله امین ارسلا، محمد اسحاق نادري، زلمی رسول، محمد امین فرهنګ، مصطفی طاهري، سیما ولي او رنا منصوري؛ د قبرس له ډلې څخه همایون جریر او اسحاق ګیلاني؛ او د پېښور له بهیر څخه انورالحق احدي برخه اخیستې وه. دا کنفرانس د ملګرو ملتونو د ځانګړي استازي لخضر ابراهیمي تر مشرۍ لاندې جوړ شو.

د بن کنفرانس پرېکړې

د ۲۰۰۱ کال د ډسمبر په ۱۳مه، له ۹ ورځو بحثونو وروسته ګډونوالو یوه دوه پړاوېزه هوکړه لاسلیک کړه چې د نوي نظام بنسټ یې کېښود. د دغې تاریخي هوکړې له مخې، ښکېلو غاړو پر یوه شپږ میاشتني موقت حکومت هوکړه وکړه او ویې منل چې د امنیت د ټینګښت لپاره به نړیوال سوله ساتي ځواکونه افغانستان ته راځي. حامد کرزی چې یو پښتون جهادي شخصیت و، د موقتې ادارې د مشر په توګه وټاکل شو.

د موقتې کابینې قومي جوړښت

د حامد کرزي په مشرۍ کابینه ۳۰ څوکۍ لرلې چې د قومي انډول له مخې وېشل شوې وې: ۱۱ څوکۍ پښتنو ته، ۸ تاجیکانو ته، ۵ هزاره ګانو ته، ۳ ازبکانو ته او پاتې نورو لږکیو ته ورکړل شوې. دوو ښځو – سیما سمر او سهیلا صدیق – هم کابینې ته لاره وموندله.

د بن د کنفرانس پایلې او نیمګړتیاوې

که څه هم د بن کنفرانس د یوه نوي پیل هیله وه، خوستره تېروتنه یکې دا وه چې د وخت یو مهم اړخ یعنې "طالبان" له دې بهیر څخه د باندې پرېښودل شول، چې همدې کار د بلې ناارامۍ تخم وکرلو. دلته ځینې پوښتنې راپورته کېږي:

- *ایا دا هېرول تصادفي وو که قصدي؟*
- *ایا داسې چا فکر نه کاوه چې یو ځواک چې پر ۸۰ سلنه خاوره یې واکمني کوله، یوازې په بمبارد به د تل لپاره ورک شي؟*

مهرالدین مشید په دې اړه لیکي: «د امریکا بې باورۍ او د افغانستان تاریخي ځانګړتیاوو ته لږ ارزښت ورکول د دې لامل شول چې مخالفین په پام کې ونه نیول شي... د طالبانو د استازو نشتوالی په دې ناسته کې یوه لویه خلا وه.»

د حامد کرزی ریاست جمهوری

د حامد کرزي ژوند

(د «حقیقت» له انټرنیټي خپروني څخه اخیستل شوی اقتباس).

حامد کرزی د عبدالاحد کرزي زوی او د خیر محمد خان لمسی دی. نوموړی د ۱۳۳٦ هجري لمریز کال د مرغومي (جدي) پر ۳مه، چې د ۱۹۵۷ میلادي کال د ډسمبر له ۲۴مې سره سمون خوري، د کندهار ښار ته نږدې د «کرز» په کلي کې زیږېدلی دی. د کرزي نیکونو د افغانستان د خپلواکۍ په جګړو او له هغه وروسته مبارزو کې فعاله ونده لرله. د هغه پلار، عبدالاحد کرزی د پوپلزو قوم مشر او د هېواد یو له سیاسي څېرو و، چې په شپېتمه میلادي لسیزه کې یې د افغانستان د شورا د مرستیال په توګه خدمت کړی و.

کله چې عبدالاحد کرزی د پارلمان غړی شو، له خپلې کورنۍ سره کابل ته کډه شو. حامد کرزي لومړنۍ زده کړې په محمود هوتکي او سید جمال الدین افغاني ښوونځیو کې وکړې او وروسته له حبیبیې لېسې څخه فارغ شو. نوموړی په ۱۳۵۵ (۱۹۷٦ز) کال کې د لوړو زده کړو لپاره هندوستان ته ولاړ او هلته یې د «سمله» په پوهنتون کې د نړیوالو اړیکو او سیاسي علومو په برخه کې زده کړې پیل کړې.

حامد کرزي په همدې ځانګه کې خپله ماستري واخیسته او په ۱۳٦۲ (۱۹۸۳ز) کال کې له هند څخه پاکستان ته ولاړ. هلته د هېواد د ژغورنې په موخه د شوروي تېري پر وړاندې د مجاهدینو په لیکو کې شامل شو. په ۱۳٦۴ (۱۹۸۵ز) کال کې د ژورنالیزم په برخه کې د یوې روزنیزې دورې لپاره فرانسې ته ولاړ او د لیل ښار کې له درې میاشتني کورس وروسته بېرته پېښور ته راغی. نوموړی د حضرت صبغت الله مجددي په مشرۍ د افغانستان د ملي نجات جبهې د رسنیو د امر او وروسته د سیاسي دفتر د مرستیال په توګه دنده ترسره کړه.

په ۱۳۷۱ (۱۹۹۲ز) کال کې، کابل ته د مجاهدینو له راتګ وروسته، حامد کرزی د بهرنیو چارو وزارت د سیاسي معین په توګه وټاکل شو. کله چې د تنظیمونو ترمنځ جګړې پیل شوې، هغه د حل یوازنۍ لاره د دودیزې «لویې جرګې» رابلل ګڼل.

په ۱۳۷۹ (۲۰۰۰ز) کال کې د حامد کرزي پلار په کوټه کې ترور شو. کرزي خپلو مبارزو ته دوام ورکړ او د ۲۰۰۱ کال د اکتوبر په پيل کې له خپلو څو ملګرو سره اروزګان ولايت ته ننوت، ترڅو د طالبانو پر ضد د خلکو پاڅون تنظيم کړي. نوموړی د ۲۰۰۱ کال د ډسمبر په ۵مه د بن کنفرانس لخوا د موقتي اداري د مشر په توګه وټاکل شو او د ډسمبر په ۲۲مه يې لوړه وکړه.

له طالبانو وروسته دولت

د طالبانو د نظام له نسکورېدو وروسته، افغانستان يو ځل بيا د تنظيمي نفوذ پر سيمو ووېشل شو. په بلخ او شاوخوا ولايتونو کې جنرال دوستم، عطا محمد نور او محمد محقق؛ په هرات کې اسماعيل خان؛ په کندهار کې ګل آغا شېرزي او په ننګرهار کې د ختيځې شورا مشرانو (حاجي قدير او نورو) واک چلاوه. په کابل کې د نظار شورا وسله والو ځواکونو بشپړ کنټرول ترلاسه کړ.

د بن له کنفرانس څخه رامنځته شوی حکومت د قدرت د وېش پر بنسټ و، خو مرکزي حاکميت د ډېرو کلونو لپاره ونه شو کړای چې پر ټول هېواد بشپړ کنټرول ولري. د نظار شورا قومندانانو د ملي اردو جنرالۍ رتبې او مهم سياسي پوستونه ترلاسه کړل.

اضطراري لويه جرګه

د اضطراري لويې جرګې جوړېدل د بن د هوکړې يوه لويه لاسته راوړنه وه. دا جرګه د ۱۳۸۱ کال د غبرګولي (جوای) په مياشت کې په کابل کې جوړه شوه. دا په تېرو څو لسيزو کې لومړی ځل و چې له ۱۵۰۰ څخه زياتو استازو د توپک پر ځای د بحث او خبرو له لارې د هېواد پر برخليک خبرې کولې. حامد کرزی په دې جرګه کې د ډاکټرې مسعودې جلال پر وړاندې په رقابت کې وتوانېد چې د انتقالي دولت د رياست لپاره ډېرې رايې وګټي.

نامتوازن جوړښت

که څه هم د بن هوکړې د يوه پراخ بنسټه حکومت ژمنه کړې وه، خو په عمل کې واک تر ډېره د «شمال ټلوالې» په لاس کې و. د کابينې له ۳۰ څوکيو څخه ۱۷ مهم وزارتونه (لکه دفاع، کورنيو چارو، بهرنيو چارو او ملي امنيت) د جمعيت ګوند د «پنجشېري» څانګې په واک کې وو. يوازې د ماليې وزارت او د رياست څوکی د «روم ډلې» (ظاهر شاه پلويانو) ته ورکړل شوې وې. دا ناانډولي په راتلونکي کې د حکومت دننه د سختو سياسي اختلافاتو لامل شوه.

نوی اساسی قانون

د قانون د حاکمیت په موخه، انتقالي دولت ته دنده ورکړل شوې وه چې د اساسي قانون د تصویب لپاره لویه جرګه راوبولي. د بن هوکړې په لومړیو شپږو مادو کې، دولت موظف شوی و چې د انتقالي حکومت له جوړېدو وروسته په ۱۸ میاشتو کې د اساسي قانون لویه جرګه جوړه کړي. البته په افغانستان کې د موجودې "قانوني تشې" د ډکولو لپاره، تر هغه وخته د ۱۳۴۳ لمریز کال اساسي قانون د نافذ قانون په توګه ومنل شو.

د اساسي قانون تدوین او تصویب، په افغانستان کې د ملت جوړونې په لور یو خورا مهم ګام و. دا د بن د هوکړې یوه ستره برخه وه چې هدف یې د جګړو له امله د ستړو افغانانو هیلې پوره کول او یو ګډ ملي میثاق رامنځته کول و.

د دې تعهداتو په رڼا کې، د انتقالي دولت رییس حامد کرزي د ۱۳۸۱ کال د تلې (میزان) پر ۱۳مه (د ۲۰۰۲ کال د اکتوبر ۵مه)، نهه کسان د اساسي قانون د تسوید کمیسیون د غړو په توګه وټاکل. دغه کمیسیون د مرستیال ولسمشر، نعمت الله شهراني په مشرۍ د اساسي قانون لومړنۍ مسوده جوړه کړه او وروسته یې د تدقیق کمیسیون ته وسپارله.

نوی اساسي قانون په هغه لویه جرګه کې چې د ۱۳۸۲ کال د لیندۍ او مرغومي (قوس او جدي) په میاشتو کې جوړه شوې وه، تصویب شو. دا د بن د هوکړې وروستی او تر ټولو مهم پړاو و چې هېواد یې د ثبات او ولسواکۍ لور ته بوتلو. د اساسي قانون تصویب د ولسمشرۍ او پارلماني ټاکنو لپاره لاره هواره کړه. د همدې قانون په رڼا کې په ۱۳۸۳ کال کې د ولسمشرۍ او په ۱۳۸۴ کال کې د پارلمان ټاکنې وشوې، چې دا د ولسواکۍ په لور د قدرت د لېږد یوه بریا وه.

د اساسي قانون منځپانګه (محتوا)

د افغانستان اساسي قانون د ډېرو عصري قوانینو په څېر دا لاندې برخې لري:

- **بنسټیز اصول او ارزښتونه :**هغه مسایل چې د هېواد د خلکو لپاره حیاتي دي (دا ډېری وخت په سریزه کې راځي).
- **د دولت جوړښت :**د نظام ډول او د واک وېش.
- **د دولت د صلاحیتونو او واک حدود.**
- **د اتباعو حقونه او مکلفیتونه) :**د وګړو د حقونو او آزادیو فصل.(
- **ارګانونه :**لکه شورا (پارلمان)، لویه جرګه، حکومت، قضا، اداره، بېړنۍ حالت او د اساسي قانون د تعدیل لارې چارې.

د ۲۰۰۳ کال د اساسي قانون تصویب د ټولو ملي او سیاسي ځواکونو په قاطع ملاتړ ترسره شو. د هغو ډلو ډېری غړي چې هغه مهال یې له اساسي قانون ملاتړ وکړ، وروسته د ملي یووالي په حکومت کې هم شامل وو. د نړیوالو متحدینو لخوا د میلیاردونو ډالرو مرستو ژمنې، زمونږ د کړېدلي ولس لپاره د یوې روښانه او بسیا راتلونکې زیری و.

د ۱۳۸۳ کال د ولسمشرۍ ټاکنې (۲۰۰۴ز)

دا ټاکنې باید د ۱۳۸۳ کال د چنګاښ (سرطان) په ۱۵مه شوې وای، خو دوه ځله وځنډېدې؛ یو ځل د وږي (سنبلې) او بل ځل د تلې (میزان) میاشتې ته. د اساسي قانون د ۶۰مې مادې له مخې، ولسمشر له خپلو دوو مرستیالانو سره یوځای ټاکنو ته ودرېږي. ځینو کاندیدانو د ډېرو رایو د ترلاسه کولو لپاره خپل مرستیالان له نورو قومونو غوره کړي وو.

د ۲۰۰۴ کال ټاکنې د افغانستان په تاریخ کې لومړنۍ مستقیمې ټاکنې وې چې ولس د ولسمشر د ټاکلو لپاره د رایو صندوقونو ته ولاړ. دا ټاکنې د ۱۳۸۳ کال د تلې پر ۱۸مه ترسره شوې او حامد کرزي د **۵۵.۴ سلنه** رایو په ګټلو سره د افغانستان د لومړني منتخب ولسمشر په توګه بریا خپله کړه.

دا پروسه د ګڼو کورنیو او بهرنیو څارونکو تر نظارت لاندې تېره شوه. د ټاکنو مسوولیت یو یوولس کسیز کمیسیون پر غاړه درلود چې پنځه غړي یې د ملګرو ملتونو لخوا ټاکل شوي نړیوال پوهان وو. حامد کرزی په دې وتوانېد چې د نورو کاندیدانو په پرتله درې چنده زیاتې رایې وګټي. دولسو نورو کاندیدانو هر یو تر ۱ سلنې کمې رایې لرلې. په دې تاریخي بهیر کې نږدې ۱۲ میلیونو کسانو برخه اخیستې وه.

کاندیدان او ټاکنیز مسایل

- په دې ټاکنو کې ۲۳ کسانو نومونه لیکلي وو، چې وروسته پنځه کاندیدان له سیالۍ څخه ووتل او ۱۸ تنه پاتې شول. مهم کاندیدان دا وو:
- **حامد کرزی :**د افغانستان د موقتې اداري مشر، که څه هم په خپلواک ډول ډګر ته راغلی و، خو د «افغان ملت» په څېر د ځینو ګوندونو ملاتړ ورسره و. احمد ضیا مسعود او محمد کریم خلیلي یې مرستیالان وو.
- **جنرال عبدالرشید دوستم :**د افغانستان د ملي اسلامي جنبش مشر. په پیل کې د کرزي یو له اصلي سیالانو ګڼل کېده، خو وروسته څرګنده شوه چې محبوبیت یې په ځینو سیمو پورې محدود و. شفیقه حبیبي او مصطفی کمال مخدوم یې مرستیالان وو.

- **یونس قانوني :**نوموړي په موقته اداره کې مهم وزارتونه لرل او په ټاکنو کې یې ځان د کرزي د رقیب په توګه معرفي کړ. هغه د شمال ټلوالي غړی و او د مارشال محمد قسیم فهیم ملاتړ ورسره و. قانوني د احمد شاه مسعود د میراث د دعوې تر څنګ د "افغانستان نوین" ګوند په استازیتوب راغلی و. مرستیالان یې تاج محمد وردګ او سید حسین عالمي بلخي وو.
- **محمد محقق :**د افغانستان د اسلامي وحدت ګوند مشر او د دوستم له نږدې متحدینو و. هغه د ټاکنیزو مبارزو پر مهال پر کرزي سختې نیوکې کولې او هغه یې یو "کمزوری مشر" باله. نصیر احمد انصاف او عبدالفیاض مهرآیین یې مرستیالان وو.
- **ډاکټره مسعوده جلال :**یوازینۍ ښځینه کاندیده وه. که څه هم نیلاب مبارز او شفیقه حبیبي د نورو کاندیدانو مرستیالانې وې، خو مېرمن جلال د ولسمشرۍ څوکۍ ته په خپله نېغه کاندیده وه.
- **احمد شاه احمدزی :**د دیني او محافظه کاره اړخ کاندید و. هغه په هجرت کې د مجاهدینو د حکومت لومړی وزیر پاتې شوی و.
- **عبدالستار سیرت :**یو له پېژندل شویو څېرو و چې په لومړیو کې د بن په کنفرانس کې د مشرۍ لپاره تر ټولو زیاتې رایې لرلې، خو وروسته د کرزي په ګټه تېر شو.
- **د کډوالو ونډه او امنیتي ننګونې**
- د مهاجرت نړیوال سازمان (IOM) په مرسته په ایران او پاکستان کې میشتو افغان کډوالو ته د رایې ورکولو زمینه برابره شوه. یوازې په پاکستان کې د ملګرو ملتونو تر څار لاندې د دوو میاشتو په لږ وخت کې نږدې ۸۰۰ زره کډوالو د رایې ورکولو لپاره نومونه لیکلي وو، چې تر نیمایي ډېرو یې په ټاکنو کې ګډون وکړ.
- طالبانو ګواښ کړی و چې د ټاکنو مخه نیسي او پر امریکا یې په سیمه کې د ښکېلاک تور لګاوه. له بده مرغه د ټاکنو د پروسې په جریان کې د ناامنیو او ځمکنیو ماینونو له امله د ملي اردو ۵ سرتېري شهیدان شول. همدارنګه د ټاکنو د ګډې اداري ۱۵ تنه کارکوونکي ووژل شول او ۴۶ تنه نور ټپیان شول. په نورستان کې هم دوه نړیوال کارکوونکي چې د ټاکنو په چارو بوخت وو، خپل ژوند له لاسه ورکړ.

د ۲۰۰۴ د جمهوری ریاست د ټاکنو پایلی

شلم جدول: د افغانستان د ۱۳۸۳ د میزان ۱۸نیټي د جمهوری ریاست د ټاکنو د پایلي لنډیز

نوماندان	د ګوند نوماند / ګوند	قومیت	د رایو شمیر	د ټولو رایو سلو نه
عبدالرشید دوستم	خپلواک / د افغانستان د ملي اسلامی جنبش	ازبکان	۸۰۴،۸۶۱	%۱۰،۰
عبدالستار سیرت	خپلواک	ازبکان	۳۰,۲۰۱	%۰,٤
		د ازبکانو د رایو شمیر	۸۳۵,۰۶۲	%۱۰,٤
حامد کرزی	خپلواک	پښتون	٤,٤٤۳,۰۲۹	%٥٥,٤
اسحاق ګیلانی	ملی پیوستون	پښتون	۸۰,۰۸۱	%۱,۰
احمدشاه احمدزی	خپلواک / د افغانستان د اسلامی اتحاد ګوند	پښتون	٦۰,۱۹۹	%۰,۸
همایون شاه آصفی	خپلواک / Unity Party National	پښتون	٢٦,٢٢٤	%۰,۳
عبدالهادی خلیلزی	خپلواک	پښتون	۱۸,۰۸۲	%۰,۲
میر محفوظ ندایی	خپلواک	پښتون	١٦,٠٥٤	%۰,۲
محمد ابراهیم رشید	خپلواک	پښتون	١٤,٢٤٢	%۰,۲
وکیل منګل	خپلواک	پښتون	۱۱,۷۷۰	%۰,۱
		د پښتنو د رایو شمیر	٤,٦٦٩,٦٨١	%٥٨,٢

یونس قانونی	د افغانستان نوی گوند	تاجیک	۱,۳۰۶,۵۰۳	%۱۶,۳
لطیف پدرام	ملی کنگره	تاجیک	۱۱۰,۱۶۰	%۱,۴
مسعوده جلال	خپلواک	تاجیک	۹۱,۴۱۵	%۱,۱
غلام فاروق نجرابی	د افغانستان د خپلواکی گوند	تاجیک	۲۴,۲۳۲	%۰,۳
سید عبدالهادی دبیر	خپلواک	تاجیک	۲۴,۰۵۷	%۰,۳
عبدالحفیظ منصور	خپلواک / د افغانستان اسلامی جمعیت	تاجیک	۱۹,۷۲۸	%۰,۲
عبدالحسیب آرین	خپلواک	تاجیک	۸,۳۷۳	%۰,۱
		د تاجیکانو د رایو شمیر	۱,۵۸٤,٤٦۸	%۱۹,۷
محمد محقق	د افغانستان د خلکو اسلامی ملي وحدت گوند	هزاره	۹۳۵,۳۲۶	%۱۱,۷
		د هزارهگانو د رایو شمیر	۹۳۵,۳۲۷	%۱۱,۷
د صحیح رایو شمیر (مشارکت ۷۰٪)			۸,۰۲٤,۵۳۷	%۱۰۰,۰
باطل رایی			۱۰٤,٤۰٤	%۱,۳
مجموع د رایو			۸,۱۲۸,۹٤۰	%۱۰۱,۳

سرچینې: د ټاکنو د محاسبې نهایي پایلې د افغانستان د ټاکنو، د بی بی سی فارسی وېبسایټ، د ۲۰۰۴ د نوامبر ۰۳ نیټه د چهار شنبه ورځ

یادښت: د ټولو رایو څخه ۳/۱ برخه یې باطل اعلان شول.څو نوماندانو په دې ټاکنو کې د خپلواک په ډول برخه اخیستې وو، د دې سره سره چې د سیاسی ډلو سره یې د شناخت او اړیکې درلودې،مسعوده جلال د یواځینې ښځه نوماند په صفت په دې ټاکنو کې برخه اخیستې وو،ټول رایې په لاس وشمیرل شول، د هغو کسانو څخه چې د نوماند په صفت خپل نومونه یې ثبت کړی وو ۷۰٪ یې په ټاکنو کې برخه واخیسته.

درغلې (تقلب)

په ۲۰۰۴ کال ټاکنو کې د حامد کرزي نږدې ۱۵ تنو سیالانو د درغلیو او تېګې خبرې راپورته کړې. اعتراض کوونکو د رایه ورکولو د رنګ پاکېدل او د حامد کرزي په ګټه د پولیسو او بهرنیو ځواکونو لاسوهنه د خپلو اعتراضونو دلیلونه بلل او د ټاکنو د پایلو د تحریم غوښتنه یې وکړه. خو له دې سره سره، د امنیت سازمانونو، د اروپا د همکارۍ شورا او د ټاکنو چارواکو د ټاکنو پر روڼتیا ټینګار وکړ.

د ۲۰۰۴ کال په ټاکنو کې د یونس قانوني، محمد محقق او جنرال دوستم درېدل د دې لپاره وو چې د کرزي پر وړاندې د قومي ډلو استازیتوب وکړي. ښاغلي کرزي په ۲۰۰۶ کال کې په یو تکړه سیاست سره خپل "جهادي" حریفان له دولتي پوستونو لرې کړل، خو وروسته یې د قومي مشرانو او سیمه ییزو قومندانانو سره د اړیکو یوه پېچلې شبکه جوړه کړه. د ۲۰۰۹ کال په ټاکنو کې هغه یو ځل بیا د همدې سیاست له مخې له جنرال دوستم او محمد محقق سره معاملې وکړې، ترڅو د هغوی د ملاتړ په بدل کې ورته دولتي چوکۍ او امتیازات ورکړي.

۲۰۰۶ز: د ناامنیو بیا پیل

له بده مرغه د ۲۰۰۶ میلادي کال په پیل کې د افغانستان د پرمختګ او سوکالۍ د دښمنانو بریدونه بیا پیل شول. هغه ډېر چې تر ځمکې لاندې شوي و، یو ځل بیا یې سر راپورته کړ. زموږ دښمنانو زموږ له غفلت او نفاق څخه استفاده وکړه او افغانان یې یو ځل بیا د یو بل پر وړاندې ودرول. هغوی د جګړې تبر ته لاستی ورواچوه ترڅو زموږ هیلې له منځه یوسي او هېواد د وینو په سیند کې لاهو کړي، چې دا د وینو بهېدل تر نن ورځې په خورا شدت سره دوام لري.

د ۲۰۰۹ کال ولسمشریزې ټاکنې

دا ځل د ټاکنو مسوولیت د افغانانو په لاس کې و. د ټاکنو خپلواک کمیسیون (IEC) چې په ۲۰۰۵ کال کې جوړ شوی و، ۹ غړي لرل. عزیز الله لودین (د حقوقو او اقتصاد ډاکټر) د دې کمیسیون رییس او جنرال ایوب اصیل یې مرستیال و.

د ولسمشرۍ ټاکنې د ۱۳۸۸ کال د زمري (اسد) په ۲۹مه ترسره شوې. په پیل کې د حامد کرزي رایې ۵۵ سلنه اعلان شوې، خو د درغلیو له تورونو او د رایو له بیا شمېرلو وروسته د هغه رایې تر ۵۰ سلنې راټیټې شوې او ټاکنې دویم پړاو ته لاړې. د کرزي سیال، ډاکټر عبدالله عبدالله اعلان وکړ چې د ټاکنو کمیسیون د ناسم چلند او په حکومت کې د اصلاحاتو نه راوستلو په اعتراض کې به په دویم پړاو کې برخه وانخلي. په پایله کې حامد کرزی یو ځل بیا د هېواد ولسمشر اعلان شو.

د ټاکنو پایله او د عبدالله عبدالله انصراف

په نومبر میاشت کې ډاکټر عبدالله اعلان وکړ چې د هغه شرطونه نه دي منل شوي، نو ځکه په دویم پړاو کې برخه نه اخلي. د هغه غوښتنې دا وې:

- د ټاکنو د خپلواک کمیسیون د رییس سمدستي لرې کول.
- د کورنیو چارو، پوهنې، او سرحدونو او قبایلو د وزیرانو د دندو ځنډول.
- د مالیې، اطلاعات او فرهنګ او حج او اوقافو پر وزارتونو نظارت.

عبدالله عبدالله په دې ډول له پیل څخه د ټاکنو پایلې ونه منلې، چې دا کار یې په راتلونکو دوو ټاکنو کې هم تکرار کړ. هغه په غیر معمول ډول د ټاکنو د کمیسیون د رییس د بدلولو غوښتنه کوله؛ دا کټ مټ داسې و لکه د فوټبال د یوې لوبې کپتان چې د لوبې په جریان کې د "ریفري" (لوبځار) د بدلولو غوښتنه وکړي!

څرنګه چې د افغانستان په قانون کې د دویم پړاو د پیل وراندې د یو نوماند د انصراف په اړه روښانه لارښوونه نه وه، او له بلې خوا امنیتي ګواښونه هم خورا زیات وو، نو د ټاکنو کمیسیون د لړم (نومبر) پر ۱۱مه حامد کرزی د اساسي قانون د ۶۱مې مادې پر بنسټ بریالی اعلان کړ. دا ماده وایي چې دویم پړاو یوازې د دوو مخکښو نوماندانو ترمنځ کېدای شي، او کله چې یو ترې تېر شو، لومړی کس بریالی دی.

یو ویشتم جدول: د جمهوری ریاست د ټاکنو نهایي تصدیق شوی پایلې

د نوماند نوم	قومیت	د رایو شمیر	سلونه ٪
میرویس یاسینی	پښتون	۴۷,۵۱۱	۱,۰۰٪
الحاج عبد الغفور (زوری)	پښتون	۹,۲۸۳	۰,۲۰٪
حامد کرزی	پښتون	۲,۲۸۳,۹۰۷	۴۹,۷۰٪

اشرف غنی احمدزی	پښتون	۱۳۵,۱۰٦	۲,۹۰٪
شهنواز تنی	پښتون	۲۹,٦٤۸	۰,٦۰٪
ملا عبد السلام (راکتی)	پښتون	۱۹,۹۹۷	۰,٤۰٪
داکتر حبیب منګل	پښتون	۱۸,۷٤۷	۰,٤۰٪
معتصم بالله مذهبي	پښتون	۱۸,۲٤۸	۰,٤۰٪
محمد سرور احمدزی	پښتون	۱٤,۲۷۳	۰,۳۰٪
الحاج رحیم جان شیرزاد (فی سبیل الله)	پښتون	۷,۱۹۷	۰,۲۰٪
عبدالجبار ثابت	پښتون	٦,۱۹۰	۰,۱۰٪
محمد اکبر (اوریا)	پښتون	۲,۹۹۱	۰,۱۰٪
هدایت امین ارسلأ	پښتون	۲,۳٤٦	۰,۱۰٪
	د پښتنو مجموعه	۲,۵۹۵,٤٤٤	۵٦,٤۰٪
عبد الله عبدالله	تاجک	۱,٤۰٦,۲٤۲	۳۰,٦۰٪
داکتر فروزان (فنا)	تاجک	۲۱,۵۱۲	۰,۵۰٪
عبداللطیف (پدرام)	تاجک	۱۵,٤٦۲	۰,۳۰٪
محبوب الله (کوشانی)	تاجک	۱۰,۲۵۵	۰,۲۰٪
پروفیسور دوکتور غلام فاروق (نجرابی)	تاجک	٤,۵۲۸	۰,۱۰٪
عبدالحسیب (آرین)	تاجک	٤,٤۷۲	۰,۱۰٪
محمد هاشم توفیقی	تاجک	۵,۰٤۳	۰,۱۰٪
بشیر احمد بیژن	تاجک	۲,٤۵۷	۰,۱۰٪
	د تاجکانو مجموعه	۱,٤٦۹,۹۷۱	۳۲,۰۰٪
سید جلال کریم	سادات	۱۳,٤۸۹	۰,۳۰٪

شهلا (عطا)	ازبک	۱۰,٦۸۷	۰,۲۰٪
ذبیح الله غازی نورستانی	نورستانی	٦,۲۸٤	۰,۱۰٪
رمضان بشر دوست	هزاره	٤۸۱,۰۷۲	۱۰,٥۰٪
بسم الله شیر		٤,۸۸۰	۰,۱۰٪
انجنیر معین الدین الفتی		۳,٥۱۸	۰,۱۰٪
گل احمد (یما)	تاجک	۳,۲۲۱	۰,۱۰٪
ملا غلام محمد (ریگی)		۳,۱۸۰	۰,۱۰٪
سنگین محمد (رحمانی)		۲,٤۳٤	۰,۱۰٪
عبدالمجید صمیم		۲,۱۹۸	۰,۰۰٪
ضیأ الحق حافظی		۱,٦۷۹	۰,۰۰٪
	د نورو نامعلومو مجموعه	۲۱,۱۱۰	۰,٥۰٪
د آراوو مجموعه		٤,٥۹۸,۰٥۷	۱۰۰,۰۰٪

سرچینه:د افغانستان د ټاکنو خپلواک کمیسیون

د حامد کرزي په شخصیت کې بدلون او د باور کړکېچ

لکه څنګه چې ډاکټر سپنتا په خپل کتاب **»له دننه څخه روایت «**کې لیکلي دي؛ حامد کرزي د خپلي حکومتولی په وروستیو کلونو کې له یوه «زغم لرونکي انسان» څخه پر یوه «ځان محوره او کمزوري» شخصیت بدل شوی و. په ځانګړې توګه د ۲۰۰۹ کال د ولسمشری ټاکنو له جنجالونو وروسته، کرزی پر امریکا او لوېدیځ دومره بدبینه شوی و، چې د سپنتا په وینا: «تل يې د امریکا له خوا د یوې نوې توطیې تمه لرله«.

دې بدبینی د کرزي پر سیاسي پرېکړو خورا بد اغېز وکړ. هغه داسې انګېرله چې امریکا غواړي د ده د واک موده کمه کړي یا يې په قصدي ډول د خلکو په وړاندې بدنام کړي. همدا لامل و چې نوموړي په خپلو وروستیو کلونو کې له امریکایانو سره د امنیتي تړون (BSA) له لاسلیکولو ډډه وکړه او په خپلو ویناوو کې یې پر لوېدیځوالو توندې نیوکې پیل کړې.

د اشرف غني رياست جمهوری
د محمد اشرف غني ژوندليک او زده کړې

(ليکوال د حبيبيي په ليسه کي د اشرف غني ټولګيوال و او دا ژوندليک د پژواک خبري اژانس له پاڼي څخه اخيستل شوی دی).

محمد اشرف غني د شاه جان احمدزي زوی، د ۱۳۲۸ هجري لمريز کال د ثور په ۲۹مه په کابل کي زېږېدلی دی. لومړنی زده کړې يي په استقلال ليسه او منځنۍ يي په حبيبيه ليسه کي وکړي. د يو کلن پروګرام (AFS) له لاري يي يو کال په امريکا کي هم زده کړې وکړې.

اکاډميک اسناد:

- **ليسانس او ماستري:** د بيروت له امريکايي پوهنتون څخه په سياسي علومو او نړيوالو اړيکو کي.

- **ډاکټري (PhD):** د امريکا د کولمبيا پوهنتون څخه په انترپولوژي (انسان پېژندنه) کي.

- **افتخاري ډاکټري:** په ۲۰۰۷ کال کي د سکرانتن پوهنتون او په ۲۰۰۸ کال کي د کاناډا د ګيلف پوهنتون له خوا ورکړل شوي دي.

اشرف غني له ماشومتوبه د اسلامي زده کړو سره مينه لرله او په ۱۹۸۶-۱۹۸۵ کلونو کي يي د لاهور او کراچي په مدرسو کي د نبوي سيرت په اړه ژوري زده کړي وکړي، چي په وينا يي دا زده کړې ورته خورا ارزښتمني دي. همدارنګه د امريکا د تفټس (Tufts) پوهنتون ورته د "نړيوال وګړي" جايزه ورکړې ده.

دندي او علمي فعاليتونه

اشرف غني په کابل پوهنتون کي د استاد په توګه دنده پيل کړه. وروسته يي د ډنمارک په آروس، د امريکا په برکلي او جانز هاپکنز پوهنتونونو کي تدريس وکړ. نوموړي ۱۰ کاله په نړيوال بانک کي په مهمو ستراتيژيکو پوسټونو کار وکړ، چي د ختيځي او سويلي اسيا په اقتصادي اصلاحاتو کي يي رول درلود.

ليکوالي او څېړنه: هغه په انګليسي ژبه ګڼي مقالې او کتابونه ليکلي دي. يو له مهمو کارونو يي د افغانستان پر ۴۰۰ کلن تاريخ (له ۱۵مي تر ۱۹مي پېړۍ) څېړنه

ده چې ۱۰ کاله یې پرې کار کړی. د هغه مشهور کتاب **»د ناکامو دولتونو سمون «** (Fixing Failed States)په نړیواله کچه خورا مشهور شو.

د ۲۰۰۱ کال بدلون او په دولت کې ونډه

د سپټمبر له ۱۱مې وروسته، اشرف غني له نړیوال بانک څخه رخصتي واخیسته او د کوفي عنان په غوښتنه د شخړو د حل په برخه کې د لخضر ابراهیمي مشاور شو. هغه د بن په کنفرانس کې کلیدي رول درلود او د قدرت د لېږد لپاره یې د دودیزو جرګو پر اهمیت ټینګار وکړ.

- **مالیې وزیر :**په انتقالي دوره کې د مالیې وزیر وټاکل شو. هغه د برلین په کنفرانس کې د افغانستان لپاره د ۸.۲ میلیارده ډالرو مرستې په جلبولو کې بریالی شو، په داسې حال کې چې تمه یوازې یو میلیارد ډالره وه. له همدې امله په ۲۰۰۳ کال کې د **"اسیا د غوره مالیې وزیر "**په توګه وپېژندل شو.
- **اکاډمیک اصلاحات :**په ۲۰۰۴ کال کې یې له وزارت وروسته د کابل پوهنتون د ریاست چارې سمبالې کړې ترڅو په لوړو زده کړو کې اصلاحات راولي.
- **نړیوال کاندیداتوري :**په ۲۰۰۶ کال کې د ملګرو ملتونو د سرمنشي او په ۲۰۰۷ کال کې د نړیوال بانک د مشرۍ لپاره د یو پیاوړي کاندید په توګه یاد شو.
- **د امنیت لېږد :**په ۲۰۱۰ کال کې یې له بهرنیو ځواکونو څخه افغان ځواکونو ته د امنیتي مسوولیتونو د لېږد (انتقال) پروسه په بریالیتوب رهبري کړه.

ولسمشریزې ټاکنې

اشرف غني په ۲۰۰۹ کال کې ولسمشرۍ ته کاندید شو خو بریالی نشو. په ۲۰۱۴ کال کې یې په دویم پړاو کې ۵۵.۲۷ سلنه رایې وګټلې او پر خپل سیال ډاکټر عبدالله عبدالله بریالی شو. که څه هم عبدالله عبدالله د ۲۰۰۹ کال په څېر د درغلیو ادعا وکړه او پایلې یې ونه منلې، خو په پای کې د یوې سیاسي هوکړې له مخې د ملي یووالي حکومت رامنځته شو چې اشرف غني یې د ولسمشر په توګه دندې ته دوام ورکړ.

د ۱۳۹۳ هجری لمریز (۲۰۱۴ میلادی) ولسمشری ټاکنی

ډاکټر اشرف غني احمدزي د ۲۰۱۴ کال په ټاکنو کې د ولسمشرۍ څوکۍ ته د یوه داسې انتخاباتي ټکټ په مشرۍ راغی چې جنرال عبدالرشید دوستم (ازبک) یې د لومړي مرستیال او سرور دانش (هزاره) یې د دویم مرستیال په توګه د ځان سره لرل.

د جنرال دوستم شتون په داسې حال کې چې د جنګي جنایتونو تورونه پرې د سیوري په څېر موجود وو، د ډاکټر غني د ډېری هغو پلویانو د نارضایتۍ لامل شو چې غني ته یې د جنګسالارۍ، مافیایي کړیو او اداري فساد پر وړاندې د مبارزې د یوه سمبول په توګه کتل. د غني دې پرېکړې د هغه پر رونفکره څېره نیوکې زیاتې کړې، خو دا څرګنده وه چې د جنرال دوستم پراخ نفوذ او د هغه «رایو بانک» د اشرف غني پر پرېکړه نېغه اغېزه درلوده. غني په دې پوهېده چې د ټاکنو د ګټلو لپاره د ازبکو قوم د رایو ترلاسه کول یو حیاتي ضرورت دی.

مهم ټکي او تحلیل:

- **سیاسي مصلحت** :اشرف غني په ۲۰۰۹ کال کې یوازې ۳ سلنه رایې اخیستې وې، نو ځکه یې په ۲۰۱۴ کال کې له ایډیالوژیکو اصولو څخه "سیاسي مصلحت" او "قومي مشارکت" ته لومړیتوب ورکړ.
- **ټاکنیز ترکیب** :د غني ټکټ (پښتون، ازبک او هزاره) د دې لپاره و چې یو ملي انځور وړاندې کړي او د شمالي ټلوالې (عبدالله عبدالله) د نفوذ مخه ونیسي.
- **تضاد** :دا په تاریخ کې یو له هغو جالبو ټکو څخه و چې یو نړیوال پوه او د "ناکامو دولتونو" متخصص د یو داسې چا سره ملګری شو چې پخپله یې په خپلو پخوانیو لیکنو کې د هغه پر سیاستونو نیوکې کړې وې.

دوه ویشتم جدول: د ۲۰۱۴ کال د افغانستان د ولسمشرۍ د ټاکنو د اول پړاو پایلې

نوماند	قومیت	د رایو شمیر	سلونه د رایو شمیر
عبدالله عبدالله (۱)	تاجیک	۳۰۹۷۲۷۴	۴۴.۹٪
اشرف غني (۲)	پښتون	۲۱۷۲۹۲۱	۳۱.۵٪
زلمی رسول	پښتون	۷۹۳۲۸۹	۱۱.۵٪
عبدالرب الرسول سیاف	پښتون	۴۸۹۷۶۹	۷.۱٪
قطب الدین هلال	پښتون	۱۸۶۲۵۰	۲.۷٪
محمد شفیق ګل آقا شیرزی	پښتون	۱۱۰۳۷۱	۱.۶٪
داوود سلطان زوی	پښتون	۳۴۴۹۱	۰.۵٪
هدایت امین ارسلا	پښتون	۱۳۷۹۶	۰.۲٪
	د رایو مجموعه	۶۸۹۸۱۶۱	۱۰۰٪
	د تاجیک /هزاره مجموعه	۳۰۹۷۲۷۴	۴۴.۹٪
	د پښتون/ترکتبر مجموعه	۳۸۰۰۸۸۷	۵۵.۱٪

(1) عبدالله عبدالله د هزاره ګانو رایې هم د خپل د دوهم معاوون محمد محقق د کاندید په خاطر خپل کړې

(2) اشرف غني ترکتبرو رایې د افغانستان د خپل د لمړی معاوون د کاندیدیدو په خاطر جنرال رشید دوستم له خاطره خپل کړې

سرچینه: ۱۳۹۳ د ثور ۰۶ – ۲۰۱۴ د اپریل ۲۶ نیټه بی بی سی

عبدالله عبدالله د ۴۴.۹ سلونه رایو په ګټلو او اشرف غنی د ۳۱.۵ سلونه د رایو په ګټلو د تر ټولو مخ ته نوماندان وو چی په دی و نتوانیدل چی ۵۰ + ۱ رایی خپل کړی او په اول پړاوو کې بریالی شی، نو د ټاکنو دوهم پړاوو ته داخل شول.

ټاکنی او د قومی کربنو ښکاره کیدل

د دی سره سره چی عبدالله عبدالله د هیواد د قومی جوړښت په پوهیدو، د ۲۰۰۹ کال د ټاکنو پر خلاف، خپل ځان یی پښتون معرفی کړ[۲]، مګر هغه خپل په سیاسی حیات کښی، په عملي توګه د تاجیکانو د سیاسی او ټولنیزو غوښتنو د محور په مرکز کې ښکاره کیدو.د دی سربیره عبدالله د پښتونو د ټولنی غو د غیر پښتون ټولنو په وړاندې ،د افغانستان دننه او بهر د هیواد څخه د یو تاجیک شخص په شکل پیژندل شوی وو،او د پښتنو ضد پیژندل شوی څهرو ټولنه، لکه مجیب رحیمی، د هغه د ویاند په صفت، لمړی مشاور او همکار هم دغه پیژندګوی ته مشروعیت ورکوی، عبدالله عبدالله یواځینې تاجیکتبر نوماند وو، نور ټول نوماندان د پښتنو د قومونو څخه وو.

د افغانستان د ۲۰۱۴ کال د ولسمشری د ټاکنو پایلی، د رایو د تقسیم بندی له رویه، قومی او نژادی کربښی ښکاره کوی.

1. هغه ولایات چی اکثریت میشت کسان یی **غیر پښتون اقوام** څخه وو، د وردګ د ولایت سره (۲٪ رایی) **عبدالله عبدالله** ته رایه ورکړی وو. لکه څنګه چی لیدل کیږی **ښاغلی محمد محقق** د رایی ورکونکو په جلبولو کې ډاکتر عبدالله ته ډیر مهم رول درلود په داسی حال کې چی د دوهم معاونیت په بست کې وو. د لمړې معاوون د **عبدالله** د کاندید په پرتله چی د هغه لپاره د رایو په ټولولو کښی، ډیر لږ رول ولوبولو. لکه څنګه چی لیدل کیږی محمد محقق حتی د سر پل د خلکو رایی له جنرال دوستم څخه خپل کړ او عبدالله ته یی وګټل. د **پنځه څلویښتو سلونه په رایی عبدالله عبدالله ته ورکړل شوی.**

2. په هغه ولایاتو کې چی اکثریت میشت کسان یی **پښتنو اقوامو** څخه وو، په استثنا د پښتون میشتو ولایاتو څخه لکه قندهار، اکثر رایی ورکونکی **ډاکتر اشرف غنی** ته رایه ورکړ. **د جنرال دوستم د دی سربیره** په دی بریالی شو چی د جورجان او فاریاب ولایات هم اشرف غنی لپاره وګټي (پنځوس سلونه رایی). **یواځی د وردګ پښتنو میشت ساحی له دی جریان څخه مستثنی وی چی د هغه لپاره زه دلیل نلرم.**

---

[۲] د عبدالله عبدالله قومی پیژندنه یو د اختلاف وړمسئلهده. په ټولنیزو رسنیو کې د خپور شوی معلوماتو پر بنسټ، د هغه پنجشیری تاجیک والدین، د ده په وړکتوب کښی،یو له بل څخه په رسمی ډول سره بیل شوی او د هغه مور ورسته بیآ د یو پیژندل شوی قندهاری شخص سره واده وکړ،او عبدالله عبدالله خپل د پښتون پلندر د څارنی لاندې ، ستر شو.

د ښکارو معلوماتو په اساس د دوه دیرشو سلونه په حدودو کې د رایو مجموعه اشرف غنی ته ورکړل شوو.

3. د **قندهار په پښتون میشت ولایت کې** اکثر رایی ورکونکی **ډاکټر زلمی رسول** ته رایی ورکړ چی هغه وتوانید چی **دولس سلونه** مجموعی رایی خپل کړی.

4. محمد شفیق گل آغا شیرزی، ۱.۴ سلونه، مجموعی رایی لاسته راول چی اکثر یی د پښتون میشتو ولایاتو څخه وو.

5. د نورو ولایاتو په پرتله، **د پښتون میشتو ولایاتو کمتره سلونه خلک** شرقی، سویل ی، او سویل غربی کې چی د پاکستان سره همسرحده دی **د طالبانو د تیروریزم له خطره یی په ټاکنو کې برخه وانه خیست**

6. رایی د **پښتنو رای ورکونکو (۴۵ سلونه په مجموعی ډول سره د ازبکانو د پنځه سلونه رایو څخه سربیره او د جوزجان او فاریاب د ترکمنانو د راییو څخه سربیره)** د اشرف غنی، زلمی رسول، گل آغا شیرزی، رسول سیاف او هدایت ارسلا منځ کې تقسیم شوی وو، په داسی حال کې چی **ډاکتر عبدالله ټول هغه رایی چی طمه یی درلود د پښتنو ملیتونو څخه چی په هغه کې تاجیک، هزاره، بدخشی، ایماق، نورستانی، ازبک او ترکمن (په استثنا د جوزجان او فاریاب د پنځه سلونه رایو)،ټول وگټل.**

7. د ریاضی ساده حساب په اساس په دوهم پړاوو کې باید انتظار مو درلود چی اشرف غنی حد اقل ۵۵ سلونه رایی خپل کړی وی. **او هر کله چی په دی وتوانیږی چی د پښتون میشتو ساحاتو میشت کسان د رایی ورکولو لپاره په دوهم پړاوو کې وپاری، د ۶۰ سلونه ډیر** رایو لاسته راوړل د ډاکتر اشرف غنی لخوا، د احتمال څخه لیری خبره نه ده.

د دی واقعیت په پوهیدو، د ډاکتر عبدالله پلویان د دی څخه چی ټاکنی دوهم پړاوو ته تللو، ډیر ناراضی وو. ډاکتر عبدالله په اول پړاوو کې خپل د ټولو پلویانو ممکنه رایی یی تر لاسه کړ. د اته پښتنو نوماندانو د رایو په متمرکز کیدو سره د ټاکنو په دوهم پړاوو کې د ډاکتر اشرف غنی لپاره، بریالیتوب حتمی وو. باید توجه وکړو چی د گل آغا شیرزی او زلمی رسول چی پښتون تبره نوماندان وو، حمایت له ډاکتر عبدالله څخه په اول کښنی،بیآ په دوهم پړاوو کښنی، یواځی په سمبولیک شکل وو،په دی معنی چی پښتون رایی عبدالله ته انتقال کړی.د لمړی پړاوو یو بی طرفه او باخبره تحلیل د یو مبصر لخوا، چی د هیواد د قومی ترکیت په هکله پوه اوسی، په ډیر ساده گی سره د اشرف غنی بریالیتوب د ټاکنو په دوهم پړاوو کې وړاندوینه کولی شی. په اتفاقی ډول سره، دا ډول وړاندوینه په یو مقاله کې د ۲۰۱۴ کال د اپریل په ۲۷ نیټه ما په فیس بوک کې خپور کړ.

ټاکنې او د قومي کرښو څرګندېدل

سره له دې چې ډاکټر عبدالله عبدالله د هېواد د قومي جوړښت په درک کولو سره، د ۲۰۰۹ کال برخلاف دا ځل ځان پښتون معرفي کړ، خو په عملي سیاست کې هغه تل د تاجیکانو د سیاسي او ټولنیزو غوښتنو د محور په توګه پاتې شوی. هغه په کور دننه او بهر د یو تاجیک سیاستوال په توګه پېژندل کېده او د مجیب رحیمي په څېر د پښتنو ضد څېرو شتون د هغه دغه پېژندګلوي نوره هم پیاوړې کوله. عبدالله په دغو ټاکنو کې یوازنی تاجیک‌تبره نوماند و، په داسې حال کې چې نور ټول مهم نوماندان پښتانه وو.

د رایو د وېش شننه (تجزیه):

۱ .**د عبدالله عبدالله نفوذ :**په هغو ولایتونو کې چې غیر پښتانه پکې مېشت وو، عبدالله ډېرې رایې وګټلې. دلته د محمد محقق رول خورا برخلیک ټاکونکی و؛ هغه وتوانېد چې ان په سرپل کې د جنرال دوستم له نفوذ سره سره، د عبدالله لپاره ۴۵ سلنه رایې راټولې کړي.

۲ .**د اشرف غني بریا :**په پښتون‌مېشتو سیمو کې، له قندهار پرته، ډېرې رایې اشرف غني ته لاړې. جنرال دوستم هم وتوانېد چې د جوزجان او فاریاب ازبک او ترکمن مېشتې سیمې (۵۰ سلنه رایې) د غني په ګټه وڅرخوي. یوازې د میدان وردګو په پښتون‌مېشتو سیمو کې عبدالله ته رایې ورکړل شوې وې، چې کره دلیل یې معلوم نه دی.

۳ .**د رایو وېش :**په لومړي پړاو کې د پښتنو رایې د اشرف غني، زلمي رسول، ګل آغا شېرزي او سیاف ترمنځ ووېشل شوې، خو عبدالله د تاجیکانو، هزارګانو، ایماقو او نورستانیانو نږدې ټولې رایې په یوازې ځان ترلاسه کړې.

۴ .**دویم پړاو ته وړاندوینه :**د ریاضي د ساده حساب له مخې، دا وړاندوینه کېدله چې په دویم پړاو کې به د اتو پښتنو نوماندانو رایې پر اشرف غني متمرکزې شي. ما په خپله د ۲۰۱۴ کال د اپرېل په ۲۷مه په فېسبوک کې لیکلي وو چې که پښتانه رایه ورکولو ته وهڅول شي، د غني بریا (نږدې ۶۰ سلنه) حتمي ده.

د دویم پړاو نهایي پایلې

په دویم پړاو کې یو تکنوکرات او اقتصادي متخصص (اشرف غني) د یوه تنظیمي او جهادي مخیني لرونکي نوماند (عبدالله عبدالله) پر وړاندې ودرېد. نوي نسل ته چې له تنظیمي جګړو او مافیایي سیاستونو په تنګ راغلي وو، د غني انتخاب خورا اسانه و.

لکه څنګه چې وړاندوینه شوې وه، اشرف غني د ۵۶.۴٪ رایو په ترلاسه کولو سره د عبدالله (۴۳.۶۰٪) پر وړاندې بریا خپله کړه.

یادونه :د ډاکټر عبدالله د قومي مخینې په اړه ویل کېږي چې هغه د یوې پنجشیرۍ مور او قندهاري پلار (یا پلندر) په کورنۍ کې لوی شوی، خو په سیاسي لحاظ تل د تاجیکو پر محور څرخېدلی دی.

۲۳م جدول: د ۲۰۱۴ کال د ولسمشرۍ ټاکنو د دویم پړاو نهایي پایلې

د رایو سلنه(%)	د ترلاسه شویو رایو شمېر	د ټاکنیز ټکټ مرستیالان	د نوماند نوم
۵۶.۴۴٪	۴,۴۸۵,۸۸۸	جنرال عبدالرشید دوستم او سرور دانش	ډاکټر محمد اشرف غني
۴۳.۵۶٪	۳,۴۶۱,۶۳۹	انجنییر محمد خان او محمد محقق	ډاکټر عبدالله عبدالله
---	۸۳۵,۰۰۰	د تفتیش په پایله کې	تولې باطلې شوې رایې
۱۰۰٪	۷,۹۴۷,۵۲۷	د تفتیش شوو رایو مجموعه	د رایو ټولیزه شمېره

سرچینه:د ټاکنو خپلواک کمیسیون

د کابل رایه او د قدرت پر سر ټکر

په پښتون‌مېشتو سیمو کې د رایو وضعیت ته په کتو، د کابل ولایت یوه روښانه هینداره ده؛ چېرته چې د درغلیو له غوغا پرته د خلکو اصلي انتخاب لیدل کېدی شي. د ټاکنو په دویم پړاو کې، د کابل اکثریت خلکو اشرف غني ته (چې د یوه تکنوکرات او متخصص په توګه پېژندل کېده) د ډاکټر عبدالله پر وړاندې رایه ورکړه. عبدالله د ډېرو په نظر د هغو تنظیمي جګړو او نامشروع جنګسالارانو د میراث استازی و چې کابل یې له ویجاړۍ سره مخ کړی و.

اشرف غني خپله بریا د ملت د رایو پوروړې (مدیون) وګڼله. د هغه په بریا کې د پښتنو د یووالي ترڅنګ، د نورو قومونو د روښنفکرانو ملاتړ او د جنرال دوستم له لارې د ازبکـتېرو رول خورا مهم و. دا خلک په تېرو ۱۳ کلونو کې د ځینو جنګسالارانو له حاکمیت څخه په تنګ راغلي وو او د بدلون په تمه وو.

د مشروعیت کړکېچ او د ملي یووالي حکومت

بل لور ته، عبدالله عبدالله او د جمعیت ګوند پلویانو (لکه عطا محمد نور، محقق، سیاف او اسماعیل خان) خپله هغه سیاسي او اقتصادي ګټه په خطر کې لیده چې په تېرو کلونو کې یې

ترلاسه کړې وه. هغوی د غني بريا ته د "پښتنو د سياسي تفوق" د بېرته راګرځېدو په سترګه کتل او په پيل کې يې د هغه مشروعيت نه منلو.

لکه څنګه چې موږ وليدل، د ټاکنو وروسته مياشتو کې د حامد کرزي د "سازشکارانه" سياستونو له امله دغو ډلو په رسنيو او مدني سرچينو کې پراخه برخه درلوده. هغوی پر ارګ د برید ګواښونه وکړل، د ټاکنو خپلواک کميسيون او ان نړيوال سازمانونه يې تحقير کړل. دا جنجالونه بالاخره د دې لامل شول چې د نړيوال تفتيش وروسته د غني او عبدالله ترمنځ يو **ايتلافي حکومت (ملي يووالي حکومت)** رامنځته شي.

قومي واقعيت او سياسي چلند

افغانستان يو داسې هېواد دی چې په ټولنيز او سياسي لحاظ پر قومي او دوديزو ارزښتونو ولاړ دی. پنځه دېرش کلنې جګړې او بهرنۍ لاسوهنې دا قومي او سمتي اختلافات لا پسې زور کړي دي. په داسې دوديزو ټولنو کې کله چې خلکو ته د انتخاب حق ورکړل شي، هغوی تر ډېره خپل قومي نوماند ته پناه وړي. د ۲۰۱۴ کال پايلو وښودله چې له محدود شمېر روښنفکرانو پرته، پښتنو پښتون ته، تاجيکانو تاجيک ته، هزاره ګانو هزاره ته او ازبکانو ازبک ته رايه ورکړه. ان ډېرى روښنفکران هم له دغه "قومي قيد" څخه خلاص نه شول.

۲۴م جدول: د ۲۰۱۴ ميلادی کال د ټاکنو د دوهم پړاوو د رايو د پايلو قومي تفکيک،

ولايت	مجموعه	اشرف غنی	عبدالله عبدالله
د رايو مجموعه	۷,۵۰۹,۲٤۵	٤,۲۵۸,۷٤۰	۳,۲۵۰,۵۰۵
د پښتون مجموعه	٤۳,۲۰٪	٦۱,۲۰٪	۱۹,٦۰٪
د تاجيک مجموعه	۲۸,٤۰٪	۱۷,۷۰٪	٤۲,۳۰٪
د ترکتبرو مجموعه	۱۳,٦۰٪	۱۲,۷۰٪	۱٤,۹۰٪
د هزاره ګانو مجموعه	۹,٤۰٪	۵,٤۰٪	۱٤,۷۰٪
د نورو قومونو مجموعه	۵,٤۰٪	۳,۱۰٪	۸,۵۰٪

سلونه مجموعه	۱۰۰,۰۰٪	۱۰۰,۰۰٪	۱۰۰,۰۰٪

(د قومیت د جوړښت له رویه چې د ولایاتو د نفوذ پر بنسټ د لیکونکی په واسطه اټکل شوی)

د رایو وېش او قومي قطب بندي

د ټاکنو پایلو په عملي ډول وښودله چې د درغلیو له شورماشور سره سره، د افغانستان خلکو په عمومي توګه د قومیت او نژاد پر بنسټ رایه ورکړې ده. د ارقامو پر بنسټ، د اشرف غني نږدې ۶۱.۲٪ رایې د پښتنو، ۱۷.۷٪ د تاجیکانو، ۱۲.۷٪ د ترکـتبرو او ۵.۴٪ د هزاره ګانو څخه وې. په مقابل کې، د عبدالله عبدالله ۴۲.۳٪ رایې د تاجیکانو، ۱۹.۶٪ د پښتنو، ۱۴.۹٪ د ترکـتبرو او ۱۴.۷٪ د هزاره ګانو وې.

یو مهم ټکی دا دی چې د غني په ملاتړ کې نږدې ۳۹٪ غیر پښتانه شامل وو، په داسې حال کې چې د عبدالله په رایو کې غیر تاجیکان ۵۷٪ وو. دا په دې معنی ده چې عبدالله د محقق (هزاره) ملاتړ ته تر هغه ډېر اړ و، چې غني یې د دوستم (ازبک) ملاتړ ته درلود. دغه حقیقت د غني په راتلونکو پنځو کلونو او د ۲۰۱۹ کال په ټاکنیز ټکټ کې هم په ښکاره ډول لیدل کېده.

شخصیت وژنه او سیاسي تقابل

د ۲۰۱۴ کال په سیالیو کې د ډاکټر عبدالله ټیم د اشرف غني پر برنامو او پالیسیو هېڅ ډول علمي بحث ونه کړ؛ بلکې د هغه پر شخصیت بریدونو ته یې مخه کړه. هغوی غني ته د "کوچي، قومپال، فاشیست او د طالبانو ملاتړي" په څېر لقبونه ورکړل. دا په څپله ښیي چې هغوی دا سیالي یوازې د یو تاجیک او پښتون نوماند ترمنځ جنګ باله.

عبدالله او پلویان یې د هېواد په قومي جوړښت پوهېدل او پوهېدل چې که ټاکنې په رڼه او دیموکراتیکه فضا کې دویم پړاو ته لاړې شي، هغوی یې نه شي ګټلی. له همدې امله د رایو د شمېرلو له پیل سره سم، هغوی د کمیسیونونو د بدنامولو او د نظام د تخریب کمپاین پیل کړ، ترڅو هغه سیاسي قدرت چې په ۲۰۰۱ کال کې (د امین صیقل په وینا) یو اقلیت ته ورکړل شوی و، بېرته د پښتنو اکثریت ته انتقال نه شي.

د جنګسالارانو نفوذ او د درغلیو ادعا

افغانستان د تېرو جګړو له امله د جنګسالارانو د نفوذ په سیمو وېشل شوی دی. په بلخ کې عطا محمد نور، په بدخشان کې د رباني کورنۍ، په هرات کې اسماعیل خان او په پروان، پنجشېر او کاپیسا کې د جمعیت ګوند بشپړ کنټرول درلود. همدارنګه په بامیان او دایکندي کې د محقق پلویانو د "هزارستان" تر نامه لاندې د مرکزي دولت حاکمیت نه منلو. کله چې دغه ډلې په خوست او پکتیا کې پر درغلیو نیوکه کوي، نو څنګه کولی شي په خپلو سیمو کې له ورته درغلیو انکار وکړي؟ نړیوالو مفتشینو په حقیقت کې وموندله چې د درغلیو کچه د هېواد په ټولو لیرې پرتو سیمو کې یو شان وه.

د غني – عبدالله د ملي وحدت حکومت؛ مشروعیت او ننګونې

د ملي وحدت حکومت مشروعیت د یوې سیاسي هوکړې پر ځای، د افغانستان د ملت د رایو محصول و. که څه هم د جان کېري په منځګړیتوب یو سیاسي جوړجاړی وشو، خو دا هېڅ ‌ډول نه دي پکار چې اشرف غني د نړیوال تفتیش وروسته د ٪۵۷ رایو په ګټلو سره قانوني ګټونکی اعلان شوی و. ډاکټر عبدالله ته د اجراییه ریاست ورکول یو اخلاقي او سیاسي امتیاز و چې غني د هېواد د ثبات لپاره ومانه، خو دا د دې معنی نه لري چې د ولسمشر قانوني صلاحیتونه محدود شوي دي.

د اصلاحاتو پر وړاندې خنډونه او د "سقوي" تفکر بیا راژوندي کېدل

د ملي وحدت حکومت له پیله د دوه قطبي کېدو له خطر سره مخ و. د عبدالله ټیم د اصلاحاتو معنی یوازې د خپلو پلویانو (لکه د نظار شورا او جمعیت) په دندو ګومارل ګڼل. هغوی د قانوني حکومتولۍ پر وړاندې د ملېشو او جنګسالارۍ دفاع کوله .دلته باید روښانه شي چې د جمعیت او نظار شورا مافیایي کړی د شریف او روښنفکره تاجیک قوم استازیتوب نه شي کولی، کټ مټ لکه طالبان چې د پښتنو استازي نه دي. دا ډله د "سقوي" تفکر په ترویجولو سره د تمدن او قانون پر وړاندې ولاړه ده او غواړي هېواد بېرته د ملوک الطوایفي دورې ته بوځي.

۲۵م جدول: د ملي وحدت حکومت د دوو قطبونو مقایسوي لیدلوری

د عبدالله عبدالله د محور لیدلوری	د اشرف غني د محور لیدلوری	موضوع
د پراخو درغلیو پایله او یوازې سیاسي هوکړه.	د ملت د پاکو رایو پایله او قاطع بریا.	**د ټاکنو پایلې**
پر "خراسان" د نوم بدلولو تمایل لري.	د "افغانستان" نوم د هېواد نه بېلېدونکی هویت دی.	**د هېواد نوم**
خپل ځان "افغان" نه بولي او دا یوازې د پښتنو معادل ګڼي.	پر "افغان" ملت او د اساسي قانون پر تعریف باور.	**ملي هویت**

د عبدالله عبدالله د محور ليډلورى	د اشرف غني د محور ليډلورى	موضوع
د هېواد پر تاريخي بنسټ ايښودونکو حقارت کوي.	ميرويس خان او احمد شاه ابدالي ملي اتلان دي.	**تاريخي مشران**
د تنظيمي ملېشو او جهادي قوماندانانو د رول ساتل.	د ملي اردو پياوړتيا او د ملېشو (مليشو) ختمول.	**نظامي جوړښت**
له ايراني اصطلاحاتو او کلتور سره نږدېوالى.	د افغان کلتور ساتنه او د پرديو (ايران) له فرهنګي يرغل سره مبارزه.	**بهرنى کلتور**
له طالبانو سره د سولې او واک شريکولو مخالفت.	د اساسي قانون په چوکاټ کې له طالبانو سره سوله.	**سوله**

د توازن رامنځته کول: يوازينى حللاره

د ملي وحدت د حکومت تر ټولو لويه ستونزه د سياسي توازن نشتوالى و. اشرف غني يو تکنوکرات و چې د کوم حزبي سازمان ملاتړ يې نه درلود، خو عبدالله له ۱۳ کلونو راهيسي د مافيايي او رسنيزو شبکو لخوا حمايه کېده. غني د ۵۰-۵۰ حکومت په منلو سره خپل پښتانه ملاتړي له لاسه ورکړل او حکومت يې د عبدالله د ډلې په يرغمل (ګروګان) کې پاتې شو.

د دې لپاره چې افغانستان له اوسنى انارشى وژغورل شي، پښتنو روښنفکرانو او سياستوالو ته په کار ده چې په راتلونکو ټاکنو کې يو متحد جبهه رامنځته کړي. موږ بايد له هر ډول طالباني او سقوي تفکر څخه ليرې پاتې شو او د يو داسې ملي دولت لپاره کار وکړو چې د ټولو قومونو حقوق پکې خوندي وي. ان د ګلبدين حکمتيار په مشرى د اسلامي ګوند راتګ د دولت په داخل کې د توازن د برابرولو لپاره يو ګټور ګام کېدى شي.

د ۲۰۱۹ کال ولسمشرى ټاکنى او د کړکيچ دوام

د افغانستان د ټاکنو خپلواک کميسيون د ۱۳۹۸ کال د دلوې په ۲۹مه (۲۰۲۰ فبروري ۱۸) محمد اشرف غني د ټاکنو ګټونکى اعلان کړ. له بده مرغه، د هغه اصلي سيال عبدالله عبدالله د دې پر ځاى چې د ډيموکراسى د عرف له مخې پايلې ومني، يو ځل بيا يې د "درغليو" ادعا وکړه او د "هر اړخيز حکومت" (حکومت همه‌شمول) د جوړولو اعلان يې وکړ.

د تحليف په ورځ نړى د يوې عجيبه صحنې شاهده وه؛ په ارګ کې اشرف غني د ولسمشر په توګه لوړه کوله او په سپېدار مانۍ کې عبدالله عبدالله د "موازي حکومت" د مشر په توګه د تحليف مراسم نيولي وو. د عبدالله تر څنګ د شمال ټلوالې پخواني

غړي لکه جنرال دوستم او محمد محقق ولاړ وو، چې دا په حقيقت کې د قانون پر وړاندې يو ښکاره بغاوت و.

په سياسي حاکميت کې ستراتيژيک بدلون

د ۲۰۱۹ کال د ټاکنو پايله يوازې د يو کس بريا نه وه، بلکې په سياسي حاکميت کې يو ستراتيژيک بدلون و. دا د نوي روښنفکره نسل بريا وه چې غوښتل يې د قلم او ډيموکراسۍ په مرسته، هېواد د "ميراثي سياسي اشرافيت" او "ټوپکوالۍ" له منګولو وژغوري. هغه ډلې چې د پښتون-ځخه-نفرت (Pashtun-phobia) په مټ يې خپلې مافيايي شتمنۍ خوندي کولې، دا ځل له يو داسې ننګونې سره مخ شوې چې د ولس د پوهاوي پايله وه.

د غني او عبدالله ترمنځ د ۲۰۲۰ کال سياسي هوکړه

بالاخره د ۲۰۲۰ کال د مې په ۱۷مه، د بحران د حل لپاره د اشرف غني او عبدالله ترمنځ سياسي هوکړه لاسليک شوه. که څه هم دا هوکړه د هېواد د ثبات لپاره ګټوره وه، خو د حقوقي او اساسي قانون له نظره پکې لاندې جدي ننګونې موجودې وې:

د هوکړې حقوقي او تخنيکي ستونزې:

۱. **د اساسي قانون خلاف والی:** د "ملي مصالحې عالي شورا" جوړښت او د هغې د پرېکړو "نهايي" ګڼل د اساسي قانون له حکمونو سره په ټکر کې وو. هيڅ ارګان نشي کولی د ولسمشر، پارلمان او سترې محکمې له تاييد پرته داسې صلاحيت ولري. ۲. **د ډيموکراسۍ کمزورتيا:** کله چې حکومتونه د ټاکنو پر ځای د سياسي معاملې په اساس جوړيږي، دا د ولس پر اراده بريد دی او د "باج اخيستنې" نوی او بد دود رامنځته کوي. ۳. **د صلاحيتونو تداخل:** په هوکړه کې راغلي چې د عبدالله عبدالله تقرر د ولسمشر له فرمان پرته د هوکړې په اساس کيږي، چې دا په حقيقت کې د عبدالله لخوا د ځان مقررول وو او په حقوقي لحاظ هيڅ مشروعيت يې نه درلود. ۴. **د ملي ګټو قرباني کول:** اشرف غني د ملي مصالحو په خاطر عبدالله ته "سخاوتمندانه" امتيازات ورکړل (لکه دوستم ته د مارشالۍ رتبه او ٪۵۰ کابينه)، خو دې کار حکومت فلج کړ او د عبدالله ډلې د اصلاحاتو د هر ګام مخه ونيوله.

د "سقوي" بغاوت پايلې

د عبدالله د ډلې ټينګار د ټاکنو د پايلو پر لغوه کولو دا ښودله چې هغوی قانوني پروسو ته هيڅ احترام نه لري. هغوی ويره درلوده چې که يو قانوني او پياوړی حکومت رامنځته شي، نو د تېرو دوو لسيزو د غصب، اختلاس او بشري حقونو د سرغړونو پوښتنه به ترې وشي.

پایله :د افغانستان بقا د قومونو په رښتیني یووالي او د روښنفکرانو ترمنځ په همغږۍ کې ده، نه د جنګسالارانو او مافیایي کړیو په پاللو کې. د ۲۰۲۰ کال هوکړه که څه هم د موقتي ارامۍ لامل شوه، خو د نظام د جوهر د کمزورتیا بنسټ یې کېښود.

په افغانستان کې د جګړې د مذهبي اړخونو اضافه کېدل

۱ .د الزهرا پر جومات برید او د امنیتي ځواکونو مېړانه

د روژې په مبارکه میاشت کې تکفیري ترهګرو هڅه وکړه چې د کابل په لوېدیځ کې د "الزهرا" پر جومات خونړی برید وکړي. د امنیتي ځواکونو او یو مېړني پولیس افسر د هوښیارۍ له امله، بریدګر جومات ته له ننوتلو وړاندې وپېژندل شول. که څه هم په دې پېښه کې د حاجي رمضان حسین‌زاده په څېر یو قومي متنفذ او یو شمېر نور هېوادوال شهیدان شول، خو د ترهګرو اصلي موخه چې په جومات کې دننه د سلګونو لمونځ کوونکو وژل وو، شنډه شوه. داعش د دې برید مسوولیت ومانه.

۲ .د مذهبي جګړې د پیلولو ناکامه هڅه

تکفیري ډلې (وهابیت او داعش) هڅه کوي چې په افغانستان کې د عراق، لبنان او پاکستان په څېر د شیعه او سني ترمنځ مذهبي جګړې پیل کړي. په کابل کې پر سخي زیارت، باقرالعلوم جومات او په هرات او ننګرهار کې پر جوماتونو بریدونه ټول د همدې شومې موخې لپاره ترسره کېږي. دوی غواړي د مذهبي نفاق له لارې د افغانستان ملي وحدت له منځه یوسي.

۳ .د افغانانو مذهبي سوله او پیوستون

لکه څنګه چې په ټولنیزو پاڼو کې یو شیعه هېوادوال (قزلباش) کښلي" *:مور کلونه کلونه د یو بل تر څنګ ژوند کړی او حتی په ټوپیرونو نه پوهېدو "*.افغانستان نه ایران دی چې سني پکې مسجد ونلري او نه سعودي عربستان دی چې شیعه پکې د عبادت حق ونلري. په دې خاوره کې جومات او تکیه‌خانه په یوه کوڅه کې دي او خلک یو د بل په غم او خوښۍ کې شریک دي. دا حقیقت د کابل پولی تخنیک پوهنتون د محصلینو او د هېواد د مذهبي عالمانو په هوښیارانه غبرګون کې په ډاګه شو.

۴ .د ګلبدین حکمتیار راتګ او سیاسي بدلونونه

د حکمتیار له دولت سره د سولې یوځای کېدل په کابل کې د قدرت د وېش پر "خاینانه ۵۰/۵۰ فورمول" (د نظار شورا او ارګ ترمنځ) فشار راوړی دی. ځینې کړی چې په دولت کې دننه دي، لکه صلاح الدین رباني او امرالله صالح، له خپل دولتي مقام څخه د حکومت پر ضد د ګوندي او قومي ګټو لپاره کار اخلي. د جمعیت ګوند لخوا حکومت ته اولتیماتوم او د امنیتي چارواکو د لیرې کولو غوښتنه، د همدې سیاسي کړکېچ یوه برخه ده چې د حکمتیار له حضور سره لا پسې پېچلې شوې ده.

په افغانستان کې د مالي او اداري فساد زیاتېدل

د افغانستان د پراخ فساد په اړه د مهر الدین مشید دا لاندې وینا چې له "آریایي" خپروني اخیستل شوې، د موضوع د پیل لپاره خورا مناسبه ده:

«لویې ستونزې لکه بانکي او مالي فساد، د حقونو تر پښو لاندې کول، قانون ماتونه، د عامه شتمنیو غلا او د دولتي ځمکو غصب زموږ د خلکو ستوني کلک نیولي وو. فاسدو چارواکو او معامله ګرو واکمنو دا ستونزې لا پسې زیاتې کړې، تر دې چې له ولس څخه یې د اعتراض حق هم اخیستی و. هغه مافیا چې د تېرو دریو لسیزو په لړ کې راپورته شوې وه؛ لکه د مخدره موادو، سیاسي واک، اداري فساد، مالي او اقتصادي غلاو او د ځمکو د غصب مافیا، ټولې سره لاس په لاس وې. ان د "تکنوکراتانو" او "بیوروکراتانو" مافیایي کړیو له نړیوالو مافیایي شبکو سره داسې غوړونه جنګولي وو چې د افغانستان تاریخي ارزښتونه یې قرباني کړل. د پرونیو مجاهدینو اخلاص یې په دام کې ګیر کړ او د جهاد لوړ ارزښتونه یې د خپلو شخصي ګټو تر پښو لاندې کړل. اوسنی نسل، که هغه جهادي وي که غیر جهادي، ډېری یې په دې مافیایي جال کې ښکېل شوي دي.»

د نړیوالو بنسټونو د راپورونو له مخې، افغانستان د ۲۰۰۱ کال له نظامي یرغل وروسته د نړۍ یو له خورا فاسدو هېوادونو څخه وپېژندل شو. په تېرو ۱۸ کلونو کې د میلیاردونو ډالرو مرستو او د سلګونو نړیوالو موسسو د شتون سره سره، د منظمو پروژو د نشتوالي، د مرستو د ناسم مدیریت او د روڼتیا (حساب ورکونې) د سیستم د نشتوالي له امله، دا هېواد د فساد په مرکز بدل شو.

مهر الدین مشید زیاتوي چې د توکیو، لندن او پاریس په کنفرانسونو کې له افغانستان سره د ۶۷ میلیاردو ډالرو ژمنه شوې وه، چې له ۴۵ میلیاردو ډالرو زیات هېواد ته راغلل، خو څرګنده نه شوه چې دا پیسې چېرته او په کومو پروژو ولګېدې. د ده په وینا، د مرستو ۸۰ سلنه برخه د کورنیو او بهرنیو مافیایي کړیو او دلالانو جیبونو ته لاړه او ولس لا پسې وږی شو.

د فساد بېلګې او بنسټیز توپیرونه

د فساد او مسوولیت منلو ترمنځ د توپیر په اړه یو ښه مثال د سردار داوود خان د وخت د پلان وزیر، **شهید علي احمد خرم** د کار دوره ده. په ۱۹۷۷ کال کې نوموړي ته وړاندیز وشو چې د پلان وزارت لپاره یو نوی "مرسډیز بنز" موټر واخلي، ځکه زوړ موټر یې شپږ کاله کار کړی و. خو کله چې د مالیې وزیر ورسره مخالفت وکړ، خرم په ډېرې نېکۍ دا موضوع رد کړه او له شخصي واک څخه یې استفاده ونه کړه.

خو برعکس، د ۲۰۱۴-۲۰۰۱ کلونو ترمنځ وضعیت داسې و لکه ډاکټر سپنتا چې په خپل کتاب کې لیکلي: جنرال دوستم چې هغه مهال یې په دولت کې رسمي دنده هم نه درلوده، له حامد کرزي څخه د خپل زوی د فراغت غونډې ته د تګ لپاره د یوې ځانګړې الوتکې غوښتنه وکړه. کرزي نه یوازې الوتکه ورته کرایه کړه، بلکې تر ۸۰ زره ډالرو زیات یې د سفر لګښت هم ورکړ. دا دوه مثالونه د دوو بېلابېلو دورو د مالي اخلاقو ژور توپیر ښیي.

په ملي شورا او لوړو پوړونو کې فساد

عبدالباري جهاني (د اطلاعاتو او کلتور پخوانی وزیر) په خپلو خاطراتو کې د ولسي جرګې د وکیلانو لخوا د رشوت اخیستلو په اړه لیکلي دي. هغه په ډاګه کړه چې د پارلمان لومړي مرستیال، **حاجي ظاهر قدیر** کاندید وزیرانو ته ویلي وو چې له نغدو پیسو پرته د اعتماد رایه اخیستل ناممکن دي. قدیر اعتراف کړی و چې ده په خپله د مرستیالۍ د چوکۍ لپاره ۳۷۰ زره ډالره مصرف کړي او هر کاندید وزیر باید له ۵۰ تر ۱۰۰ زره ډالرو پورې وکیلانو ته ورکړي.

همدارنګه د **کابل بانک** کړکېچ د فساد یو بل ستر مثال و. د "واشنګټن پوسټ" په وینا، د شیرخان فرنود لخوا د کرزي د ورور (محمود کرزي) او د مارشال فهیم د ورور (حسین فهیم) په څېر خلکو ته میلیونونه ډالر پور ورکړل شوی و، ترڅو په دوبۍ کې پرې په "پام جومیرا" کې مجلل کورونه واخلي. فرنود په خپله ویلي وو: «هغه څه چې زه یې کوم شاید ناسم وي، خو دا افغانستان دی؛ دلته هر څه د قانون پر ځای د اړیکو پر بنسټ چلیږي.»

پایله

د نړیوالي روڼتیا سازمان (Transparency International) په ۱۳۹۶ کال کې افغانستان د نړۍ ۱۸۴م فاسد هېواد وباله. که څه هم حامد کرزي لوی فساد په بهرنیو قراردادیانو پورې تړلو، خو داخلي څېړونکي په دې باور دي چې په دولت کې د "شایسته سالارۍ" نشتوالی، قومي او سمتي پالنه، او د مجرمانو لپاره د معافیت کلتور هغه عوامل وو چې فساد یې په یو "زر سرې ښامار" بدل کړ.

نهمه برخه
د سقاوي تفکر قومي سیاستونه او د ایرانی ناسیونالیزم یرغل

د سقاوي تفکر لنډه پېژندنه:

"سقاوي تفکر" په افغانستان کې یو افراطي سکتاریستي جریان دی چې بنسټ یې د تېرې پېړۍ په شپېتیمو کلونو کې د **طاهر بدخشي** لخوا د "قومي ستم" د تیورۍ په چوکاټ کې کېښودل شو. دغه تفکر په بنسټیز ډول د **"افغان** "ملي هویت او د **"افغانستان** "تاریخي موجودیت له منلو انکار کوي. هغوی افغانستان یو "مصنوعي" هیواد بولي او هڅه کوي چې د "افغان" ملي کلمه یوازې یو قوم (پښتنو) ته محدوده کړي، ترڅو په دې پلمه د هیواد ملي وحدت او تاریخي اصالت تر پوښتنې لاندې راولي. نن سبا دغه تفکر د مجیب الرحمن رحیمي او عبداللطیف پدرام په څېر د بدخشي د شاګردانو لخوا، د ایراني ناسیونالیزم په فکري ملاتړ او د "خراسان غوښتنې" تر شعار لاندې، د افغانستان د تجزیې او هویت پلورنې لپاره د یوې وسیلې په توګه کارول کېږي.

بنسټیز تزونه او تحلیلي بحث:

- **لومړی تز؛ د سکتاریزم او ایراني ناسیونالیزم فکري پیوند :**سقاوي تفکر په افغانستان کې یوازې یو تصادفي قومي غبرګون نه دی، بلکې دا جریان په فکري لحاظ د طاهر بدخشي له سکتاریستي نظریاتو څخه سرچینه اخلي. بدخشي د سکتاریزم په رامنځته کولو سره د افغانستان ملي هویت تر پوښتنې لاندې راوست، چې نن یې میراثخور شاګردان د ایراني ناسیونالیزم په وسیله دغه تفرقه اچوونکي افکار نوي کوي. د "افغانیستاني" په څېر د جعلي نومونو ترویج د همدې سکتاریستي پروژې یوه برخه ده.

- **دویم تز؛ د "حایل دولت" د ادعا علمي بطلان :**هغه ادعا چې ګواکې افغانستان د استعمارګرو په لاس جوړ شوی یو "مصنوعي حایل" دی، یو تاریخي درواغ دي. د الفنسټن د سفر (۱۸۰۹م) پر مهال د افغان مقتدر دولت شتون او د انګرېزانو لخوا هغه ته د یو مقتدر ستراتیژیک قدرت په سترګه کتل ثابتوي چې دا دولت د بهرنیو په لاس نه، بلکې د دې خاورې د خلکو د ارادې محصول و.
- **دریم تز؛ د هویت تاریخي لرغونتوب :**د "افغانستان" نوم د نولسمې پېړۍ له ترونونو وړاندې مروج و. د جورج فورسټر (۱۷۸۲م) او ظهیرالدین محمد بابر (۱۵۳۰م) مستندې لیکنې ثابتوي چې دا نوم د استعمار له ظهور څخه پېړۍ وړاندې د دې خاورې په جغرافیه کې جرړې درلودې.
- **څلورم تز؛ د دري ژبې د مالکیت او اصالت مسئله :**ایراني ناسیونالیزم هڅه کوي دري ژبه او زموږ تاریخي عالمان د اوسني ایران محصول وبولي. په حقیقت کې دري زموږ د خاورې (بلخ او خراسان) اصلي ژبه ده. د ایران د "فرهنګستان" لخوا د نویو اصطلاحاتو تپل، زموږ پر کلتوري استقلال باندې د کلتوري یرغل یوه بڼه ده چې سکتاریستي کړۍ ورته دننه په هیواد کې تبلیغات کوي.
- **پنځم تز؛ د "افغان" او "افغانستان" له نامه څخه انکار :**د "افغان" ملي نوم او د "افغانستان" جغرافیې په وړاندې حساسیت پارول د یو واحد ملت د ټوټې کولو هڅه ده. د تاریخ په اوږدو کې د هیواد ټولو لویو مشرانو او قومونو دا نومونه منلي؛ خو نننۍ سکتاریستي کړۍ د ایران په لمسون غواړي دا ګډ ملي پیوند له منځه یوسي.

قومي سیاستونه

په تېرو څو لسیزو کې په افغانستان کې یو ډول افراطي تمایل رامنځته شوی چې د هیواد ملي هویت او تاریخي ویاړونه په نښه کوي. دا تفکر چې ریښه یې په تنګ نظره قومي سیاستونو کې ده، په بشپړ ډول د ایراني ناسیونالیزم له هغو ادعاوو سره همغږی دی چې غواړي افغانستان د ایران یو بېله شوې عضوه او د استعمار زېږنده وبولي.

د بن له هوکړې (۲۰۰۱ز) وروسته، د نظار شورا او جمعیت ډلې وتوانېدې چې د هېواد امنیتي او اقتصادي بنسټونه (دفاع، کورنۍ چارې او بهرنۍ چارې) په انحصاري ډول تر خپل کنټرول لاندې راولي. هغوی د بهرنیو مرستو په مټ "قاروني پانګې" ټولې کړې او د خپلو کورنیو او نږدې کسانو په نومونو یې لوی سوداګریز شرکتونه جوړ کړل.

د "ملي ستم" د تیوری رېښې

په افغانستان کې د "ملي ستم" اصطلاح او نظریه د لومړي ځل لپاره د طاهر بدخشي له خوا مطرح شوه. هغه په ۱۹۶۸ کال کې له "خلق" ډلې جلا شو او د "سازا" په نوم یې یو سازمان جوړ کړ. بدخشي په دې باور و چې په افغانستان کې یوازې طبقاتي ستم نشته، بلکې یو حاکم قوم (پښتانه) پر نورو قومونو "ملي ستم" کوي.

دا نظریه وروسته د ستمي، سکتاریستي او فدرالیزم پلوه ډلو لپاره په یوه سیاسي حربه بدله شوه. دوی له دې لارې هڅه وکړه چې د پښتون قوم پر ضد کرکه خپره کړي او د هیواد د تجزیې یا د واک د غصب لپاره فکري بستر جوړ کړي.

د ادعاوو تحلیل او تاریخي ځواب

د ملي ستم پلویان ادعا کوي چې پښتنو واکمنانو د نورو قومونو حقونه تر پښو لاندې کړي، ځمکې یې غصب کړي او خپله ژبه او هویت یې پر نورو تحمیل کړی دی. خو تاریخي اسناد برعکس حقیقت ښکاره کوي:

- **د واک ویش :**د احمدشاه بابا په دوره کې د هیواد مهم ولایتونه او اداري چارې د مختلفو قومونو په لاس کې وې. (د بېلګې په توګه: درویش علي خان هزاره د هرات والي و).
- **فرهنګي درناوی :**پښتنو واکمنانو تل د فارسي ژبې، نوروز، د شاهنامې لوستلو او حتی د اهل تشیع مذهبي مراسمو (محرم) ته په درناوي کتلي او ملاتړ یې ترې کړی.
- **د مېشتېدو آزادي :**د پښتنو په واکمنۍ کې هر قوم حق درلود چې د افغانستان په هر ګوټ کې ژوند او کار وکړي. خو برعکس، په وروستیو لسیزو کې مو ولیدل چې ځینو ستمي والیانو په شمال کې د پښتنو د سفر او مېشتېدو مخه ونیوله.
- **ملي هویت (افغان) :**د "افغان" کلمه په اساسي قانون کې د ټولو اتباعو لپاره یو ملي هویت (Citizenship) دی، نه قومي تحمیل. لکه څنګه چې د ترکیې هر تبعه ته "ترک" ویل کېږي، د افغانستان هر تبعه ته "افغان" ویل د نړۍ یو منل شوی اصل دی.

له ۱۹۹۲ وروسته د واک غصب او فرهنګي یرغل

په ۱۹۹۲ کال کې د ډاکټر نجیب الله د نظام له نړېدو وروسته، واک د "شمال ټلوالې" یا ستمي فکره ډلو لاس ته ورغی. دا دوره د افغانستان د دولتي بنسټونو د نړېدو،

تنظیمي جګړو او د کابل د ورانېدو پیل و. په ۲۰۰۱ کال کې هم د بن د نامتوازن تړون له امله، واک یو ځل بیا د یوې ځانګړې ډلې (اسلامي جمعیت او نظار شورا) په لاس کې متمرکز شو.

دوی په تېرو شلو کلونو کې نه یوازې د هیواد په مادي شتمنیو (ګمرکونو، کانونو او قراردادونو) خېټه واچوله، بلکې یو "فرهنګي یرغل" یې هم پیل کړ. د ایران په ملاتړ، هڅه وشوه چې د افغانستان ملي سمبولونه، تاریخي ویاړونه او د "دري" ژبې اصطلاحات مسخ کړي او په ایرانی فارسي یې بدل کړي.

پایله: د حل لاره څه ده؟

قومپالنه او د "ملي ستم" په نوم د کرکې خپرول یوازې هیواد د تجزیې او نابودۍ خواته بیایي. افغانستان د ټولو میشتو قومونو ګډ کور دی. د حل لاره په فدرالیزم کې نه ده (چې په اصل کې د سیمه‌ییزو ټوپکمارو او مافیا لپاره د ملوک‌الطوایفي جوړول دي)، بلکې د حل لاره په لاندې ټکو کې ده:

۱. **د قانون حاکمیت او دیموکراسي :**چیرته چې د قوم پر ځای قانون معیار وي.

۲. **ملي هویت ته درناوی :**د "افغان" په نوم د ټولو متحد کېدل.

۳. **د تاریخي حقایقو منل :**د جعلي تاریخ جوړولو او د سقاوي نسل د بیا ژوندي کولو له هڅو لاس اخیستل.

۱ د جمعیت ګوند داخلي پاشلتیا

که څه هم صلاح الدین رباني هڅه کوله جمعیت د ملي وحدت حکومت یو اړخ وښیي، خو حقیقت دا و چې دا هوکړه د غني او عبدالله ترمنځ وه. په ۲۰۱۸ز کال کې د جمعیت قومي او سمتي سیاستونه نور هم بربنډ شول. دا ګوند نن په څو ټوټو وېشل شوی چې هره ټوټه یې د یو "نخبه" په لاس کې ده:

- **عبدالله عبدالله :**د "بدلون او هیلې" په نوم نوی رنګ.
- **امرالله صالح :**د "زرغون بهیر" په نوم د استخباراتي ملاتړ لرونکی خوځښت.
- **عطا محمد نور :**په بلخ کې د یوې ځانګړې "امپراطورۍ" او وسله‌وال ځواک خاوند.
- **احمد ولي مسعود :**د مسعود بنسټ له لارې په تجارتي چارو بوخت.

۲ .له ایدیالوژۍ څخه تر سکتاریزم پورې

اسلامي جمعیت چې یو وخت یو افراطي مذهبي ګوند و، نن یې مذهبي ارزښتونه د سمتي او قومي ګټو قرباني کړي دي. د لطیف پدرام په څېر د سکتاریستي او تجزیه غوښتونکو څېرو اغېز پر دغه ګوند دومره زیات شوی چې د افغانستان ملي سمبولونه (بیرغ، ملي سرود، د هېواد نوم او افغانیت) نه مني. دا ډله د پښتنو د سرتاسري حاکمیت پر وړاندې د "خراسان پالنې" او "مرکز ګریزی" شعارونه ورکوي، چې په حقیقت کې د ایران د کلتوري یرغل یوه برخه ده.

۳ .د "تاجیکیزم" پېژندل شوي عناصر

دلته "تاجیکیزم" یو نوی سیاسي دوکتورین معرفی کیږی چې د نظار شورا او جمعیت لخوا پر لاندې ستنو ولاړ دی:

۱. **قومي برتري :**ځان د هېواد اصلي اوسېدونکي ګڼل او نورو ته د "راغلو" په سترګو کتل.

۲. **د پښتنو تحقییر :**پښتانه له طالبانو سره مساوي ګڼل او د هغوی تاریخ او کلتور ته په سپکه کتل.

۳. **اقتصادي انحصار :** د فساد او دولتي قدرت له لارې د بې‌سره شتمنیو ټولول.

٤. **کړکېچ جوړونه :**د قانون له حاکمیت څخه تېښته او د "ارګ پر لور د یرغل" او "اوباشی" له لارې د امتیازاتو ترلاسه کول.

٥. **تاریخي جعل :** د ملي اتلانو پر ځای د غلو او یاغیانو (لکه حبیب الله کلکاني) ستاینه او د هغوی ننګین تاریخ ته د "سپېڅلي جهاد" رنګ ورکول.

اسلامی جمعیت، د نظار شورا او څلورم سقاوی

۱ د "سقاوي" اصطلاح نوی مفهوم

"سقاوي" په اصل کې هغه خوځښت ته ویل کېږي چې د حبیب الله کلکاني په مشری یې د غازي امان الله خان د مدرن دولت او اصلاحاتو پر وړاندې پاڅون وکړ. دا یو ارتجاعي او د ترقی ضد حرکت و چې د مذهبي افراطیت تر شعار لاندې یې ښوونځي وتړل او هېواد یې بېرته تیاره دورې ته بوتلو .نن د نظار شورا او جمعیت یو شمېر تیوري جوړونکي (لکه رزاق مامون) هڅه کوي دې تورې تاریخي دورې ته "روشنفکري" بڼه ورکړي او هغه د "عدالت غوښتنې" یو سمبول معرفي کړي.

۲ .د سقاوي څلور پړاوونه (د رزاق مامون په وینا):

- **لومړی سقاوي (۱۳۰۸-۱۳۰۷ ل) :**د حبیب الله کلکاني د حاکمیت ۹ میاشتنۍ توره دوره.
- **دویم سقاوي (۱۳۷۵-۱۳۷۱ ل) :**د رباني او مسعود د حاکمیت دوره چې کابل پکې وران شو او هېواد په ملوک الطوائفۍ بدل شو.
- **درېیم سقاوي (۱۳۹۳-۱۳۸۰ ل) :**د طالبانو پر ضد د نظار شورا د مقاومت او بیا قدرت ته د رسېدو دوره.
- **څلورم سقاوي (۱۳۹۳ ل څخه تر ننه) :**په قدرت کې د نظار شورا د نیمایي برخې شتون او د "تاجیکیزم" په نوم د قومي انحصار هڅې.

۳ .د پښتنو "تاریخي زغم" او د نورو تعصب

پښتنو په تېرو ۳۰۰ کلونو کې هېڅکله خپله ژبه پر نورو نه ده تحمیل کړې. برعکس، هغوی دری ژبې ته وده ورکړه، ادرای ژبه یې کړه او حتی په پښتنو سیمو کې یې د سعدي او حافظ اثار تدریس کړل. که پښتانه فاشستان وای، نن به چا په افغانستان کې په دری خبرې نه شوای کولی .خو په تېرو ۲۰ کلونو کې د نظار شورا او متعصبو کړیو لخوا پښتانه په دوامداره توګه بمبار شول، سپکاوی یې وشو او له خپل سیاسي او کلتوري حق څخه محروم وساتل شول.

۴ .د "پښتون دېو" راوېښېدل

که دا وضعیت (د پښتنو سپکاوی او د ملي سمبولونو ماتول) دوام ومومي، نو پښتانه به په یووالي سره یو داسې مشران (لکه طالبان، حکمتیار یا اسماعیل یون) وټاکي چې بیا به د مصلحت ځای "قاطعیت" ونیسي. هغه وخت به متعصبین پوه شي چې "فاشیزم" څه ته وایي او د پښتنو د دیموکراتیکو مشرانو (لکه ظاهر شاه، کرزي او غني) قدر به ورته معلوم شي.

د کړکیچ د حل لاره څنګه وړاندوینه کیږی؟

د اشرف غنی د ریاست جمهوری د پنځه کلن میعاد څخه یوازې دوه کاله پاتی وی او داسی پلان وو چی په راتلونکی کال کې د ملي شورا او د ولسوالیو د شورا ټاکنی وشی. که د سیاسی فضا خرابوالی که جمهور رییس اشرف غنی د اضطراری حالت د اعلانولو په کار اړ کړی د دولت د سیاسی مخالفینو په نفع نه دی.

زه فکر نه کوم چی د اضطراری حالت اعلانول د جمعیت د ګوند لپاره، د نظار شورا، وحدت ګوند، د دوستم اسلامی جنبش او د روشنایی د جنبش لپاره او د دولت د نورو مخالفینو لپاره وی، داچی خلک د موجوده حالت څخه او د سیاست د مانورونو څخه او د تیرپاله سیاست کونکو څخه په تنګ دی او بیرته عادی ژوند ته د راستنیدو هیله کوي د اضطراری حالت د اعلان ښه راغلاست کوی.

د اضطراري حالت په اعلانولو، جمهور رييس اشرف غني به هيڅ هم له لاسه ورنکړي. د رياست جمهوري له اولي ورځې څخه تر نن پورې دی ته فاشيست، ټول غوښتونکي، قومپرست، طالب او داعش ويل شوي او د دی څخه نور بدتره صفت پاتې نه دی چې دوی يې ورته نسبت ورکړی.

د دې په خاطر بايد سياسي وضع تر دې اندازې په مصنوعي توګه وخيم نکړی شي چې جمهور رييس دی ته اړ شي چې نهايي قانوني سلاحيت چې په اختيار کې دی، څخه کار واخلي.

د خلکو د پوهې د کچې د ټيټ والي له کبله د ديموکراسۍ او د مقاماتو د غير ديموکراتيک کړنو څخه په داسې حال کې چې د ديموکراسي چيغي وهي، د ټولنې د ديموکراتيزه کولو په لار کې يو مهم او لوی خنډ همدغه دی. صلاح الدين رباني د بهرنيو چارو د وزارت د مقام د ساتنې سره، د يو نړيوالي ناستې څخه چې د ده خپل وزارت د هغه وړاندې ز يې کړی وو، د برخه اخيستلو څخه دده وکړ. عطا محمد نور په پرله پسې ډول سره مرکزي دولت ته التيماتوم صادروي د ډول ډول پاڅونونو د پيل کولو اخطارونه ورکوي. دوستم د جمهوري رياست لمړی معاوون د لوی څارنوالي پرله پسې غوښتنه د ايشچي په قضيه کې د څيړنې او کتنې په برخه کې په نظر کې و نه نيولو او خپل ځان يې تبعيد کړ.

زه په خپله د مناسبو قانوني ميکانيزمونو چې د اقليتو قومونو متناسب برخه اخيستل د قومي،ټولنيز، مذهبي د دولتي ادارو په چارو کښې، څه په ملي او يا د ولاياتو په سطحه او محلي، سره مخالف نه يم.د مثال په توګه د امريکا په فدرالي رياستي سيستم کښې، جمهور رييس د خلکو د مستقيمو رايو د جمع پر بنسټ نه ټاکل کيږي مګر جمهور رييس په غير مستقيم ډول سره د يو ټاکنيز کالج لخوا ټاکل کيږي. هر يوه برخه د فدرال (آيالت) د ټاکنيز کالج په جوړښت کې يو معيين شمير برخوال لري چې د ايالت د نفوس د سلو سره متناسب نه دی او ارتباط ورسره نه لري. دا د تناسب نه موجوديت چې په ښکاره يو بی عدالتي دی، د دی لپاره دی چې د هغه ايالاتو د حد څخه اضافه برخه وال درلودو څخه مخ نيوی وشي، لکه د کلفورنيا،نيويارک، ساسچوسيت او نور ډير نفوسه ايالات، د جمهوري رياست پر ټاکنو وضع شوی او د دی شرايط يې برابر کړی چې مرکزي کم نفوسه ايالات هم د جمهور رييس په ټاکنه کې رول ولوبولی شي.

د افغانستان په موجوده اساسي قانون کې لازم ميکانيزم د لا ډيرو صلاحيتونو ورکول موجوده ولاياتو ته دی (کولی شو ملکي ادارو زونونه په منطقو کې لکه مرکزي زون، مشرقي،سويل ی،شمالي، قطغن، ترکستان،هرات، هزاره جات يا هزارستان، سيستان، لوی کندهار منځته راشي).راتلونکی لويه جرګه کولی شي د ولايتي او محلي شورا ګانو د ټاکنو سيستم تقويت کړياو د هر ولايت د اعلی وزير مقامونه د ولايتي شوراوو د غړو څخه په نظر کې ونيسی تر څو انکشافي او

اجرايي چارې د محلي نيازمنديو په اساس مخ ته يوړل شي مګر د واليانو مقام بايد د جمهور رييس په صلاحيت کې پاتې شي.

د اساسي قانون د بدليدو يا تعديل په موضوع کې د ؛اجرايي صدر اعظم؛د مقام د منځ ته راړلو په موخه او يا په هغه شکل سره چې يونس قانونو تصريح کړ،د يد ؛پارلماني نظام؛ جوړيدل، بايد په ډير مسولانه ډول سره پرې کار وشي.لازمه ده چې هر ډول اقدام د په دې برخه چې د هغه ميکانيزم په لار چې د اساسي قانون څخه تصريح شوی وی،سرته ورسيږي. دا د ملي وحدت د حکومت دنده ده تر څو يو کميسيون چې د اهل خبر څخه جوړ وی په دې اړوند تعيين کړی دا کميسيون د دې قضيې ټول اړخونه ، موافق او مخالف نظريات او د هغوی پايلې د وڅيړي. دا کميسيون بايد:

اول: د ټولو سياسي احزابو څخه، د مدني ټولنيز سازمانونو څخه، اهل خبره او ملي شخصيتونو څخه غوښتنه وکړی چې خپل وړاندې زونه د په دې اړوند په يو مشخص زماني مقطع کښې،کميسيو ته تشريح کړی.

دوهم:کميسيون د ټول لاسته راغلي وړاندې زونه وڅيړی او جمع بندی د کړی د هغه د مجموع څخه يو څو مشخص امکانات د اساسي قانون په اړوند موادو کې تنظيم کړی او ټول شموله بحث له لاری د يو معيين او محدود زماني مقطع لپاره د مستقيم خبرو اترو د ناستو له لاری په مرکز او په ولاياتو کې او هم د رسنيو له لاری د سرته ورسوی او

دريم:کميسيون د نهايي پايلې د بحثونو او عامه عکس العملونو کوم چې په رسنيو کې خپور شوی جمعبندی کړی او ويې څيړی او د هغو د مجموع څخه يو څو مشخصې بدلونونه په اساسي قانون کې چې ټولنه پری تاکيد او ټينګار کړيدی، تنظيم کړی او د ملي وحدت حکومت ته دی وړاندې کړی.

څلورم: ملي وحدت حکومت د کميسيون د نظرياتو د څيړنی څخه وروسته، د اساسي قانون تعديل، لازمه وړاندې زونه (د متفاوتو مواضيعو وړاندې ز) د د بحث په موخه په لويه جرګه کې تنظيم کړی او لويه جرګه د د بحث او تصميم نيولو په موخه په دې اړوند راوغواړی.

د دې ډول يو ملي تفاهم د پروسې څخه په ملاتړ کولو،کولی شو ملي مسايلو لپاره د حل لاری ومومو.

د بحث وروستی پايله: له قومي تقابل څخه تر ملي ثبات پورې

د پورتني تحليل له مطالعې وروسته، موږ د افغانستان د تېرو دوو لسيزو د سياسي او ټولنيز وضعيت يو داسې تصوير وينو چې په کې د قدرت پر سر جګړه، قومي قطبي کېدل او د ملي هويت د مسخ کولو هڅې تر هر څه زياتې څرګندې دي. د دغه بحث اصلي پايلې په لاندې څلورو ټکو کې لنډيز کوو:

۱ .**د سقاوي تفکر او د نظار شورا میراث** :موږ ولیدل چې څرنګه "سقاوي" له یوې تاریخي ارتجاعي پدیدې څخه په یو عصري سیاسي اوزار بدله شوه. د نظار شورا او جمعیت اسلامي ځیني کړی هڅه کوي چې د افغانستان د ترقی ضد دورې (لومړی سقاوي) ته د "عدالت غوښتني" نوم ورکړي، ترڅو د هېواد په کچه د خپلو تېرو دوو لسیزو (دویم، درېیم او څلورم سقاوي) غیرقانوني شتمنی، فساد او قومي انحصار ته مشروعیت ومومي.

۲ .**د پښتنو د زغم او مدارا پاېلې** :تاریخ دا ثابته کړې چې پښتنو د واکمن قوم په توګه د خپلو دری‌ژبو هېوادوالو کلتور او ژبې ته تر خپلو زیاته وده ورکړې او هېڅکله یې د فاشیزم لاره نه ده خپله کړې. خو له بده مرغه، دا مدارا او د مصلحت غوښتونکي سیاستونه (په ځانګړې توګه د حامد کرزي په دوره کې) د دې سبب شول چې متعصبې کړی پر ارګ او ملي سمبولونو باندې د یرغل جرئت پیدا کړي او د هېواد اکثریت قوم په سیستماتیک ډول سپک او منزوي کړي.

۳ .**د "تاجیکیزم" او سکتاریزم خطر** :د لطیف پدرام او رزاق مامون په څېر څېرو لخوا د "تاجیکیزم" په نوم د نوي افراطي تفکر ترویج، چې د ایران له کلتوري یرغل او د خراسان‌پالني له شعارونو تغذیه کېږي، د افغانستان ملي حاکمیت او ځمکنی بشپړتیا ته یو جدي ګواښ دی. دا جریان نه یوازې د پښتنو ضد دی، بلکې خپله د تاجیک قوم شریف کلتور او عظمت هم د څو چورګرو او مفسدو جنګسالارانو د بقا لپاره قرباني کوي.

۴ .**راتلونکی او د "پښتون دېو" خبرداری** :که چېرې د ملي سمبولونو، تاریخ او هویت سپکاوی په همدې بڼه دوام ومومي، نو د پښتنو سیاسي زغم به پای ته ورسېږي. لکه څنګه چې په لسمه برخه کې اشاره وشوه، دا فشار به په پښتنو کې یو پیاوړی قومي یووالی رامنځته کړي چې په پایله کې به داسې مشران واک ته ورسوي چې د مصلحت پر ځای قاطعیت ته لومړیتوب ورکوي. دا وضعیت به د هغو کسانو لپاره خورا ګران تمام شي چې نن د ډیموکراسی او مصلحت په سیوري کې پر افغانیت ملنډې وهي.

وروستی خبره :افغانستان هغه وخت د ثبات او پرمختګ مخ لیدلی شي چې د **اساسي قانون** او **ملي هویت** په رڼا کې یو ریښتینی او عادلانه نظام رامنځته شي؛ داسې نظام چې په هغه کې هیڅ قوم د بل قوم تر اغېز لاندې نه وي او د "پښتونیزم" او "تاجیکیزم" په څېر افراطي جریانونه د هېواد د ملي یووالي په وړاندې خنډ نه شي. زموږ د ټاټوبي ژغورنه یوازې په **ملي فکر** او د **افغانیت** د ارزښتونو په پاللو کې ده.

افغانستان د ایراني ناسیونالیزم د موخو په لومه کې

۱ د ایراني ناسیونالیزم تاریخي او ایډیولوژیک بنسټونه

فارسي‌محوره ایراني ناسیونالیزم د صفویانو په دوره کې (۱۶مه پېړۍ) د "اثنی عشري شیعه مذهب" پر بنسټ بنه ونیوه. وروسته په ۱۹۳۰م کلونو کې، د رضا خان په زمانه کې د هټلر له "آریایي نژاد" د برترۍ له مفکورې څخه په اغېز، دا ناسیونالیزم خپل اوج ته ورسېد. په ۱۹۳۵م کال کې د هېواد نوم له "فارس" څخه "ایران" ته واوښت او له نړۍ وغوښتل شول چې دا نوی نوم په رسمیت وپېژني. دوی د خپل هویت د جوړولو لپاره له جعلي تاریخي موندنو، لکه د کوروش منشور او د هخامنشیانو د دورې مبالغه امیزه کیسو څخه کار واخیست. حتی د فردوسي "شاهنامه" یې، چې حماسي او کیسې یې تر ډېره د اوسني افغانستان له جغرافیې او خلکو سره تړاو لري، د خپل ناسیونالیزم د یوې تاریخي وسیلې په توګه وکاروله.

۲ د "لوی ایران (Greater Iran) "خیالي ارمانونه

ایراني ناسیونالیزم پر یوې داسې جغرافیې باور لري چې له ترکیې او دجلې پیل او تر سیند سیند (پاکستان) پورې غځېږي. دوی په دې باور دي چې دغه "لوی ایران" د استعمار له خوا ټوټې شوی دی. له همدې امله، دوی د هوتکیانو (شاه محمود او شاه اشرف هوتکي) حاکمیت یو "اشغال" بولي او نادر افشار خپل ملي قهرمان ګڼي. دوی د "آریانا" له نوم سره، چې د افغانستان لرغونی نوم دی، مخالفت کوي او غواړي دا ټوله سیمه د ایران د فرهنګي او سیاسي هژمونۍ تر سیورې لاندې راولي.

۳ په افغانستان کې د ایران کلتوري یرغل

ایران په تېرو ۱۸ کلونو کې په افغانستان کې پر مېډیا، تلویزیونونو، خپرندویو ټولنو او ټولنیزو رسنیو میلیونونه ډالر لګولي دي. د دوی اصلي هدفونه دا دي:

- د افغانستان د "خپلواک کلتور" او حنفي مذهب د نفوذ کمول.
- د افغانستان د تاریخ بېرته لیکل د ایراني-فارسي شوونیزم پر بنسټ.
- د افغانستان د نوم بدلول پر "خراسان" (چې کمپاین یې لطیف پدرام او نورو کړیو پیل کړی).
- د ایران د "فارسي لهجې او لغتونو" ترویج او د هېواد د ملي او اداري اصطلاحاتو له منځه وړل.

۴ "زه افغان نیم"؛ د هویت د مسخ کولو پروژه

د "زه افغان نیم" شعار او د افغان له ملیت سره مخالفت، د ایران د همدې کلتوري جګړې برخه ده. دوی هڅه کوي چې پښتانه د "بې فرهنګه" او "طالب" په نومونو وټکوي او د نورو قومونو مشران "خودمختارۍ" ته وهڅوي. په داسې حال کې چې

جنتیکي څېړني (لکه د ډاکټر مازیار څېړنه، ۲۰۱۲) ثابتوي چې د افغانستان تاجیکان له پښتنو سره ډېر نږدې مشابهت لري، نه د اوسني ایران له خلکو سره.

۵ د استعمار پلمه او د تاریخي حقایقو پټول

ایرانپالي کړی ادعا کوي چې افغانستان د انګرېزانو او روسانو د سیالۍ له امله د یو "حایل (Buffer State) "په توګه جوړ شوی، خو دوی دا هېروي چې احمد شاه بابا په ۱۷۴۷م کال کې داسې مهال د افغانستان دولت بنسټ کېښود چې لا په هند کې د انګرېزانو استعمار بشپړ شوی نه و. دوی د میرویس نیکه، احمد شاه بابا او امان الله خان غوندې ملي شخصیتونو سپکاوی کوي ترڅو د هېواد تاریخي ستنې ونړوي.

لنډیز

پورته دوه برخې په افغانستان کې د هویت، تاریخ او سیاست په محور کې د روانو کلتوري او ایدیولوژیکو جګړو یو جدي او منتقدانه تحلیل وړاندې کوي. په لومړۍ برخه کې د "سقاوي" پدیده له یوې ارتجاعي تاریخي دورې څخه د نظار شورا او مذهبي کړیو په لاس په یوې نوې سیاسي وسیلې بدلېدل څېړي. په دویمه برخه کې، د ایران د "لوی ناسیونالیزم" اغېزې او د هغوی له خوا د افغانستان پر خپلواک هویت، ملي اصطلاحاتو او تاریخي حقایقو باندې کلتوري یرغل تر بحث لاندې نیول شوی دی.

د کره شواهدو او تاریخي بېلګو په وړاندې کولو سره ثابت شو چې په افغانستان کې د قومي او مذهبي تفرقه اچونې هڅې (لکه د الزهرا جومات پېښه) د صهیونیزم او تکفیري کړیو شومې موخې دي چې د افغانانو په "ملي بصیرت" سره شنډې شوې دي. په پای کې، لیکوال خبرداری ورکوي چې د پښتنو د تاریخي شخصیتونو سپکاوی او د ملي سمبولونو مسخ کول به د پښتنو سیاسي زغم پای ته ورسوي او په هېواد کې به د یو قاطع او واحد ځواک د رامنځته کېدو لامل شي، چې بیا به د مصلحت ځای "حقیقت" نیسي.

د ملي هویت مسخ کول او د "افغانستاني" اصطلاح نقد

۱ .د ملي او قومي هویت ترمنځ توپیر

دا ادعا چې د افغانستان د نورو قومونو هویت په "پښتون" هویت کې مدغم شوی، یو ناسم او تبلیغاتي بحث دی. په افغانستان کې د تابعیت په تذکرو کې تل د هر وګړي قومي هویت (تاجیک، هزاره، اوزبیک، پښتون او نور) په روښانه توګه ذکر شوی دی. "افغان" زموږ ملي هویت یا تابعیت (Citizenship) دی، لکه څنګه چې د ترکیې تبعه ته "ترک" او د روسیې تبعه ته "روس" ویل کېږي. دا یو نړیوال

منل شوی اصل دی او هيڅوک نشي کولی له خپل زيږونځای او ملي هويت څخه انکار وکړي.

۲ .د "افغانستاني" اصطلاح او کلتوري يرغل

د "افغانستاني" اصطلاح، چې په دې وروستيو کې د ايران څخه د ځينو اغېزمنو شويو کړيو لخوا کارول کېږي، يوه نامانوسه او د ژبني قواعدو خلاف کلمه ده. دا اصطلاح د لومړي ځل لپاره د "چنګيز پهلوان" په نوم يو ايراني ليکوال کارولې ده .لکه څنګه چې سيف الله فاضل تحليل کړې:

- **افغان :**يو اسم دی چې پر شخص او ملت دلالت کوي.
- **افغانستاني :**د (ي نسبتي) په زياتولو سره دا کلمه "ځيزونو" ته منسوببېږي، نه اشخاصو ته. په حقيقت کې، دا اصطلاح کاروونکي په غير شعوري ډول ځان "مهاجر" او له دغې خاورې "بهرنی" بولي چې غواړي يوازې له جغرافيې سره خپل تړاو وښيي، نه له ملت سره.

۳ .د "افغان" کلمې تاريخي لرغونتوب

د "افغان" نوم په تاريخي سرچينو کې زرګونه کاله مخينه لري. محقق جلال بياني يادونه کوي چې دا نوم په معتبرو کتابونو لکه *الکامل (ابن اثير)*، *تاريخ بيهقي*، *حدود العالم* او د *ابن بطوطه په سفرنامه* کې په کراتو راغلی دی. دا په داسې حال کې ده چې په دغو سرچينو کې د اوسني "ايران" په نوم د کوم هېواد يادونه نشته. د ابدالي امپراطورۍ له جوړېدو وروسته، د "افغانستان" نوم په تدريجي ډول د هغو ټولو سيمو لپاره وکارول شو چې اوسېدونکي يې افغانان وو.

۴ .د افغانستان او ايران د سياسي جوړښت پرتله

که افغانستان له ايران سره پرتله کړو، په تېرو ۳۰۰ کلونو کې په ايران کې هرې نوې کورنۍ (صفويان، افشاريان، قاجاريان) پخوانۍ واکمنې کورنۍ له تېغه تېرې کړې دي او غير فارسي هويتونه يې په شدت ځپلي دي. خو په افغانستان کې، سره له دې چې پښتانه په واک کې وو، "دري" ژبه د ټولو قومونو د نږدېوالي او اداري ژبې په توګه پاتې شوه او "پښتو" هيڅکله پر چا په زور ونه تپل شوه.

۵ .د تاريخ د بېرته ليکلو ناکامه هڅې

ايراني ناسيوناليستان او په هېواد کې دننه د هغوی پلويان هڅه کوي افغانستان د ۱۹مې پېړۍ د استعماري لوبو محصول وبولي. دوی د ۱۸۵۷ کال د پاريس معاهده د افغانستان د پيل ټکی بولي، خو حقيقت دا دی چې له دغې معاهدې ۱۱۰ کاله وړاندې (۱۷۴۷م) احمد شاه بابا يو خپلواک دولت جوړ کړی و. هغه مهال لا په هند کې د انګرېزانو استعمار بشپړ شوی نه و. دوی غواړي د ميرويس نيکه او احمد

شاه بابا په څېر ملي اتلان له پامه وغورځوي، ترڅو زموږ د هېواد تاريخي اعتبار تر پوښتنې لاندې راولي.

د استعمار د پلمې ردول او د افغان دولت تاريخي ريښتينولي

۱ .د مجيب الرحمن رحيمي د ادعاوو نقد

مجيب الرحمن رحيمي او ځيني نور کړی ادعا کوي چې افغانستان د انګلستان او روسيې ترمنځ د يو "حايل دولت" په توګه د استعمار لخوا رامنځته شوی. خو تاريخي حقايق ښيي چې د الفنستين د سفر (۱۸۰۹م) پر مهال، روسيې لا تر اوسه پر منځنۍ اسيا تېری نه و کړی. په هغه وخت کې د انګلستان اصلي سيال فرانسه وه، نه روسيه. الفنستين کابل ته د يو مقتدر پاچا (شاه شجاع) دربار ته د دې لپاره تللی و چې د فرانسې د احتمالي حملې پر وړاندې د افغان دولت ملاتړ ترلاسه کړي.

۲ .د الفنستين د کتاب ريښتينی پيغام

رحيمي يوازې د کتاب سرليک (د کابل پاچاهۍ ګزارش...) ته ګوري، خو د کتاب په دننه کې الفنستين په کراتو د **"افغانستان "**نوم د سيندونو، غرونو او نفوس لپاره کارولی دی. دا کتاب چې په ۱۸۴۲م کال کې چاپ شوی، يو انتروپولوژيکي او علمي اثر دی. الفنستين په دې کتاب کې نه يوازې پښتانه، بلکې د افغانستان تاجيکان، هزاره ګان او اوزبيکان هم په تفصيل سره معرفي کړي دي. هغه په ډاګه کوي چې دا يو پراخ هيواد دی چې له کشميره تر هراته او له آمو تر عمان سمندره غځېدلی دی.

۳ .له الفنستين وړاندې د "افغانستان" نوم

د رحيمي دا ادعا چې الفنستين د لومړي ځل لپاره دا نوم کارولی، ناسمه ده. تر ده ۲۶ کاله وړاندې (۱۷۸۲م)، **جورج فورستر** کابل او کندهار ته سفر کړی و او په خپله سفرنامه کې يې په صراحت سره دا سيمه "افغانستان" بللې ده. تر دې لا وړاندې، ظهيرالدين محمد بابر په ۱۵۳۰م کال کې په خپلو خاطراتو) **بابرنامه** (کې د کابل سويل ته پرتې سيمې د افغانستان په نوم يادې کړې دي. دا ټول شواهد ښيي چې دا نوم د انګرېزانو اختراع نه، بلکې يو تاريخي حقيقت و.

۴ .د "حايل" موقف او د سيمې پاچاهۍ

دا سمه ده چې په ۱۹مه پېړۍ کې د افغان دولت د کمزورتيا او د روسيې او انګليس د پرمختګ له امله افغانستان د يو حايل (Buffer State) جغرافيوي موقعيت غوره کړ، خو دا پدې معنی نه ده چې هيواد پخپله استعمار جوړ کړی. انګرېزانو د وخت افغان دولت د خپل نفوذ لپاره يو جدي خطر باله. حتی د هند مهاراجاګانو له افغان پاچاهانو (لکه زمان شاه) څخه غوښتل چې پر هند بريد وکړي او دوی له انګرېزي استعمار څخه وژغوري.

۵ .پایله: له تاریخي هویت څخه تر نني نفاق پورې

هغه کسان چې د افغانستان تاریخي هویت تر پوښتنې لاندې راولي، په حقیقت کې د ایراني ناسیونالیزم په ژرنده اوبه اچوي. دوی غواړي د "خراسان" او نورو نومونو په پلمه د افغانستان ملي وحدت له منځه یوسي. خو تاریخ ثابتوي چې افغانستان د خپل مقتدر تاریخ او بومي دولتونو په درلودلو سره، د سیمې یو له پخوانیو او با عزته هویتونو څخه دی.

د تاریخي هویت غلا او د ایران کلتوري یرغل

۱ .د "لوی ایران" د افساني ماتېدل

په دې وروستیو کې د ایران دولت هڅه کوي پاچاهان له خپلو تاریخي کتابونو وباسي. دلیل یې دا دی چې د ایران په تاریخ کې ثبت شوې سلسلې لکه غزنویان، غوریان، سلجوقیان، تیموریان او خوارزمشاهیان د اوسني ایران په جغرافیه پورې تړاو نه لري. د دې سلسلو مرکزونه بلخ، غزني، هرات او سمرقند وو. که د ایران له تاریخ څخه زموږ دا مېراثونه وویستل شي، هغوی ته یوازې "حافظ او سعدي" پاتې کېږي. حتی نادر شاه افشار هم د اوسني اوزبیکستان په ابیورد کې زیږېدلی و.

۲ .د "افغان" او "ایران" د نومونو تاریخي حقیقت

تر ۱۹۳۲م کال پورې د نننی ایران نوم په نړیواله کچه "فارس (Persia) "و. رضا شاه پهلوي د هټلر له نژادي تیوریو څخه په اغېزمن کېدو سره د "آریایي" نژاد د ثابتولو لپاره د خپل هیواد نوم "ایران" ته بدل کړ. خو برعکس، "افغانستان" یو داسې نوم دی چې سلګونه کاله وړاندې په "بابرنامه" او نورو معتبرو سرچینو کې د همدې خاورې لپاره کارول شوی دی.

۳ .د "دري" ژبې په اړه حقایق: ایا دا ایراني ژبه ده؟

ډېری ایراني پوهان (لکه محمد حیدري ملایري) په دې اعتراف کوي چې د اوسني ایران خلکو په ساساني دوره کې په "پهلوي" ژبه خبرې کولې. کله چې عربانو پر فارس برید وکړ، هغوی پهلوي ژبه له منځه یووړه. د اوسني ایران خلکو وروسته د بلخ، خراسان او ماورالنهر د خلکو ژبه) **دري** (قبوله کړه او نوم یې ورباندې "فارسي" کېښود.

- **دري** :د بلخ، تخارستان او خراسان د خلکو اصلي ژبه ده.
- **فارسي** :یو مستعار نوم دی چې وروسته په دې ژبه اېښودل شوی دی .په حقیقت کې، زموږ "دري" د اوسنی ایراني فارسي مور ده، نه برعکس.

۴ .د لغاتو په جوړولو کې کلتوري یرغل

د ایران "فرهنګستان" هڅه کوي چې د افغانستان په دري ژبه کې خپل جوړ شوي لغات (لکه: رایانه د کمپیوټر پر ځای، تارنما د انټرنیټ پر ځای) داخل کړي. دا یو شعوري هڅه ده چې زموږ ځوان نسل له نړیوالو اصطلاحاتو لرې وساتي او د ایران په کلتوري جغرافیه کې یې مدغم کړي. د افغانستان مروجه دري ژبه زموږ د ملي هویت برخه ده او د هغې په ځای د ایراني اصطلاحاتو کارول یو "ملي خیانت" دی.

۵ .فردوسي او شاهنامه: د هویت جوړونې وسیله

فردوسي یو کیسه لیکونکی (داستان سرا) و، نه تاریخ لیکونکی. د هغه "ایران" یو افسانوي هیواد دی چې جغرافیه یې له نیل څخه تر جیحون پورې وه. ایراني ناسیونالیزم د فردوسي له افسانو څخه د یو جعلي تاریخ د جوړولو لپاره کار اخلي، په داسې حال کې چې د شاهنامې ډېرې کیسې په غزني او سیستان کې رامنځته شوې دي.

پایله

د ملي هویت ساتنه او د تاریخي حقایقو اعاده

د پورتنی برخی په پای کې، د تاریخي اسنادو او سیاسي تحلیلونو په رڼا کې لاندې بنسټیزې پایلې تر لاسه کېږي:

۱ **د افغانستان تاریخي اصالت** : افغانستان د استعمار د پېر محصول نه دی، بلکې د زرګونو کلونو کلتوري مېراث او د مقتدرو امپراتوریو وارث دی. د "افغانستان" نوم او جغرافیه د انګرېزانو له راتګ څخه پېړۍ وړاندې د سیمې په کلسیکو اثارو او سفرنامو کې ثبت وه.

۲ **د "افغان" ملي هویت** :د "افغان" کلمه زموږ د ټولو قومونو ګډ ملي هویت (Citizenship)دی. هغه هڅې چې دا نوم یوازې یو قوم ته محدودوي، د هیواد د دښمنانو یوه شعوري هڅه ده ترڅو زموږ ملي وحدت د ژبني او قومي تعصبونو قرباني کړي.

۳ **د سکتاریزم ماته** :د طاهر بدخشي له سکتاریستي افکارو نیولې تر ننني سقاوي تفکر پورې، ټولې هغه تیورۍ چې د "قومي ستم" تر نامه لاندې خپرېږي، د افغانستان د تجزیې او د پردیو (په ځانګړي ډول د ایراني ناسیونالیزم) د ګټو لپاره کارول کېږي. دا اثر ثابتوي چې زموږ قومونه یو له بل سره نښلې مزی لري، نه بېلوونکی.

۴ **کلتوري او ژبنی استقلال** :زموږ دري ژبه د بلخ او خراسان اصلي مېراث دی. موږ باید خپله ژبه د ایران له فرهنګي یرغل څخه وژغورو. د پردیو لغاتو او اصطلاحاتو تېل زموږ د کلتوري مسخ کېدو لومړی ګام دی.

۵ **راتلونکی لیدلوری** :د افغانستان د بقا او سوکالۍ یوازینۍ لاره په ملي هویت باندې اعتراف، د تاریخ له مسخ کېدو څخه مخنیوی او د یو داسې نظام رامنځته کول دي چې د هیواد ټول وګړي د "افغان" تر نامه لاندې خپل ځانونه په کې شریک وګوري.

د دې بحث مهمې پایلې:

- **د هویت ریښتینولي** :د "افغان" کلمه زموږ د ټولو وګړو (پښتنو، تاجیکانو، هزاره ګانو، اوزبیکانو او نورو) د ګډ ملي هویت او تابعیت سمبول دی. د دې کلمې په وړاندې حساسیت ښودل یا د "افغانستانی" په څېر د نامانوسو اصطلاحاتو کارول، یوازې د هیواد د دښمنانو او کلتوري یرغلګرو موخې پوره کوي.
- **تاریخي اصالت** :تاریخي سرچینې ثابتوي چې د افغانستان دولت او هویت د ۱۸ او ۱۹ پېړۍ د استعماري لوبو محصول نه دی، بلکې زموږ هیواد د "لويي لوبې" له پیل څخه ډېر وړاندې د یو خپلواک او مقتدر سیاسي واحد په توګه شتون درلود.
- **د کلتوري غلا مخنیوی** :د "دري" ژبه د افغانستان د خلکو اصلي مېراث او د بلخ او خراسان محصول دی. موږ باید اجازه ورنکړو چې زموږ دغه مېراث د بل هیواد په نوم کړي او یا زموږ پر اصیلو کلمو باندې پردي اصطلاحات وتپي.
- **ملي وحدت** :د افغانستان د دښمنانو هڅه دا ده چې د تاریخ په مسخ کولو او د قومي تفرقې په اچولو سره زموږ ملي ثبات کمزوری کړي. خو تاریخ ښودلې چې افغانان د پردیو په وړاندې تل یو موټی پاتې شوي او د خپل "ګډ کور" دفاع یې کړې ده.

په پای کې، دا د هر افغان مسؤلیت دی چې د خپل تاریخي هویت او ملي ارزښتونو ساتنه وکړي. موږ باید په دې پوه شو چې زموږ د ټولو بقا او عزت په یو قوي، خپلواک او متحد افغانستان کې دی. د پردیو له خوا جوړ شوي کلتوري او ژبني جنګونه یوازې هغه مهال ماتې خوري چې موږ په خپل تاریخي بصیرت او ملي یووالي باندې تکیه وکړو.

مهم مآخذونه

۱ .**الفنستین، مونټ سټوارټ**؛ *د کابل د سلطنت ګزارش*)۱۸۱۵/۱۸۴۲ لندن .(
۲ .**فورسټر، جورج**؛ *له بنګال څخه تر انګلستان پورې سفرنامه*)۱۷۹۸ لندن .(

۳ .**محمود، محمود**؛ *د ایران او انګلیس د سیاسي اړیکو تاریخ په ۱۹ مه پېړۍ کې*)تهران .(۴ .**بابر، ظهیرالدین محمد**؛ *بابرنامه*)۱۵۳۰م .(۵ .**فاضل، سیف الله**؛ د *هویت او ژبې په اړه څېړنیزې مقالې* .۶ .**پور داود، ابراهیم**؛ *د دري او پهلوي ژبې تاریخي څېړنې* (د تهران پوهنتون.۲۰۰۹

لسمه برخه
په هیواد کې د سیاسی بی ثباتی جرړی

د ۱۳۵۲ کال د چنګاښ (سرطان) د ۲۶مې نېټې پوځې کودتا د هیواد په معاصر تاریخ کې یو بنسټیز او ټاکونکی تکی ګڼل کېږي. د دغې کودتا له لارې په افغانستان کې مشروطه شاهي نظام او د اساسي قانون حاکمیت له منځه لاړ او ځای یې د سردار محمد داوود خان په مشری یو مطلق العنانه جمهوري دولت ونیوه. د داوود خان د جمهوریت پنځه کلنه دوره، که څه هم د سیاسي آزادیو د ځپلو دوران و، خو د امنیت، ثبات او اقتصادي بنسټونو د اېښودلو له پلوه یو "طلایي دوران" بلل کېدای شي. په تاسف سره چې دغه ارامي د "طوفان دمخه سکوت" و؛ د داوود خان لخوا د داخلي مخالفو ځواکونو د خطر نه درک کول د دې لامل شول چې د ۱۳۵۷ کال د ثور کودتا په ډېره اسانی د هیواد سیاسي او تولنیز نظام ونړوي او هیواد د شوروي اتحاد په څېر د یو حزبي او طبقاني استبداد کندې ته وغورځوي. له هماغه وخته د افغانستان سیاسي ثبات پاشل شوی او دا کړکېچ تر نن ورځې (چې له ۴۲ کلونو زیات وخت تېرېږي) دوام لري.

د افغانستان د دولت په اړه دوه متضاد لیدلوري

د هیواد په اوسنی سیاسي فضا کې د افغانستان د دولت د وجود او هویت په اړه دوه جلا لیدلوري شتون لري:

۱ .**ملي لیدلوری**: دا هغه لیدلوری دی چې د افغانستان په ټولو اساسي قوانینو کې منعکس شوی او پر بنسټ یې د هیواد هیڅ قوم پر بل برتري نه لري او ټول د "افغان" تر نامه لاندې مساوي حقوق لري.

۲ .**سکتاریستي لیدلوری (د نظار شورا او ملګرو لیدلوری)**: په دې لیدلوري کې یو شمېر تاجک‌تباره پرچمیان او افراطي سکتاریستان شامل دي، چې د هیواد ملي هویت، تاریخي اصالت او د قومونو مساوات تر پوښتنې لاندې راولي. هغوی په شعوري ډول د "افغانستان" نوم نه مني، ځانونه د "لوی ایران" برخه بولي او د "خراسان غوښتني" په نوم د هیواد د تجزیې خوبونهویني.

د پښتون کلتور په اړه د احمد شاه مسعود او سکتاریستانو قضاوت

احمد شاه مسعود یو وخت خپلو پلویانو ته په وینا کې پښتانه یو "بې‌فرهنګه او له تمدنه لرې" قوم بللی و. په همدې تسلسل، نن سبا د هغه شاګردان لکه جاوید کوهستاني، مجیب الرحمن رحیمي او لطیف پدرام په ښکاره د پښتنو د اکثریت له شتون څخه انکار کوي.

خو که موږ تاریخي او کلتوري واقعیتونه وڅیړو، پوښتنه دا ده :**ایا رښتیا هم پښتانه بې‌فرهنګه دي؟** د برتره فرهنګ نښې په څه کې دي؟ که د کرنې سیستم، هنري خلاقیت او ټولنیزو اړیکو ته وګورو، د ننګرهار، کندهار او هلمند کلتوري او اقتصادي ظرفیتونه تر پروان، بدخشان او پنجشیر کم نه، بلکې په ډېرو مواردو کې مخکښ دي. نامتو ختیځپوه **اولیور روی** په خپل کتاب (اسلام او په افغانستان کې مقاومت) کې د پښتنو مدني کوډ یا **"پښتونولي "**یو دیموکراتیک سیستم بللی چې د جرګو پر بنسټ ولاړ دی. هغه لیکي چې په غیر پښتون ټولنو کې (لکه هزاره‌جات) د ملا او مذهبي مشرانو مطلقه زورواکي واکمنه ده، خو په پښتونولي کې ملا یو مشورتي رول لري او پرېکړې د ولس لخوا په جرګو کې کېږي.

د نظار شورا او سکتاریزم تخریبي رول

سکتاریستي کړی د **طاهر بدخشي** د "قومي ستم" تر اغېز لاندې د افغانستان د نظامي او اداري بنسټونو د نړولو هڅه کوي. د هغوی اصلي هدف د ملي هویت (افغان) تخریب او د قومونو ترمنځ د نفاق اچول دي. هغوی حتی زموږ د مروجې دري ژبې پر ځای د ایران د فارسي اصطلاحاتو کارولو ته مخه کړې ترڅو د هیواد کلتوري هویت مسخ کړي.

د ۲۰۱۴ کال ټاکنو وښودله چې دغه ډلې حتی د دیموکراسۍ اصولو ته هم درناوی نه لري. کله چې هغوی په ټاکنو کې ماتې وخوړه، د موازي حکومت او انارشي ګواښونه یې وکړل. د هیواد د هر روښانفکر دنده دا ده چې د "سقویانو" د بیا قدرت ته رسېدو مخه ونیسي، ځکه د هغوی تاریخ (د حبیب الله کلکاني او د رباني د دورې جګړې) ثابته کړې چې هغوی یوازې د ویرانۍ او انارشي لامل ګرځي.

پایله:

د افغانستان ستونزه قومي یا ژبنۍ نه ده، بلکې اصلي ستونزه بې‌عدالتي، فساد او ارتجاع ده. لکه څنګه چې یو هزاره په بامیان کې له بې‌عدالتۍ کړېږي، همداسې یو پښتون په ننګرهار او یو تاجک په بدخشان کې تر ستم لاندې دی. موږ باید د سکتاریستي او تجزیه غوښتونکو کړیو له اغېز څخه ځانونه وژغورو او د یو واحد او مقتدر افغانستان لپاره د "افغان" تر ملي هویت لاندې متحد شو.

د قانون پر بنسټ د يو مستقر نظام تحکيم

ديموکراسي، انارشي که ديکتاتوري؟

نن سبا زموږ يو شمېر هيوادوال چې د تېرو لسيزو له انارشي او ګډوډيو ستړي شوي، په ناسم ډول د حل لاره په "توتاليتر ديکتاتورۍ" کې ويني. دوی فکر کوي چې يوازې يو مستبد واکمن کولی شي هيواد اداره کړي. خو حقيقت دا دی چې موږ بايد له "انارشي" سره وجنګېږو، نه له "ديموکراسۍ" سره.

ديموکراسي کوم چمتو شوی کڅوړی (Package) نه دی چې موږ يې له بازاره واخلو، بلکې دا يو بهير دی چې د ستونزو، فقر او کمسوادۍ په متن کې وده کوي؛ لکه څنګه چې په هندوستان کې وشول. نيمبنده او معيوبه ديموکراسي د مجاهدينو د دورې (۱۹۹۲-۱۹۹۶) له انارشي او د طالبانو د دورې (۱۹۹۶-۲۰۰۱) له مذهبي اختناق څخه په زرګونو ځله غوره ده. د افغانستان اوسنۍ ستونزه ديموکراسي نه ده، بلکې هغه وسلهوال عناصر او جنګسالاران دي چې د ديموکراسۍ او قانون د حاکميت مخه نيسي.

د کړکېچ حل: اضطراري حالت که لويه جرګه؟

په هيواد کې د روان سياسي کړکېچ په وړاندې ځيني کړۍ د موقت حکومت او لويې جرګې غوښتنه کوي، خو د افغانستان اساسي قانون د داسې شرايطو لپاره د **"اضطراري حالت "**وړاندوينه کړې ده. که چېرې انارشي د خلکو عادي ژوند له خطر سره مخ کړي، ولسمشر صلاحيت لري چې اضطراري حالت اعلان کړي. دا کار به د هغو کړيو (جمعيت، نظار شورا او سکتاريستانو) مخه ونيسي چې له ديموکراسۍ څخه د خپلو قومي او تنظيمي ګټو لپاره ناوړه ګټه اخلي.

د يو باکفايته ولسمشر ۱۸ مادهييزه طرحه:

که زه د داسې يو نظام مشري په غاړه ولرم چې هدف يې د قانون حاکميت او د افغانستان له ملي هويت څخه دفاع وي، زما بنسټيز اقدامات به دا وي:

۱. **د ملکي خدمتونو مسلکي کول :**ټولې اداري چوکۍ به له تنظيمي او حزبي نفوذ څخه پاکېږي او يوازې د استعداد او مسلکيتوب پر بنسټ به ډکېږي.

۲. **د امنيتي ځواکونو غير سياسي کول :**ملي اردو او پوليس به د هيواد ملي بنسټونه وي، نه د تنظيمونو او اشخاصو ملېشې.

۳. **د ټاکنو د کمېسيون خپلواکي :**دغه بنسټ بايد داسې مسلکي وي چې هيڅ سياسي لورى پرې شک ونه کړي.

٤. **د اجراییه صدارت رامنځته کول :**د اساسي قانون په تعدیل سره به یو اجراییه صدر اعظم رامنځته کېږي چې د اقتصادي او پراختیایي چارو مسؤل به وي.

٥. **د پارلمان د صلاحیتونو تنظیم :**د دې لپاره چې وزیران د وکیلانو له شخصي فرمایشونو خلاص وي، د باور رایه به تولې کابینې ته په جمعي ډول ورکول کېږي.

٦. **له ترهګرۍ سره جدي مبارزه :**د تروریزم یو روښانه قانوني تعریف او د هغوی د مالي او تبلیغاتي سرچینو وچول.

٧. **د دیني چارو مدیریت :**د جوماتونو او مدرسو تنظیم، د ملایانو لپاره د معاش او رتبو ټاکل او د هغو ملایانو مخنیوی چې په بهرنیو مدرسو (پاکستان) کې د هیواد ضد روزل شوي وي.

٨. **د بیان ازادي او ملي ارزښتونه :**د بیان ازادي به د ملي ګټو او افغاني هویت په چوکاټ کې خوندي وي.

٩. **له فساد سره قاطع چلند :**د تېرو ۱۶ کلونو د تولو غصبونو، اختلاسونو او غلاوو لپاره به یوه باصلاحیته محکمه جوړېږي.

١٠. **د تمرد ځپل :**د دولت په دننه کې به د هر ډول یاغیتوب او تمرد په وړاندې له قانوني قاطعیت څخه کار اخیستل کېږي.

وروستۍ خبره:

سقاویان، ستمیان او خراسان غوښتونکي په یوه نامقدسه جبهه کې د افغانستان د ملي هویت د ورکولو لپاره متحد شوي دي. دوی نه د ټاکنو پایلې مني او نه د ملت ارادې ته تسلیمېږي. زموږ دنده دا ده چې په راتلونکو ټاکنو کې د دوو جبهو په وړاندې ودرېږو: لومړۍ د هغو په وړاندې چې زموږ ملي هویت (افغان) نه مني، او دویم د هغو غلو او مافیایي کړیو په وړاندې چې هیواد یې لوټ کړی دی.

یولسمه برخه
ملی هویت او ارضی تمامیت

د بې‌هویته کولو هڅې او تاریخي حقیقت

نن سبا ځینې کړۍ په شعوري ډول هڅه کوي چې د افغانستان تاریخ د نولسمې پېړۍ په جګړو کې محدود کړي او تر هغه وړاندې تاریخ ته د "انشعابي" یا "بې‌نومه" قلمرو په سترګه وګوري. دا ډلې چې ډېرې یې د پردیو فرهنګي یرغلونو تر اغېز لاندې دي، غواړي زموږ ملي سمبولونه مات کړي او موږ ته د "خراسان" یا "لوی ایران" په نوم نوي هویتونه جوړ کړي.

خو حقیقت دا دی چې د افغانستان ملي هویت د یوې **فولادي مجسمې** په څېر دی؛ لکه څنګه چې په دویمه نړیواله جګړه کې د ستالین پر فولادي مجسمه د هټلر د سرتېرو بریدونو غابښونه نه ښخېدل، د افغانستان د دښمنانو تبلیغاتي غابښونه به هم زموږ ملي هویت مات نه کړي.

افغانیت: د تاریخ او جغرافیې جبر

موږ باید ومنو چې له "افغانستان" او "افغان" پېژندنې بهر موږ هیڅ سیاسي وجود نه لرو. که څوک د تیموریانو، صفویانو یا بابریانو د امپراتوریو په حسرت کې اوښکې تویوي، هغه په حقیقت کې د معاصر واقعیت څخه تېښته کوي.

- **د نوم تاریخي ریښه :**که څه هم افغانستان د نولسمې پېړۍ په "لویه لوبه " (Great Game)کې د دوو استعماري قوتونو ترمنځ حایل پاتې شو، خو دا هیواد د احمدشاه بابا میراث دی.
- **نړیوال عرف :**په نړۍ کې ډېری هیوادونه (روسیه، ترکیه، تاجکستان، ازبکستان) د خپل اکثریت قوم په نوم نومول شوي. دا یو طبیعي بهیر دی. د "افغان" کلمه که څه هم په اصل کې د پښتنو نوم و، خو نن د افغانستان د ټولو اتباعو لپاره یو **ملي هویت (Citizenship)** دی.

هزارستان او د "پښتون دېو" افسانه

ځیني فعالان د "پښتون دېو" څخه د ډارولو له لارې د هزاره ورورنو په منځ کې د بېلتون غوښتنې روحیه پیاوړې کوي. خو راځئ واقعیت وګورو :له ۱۹۹۲ کال راهیسې (د طالبانو له دورې پرته) هزاره جات په عملي ډول د خپلو مشرانو او ګوندونو لخوا اداره شوي. که هلته ستونزې شتون لري، علت یې "پښتون دېو" نه، بلکې د سیمه‌ییزو مشرانو بې‌کفایتي، اقتصادي بندون او د شیعه روحانیت انحصار دی. د افغانستان سره د وفادارۍ پرې کول د دوی درد نه دوا کوي، بلکې هغوی نور هم منزوي کوي.

اسلامیت او افغانیت: د ملي هویت دوه ستنې

زموږ ملي هویت پر دوو بنسټونو ولاړ دی:

١. **اسلامي فرهنګ :**چې زموږ اخلاقي او حقوقي چوکاټ جوړوي او موږ د نړۍ له مسلمانانو سره تړي.

٢. **افغانیت (ملي هویت) :**هغه سرلیک چې موږ د نړۍ له نورو ملتونو څخه بېلوي.

د ۱۳۸۲ کال اساسي قانون د ملي وحدت لپاره یوه نوې طرحه وړاندې کړه. دا طرحه نه د اکثریت قوم په منځ کې د نورو د ادغام (Assimilation) نظریه ده او نه هم طبقاتي انترناسیونالیزم؛ بلکې دا **"د ښاروندۍ د حقوقو او قومي - ژبني پلورالیزم "**پر اساس ولاړه ده.

پایله: پلونه مه ورانوئ!

د افغانستان جغرافیه او د قومونو ګډ مېشت‌ځایونه داسې دي چې تجزیه په کې ناشونې ده. د تجزیې په صورت کې به حتی تاجیک او هزاره ورونه هم په لا وړو او کمزورو اقلیتونو بدل شي. موږ د یو بل تر څنګ ژوند کولو ته محکوم یو.

د حل لاره د کرکې په خپرولو کې نه، بلکې په **دیموکراسۍ، د قانون په حاکمیت او د محلي ادارو په اصلاح** کې ده. افغانیت هغه چتر دی چې زموږ ټول قومونه یې تر سیورې لاندې د عزت ژوند کولی شي.

ملی وحدت، فدرالیزم او تجزیه غوښتنه

دلته موږ د افغانستان د ثبات تر ټولو مهمې پوښتنې ځوابوو: ولې افغانستان نه تجزیه کېږي؟ فدرالیزم د حل لاره ده که د بحران پیل؟ او ولې د جګړه مارانو او ځینو روشنفکرانو لخوا د وېش شعارونه ورکول کېږي؟

۱ .په افغانستان کې د ملي وحدت عوامل

د نړۍ د ډېرو هیوادونو خلاف، په افغانستان کې د قومي تنوع سره سره د تجزیې جدي جنبشونه نشته. د دې عوامل دا دي:

- **تاریخي ریښه :**احمد شاه بابا د بېلابېلو قومونو په اتحاد سره د دولت بنسټ کېښود. د هغه اولادونو د ایران د قاجاریانو، برتانوي هند او تزاري روسیې په وړاندې د همدې خاورې په ننګه جګړې وکړې.
- **نغښتي سنتونه او فرهنګي ګډوله :**د رزاق مامون په وینا، زموږ په قومونو کې "یو بل کې نغښتي سنتونه" او د څو سوو کلونو ګډ ژوند داسې احساسات رامنځته کړي چې د جګړو په سختو شرایطو کې یې هم د افغانستان له نړېدو مخنیوی کړی.
- **ګډې ګټې :**د افغانستان د هر قوم ګټې په ملي اتحاد کې دي. د افغانستان شمال او سویل یو بل ته محتاج دي او جغرافیه (لکه هندوکش) دوی سره داسې نښلولي چې جلا کول یې ناممکن دي.

۲ .د ملوک الطوایفي تجربه (۱۹۹۲-۱۹۹٦)

د ډاکټر نجیب الله د حکومت له سقوط وروسته، افغانستان په عملي ډول په خودمختاره سیمو ووېشل شو. دا د هیواد په تاریخ کې د "غیر رسمي فدرالیزم" یا ملوک الطوایفي تر ټولو بده دوره وه:

- **شمال لویدیځ :**د جنرال دوستم تر کنترول لاندې.
- **لویدیځ (هرات) :**د اسماعیل خان تر واک لاندې.
- **مرکزي سیمې :**د حزب وحدت تر واک لاندې.
- **کابل او شاوخوا :**د نظار شورا او نورو تنظیمونو ترمنځ د جګړې ډګر.

نتیجه :د قانون نشتوالی، انارشي، باجګیري او د کابل ویجاړي. همدا بدبختي وه چې خلکو یې له امله د طالبانو سختدریځه نظام ته "ښه راغلاست" ووایه ترڅو امنیت تامین شي.

۳ .فدرالیزم او د تجزیې غوښتني علتونه

نن ورځ ځینې کړی لکه لطیف پدرام یا د "کابل پرس" په څېر ویبپاڼې د فدرالیزم او تجزیې شعارونه ورکوي. د دوی د غوښتنو تر شا لاندې عوامل دي:

1. **د قدرت جزیرې :**هغه جګړه ماران چې په تېرو وختونو کې یې په خپلو سیمو کې پاچاهي کوله، د یو مقتدر مرکزي دولت له جوړېدو وېره لري. هغوی غواړي د "فدرالیزم" تر نوم لاندې خپلې محلي ملېشې او باجګیرۍ خوندي کړي.

۲. **بهرني لمسون :**د سیمې ځینې هیوادونه د یو کمزوري او وېشل شوي افغانستان غوښتونکي دي ترڅو خپلې ستراتیژیکې ګټې خوندي کړي.

۳. **قومي کرکې :**ځینې کسان د تېرو تاریخي ستمونو (لکه د عبدالرحمن خان دوره) په یادولو سره هڅه کوي چې د قومونو ترمنځ د باور فضا له منځه یوسي.

۴ .د ریچارډ ارمیتاژ وراندوینه

د امریکا د بهرنیو چارو وزارت پخوانی مرستیال ریچارډ ارمیتاژ په ۲۰۱۳ کال کې ویلي وو:

"زه ډاډه یم چې ۲۵ کاله وروسته به هم افغانستان په همدې جغرافیه او همدې ملت سره موجود وي، خو د پاکستان په اړه ډېر ډاډه نه یم".

دا ښيي چې نړیوال سیاستوال هم د افغانستان د بقا قوت په همدې جغرافیایي او ملي یووالي کې ویني.

۵ .آیا فدرالیزم د ولایتونو په ګټه دی؟

په اوسنیو شرایطو کې چې سیاسي شعور، ملي ګوندونه او د قانون حاکمیت کمزوری دی، فدرالیزم د حل لاره نه ده.

- فدرالیزم به افغانستان د جنګسالارانو په کوچنیو "پاچاهیو" بدل کړي.
- دا به د قومي جګړو اور نور هم تازه کړي.
- ولایتونه به د دې پر ځای چې د مرکز له بودیجې ګټه واخلي، د خپلو محلي دیکتاتورانو تر ظلم لاندې راشي.

د تجزیې دسیسې او د "خراسان غوښتنې" وهم

په دې برخه کې موږ د هغو شعارونو تر شا پټ لاسونه راسپړو چې غواړي د افغانستان ۳۰۰ کلن ملي هویت مسخه کړي او هیواد د قومي کرښو په مټ ووېشي.

۱ .د کابل پرس او د پردیو د ګټو استازولي

هغه تبلیغات چې وايي "افغانستان د یوې لویې جغرافیې (ایران) جلا شوې ټوټه ده"، په حقیقت کې د افغانانو د خپلواکۍ او د میرویس خان هوتک او احمد شاه بابا د تاریخي مبارزو سپکاوی دی.

- دا کړی د صفوي او قاجاري اشغالګرو د دورې په یاد "اوښکې تویوي."

- د دوی هدف د یو مقتدر افغاني دولت کمزوري کول دي ترڅو سیمه یو ځل بیا د ګاونډیو هیوادونو د نفوذ په ډګر بدله شي.

۲ .د ۲۰۱۴ کال ټاکنې او د قومي کرکې زیاتوالی

د ۲۰۱۴ کال له ټاکنو وروسته، کله چې ځینې سیاسي ډلې په صندقونو کې په بریا نندې نه شوې، هڅه یې وکړه چې ماتې ته "قومي رنګ" ورکړي.

- دوی د "موازي حکومت" او د "شمال د بیلتون" غږونه پورته کړل.
- **تریخ حقیقت :**د اختلاف اصل د پالیسیو پر سر نه، بلکې د قدرت د وېش پر سر دی. ځینې ډلې چې د بهرنیو الوتکو په مرسته واک ته رسېدلې وې، نه غوښتل چې د دیموکراسۍ او رایو له لارې قدرت پښتنو یا بلې سیالې ډلې ته انتقال شي.

۳ .د تجزیې د سناریوګانو خطرناکې پایلې

که افغانستان ووېشل شي، تر ټولو لوی بایلونکي به هغه قومونه وي چې نن د تجزیې لپاره تبلیغ کوي:

- **تاجیکان او هزاره ګان :**دا قومونه د افغانستان په ټوله جغرافیه کې خپاره دي. د وېش په صورت کې به دوی په کوچنیو او محاصره شویو ټوټو (Ghetto)بدل شي.
- **ترکستان که خراسان؟** هغه کسان چې د "خراسان" خوبونه ویني، هېر کړي یې دي چې د هندوکش شمال ته اکثریت سیمې په تاریخي لحاظ د "افغاني ترکستان" په نوم یادېدې. هلته به بیا د ازبک او ترکمن ورونو حاکمیت وي، چې په هغه صورت کې به دري ژبي اقلیتونه تر ټولو ډېر زیانمن شي.
- **د اکرام اندیشمند خبره :**فدرالیزم به د دري ژبې قلمرو محدود کړي او دا ژبه به چې اوس د ټولو افغانانو د افهام او تفهیم وسیله ده، خپله ملي بڼه له لاسه ورکړي.

۴ .د رابرټ بلکویل د "B پلان" او د افغانانو مقاومت

بهرنیو قدرتونو (لکه بلکویل) ځو ځله وړاندیز وکړ چې افغانستان دې په شمال او سویل ووېشل شي، خو:

- **احمد رشید** (پاکستانی لیکوال) په سمه توګه اشاره کړې چې افغانان هیڅکله وېش ته نه تسلیمېږي.
- حتی د شمال مشران لکه **مارشال فهیم او برهان الدین رباني** د هیواد د وېش سرسخته مخالفین وو. د مارشال فهیم هغه خبره مشهوره ده چې

پوتین ته يې ويلي وو: "زه د يوې پستې په اندازه خاوره هم کمېدو ته نه پرېږدم".

۵ .حل‌لاره: عدالت، نه تجزیه

لکه څنګه چې رزاق مامون وايي، زموږ ستونزه "قومي" نه، بلکې "بې عدالتي" ده.

- هزاره جات د تېرو دوو لسيزو په لړ کې د خپلو مشرانو لخوا اداره کېدل، خو بيا هم برېښنا او سړک ورنه غی. دا ثابتوي چې ستونزه په مرکز کې نه، بلکې په هغو "محلي معامله ګرو" کې ده چې د قوم په نوم امتياز اخلي خو ولس ته خدمت نه کوي.
- د حل لاره د هيواد په وېش کې نه، بلکې د **ديموکراسۍ په پياوړتيا، د قانون په حاکميت او د جنګسالارانو د استيلا په ختمولو** کې ده.

د نظام اصلاح؛ د تجزيي او فدراليزم منطقي بديل

په تېرو برخو کې مو ووېل چې د افغانستان د قومونو ترمنځ ستونزه په بنسټيز ډول "قوي" نه، بلکې د "عدالت" او "محلي اداري د کمزورتيا" ستونزه ده. که څه هم زموږ په اساسی قانون کې د دې حل‌لارې شته، خو په تېرو دوو لسيزو کې د هغو په پلي کېدو کې پاتې راغلي يو.

۱ .د اساسي قانون ظرفيتونه (۱۳۸۲ کال)

زموږ اساسي قانون که څه هم "رياستي" دی، خو د مرکزي اداري د استبداد د مخنيوي لپاره يې لاندې لارې چارې په ګوته کړې وي:

- **ولايتي شوراګاني (۱۳۸مه ماده) :**دا شوراګاني بايد د ولايت په پراختيايي چارو کې د تصميم نيولو او د محلي اداري د نظارت واک ولري.
- **د ښاروالیو ټاکنې (۱۴۱مه ماده) :**که ښاروالان د خلکو په مستقيمو رايو ټاکل شوي وای، محلي حکومتولي به ځواب ويونکې او د مرکز له مستقيمې مداخلې خلاصه شوې وای.
- **ولايتي اداري ته واک ورکول (۱۳۷مه ماده) :**اساسي قانون صراحت لري چې حکومت بايد د محلي ادارو واکونه د اداري اصلاحاتو په موخه ډېر کړي ترڅو محلي چارې په چټکۍ ترسره شي.

۲ .ولې محلي اصلاحات د فدراليزم ځای نيولی شي؟

د فدراليزم پلويان ادعا کوي چې دا سيستم به ولايتونو ته بوديجه او واک ورکړي، خو په يو جنګ ځپلي هيواد کې فدراليزم د "ملوک الطوايفی" او "تجزيې" په مانا دی. په مقابل کې، **"اداري تمرکز زدايي (Administrative "Decentralization)** لاندې ګټې لري:

۱. **ملي يووالی ساتي :**واحد بيرغ، واحد پوځ او واحد بهرنی سياست خوندي پاتې کيږي.

۲. **فساد کموي :**کله چې محلي چارواکي خلکو ته ځواب ويونکي وي، د مرکز په کچه د فساد مافيا کمزورې کيږي.

۳. **قومي تشنج له منځه وړي :**په داسې يو نظام کې، هر قوم په خپله سيمه کې د خپلو محلي چارو د سمبالولو احساس کوي، پرته له دې چې له ملي هويت څخه جلا شي.

۳ .د "واحد ملت" د پراختيا پروسه

لکه څنګه چې سرور دانش په خپل کتاب "افغانستان اساسی حقوق" کې اشاره کړې، موږ بايد له "قبيلوي مناسباتو" څخه د "ښاروندی حقوقو" ته تېر شو. دا مانا چې:

- يو هزاره، يو اوزبک يا يو پښتون بايد په هر ولايت کې د يو برابر "افغان ښاروند" په توګه د کار او فعاليت حق ولري.
- د ولايتونو ترمنځ د بوديجې وېش بايد د نفوس او اړتيا په اساس وي، نه د سياسي معاملو په اساس.

پايله

که موږ وغواړو چې د افغانستان ارضي تماميت وساتو او د تجزيې د دښمنانو غاښونه مات کړو، نو بايد د هيواد په محلي ادارو کې بنسټيز اصلاحات راولو. دا اصلاحات بايد داسې وي چې يو هراتی، يو بدخشی او يو قندهاری په خپل ولايت کې د "واکمنۍ" او "مالکيت" احساس وکړي، خو د زړه له تله ځان د يو "واحد افغانستان" غړی وبولي.

رياستي که پارلماني؟ (د واک د وېش منطق او د ثبات پوښتنه)

په وروستيو کلونو کې، په ځانګړي ډول د ملي وحدت حکومت له رامنځته کېدو وروسته، د افغانستان د سياسي نظام د بدلولو بحثونه تاوده شوي دي. يو لوری (اسلامي جمعيت او نظار شورا) د پارلماني نظام غوښتنه کوي، خو بل لوری دا د هيواد د ثبات لپاره خطر بولي.

۱ .د نظام د بدلون تر شا اصلي انګېزه

هغه سیاسي ډلې چې په تېرو درېو ولسمشریزو ټاکنو (۲۰۰۹، ۲۰۱۴، ۲۰۱۹) کې یې ولیدل چې د افغانستان په دودیزه ټولنه کې د "قومي ترکیب" له امله نشي کولی د ولسمشرۍ مقام وګټي، اوس هڅه کوي چې د نظام په بدلولو سره واک ته ورسېږي.

- **د دوی استدلال :**ریاستي نظام "متمرکز" دی او د اقلیتونو حقونه نه خوندي کوي.
- **حقیقت :**دوی غواړي د پارلمان له لارې د "اجرایوي صدارت" مقام رامنځته کړي ترڅو د مستقیمو رایو پرته، د سیاسي معاملو په مټ په قدرت کې پاتې شي.

۲ .ولې پارلماني نظام د افغانستان لپاره خطرناک دی؟

د افغانستان په څېر هیوادونو کې چې ګوندونه ملي بنه نلري او سیاسي شعور لا هم په قومي ریښو ولاړ دی، پارلماني نظام لاندې ستونزې جوړوي:

- **دوامداره بحران :**په پارلماني نظام کې حکومتونه د ائتلافونو په مټ جوړېږي چې هر وخت د نړېدو له خطر سره مخ وي (لکه د ایټالیا یا ځینو نورو هیوادونو تجربه).
- **ملوک الطوایفي :**هر وزیر به ځان د خپل ګوند یا قوم استازی بولي، نه د ټول ملت، چې دا به د اداري فساد او ګډوډۍ لامل شي.
- **د قدرت خلا :**په داسې حال کې چې هیواد له جګړې او بهرنیو لاسوهنو سره مخ دی، یو قوي او متمرکز ریاستي نظام ته اړتیا ده چې چټکې پرېکړې وکړي.

۳ .د حل لاره: اداري تمرکز زدايي (د ۱۱ لویو ولایتونو طرحه)

موږ د نظام د "سیاسي وېش" پر ځای د "اداري واکونو وېش" ته اړتیا لرو. زما وړاندیز دا دی چې د ۳۴ وړو ولایتونو پر ځای، افغانستان په **۱۱ لویو اداري زونونو** ووېشل شي چې تاریخي او جغرافیایي ریښې لري:

۱. **لوی کابل**)کابل، لوګر، وردګ(
۲. **لوی پروان**)پروان، کاپیسا، پنجشیر(
۳. **قطغن**)بدخشان، تخار، بغلان، کندز(
٤. **بلخ**)سمنګان، بلخ(
٥. **جوزجان/ترکستان**)جوزجان، سرپل، فاریاب(

٦. **ختیځ خراسان/هرات**)بادغیس، غور، هرات(

۷. **سیستان**)فراه، نیمروز(

۸. **لوی کندهار**)هلمند، قندهار، اروزګان، زابل(

۹. **لوی پکتیا**)پکتیکا، پکتیا، خوست، غزني(

۱۰. **لوی ننګرهار**)ننګرهار، لغمان، کونړ، نورستان(

۱۱. **هزارستان**)بامیان، دایکندي او د نورو ولایتونو هزاره میشته ولسوالی(

۴ .د والی او حکمران ترمنځ توپیر

په دې طرحه کې دوه ډوله واک شتون لري:

- **حکمران :**د هر زون د ولایتي شورا لخوا ټاکل کېږي چې د محلي پراختیا، ښاروالی او اداري چارو مسوول وي.
- **والي :**د ولسمشر لخوا ټاکل کېږي چې یوازې د ملي ګټو، امنیت، عوایدو او د هیواد د ارضي تمامیت ساتلو څارونکی وي. دا کار د ملوک الطوایفی مخه نیسي.

۵ .د "خراسان" او "فارسیزم" شعارونه؛ یو فرهنګي یرغل

هغه کسان چې د افغانستان د نوم بدلولو یا د "خراسان" غږ پورته کوي، په حقیقت کې د ایران د **آخوندي رژیم د فرهنګي یرغل** تر اغېز لاندې دي.

- که څه هم دري زموږ ژبه ده، خو زموږ دري له ایراني فارسي سره توپیر لري. په ایران کې د افغاني فلمونو دوبله کول یا د افغان لیکوالو د کتابونو ژباړل ثابتوي چې موږ یو جلا ملي هویت لرو.
- د پښتون دښمنی (پښتون ستیزی) او افغان دښمنی دا ښیي په حقیقت کې د هیواد د تجزیې لپاره د پردیو استخباراتو یوه پروژه ده.

دولسمه برخه
په افغانستان کې د جګړې دمسئلې حل

په افغانستان کې روانه جګړه یوازې یو داخلي ټکر نه دی، بلکې دا د سیمه‌ییزو استخباراتي لوبو، د قدرت د خلا او د نړیوالو متحدینو د مبهمو سیاستونو پایله ده. کله چې یوه لویه ترورېستي پېښه کېږي، دوه ډلې هڅه کوي عامه افکار ګډوډ کړي: سکتاریستان چې قومي نفاق ته لمن وهي، او اماتور شنونکي چې هرڅه د توتیې په سترګه ګوري.

۱ .د امنیتي وضعیت تصویر او د جګړې اړخونه

د ۲۰۱۴ کال وروسته د ناټو ځواکونو وتلو یوه لویه امنیتي خلا رامنځته کړه. د سیګار او ملګرو ملتونو راپورونه ښیي چې:

- د طالبانو نفوذ په کلیوالو سیمو کې زیات شوی.
- داعش د یو نوي تهدید په توګه ظهور وکړ.
- د ملي وحدت حکومت دننه اختلافات (د غني او عبدالله ترمنځ) د دولت موثریت د نشت برابر کړ.

ولسمشر غني د دښمن په تعریف کې درې ډلې مشخصې کړې :**ترورېستي ډلې (طالبان، داعش او ۲۰ نورې ډلې)، قاچاقبران او د مخدره توکو مافیا** .خو اصلي پوښتنه دا ده چې ولې دا جګړه نه ختمېږي؟

۲ .د پاکستان رول او "ضرب الغضب" عملیات

پاکستان تل د افراطیت څخه د یوې وسیلې په توګه کار اخیستی. د "ضرب الغضب" عملیاتو په پایله کې، پاکستان یوازې خپل مخالفین وځپل، خو بهرني جنګیالي (اوزبیک، چیچین، تاجیک او یوغور) یې د افغانستان شمالي ولایتونو ته راوشړل.

- پاکستان غواړي د جګړې له لارې افغانستان یو "تحت الحمایه" هیواد وګرځوي.

- دوی هڅه کوي طالبانو ته په سویل او لویدیځ کې د امتیاز په توګه ځینې ولایتونه ورکړل شي، چې دا د افغانستان د تجزیې په مانا ده.

۳ .د امریکا په سیاست کې ابهام

د امریکا اتلس کلن حضور له تناقضونو ډک دی. له یوې خوا طالبان دښمن نه بولي، خو له بلې خوا یې مشران (لکه ملا اختر منصور) په نښه کوي.

- امریکا پاکستان ته د تجهیزاتو په ورکولو کې لومړیتوب ورکړ، نه افغانستان ته.
- د اوباما په دوره کې د "دښمن" د تعریف نشتوالي طالبانو ته فرصت ورکړ چې ځان بیا تنظیم کړي.
- امریکا د خپلو ستراتیژیکو ګټو لپاره کله له یوې ډلې او کله له بلې سره مصلحت کوي.

۴ .د سولې پروسه او داخلي خندونه

سوله یوازې د طالبانو سره خبرې نه دي، بلکې د هغو مافیایي کړیو سره مقابله هم ده چې په دولت کې دننه د جګړې له دوام څخه ګټه اخلي.

- **د امتیازاتو ډار :** هغه جنګسالاران چې د امریکایي B-۵۲ الوتکو په سیوري کې واک ته ورسېدل، ډارېږي چې سوله به د دوی غیرقانوني شتمنۍ او مقامونه له خطر سره مخ کړي.
- **قومي تعصب :** ځینې ډلې د "پښتون ستیزی" له لارې هڅه کوي چې ټول پښتانه له طالبانو سره یو ځای معرفي کړي، ترڅو خپل سیاسي انحصار خوندي وساتي.

۵ .د حل لاره: د پاکستان او سعودي سره مستقیمه معامله

جګړه هغه وخت ختمېږي چې د هغې سرچینې وچې شي.

- **پاکستان :** باید قانع شي چې یو باثباته او مدرن افغانستان د دوی په ګټه دی. موږ باید ثابت کړو چې د هند سره ملګرتیا د پاکستان په زیان نه ده.
- **سعودي عربستان :** د طالبانو تر ټولو لوی مالي ملاتړی دی. د دوی له لارې پر طالبانو فشار راوړل د سولې کیلي ده.

پایله:

د افغانستان روښانه راتلونکی د ټولو قومونو د روشنفکرانو په اتحاد کې دی. موږ باید د "جهاد د ټیکه دارانو"، "فساد" او "قومي سکتاریزم" په وړاندې یو موټی شو.

تر هغه چې پښتون روشنفکر او پښتون افراطي په یوه تله تلل کیږي، سوله ناممکنه ده.

د سولې ډول غړول

باید په یاد ولرو چې د زماني جبر دا حکم کړی چې د سولې د شلیدلې ډول له ډزولو څخه پرته زموږ د مشرانو لپاره بله لاره پاتې نه ده.په هغه زمانه کې روسانو فشار راوړلو چې د مخالفینو سره د جوړیدو لارې ومومي او په دې زمانه کې د ناټو او امریکا لمړی شرط دا دی چې د افغانستان دولت د ملی جوړې لارې وموندی.موږ د دوو لارو څخه ډېر نور څه نه لرو:

- د سولې ډول وهل د هیواد څخه د دفاع په حال کې د ملی پخلاینی په هیله او دی ته هیله درلودلو سره چې د پاکستان دولت خپل اوږدمهال اقتصادی او سیاسی ګټې په منطقه او په منځنی آسیا کې د یو ترقیاله افغانستان سره په ملګرتیا کې ووینی، او
- بله لاره د سولې د پروسې د جوړولو هر ډول هڅو ختم، د جنګ ډیریدل او د طالبانو د مکمل ماتې هیله د جګړې له لارې.

په اوسنی شرایطو کې یوه ځانګړې تعریف د تیروریست څخه په افغانستان کې نه غنی کولی شی او نه عبدالله. امریکا او ناټو د کال ۵ میلیارد ډالر څخه ډیر افغانستان ته ورکوي مګر دوی په افغانستان کې د ملګرې او د دښمن ځانګړې تعریف نلری. امریکا طالبان دښمن نه بولی.که جمهور رییس غنی طالبانو ته تیروریست ووایی نو د هغوی سره د هر ډول سیاسی حل لارو په مخه دروازې وتړې او نظامی بریالیتوب ته سترګی وتړی.آیا دا بریالیتوب د افغانستان امنیتی ځواک په نظر کې نیولو سره امکان لری او عملي دی او یا امریکا به د هغه سره توافق وکړی؟

هر کله چې امریکا او ناټو طالبان تیروریست اعلان کړی او پاکستان د افغانستان د جګړې د دوام مسوول اعلان کړی او دی ته حاضر شی چې د متحدو ملتونو د امنیت د شورا له لارې لازم تعذیرات پر پاکستان وضع کړی په هغه صورت کې به افغانستان وشی کولی چې طالبان تیروریست او پاکستان د تیروریست ملاتړ کونکی دولت اعلان کړی او په جګړه کې بریالیتوب او د طالبانو نظامی ماتی ته هیله مند شی.

داسی کسان هم شته چې وایی، هرکله د افغانستان دولت یو روښانه سیاست په کار واچوی او طالبانو ته تیروریست ووایی، امریکا،غرب او نور نړیوال ملګری د افغانستان د دولت په پیروی به ګامونه وچت کړی طالبان به تیروریست وبولی. دوی وایی اوسنی نړیوال سیاستونه د طالبانو په اړوند د افغانستان د مجهولو سیاستونو پر بنسټ دی. دا کسان نه پوهیږی چې به افغانستان کې دا سپی لکی

خوځوي، بر عکس يې نه دي لکه چې د پاکستان او امريکا مناسبات يې ښکاره کوي!

د دې پر بنسټ د بلې لارې د نشتون په اساس د افغانستان دولتونه د ملي پخلاينې او د سولې د ډول په غړولو به ادامه ورکړي او دا هيله به کوي چې د پاکستان دولت خپل اوږدمهال اقتصادي او سياسي منافع په منطقه او منځنۍ آسيا کې د يو ترقيپاله افغانستان سره په ملګرې کې وګوري او نه د يو وسطايي پيړۍ افغانستان په شتون کښې.

د دې واقعيتونو او تاريخي جبر پېژندنه د سولې د لارې د مخالفينو لخوا د افغانستان د ملي وحدت د دولت په دننه او دباندې کې ضروري دې. بايد هغه ناسالمو تبليغاتو ته چې پښتون او طالب مساوي بولي، ته د پای ټکی کېښودل شي. د ملي او ژبنيز تفرقې ډول غړول او د نورو قومونو او ولاياتو د تجريد هڅې له سياسي او اداري دولتي ځانګو څخه د خپل ځان په تجريد تماميږي.لازمه ده چې د ملي وحدت د دولت په برياليتوبونه او ناکاميو کې ځان شريک وبولو.امتياز په خپل جوړښت کې مسوليتونه هم لري.د سياسي قدرت، نظامي، اقتصادي او فرهنګي انحصار د ځانګړې ډلې لخوا چې اکثريت يې يو ځانګړی قوم او سمت پورې تړلې دی د امريکا او ناټو د قدرت او نظامي او لوژيستکي قدرت په سيورې کې تل لپاره موجود به نه وي.دا خبره امريکا او ناټو پوهيږي او د دوی سياستونه دا ښکاره کوي. د سولې منځته راتلل او په سوله کې ژوند کول د ټولو قومونو يو ځای يو د بل تر څنګ ميشت کيدو د هيواد د اساسي قانون په احکامو کې ته ضرورت لري.

د امريکا د سولې توافق د طالبانو سره

د متحده اياالاتو استازی (زلمی خليلزاد) او طالبان (ملا عبدالغني برادار) د ۲۰۲۰م کال د فبرورۍ د مياشت په ۲۹ نيټه (۱۳۹۸ حوت ۱۰) د سولې هوکړه د نږدې دوو کالو د مذاکراتو څخه وروسته په قطر کې لاسليک کړ چې د امريکايي مقاماتو په وينا د بهرنيو ځواکونو لپاره د افغانستان څخه د مکمل وتلو زمينه برابره او د بين الافغاني مذاکراتو لپاره هم لاره هوارولې شي. د امريکا او طالبان تر منځ د هوکړې د لاسليک سره په عين زمان کې په قطر، مارک اسپر، د متحده اياالاتو د دفاع وزير او محمد اشرف غني، د افغانستان جمهور رييس ګده اعلاميه يې صادر کړ چې په هغه کې د امريکا د ملاتړ ادامه له افغانستان څخه، په ځانګړې توګه د افغاني امنيتي او دفاعي ځواکونو پر سر ټينګار شوی دی.

د دې هوکړې څخه د ځلوېښتو ورځو په تيريدو، اوس په تدريجي ډول سره ښکاري چې زلمی خليلزاد د هغه غوړو او وعدو په اساس چې د ډونالډ ټرامپ لپاره د سولې د نوبل جايزې د ورکولو په خاطر پريشاني موجودي وي او اووه مياشتي د مخه

مخالفتونه موجوده مخالفتونه یی د دی هوکړی په هکله برطرف کړی دی! **د هیڅ شک څخه پرته په هغه صورت کې چې امریکایی ځواکونه او سرتیری په مکمل ډول سره له افغانستان څخه ووځی او د امریکا په تاریخ کې تر ټولو اوږد مهاله جګړه ختمه شی او ورسره په افغانستان کې د سولی په راوستلو او د یو ټول شموله دولت په جوړیدو په افغانستان کې د طالبانو په برخه اخیستو د امریکا د دولت په مشرتابه او نووخت د دونالد ټرمپ تر زعامت لاندې ، د نوبل د سولی د جایزی د اعطا کولو ټول لازم شرایط به پوره وی.** مګر د قطر د هوکړی خلاوی او نواقص او د امریکایانو، پاکستانیانو او طالبانو تیروتنه فرضیی، ښکاره کړه چې د نوبل د سولی د جایزی د اخیستو هیله د ډونالد ټرمپ لخوا په دی نږدیو کې شونی نه دی، ډانلد ټرمپ‌باید انظار وکاږی.

د دولت موقف له ټاکنو څخه وروسته

حقیقت دا دی چې ټاکنی سرته ورسیدی، او بریالی د اساسی قانون د احکامو د سیوری لاندې د ټاکنو د خپلواک کمیسیون لخوا اعلان شو او د اشرف غنی منتخب جمهور رییس د تحلیف مراسم سرته ورسید او د ولسی جرګی رییس،د مشرانو جرګی رییس، قاضی القضات او د ستری محکمی غړی، بهرنی دیپلوماتان چې په هغه کې د امریکا د جمهور رییس استازی او د ناټو د ځوکونو قومندان افغانستان کې یی د تحلیف په مراسمو کې ګډون درلود،سرته ورسید.

دا چې د قدرت انتقال د قانون د لارو او د دیموکراسی له لارو سرته ورسید او نه داچې د معاملاتو له لاری او د پردی شاته د تحمیل له لاری لکه موقت دولت او یا د ملي وحدت د حکومت ادامه،دا د هیواد د ملي منافعو سره سمون خوری. په دی شکل سره د نظام تمامیت ادامه وموند او احترام ورته وشو.عبدالله او ډله یی چې د بغاوت په شکل د تحلیف مراسم د قانون په خلاف نیولی وو، د عدلی معرض په تعقیب سره د ملي خیانت په جرم کې اخته مجرمان دی، که وغواړی او که ونه غواړی د پاکستان او د طالبانو د ستراتیژیکو منافعو لپاره د افغانستان د حکومت سره په مخالفت او د هغه په ضعیف کولو کې دخیل دی.

پورته مو ولیکل چې د قدرت انتقال راتلونکی حکومت ته د ټاکنو د کار په ختمیدو په ۲۰۱۹م کال کې د امریکا او د نورو د غوښتنو په خلاف د اساسی قانون د احکامو سره په مطابقت او د دیموکراسی له لارو سرته ورسید نه د پردی شاته د تحمیلی معاملو له لاری لکه د موقت دولت او د یا ملی وحدت د حکومت د ادامی په شکل.په تاسف سره، لکه چې ورستنی پیښنی یی ښکاره کوي د دی سره سره چې امریکا د ټاکنو د رسمی پایلی د اعلان په قبلولو اړ شو او د اشرف غنی د تحلیف په مراسمو کې یی برخه واخیست او د موازی دولت د جوړیدو سره یی مخالفت وکړ،مګر په

عین زمان کې د دې پر ځای چې عبدالله ته دا مشوره ورکړي چې د ټاکنو پایله ومني، او د دې دوه مخې سیاست په تعقیبولو د یو ټول شموله دولت پر جوړیدو یې ټینګار د عبدالله د شراکت په معنی په اجرایي قدرت کې په غیر مستقیم ډول سره د عبدالله پهتشویق کولو د ټاکنو د رسمي پایلې د منلو په برخه کې پیل وکړ. د دې سیاست موخه د دې څخه پرته چې د یو ناروغ، ضعیف او غیر موثره پخوانی ملی وحدت حکومت تجدد او ادامه وي، بله هیڅ هم نه دې تر څو په ځانګړي توګه د قطر د هوکړي د لاسلیک څخه وروسته د طالبانو او امریکا تر منځ د امریکا د خارجي سیاست په ادامه او استازیتوب په کابل کې د امریکا د ستراتیژیک منافعو لپاره عمل وکړي.مګر د جمهور رییس اشرف غني ملیپاله موضعګیرۍ د طالبانو د بندیانو په خوشي کولو، د طالبانو سره د مذاکره کونکي هییات او د سولې د مذاکراتو موخو دا په ګوته کړ چې دافغانستان د وګړو ملي منافع د امریکا د ستراتیژیکو موخو سره په منطقه کې مکمل سازګاري نه لري.

د ولسمشرۍ د تحلیف د مراسمو په پای ته رسیدو سره، چې د نړیوال پراخ پیژندنې سره بدرقه شو، او د دولت او د ګوندونو او مطرح سیاسي، اثر اینښودونکي شخصیتونو څخه د مذاکره کونکي ټیم د رییس او غړو په اعلانولو،د افغانستان دولت په یو مستحکم موقف کې د سولې د مذاکراتو لپاره د طالبانو سره قرار ونیولو. د امریکا، د اروپا د اتحادیې او حتی د عبدالله تایید د دولت د مذاکرې د هییات څخه د ټولو خلکو او ډلو د ملي منافعو په لار کې یو سم عمل دی چې نوولس کاله تیرو کلونو کې د اساسي قانون د چتر لاندې د هغه له مزایاوو څخه یې استفاده کړې دې او د طالبانو د غضب لاندې وو. **اوس د سولې پنډوسکه د طالبانو په میدان کې دی** او طالبان د دولت د هییات سره د مذاکرې پرته، بله چاره نه لري!

د طالبانو ټینګار له یوې خوا د پنځهزرو بندیانو د هیڅ قید او شرط څخه پرته د خلاصیدو پر سر چې د دولت په زندانونو کې پراته دي، او له بلې خوا غیر اصولي مخالفت د بین الافغاني مذاکراتو د پیل لپاره د معرفي شوي هییات د دولت او سیاسي ګوندونو څخه سره یوځای او یوځای د طالبانو په لانور زیاتیدو په نړیواله صحنه کې پای ته رسیږي.

د قطر د هوکړي مشکلات، نواقص او پایلې

مګر د قطر د هوکړي خلاوي او نواقص او د امریکایانو، پاکستانیانو او طالبانو تیروتنه فرضیې، ښکاره کړ چې د نوبل د سولې د جایزې د اخیستو هیله د ډونالد ټرمپ لخوا په دې نږدیو کې شوني نه دي، ډانلد ټرمپباید انظار وکاږي.

امریکا له دی وجهی په غوصه دی. د امریکا د بهرنیو چارو وزیر کابل ته راغی او د دندی د ماتی څخه یی وروسته په کابل کې یی د دی تهدید وکړ چی خپل له مرستو څخه دوه میلیارد ډالره افغانستان څخه قطع کوی.وروسته یی وویل چی په خپل ټولو غربی پیمانونو باندی به هم فشار راولی تر څو هغوی هم خپلی مرستی کم کړی. د جمهور رییس اشرف غنی ځواب په دولتی مصرفونو کې صرفه جویی او کمی پکې راوستل او د دولت لا دمخه چمتوالی د دی مرستو د کمیدو په اړوند وو. دا ځواب امریکا یی لانور په غوصه کړ او د بهرنیو چارو وزیر مایک پومپیو تهدید وکړ چی د هغه هوکړی د معیاد څخه چی د طالبانو سره یی کړی په لا چټکۍ به خپل ټول سرتیری به وباسی. د جمهوری ریاست د لمړی معاوون امرالله صالح ځواب د یک تلویزیون سره د مرکی په لړ کې دا وو چی د نړی د مرستو د قطع کیدو په نتیجه کې ؛نه به د پنجشیر سیند وچ شی او نه د هلمند سیند او نه به د هندوکش د غر ملا مات شی؛. (۲۰۲۰م اپریل نهمه)

د قطر د هوکړی په لاسلیک کیدو، طالبان او ملاتړ کونکی یی فکر کوي چی جګړه یی ګټلی دی، او د افغانستان د دولت څخه په انکار، هغه څه چی پاتی دی صرف صرف د څو جهادی ډلو سره توافق د طالبانو په اسلامی امارت دولت کې دی. د عباس ستانکزی په حساب ؛په افغانستان کې کوم حکومت شتون نه لری موږ به د افغانستان د خلکو واقعی استازو سره مذاکره وکړو (د مارچ اول)؛.په یقین سره په داسی فکر درلودلو سوله ناممکنه ده! په داسی حال کې په نظامی بیلانس کې هیڅ توپیر نه دی راغلی حتی د امریکایانو د وتلو څخه وروسته به جګړه د افغانستان د دولت د مسلح ځواکونو او طالبانو تر منځ روانه وی او بی له بلی چاری څخه سوله هم د طالبانو او د دولت تر منځ باید ټینګ شی.هیڅ مقام، شخص او ډله د دولت پرته، نشی کولی د طالبانو سره د سولی او د ملی مصالحی شرایطو باندی توافق وکړی او عملي یی کړی. په دی اړوند د قطر امیر تمیم بن حمد بن خلیفه آل ثانی د ۲۰۲۰ د مارچ په اتمه نیټه اظهار وکړ چی ؛د ډاکټر غنی دولت منتخب، مشروع او قانونی دولت د افغانستان دی او ما دا طالبانو ته هم ویلی؛!

د هغه هوکړی تناقض چی په قطر کې لاسلیک شو او هغه ګډه اعلامیه چی له کابل څخه صادره شوه، د طالبانو او امریکا تر منځ د دی توافق د ګټو د پله کیدو د سستی علتونو څخه دی.

په داسی حال کې چی زلمی خلیلزاد د قطر په هوکړه کې طالبانو ته وعده کوي د دوی پنځه زره بندیان به د لسو ورځو په دننه کې آزاد شی خپل د صلاحیتونو له حدودو څخه او د امریکا د دولت له صلاحیتونو څخه د افغانستان په اړوند تیری کوی. جمهور رییس غنی وویل چی د طالبانو د بندیانو د خوشی کولو موضوع،د افغانستان د دولت له صلاحیتونو څخه دی او په بین الافغانی مذاکراتو کې کیدی شی پر هغه بحث وشی. تاماس وست د جوبایدن پخوانی مشاور د ۲۰۲۰ د مارچ

په څلورمه نیټه اظهار وکړ چې د جمهور رییس غنی موضع د بندیانو د خوشی کولو پر ځانګړتیا د حق حفظور د مذاکراتو لپاره د طالبانو سره د سولې په خبرو کې عاقلانه دی. ؛دا د افغانستان د حکومت د فشار اهرام پر طالبانو د سولې په مساله کې دی او هغه کاملا (غنی) حق لری چې دامسئلهمطرح کړی.؛ د دولت د ملی امنیت مشاور حمد الله محب په وینا د طالبانو د بندیانو د خوشی کولو موضوع یوه مهمه موضوع او د افغانستان د دولت لپاره یو مهم خطردی.د بندیانو د آزادی په موضوع کې د امریکا خارجه وزیر مایک پومپیو د اشرف غنی خبری چې ویلی یی وو چې دا موضوع د افغانستان دولت پوری اړه لری یی نه دی رد کړی مګر ویی ویل چې هر څوک غواړی په دی شرایطو کې خپل ځانته پاملرنه راواړوی. هغه یواځې د هوکړی متن تکرار کړ چې امریکا د ذیدخلو اړخونو سره د بندیانو د آزادولو لپاره د اعتماد جوړونی لپاره کار کوي او دا هم هغه څه وو چې غنی په خپله مرکه کې پر هغه ټینګار وکړ چې کوم تعهد شتون نه لری.

ښکاری چې د تورو څخه د استفادی اختلاف یوه د وتنی لاره (راه ګنجشکک) یی د طالبانو د مذاکراتو د نه منلو لپاره د دولت د رسمی استازو سره یی خلاص پریښی دی! د افغانستان د دولت په اعلامیه کې د امریکا سره ویل شوی دی: .... ؛د طالبانو او د متحده ایاتو تر منځ په هوکړه کې لاره د طالبانو او د افغانستان د اسلامی جمهوری تر منځ د مستقیمو مذاکراتو لپاره د یو سیاسی توافق او تل پاتی او جامع اوربند لپاره هواروی.د افغانستان اسلامی جمهوری یو ځل بیاٱ خپل چمتووالی د داسی مذاکراتو د ګډون لپاره او د طالبانو سره د اوربند د توافق په اړوند اعلانکوی؛

د طالبانو د امریکا سره په هوکړه کې ویل کیږی:د دی هوکړی په موجب ؛د طالبانو اسلامی امارت چې د متحده ایالاتو لخوا د یو دولت په نامه نه پیژندل کیږی او د طالبانو په نامه پیژندل کیږی،بین الافغانی مذاکرات د افغانی اړخونو تر منځ د ۲۰۲۰ د مارچ په ۱۰ چې د ۱۴۴۱ هجری قمری د رجب ۱۵، او د ۱۳۹۸ هجری لمریز د حوت ۲۰ سره سمون خوری به پیل کړی.د بین الافغانی مذاکراتو د خبرو اترو د اجندا یوه موضوع به تل پاتی او جامع اوربند وی. د بین الافغانی مذاکراتو برخه اخیستونکی به د تل پاتی او جامع اوربند او د پله کیدو، په هغه کې د اجرایی میکانیزم بحث به وکړی د مذاکراتو د نیټه او څرنګوالی په اړوند، د افغانستان د سیاسی راتلونکی د نقشی د تکمیل او توافق سره به اعلان شی.ښکاری چې د ؛د طالبانو او د افغانستان اسلامی جمهوریت تر منځ د مستقیمو مذاکراتو؛ جملی له دوه مختلفو ژبو څخه د دولت او طالبانو سره کار اخیستل شویدی.دا اختلاف د تیښتی لاره (راه ګنجشکک) یی د طالبانو د دولت د رسمی استازو د نه منلو لپاره خلاصه پریښی ده! بی ځایه نه دی چې په دی اړوند عباس ستانکزی د طالبانو استازی د امریکا سره د هوکړی له لاسلیک څخه وروسته اظهار کړی چې ؛په افغانستان کې کوم حکومت شتون نلری او موږ به د افغانستان د واقعی استازو سره مذاکره وکړو.؛!

ډیر وخت نه وو تیر شوی چې د طالبانو او د امریکایي ځواکونو تر منځ چې په افغانستان کې میشت دي، د سولې د توافق په اړوند متفاوت تعبیرونه رابښکاره شول. په داسې حال کې چې عباس ستانکزي د مارچ په دوهمه نیټه اظهار وکړ چې ؛د امریکایانو سره جګړه متوقفه شویده او جګړه د افغانستان د امنیتي او دفاعي ځواکونو سره ادامه لري.؛ مګر په چټکۍ سره ښکاره شوه چې امریکایي ځواکونوپه هوایي ملاتړ د افغاني همکارانو د مرستې لپاره ور ودانګل. د طالبانو د احتجاج په ورانډې چې ویلې یې وو چې دوی خپل یرغلونه د دولت پر لیرې پراته پوستو محدود کړي، په دې اړوند یو امریکایي قومندان په افغانستان کې اعلان وکړ چې په هغه صورت کې چې طالبان د افغانستان د دولت د امنیتي ځواکونو پر پوستو یرغل وکړي، دوی به د امنیتي ځواکونو د مدت لپاره ودانګي.

حسین حقاني، په واشنګټن ډي سي کې د پاکستان پخواني سفیر وایي چې د امریکا د طالبانو سره هوکړه یوه ؛بده معامله؛ده.(۱۳۹۸ حوت ۱۴ د امریکا غږ) د هغه په وینا د دې سربیره چې د معاملې دواړه خواوې د هغه په اړوه متفاوت تفسیر لري، د پاکستان مشکل په دې توافق کې حل شوی ندی.ښاغلي حقاني وایي چې د دې سره سره چې متحده ایالات دې هوکړې ته د ؛سولې معامله؛ نوم نړي ته د معرفي کولو په خاطر ورکړې دی،طالبانو هغه ته د ؛افغانستان څخه د امریکا د وتلو معامله؛ د سترګو ګوري او داسې فکر کوي چې تولو ته یې ماته ورکړې او اوس یوځل بیآ د قدرت واړي یې لاسته ورغلې دي او خپلې غوښتنې عملي کوي.

په همدې منوال راکیش سود، په افغانستان کې د هند پخواني سفیر وایي چې د امریکا او طالبانو تر منځ دا وروستنۍ هوکړه چې لاسلیک شو، د سولې یوه هوکړه نه ده بلکه مګر د امریکایي سرتیرو د افغانستان څخه د باندې وتلو هوکړه دی. (۱۳۹۸ هجري لمریز حوت ۱۴، د امریکا غږ)

ښاغلي سود د امریکا غږ سره په مرکه کې وویل:؛دا هوکړه له څلورو مندرج شویو عناصرو چې په هغه کې ذکر شوي، یواځې د دوو عناصرو په زماني مهالویش بحث کوي چې د افغانستان څخه د امریکایي او د نورو بهرنیو سرتیرو د باندې وتل او همداراز د طالبانو د ضمانت په اړوند چې دوی خپل د کنترول په ساحاتو کې نړیوالو دهشت اچونکي سازمانونو ته لکیه القاعده ته به پناه ور نکړي، سره ارتباط نیسي.؛

دا هندي دیپلومات د تل پاتې او جامع اوربند د منځته راتللو د اهمیت په اړوند په افغانستان کې په ټینګار وایي چې هغه هوکړه چې د طالبانو او د امریکا تر منځ لاسلیک شوې دی،د اوربند بحث یې بین الافغاني مذاکراتو ته پریښي دی، تر څو قاطع ضمانتونه په دې اړوند له طالبانو څخه واخیستل شي.

ښاغلی سود وایی چی په هوکړه کې چی په قطر کې لاسلیک شو او په ګډ اعلامیه کې چی له کابل څخه صادره شوه تر منځ یی تناقض شتون لری.هغه وویل:؛هغه وخت د دی تناقض د شتون شاهدان وو چی جمهور رییس غنی وویل چی د طالبانو د زندانیانو آزادول د افغانستان د دولت له صلاحیتونو څخه دی او په بین الافغانی مذاکراتو کې کولی شو پر هغه بحث وکړو.؛

راکیش سود چی د ۲۰۰۵ کال څخه تر ۲۰۰۸ میلادی کال پوری په کابل کې د هند د سفیر په توګه یی دنده تر سره کړی دی، همداراز یی ویلی دی چی د طالبانو ډله تر اوسه پوره خپل د په خپله منلی امارت د اعادی څخه په افغانستان کې لاس نه دی اخیستی.

په دی ارتباط لونید ایواشف د روسیه د ژنوپلیتیک د مطالعاتو د اکاډمی رییس په یوه مرکه کې د ایرانی ایرنا د خپرونی سره (۲۰۲۰م د مارچ ۳) د طالبانو او امریکا تر منځ د هوکړی لاسلیک ته اشاره وکړ او هغه یی لا بله نښانه د واشنګټن د تیروریزم او د دی هیواد د لیری تګ څخه ملاتړ وګڼلو.

د دی خپرونی د ګزارش په اساس، لونید ایواشف ویلی:د طالبانو ډله په کراتو خپلو په کړنو دا ثابته کړی ده چی یو تیروریستی ډله دی او په زرګونو د افغانستان خلک او افسران او د هیواد دولتی مقامونو څخه کسان د طالبان له لاسه وژل شویدی. هغه اضافه کړه:د طالبانو د ډلی مشران هیڅ کله هم خپلو له کړو څخه پښیمانی نه ده ښوولی او نه یی دی ویلی چی تیروریستی لاره به یوی خواته پریږدی او د نړیوال ټولنی له نظره دا یو تیروریستی ډله دی.

ایواشف اظهار وکړ:د طالبانو د ډلی سره د هوکړی په لاسلیک کولو، دا یو ځل بیآ ښکاره کوي چی امریکا تیروریستان په ښه او بد برخو ویشی او د هغه تیروریستی ډلو سره چی د شرور په بند یا ډلو کې دی هغوی سره مبارزه کوي او د نورو سره یی همکاری او مرستی کوی.

د روسیی د ژنوپلیتیک د مطالعاتو د اکاډمی رییس په دی معتقد دی چی په ډیر احتمال سره امریکا د طالبانو له ډلی څخه د ژنوپلیتیک موخو ته د رسیدو په خاطر استفاده کوی.هغه په دی اړوند وویل چی د دی احتمال شتون لری چی امریکا د دی قصد ولری چی د طالبانو هغه ډله چی د افغانستان نوی دولت ته داخلیږی، د دی دولت سیاستونه د ایران او د روسیه پر ضد او په احتمال سره د چین په وړاندی خصمانه سیاستونه کړی. دایواشف په وینا، د طالبانو ډلی ممکن په هغه طرحو کې چی د منځنی آسیا د بی ثباتی په موخه دی کې هم په پټه برخه ولری.هغه اظهار وکړ چی له هیڅ چا څخه پټ نه دی چی امریکا غواړی چی د منځنی آسیا منطقه چی د روسیه په څنګ کې دی بی ثباته کړی او د دی موخی د سرته رسولو په منظور څیړنی کوی. د هغه په آند واشنګټن ته د طالبانو د ډلی نږدی کیدل د دی ډلی د مرستی امکان د منځنی آسیا د بی ثباته کولو په برخه کې برابروی.

ایواشف په دی باور دی چی د امریکا او د طالبانو د ډلی تر منځ د سولی د هوکړی د لاسلیک کیدو څخه په ورسته شرایطو کې باید د منطقی هیوادونه متوجه او بیداره اوسی او د ډلی خوځښتونه او هم د داعش د تیروریستی ډله چی په افغانستان کې یی نفوذ ډیر کړی او د افغانستان د همسرحدو منطقو د بی ثباته کولو په اړوند هڅی کوی، د نظر لاندې وساتی.

د دی مرکی خپرول د ایرنا د خپروونی لخوا د ایران او د روسیه ګډ پریشانی د امریکا او د طالبانو تر منځ د سولی د هوکړی په اړوند ښکاره کوی.

د سولی بین الافغانی مذاکرات

د افغانستان د دولت او د طالبانو په نظر کې اختلاف د بین الافغانی مذاکراتو په تعریف کې موجود دی. طالبان د افغانستان دولت په رسمیت نه پیژنی هغه ته د کابل د اداری نوم ورکوي چی حاضر نه دی هغه سره مذاکراتو ته داخل شی. د طالبانو لپاره بین الافغانی مذاکرات د اسلامی امارت او د ګوندونو، سیاسی تنظیمونو او مطرح شخصیتونو لکه حامد کرزی او د کابل د اداری استازی د هری ډلی په خپلواکی به سرته ورسیږی. هغوی د دولت او د ګوندونو او سیاسی تنظیمونو او مطرح شخصیتونو څخه جوړ یو ګډ هیات د معصوم ستانکزی په ریاست چی د دولتی امنیت پخوانی رییس او د د دولت استازی دی څخه راضی نه دی.

د دولت لخوا د مذاکره کوونکو هیات پیژندل شوی دی د ټولو مختلفو اقشارو، سره د پراخبنستو مشورو څخه وروسته د جهادی تنظیمونو او ګوندونو او مدنی ډلو څخه د دوی د استازو به برخه اخیستو جوړ شوی دی. دا هییات د امریکا له نظره چی د طالبانو سره د هوکړی یو اړخ دی ټول شموله دی او کولی شی د طالبانو سره مذاکرات ؛بین الافغانی؛ سرته ورسوی. دا ډلی په تیرو نولس کلونو کې د اساس قانون د حمایت لاندې او د هغه د امتیازاتو څخه په ګټه اخیستلو په هیواد کې فعالیت درلود او د طالبانو لخوا د دښمن په سترګه ورته کتل شوی دی او د دوی سره چلند شوی دی او اوس په یوه متحده جبهه کې د دولت سره د طالبانو سره د مذاکراتو په خاطر د سولی د تامیین او د طالبانو د اشتراک د شرایطو د منځ ته راوړلو لپاره د هیواد په ټولنیز او سیاسی حیات کې ته چمتو دی. د دی موضوع پر بنسټ، دولت د یو مشروع، رسمی استازی په نامه د نظام په داخل کې د قومی ډلو، سیاسی ګوندونو،مدنی نهادونو او ضرر پذیره اقشارو لکه ښځو، اقلیتونو او د جګړی د قربیانو د نظریاتو او لیدلورونو د اصلی استازی په نامه حسابیږی مکلف دی چی د سولی د تګلاری په وړاندی وړلو او د دی مجموعی د اصلی پریشانیو او حساسیتونو د جوړونکی تعاملات په نظر کې وساتی. طالبان خپل د مقابل اړخ د هییات د ویتو صلاحیت نه لری. دا اصل نړیوال ټولنه تایید کړی دی.

د دې لیډلور پر اساس، که طالبانو غوارړی چې د دوی پلویان د سولې په مذاکراتو کې برخه واخلي، چې د شک څخه پرته په هغه کې ځوانان،استادان،د پوهنتون استادان،ښځې، د طب ډاکتران، انجینیران،د حقوق ، سیاست او د اقتصاد عالمان او نور شامل دي، د ملایانو شمیر خپل د هییات څخه کم کړي او د هغوی په ځای څو شمیر له دې قشرونو څخه خپلو استازو کې شامل کړي د مذاکراتو په موخو کې هم د طالبانو او د دولت په منځ کې اختلاف شته. په داسې حال کې چې د سولې تامیین او د طالبانو لپاره د هیواد په سیاسي او ټولنیز حیات کې د برخه اخیستلو د امکاناتو منځته راوړل د دولتي هییات د جوړیدو موخه دی، د طالبانو لپاره د فاتح ډلې تر نامه چې ګڼې دوی امریکا او نور متحدین یې د باندې وتلو ته اړ کړي، د برنامه او د مقتدر سره په یوازېنۍ لړۍ وې چې راتلونکې سیاسي نظام جوړ کړي او د هغه مشرتابه په لاسه کې واخلي. په دې فرضیه کښې،طالبان تضمین کوي چې له افغانستان څخه د امریکا منافعوو ته کوم خطر متوجه نه شي او ژورو فرهنګي او سیاسي توپیرونو په پوهه چې په هیواد کې یې په تیرو ۱۹ کلونو کې شتون موندلی او د خلکو بده او ترخه خاطرې د دوی د حکومتدارۍ له تجربې څخه چې د ۹۰ میلادي لسیزه کې وو،هڅې کوي تر څو د انعطاف منل،نسبي فکري تحول او لا ډیر چمتوالی د نورو جریاناتو او قومونو د مشارکت لپاره د هیواد په اداره کې خپل د ځان څخه ښکاره کړي. مګر د طالبانو فکري اساساتو ته په پاملرنه د نورو مشارکت او فکري تحول به یوازې یو سمبولیک جنبه ولري. د دې پر اساس د مذاکراتو د لړۍ اوږدوالي او سختوالي او د تګلاره یې په دې فرض چې پیل شي، کولی شو له همدې ټکي څخه پوه شو.

د دولت او د طالبانو تر منځ د مذاکراتو څخه پرته، بل هیڅ لاره د تفاهم، اوربند او د سولې په تامیینیدو نه ختمیږي!

باید پوه شو چې سوله یوازې هغه وخت ممکنه ده چې طالبانو ومنې چې د دوی اسلامي امارت بیاّ جوړیدونکې نه دی بلکه د یوننۍ مودرن اسلامي جمهوریت په جوړولو او پکې په اشتراک کولو چې داسې وی لکه اندونیزیا، ترکیه او مالیزیا چې په هغه کې د خلکو اساسي حقوق د ښځو د حقوقو په شمول محفوظ وی او د دولت سره په جدي مذاکراتو کې داخل شي.

په همدې اساس د قریب الوقوع سولې مذاکراتو سره باید د بن د ۲۰۰۱ کال د کنفرانس په شان چلند و نه شي. باید هیواد بې دولته و نه بلل شي او د طالبانو د نظر په اساس د افغانستان د دولت نقش د یو سیاسي تنظیم په سطحه محدود کړی شي او هغه د پوښتنې لاندې راوستل شي. دا چې د طالبانو او د امریکا تر منځ په هوکړه کې له کومې ژبې څخه استفاده شویدی، دا د افغانستان دولت د هغه په سرته رسولو او اجرا نه مکلف او نه مقید کوي. د هغه دوه اړخونو هوکړه یوازې د بهرنیو ځواکونو د ماموریت په موجودیت او ختم کې اعتبار لري.

که دا مذاکرات د دې په موخه وي چې د طالبانو اسلامي امارت یو ځل بیا د پاکستان د تحت الحمایه دولت جوړیدل وي دا یو فرصت نه بلکه د طالبانو او د پاکستان بریالیتوب د ډیپلوماسي له لارې خپل د موخو د لاسته راوړنې په خاطر دی هغه چې د جګړې په ډګر کې یې لاسته رانوړلی شي.

د افغانستان دولت مجبور نه دی چې د سولې مذاکرات د طالبانو، پاکستان او حتی د امریکا لخوا د طرح شویوی قواعدو په چوکاټ کښې، سرته ورسوی. د امریکا او د ناټو د بهر ته وتلو پورې اړوند بعدونه په شرایطو د امریکا او د طالبانو په هوکړه کې وربانډې توافق شوی او اوس داخلي اړخونه د معضلې د طالبانو او د دولت د سیاسي ګوندونو تر منځ د بحث لاندې نیول کیږي.

ځنې ننی اوضاع د نجیب الله د دولت د سقوط شرایطو سره پرتله کوی، په داسې حال کې چې دا مقایسه کول سطحي او بې بنسټه دی. د نجیب الله دولت د افغانستان د ټولنې او د نړۍ د بې تفاوتۍ په شرایطو کې د پخوانی شوروی اتحاد په شمول، او په افغانستان کې د شوروی اتحاد څخه وروسته د پاتې شوی دولت د مالی سرچینو وچیدلو څخه زوال بانډې محکوم وو. د اشرف غنی دولت د دی شرایطو سره مخ نه دی.د هغه دولت تر اوسه هم د افغانی او نړیوال ټولنو د پراخبنسټو ملاتړنو څخه برخه مند دی.

ځنې بیا د افغانستان څخه د امریکا د وتلو پایله د ویتنام څخه د لاسته راغلی تجربې سره مقایسه کوي او وایي د امریکا وتل د ننۍ مودرن ویتنام د یو هیواد په شتون ختمه شوه چې په داخلي ساحه کې ویتنام یې په یو مترقی هیواد او مخ په پرمختګ هیواد بدل کړ او په نړیواله ټولنه کې د یو مسوول هیواد په شکل عمل کوی.

دا مفسرین دا له هیره وباسی چې افغانستان ویتنام نه دی او ملا هیبت الله او شریکان یې د هوچی سره هیڅ شباهت نه لري. هوچیمن د مسکو او پاریس تحصیل کړی وو او مودرنیته او پرمختګ بانډې یې عقیده درلود او د هغه ګوند ننۍ پر مختللی ویتنام طرحه جوړه کړه او عملي یې کړ په داسې حال کې چې ملا هیبت الله او ملا برادر د پاکستانی سلفی د وسطایی پیریو د دینی مدرسو فارغان دی د هیڅ مودرنیتې پدیره او د نړۍ پرمختګ او هیڅ د تشر حقوقو اصل او د دولتدارۍ موازین د موجوده عصر بانډې عقیده نه لري. حتی له همدې ورځې څخه پاکستانی طالبان د افغان طالبانو په ملاتړ د یو طالبی پاکستان جوړولو ته سترګې نیولې دی.هغه مار چې د نورو د چیچلو په موخه یې ساتلو یوه ورځ په یو لوی خامار بدلیږی چې خپل خاوند به وخوری!

د سولې مذاکرات لا تر اوسه نه دی پیل شوی او اساسی اختلافات د نظریاتو د هغه د دول، عمل او د افغانستان د راتلونکې سیاسي او نزامي موخې تر اوسه د طرفینو د مذاکراتو په میز نه دی مطرح شوی. موږ تر اوسه هم د کرۍ په یو تاوو کې یو.

ښکاری چې ښاغلی دونالد ټرمپ د نوبل د سولې د جایزې د ترلاسه کولو په موخه باید لانور هم انتظار وکړی.

په دې شرایطو کې په داسې حال کې دولت خپل د مذاکرې هییات او ګوندونه یې د ګوندونو په توافق سیاسي غمې معرفي کړی او همداراز د طالبانو د پنځه زره زندانیانو د خوشې کولو سره په پرنسیب کې د سولې د مذاکراتو لپاره توافق کړی **اوس د سولې توپ یا پندوسکه د طالبانو په میدان کې دی.**

دیارلسمه برخه
متفرقه مقالې او یادښتونه

د امریکایی ترانسپورټی الوتکو لخوا دهلمند د یورانیمو د قاچاق ګونګوسی
ایا په هلمند کې د یورانیمو قاچاق حقیقت لري؟ (یوه تاریخي او علمي کتنه)

ډېرې وخت په مطبوعاتو او عامه افکارو کې دا ګونګوسې خپرېږي چې امریکایي ټرانسپورټي الوتکې د هلمند یورانیم قاچاق کوي. دا ډول ادعاوې تر ډېره له احساساتو او د استخراج له پروسې څخه له ناخبرۍ سرچینه اخلي.

۱ .**یوه تاریخي خاطره :**په ۱۹۷۶ کال کې، کله چې زه د پلان په وزارت کې د صنایعو مدیر او د جمهور رئیس داوود خان د اووه کلن پلان د انسجام د سکرتریت غړی وم، یوه ماښام د کانونو او صنایعو وزارت یوه جګپوړي چارواکي ماته ډېر مهم خبر راوړ. هغه په هلمند کې د یورانیمو د شتون لابراتواري تایید و. موږ هغه مهال دا د افغانستان د راتلونکي لپاره یو لوی زیری وباله.

۲ .**د یورانیمو د استخراج علمي حقیقت :**باید پوه شو چې د یورانیمو استخراج داسې ساده نه دی لکه څوک چې د سرو زرو ځښته پېته کړي. دا یوه پېچلې او درنه صنعتي پروسه ده:

- **غلظت :**په یوه ټن ډبرو کې چې یورانیم لري، د اصلي مادې اندازه په اوسط ډول یوازې وي.
- **د پروسس اړتیا :**د دې لپاره چې یو کیلوګرام خالص یورانیم یا "ژېړ کیک () "ترلاسه شي، باید زرګونه کیلوګرامه ډبرې استخراج او تصفیه شي.
- **لوژستیکي ستونزه :**د مثال په توګه، د برېښنا یوه اټومي کارخانه په کال کې ۲۰۰ ټنه ژیړ کېک ته اړتیا لري. د دې مقدار لپاره باید لږ تر لږه ۲۰،۰۰۰ ټنه ډبرې استخراج شي.

۳ .**منطقي پایله :**کوم سلیم عقل منلی شي چې امریکایان به په زرګونو ټنه خامې ډبرې په الوتکو کې انتقالوي؟ په داسې حال کې چې:

- په هلمند کې د دې ډبرو د تصفیې کارخانې نشته.
- امریکا پخپله د یورانیمو کانونه لري.
- امریکا کولی شي له برازیل، استرالیا او هندوستان څخه په خورا ارزانه بیه د لویو بېړیو له لارې یورانیم وارد کړي.

نو دا ادعا چې الوتکې خامې ډبرې لېږدوي، له تخنیکي او اقتصادي پلوه هیڅ منطق نلري. دا ډول اوازې یوازې د عامه اذهانو د مغشوشولو لپاره دي.

د کابینې ټاکل: وزارت؛ سیاسي که مسلکي مقام؟

په افغانستان کې ډېری وخت د وزیرانو په ټاکلو بحثونه کېږي، خو حقیقت دا دی چې وزارت یو **سیاسي مقام** دی، نه مسلکي. ولسمشر د ملت په وړاندې د خپلو پروګرامونو د پلي کولو مسوول دی او حق لري داسې ټیم وټاکي چې د ده پر لیدلوري باور ولري.

- **د استرالیا تجربه :**په استرالیا کې که پارلمان دوه ځله د حکومت غوښتنه رد کړي، لومړی وزیر حق لري پارلمان منحل او نوې ټاکنې وغواړي. دا ځکه چې حکومت باید د کار کولو واک ولري.
- **وزیر او معین :**وزیر باید په پارلمان کې سیاسي ملاتړ ولري، خو د وزارت اجرايوي او مسلکي چارې باید د **مسلکي معینانو او متخصصینو** لخوا پر مخ یوړل شي.
- **بایسکل مې خپل، زړه مې خپل :**په عامیانه ژبه، کابینه د ولسمشر "بایسکل" دی. دی یې باید په خپله خوښه وچلوي ترڅو هدف ته ورسېږي. که اداره غیرسیاسي او مسلکي وي، د حکومت په بدلیدو سره نظام نه نړېږي.

د افغانستان بهرنی سیاست: د ایران او سعودي ترمنځ انتخاب

افغانستان اوس په داسې موقف کې نه دی چې د سیمې د هیوادونو د سیاستونو په اړه "اخلاقي قضاوت" وکړي. زموږ لپاره زموږ **ستراتیژیکې ګټې** لومړیتوب لري.

- **سوله او د هغې سرچینې :**طالبان له سعودي عربستان، پاکستان او د خلیج هیوادونو سره تاریخي اړیکې لري. ایران که وغواړي هم، د سولې په برخه کې دومره مرسته نشي کولی لومړی یاد شوي هیوادونه یې کولی شي.

- **د سعودي ملاتړ :**که سعودي عربستان له افغان ولسمشر څخه معنوي ملاتړ غواړي، موږ باید د خپلو ګټو لپاره مثبت ځواب ورکړو. دا کار طالبان له خپلو اصلي مالي او سیاسي سرچینو څخه محروموي.
- **له ایران سره اړیکي :**ایران ته نږدې کېدل یا لرې کېدل د افغانستان لپاره یوه "بیه" لري، خو دا بیه د سولې او ثبات په بدل کې د منلو وړ ده. ایران پخپله هم پوهېږي چې په افغانستان کې د امریکایانو په شتون کې، دوی زموږ همکاری ته تر هغه زیات اړتیا لري چې موږ یې هغوی ته لرو.

د جګړې تدریجي پای

باید ومنو چې د افغانستان جګړه د "برښنا د سویچ" په څېر نه ده چې په یو ځل بنده شي. دا جګړه ځو اړخیزه ده او په تدریج سره پیل شوې، نو پای به یې هم په تدریجي ډول او د دقیقو سیاسي مانورونو له لارې وي.

تاریخ یې بربنډوی: د خلیل الله خلیلی بلنه د ایران له پاچا څخه د افغانستان د اشغال لپاره

۱ .د خلیل الله خلیلي او د ایران د پاچا معما

تاریخ کله ناکله داسې حقایق بربنډوي چې د ډېرو لپاره ټکان ورکوونکي وي. د ایران د شاهنشاهي دربار د وزیر اسدالله علم په خاطراتو کې راغلي چې خلیل الله خلیلي (هغه مهال په بغداد کې د افغانستان سفیر) له ایران څخه غوښتي و چې په افغانستان کې مداخله وکړي. د هغه استدلال دا و چې د داوود خان نظام د نړېدو په حال کې دی او د کمونیستانو د مخنیوي لپاره باید ایران ګام پورته کړي. دا یادښتونه ښيي چې سیاسي اندېښنې کله ناکله ملي ګټې تر سیوري لاندې راولي.

۲ .نوروز: د اریایي تمدن کلتوري میراث

د وهابي افراطیانو د ادعا خلاف، نوروز په افغانستان کې زردشتي مذهبي دود نه، بلکې د کرنې، طبیعت او نوي ژوند لمانځنه ده.

- **تاریخي ریښې :**نوروز لومړی په افغانستان (بلخ) کې پیل شوی، ځکه دا سیمه د اریایي تمدن زانګو ده. دری ژبه او دا دودونه له همدې ځایه فارس (ایران) ته تللي دي.

- **علمي ارزښت :**د نوروز په لومړۍ ورځ لمر د استوا کرښه تېړوي، چې دا د لرغونو اريايانو د ستورپېژندنې لوړه پوهه ښيي. دا ورځ د اروپا له "اريس (Aries) "مياشتې سره سمون خوري.

۳ .د اداري سيستم اصلاح: له رياستي څخه صدارتي نظام ته

د افغانستان اوسنی رياستی نظام د بن د کنفرانس يو تيت و پرک ميراث دی. د حل لاره دا ده چې:

- **د صدارت څوکی :**اساسي قانون بايد تعديل شي او د پارلماني اکثريت پر بنسټ يو پياوړی صدارتي نظام رامنځته شي (لکه د فرانسې ماډل).
- **غيرسياسي اداره :**د دولت اداري دستګاه بايد په بشپړ ډول مسلکي او غيرسياسي وي، ترڅو د حکومتونو په بدلېدو سره نظام فلج نشي.

۴ .د "روښنايي جنبش" او د هزاره تولنې بدلون

دا خوځښت يوازې د بربښنا لپاره نه و، بلکې دوه نورې موخې يې لرلې: د هزاره قوم د دوديزو مشرانو (خليلي او محقق) څنډې ته کول او د دولت بې اعتباره کول.

- د باميان بربښنا د "توتاپ" پرته هم د نورو لارو (لکه غوربند) په لږ لګښت تامينېدای شوای.
- د ملي پروژو سبوتاژ کول "حق غوښتنه" نه، بلکې ملي نفاق ته لاره پرانيستل دي.

۵ .د اساسي قانون له ملي مصطلحاتو دفاع

د اساسي قانون د "جعليت" ادعا يوه شومه دسيسه ده چې غواړي د ايران د کلتوري يرغل مخه خلاصه کړي. د اساسي قانون ۱۶مه ماده چې **ملي مصطلحات** (لکه پوهنتون، ستره محکمه، او نور) خوندي کوي، زموږ د ملي هويت ساتونکې ده. موږ بايد د هغو کړيو مخه ونيسو چې غواړي د افغانستان "دري" ژبه د پردي کلتور قرباني کړي.

۶ .تبعه که ښاروند؟

"ښاروند" يا شهروند د ايران نوې جوړه شوې کلمه ده. موږ ټول د افغانستان **"اتباع "**يا اتباع يو. د تبعه کلمه د دولت او هيواد په وړاندې د فرد د مسووليت او حقونو تر ټولو جامع مفهوم وړاندې کوي.

څو فرهنګی (Multicultural)

په غرب کې ميشت افغانان بايد دی موضوع ته متوجه اوسی. ۲۵ د جنوری د استراليا ملي ورځ په حقيقت کې د څو فرهنګی سياستونو د برياليتوب جشن دی.

ما د ځو کالونو لپاره په وزارتونو کې چې د قبايلو او اجتماعی چارو پوری مربوطی دی په آسترالیا کې د پالیسی او د پالیسیانو د څیړنی په برخه کې او په دی برنامو کې د کار تجربه لرم. د دی مهمی مسلی په اړوند غواړم دلته ځو ټکی د هغه دوستان سره چې د بانو مجله نه تعقیبوی، سره شریک کړم.

په ساده توګه د ځو فرهنګی اصطلاح د تنوع یا د diversity ښکارندوی په فرهنګی او قومی برخو کې د يوی جامعی دی. هرکله چې دولتونه دا فرهنګی او قومی د جامعی تنوع په رسمیت وپیژنی او د دی په دوام باندی معتقد شی، لکه د امریکا، کانادا، غربی اروپایی ملکونه، آسترالیا او نیوزیلند د هیوادونو په شان، دوتلی سیاستونه ؛پالیسیانی؛ ځو ډوله فرهنګی ؛فرهنګی پلورلیزم؛ Cultral Pluralism او ځو فرهنګی multiculturalism طرح او د اجراتو لاندې یی نیسی. د ځو فرهنګه هیواد سیاستونه د داسی ظوابطو او کړنو څخه دی چې دولتونه د دی شان تنوع په ځواب کې یی طرح او عملي کوی.دیموکراتیک دولتونه دا ډول پالیسی د فرهنګی تنوع د عواقبو د مدیریت په منظور د ټولنی او کسانو د ساتنی په موخه په کلی ډول سره طرح او تطبیق کوی.

د ځو فرهنګی پالیسیو اړښونه کولی شو په دی ډول سره خلاصه کړو:

- فرهنګی هویت:د خلکو حق د خپل په فرهنګی میراث کې او د هغه د نورو سره شریک کول د ژبی، او مذهب په شمول
- اجتماعی عدالت: د خلکو حق د مساویانه چلند لپاره او مساویانه فرصتونه د دوی سره، او د ټولو نژادی، قومی، فرهنګی، مذهبي ، ژبني،جنسی او د زیږیدنځای د موانعو او خنډونو لیری کول.
- اقتصادی موثریت:د موثر استفاده او تقویت نیازمندی د جامعی د ټولو خلکو د مهارتونو او استعدادونو څخه د دوی د فرهنګی شالید په نظر کې نه نیولو سره.

د ځو فرهنګی سیاستونو محدودیتونه

د پرمختللی دیموکراسی هیوادونو ځو فرهنګی سیاسیتونه چې پورته د هغه څخه ذکر وشو ځیني محدودیتونه هم لری چې ضروری دی هغو ته متوجه شو او مراعت یی کړو:

- د اوزمه هیواد راتلونکی منافعو ته تعهد او پر هغه ولاړه
- د اوزمه هیواد د سازمانونو او اجتماعی بنسټونو او ارزښتونو تعهد او قبلول، چې په دې کې اساسی قانون، د قانون حاکمیت، ملي ژبه، د نارینوو او ښځوی مساوات، دیموکراسی او يو د بل منل شامل دی په دی کښی

- د متقابل احترام د مسولییت قبلول او د جامعی د نورو کسانو د فکر او ارزښتونو احترام ساتل

د څو فرهنګی اصول ؛مولتی کلچرالیزم؛ Multiculturalism باید د د ډیرو فرهنګونو ؛فرهنګی پلورالیزم؛ Cultural Pluralism سره یو و نه بولو.دا دواړه یو له بله څخه توپیر لری. هغه جامعی چی د څو فرهنګه اصولو ته ؛مولتی کلچرالیزم؛ ته وادار دی، هلته یو فرهنګ د بل څخه په لوړه پیمانه یا درجه کې نه پیژندل کیږی، مګر ټول د یو بل تر څنګ همسان او برابر ژوند کوي چی په تیوری کې کانادا، آسترالیا، نیوزیلند او ځینې نور اروپانیی غربی ملکونه پکې شامل دی. په هغه هیوادونو کې چی د ډیرو یا ډیرو فرهنګونو یا د ؛پلورالیزم؛ څخه پیروی یا پلوی کوی، په هغو هیوادونو کې یو فرهنګ د بهتره فرهنګ په صفت موجود وی او خپل تر څنګ نور واړه فرهنګونه تر هغه حده چی د بهتره فرهنګ اصولو ته خطر او خلل واقع نه کړی، هغه د قبلیدو وړ دی، لکه د امریکا متحده ایالات.

ملیت او برقی تذکری!

په فیسبوک کې یو ملګری داسی لیکی ؛بلی ښاغلی خالدی،دا منم چی اکثریت د پښتون قوم دی. په دې کې شک هم نشته.

مګر د الکترونیکی تذکرو تګ لاره مختل کوی،ولی خپل ځان د افغان د نامه شاته پټوی او ولی اجازه نه ورکوی چی نور قومونه چی هویت یی خدای ورته ورکړی په الکترونیکی تذکره کې ذکر شی او زرګونه ولی بیا...؟؛

زما ځواب داسی وو:

خپل ځانونه د افغان د نامه شاته ګنی تر څو د هیواد و ټولو ورونو ملیتونو ته د افغان ملیت د نامه لاندې مساوی حقوق ورکړل شی او هیڅ یو قوم د بل قوم څخه بهتره او برتره نه وی. د الکترونیکی تذکری لرل یو احصایوی او اداری ضرورت دی په خاصه توګه بیا زمونږ په هیواد کې چی نوری لاری د دی ضرورت نشی رفع کولی. د هر شخص په اړوند معلومات باید د ادرای، احصایوی دیموکراتیک سیستم د هیواد د مذکورو معلوماتو په اساس وی. په دی خاطر د تابعیت تذکره څخه یو ساسیمسئلهجوړول د هر نوم او دود په اساس یو ملي خیانت ګڼل کیږی.په دی خیانت کې دوه ډلی شاملی دی، اول هغه کسان چی د ملیت د کلمی د لیکنی څخه د قومی ضدید د لیدلاری د ؛افغان؛ د کلمی په وړاندې د آیدیولوژیک له نقطی نظره څخه مخالفت کوي او بله ډله هغه ده چی د هژمونیستی او قومی لیدلاری څخه د ملیت د ذکر پر اساس ټینګار کوی. زما په آند، هر هغه څوک چی د افغانستان د هیواد تابیعیت لری،د اساسی قانون د څلورمی مادی په اساس ؛افغان؛ بلل کیږی.په دی اساس د ملیت ذکر کول په تذکره کې هیڅ ډول احصایوی او اداری معلومات

لاسته راوړلی نه شی. مګر په تاسف سره یوه ډله د تذکری د قانون د مسودی په اړوند بحث په برقی تذکرو کې د ملیت موضوع ته د ؛افغان؛ د کلمی سره په ضدیت د آیدیولوژیک له نقطی نظره څخه په برقی تذکرو کښی، کاملا دی ته یو ساسی اړخ مومی او په پایله کې یی هغوی ته چی د ملیت لیکل د د هژمونیستی او قومی لیدلوری له لاری ټینګار کوی،هغوی یی خپلو مرچلونو کې داسی کلک ودرولی چی د هغی څخه دباندی وتل امکان نه لری تر څو چی دواړه خواوی د یو منطقی منځینی موقف په سر سره توفق و نکړی.

د برقی تذکرو د توضیح د لاری د مختل کیدو په اړوند تر هغه ځایه چی زه پوهیږم، په دې کې یو سلسه تخنیکی خنډونه تر اوسه حل شوی نه دی.

په دې کې د ساتنی یا آرشیف کولو موضوع Data Backups چی په روان حالت کې سم دستی د معلوماتو دیتابیسونو کې ثبت کول، د انترنیتی مسونو شبکو څخه د دیتابیسونه لپاره استفاده کول (اوسنی فایبری شبکی په هیواد کې د پاکستان د فایبر د شبکو یوه څانګه ده. مطمیین یم چی هیڅ افغانی قانون به دا و نه منی چی د دوی ټول خصوصی معلومات د آی اس آی د پاکستان لاس ته ورشی).

دوه هویتونه دلته مه سره ګډ کوی: اول د افغانستان د اتباعو قومی هویت چی په هغه کې پښتون، تاجیک، هزاره، اوزبیک، ترکمن،نورستانی، ایماق او بلوخ شامل دی او ستاسو په وینا خدای ورکړی دی او دوهم ملي هویت د افغانستان د اتباعو دی چی د افغانستان د دولت په جوړیدو د یو واحد ؛افغان؛ ملت په نامه تشکیل شوي دي. او د هیواد په اساسی قانون کې درج او ثبت دی او که څه مونږ وغواړو او که و نه غواړو،تر څو چی دا هیواد موجود دی او نوم یی افغانستان وی د ټولو اتباعو ملیت یی ؛افغان؛ به وی. خارجی هیوادونه مونږ ټول د افغانانو په نامه پیژنی. د مثال په توګه په ایران کې هر هزاره یو ؛افغان؛دی او د ایرانیانو مجموع د ایرانیانو په ژبه ؛افاغنه؛ دی. اوس چی هر څومره دا هزاره شخص وواې چی زه هزاره یم او افغان نه یم ایرانیان به ورپوری وخاندی.ټول د افغانستان قومونونه د تاریخ او د جغرافیایی جبر له رویه د هیڅ ډول بلی لاری د موجودیت څخه پرته، د دی هیواد د ښو او بدو ورځو سره شریک مالکان به وی تر ابده پوری. د دی وینا په اساس د ؛افغان؛ د نوم قبلول د ګډملیت په مانه د ؛افغانستان؛په هیواد کې یو اختیاری مطلب نه دی او د تاریخ او جغرافیه له رویه یو اجباری اصل ګڼل کیږی. د دی په اساس دامسئلهباید هیڅ وخت د بحث او پوښتنی لاندې بیآ رانشی.

لومړی ضمیمه
د ډیورنډ د کرښې معضله

وړاندوینه

په دې ورستیو کې د ډیورنډ د کرښېمسئلهیو ځل بیآ په ژبو راغلی دی. یو امریکایي سناتور وړاندیز کړی دی چې د امریکا مرستې افغانستان ته د ډیورنډ د کرښې په رسمیت پیژندنې د افغانستان لخوا باندې دې مشروط شي. په دې وروستیو کې د پاکستان دولت تصمیم ونیولو چې قبایلی منطقې د خیبر پښتوانخوا ایالت پورې و نښلوي،چې د بریتانوی هند له زمانې څخه تر ورستیو کلونو د شمال لویدیز ایالت په نامه وو،او له دې لارې یاد منطقې په رسمي توګه د پاکستان خاورې پورې وتړي. د پاکستان پارلمان په دې ورستیو کې یوه لایحه تصویب کړ چې د هغې پر بنسټ د ډیورنډ د کرښې بلې خواته منطقې قبایل د پختونخوا ایالت سره منضم کیږي. فاتا FATA یا فدرالی ادمنسترد ترایبل ایریاز[۳](قبایلی منطقې) په حقیقت کې هغه منطقې دي چې د ډیورنډ د معاهدې پر بنسټ د امنیتي او اداري چارو اداره هلته د بریتانوی هند د دولت په غاړه وو د دې څخه پرته چې د بریتانوی هند قلمروونو کې شامل وي. د پاکستان د جوړیدو څخه وروسته دا منطقې د حقوقي له نظره د قلمروو څخه د پاکستان د رسمي جوړشویو ایالاتو څخه دباندې (د پخوانی بریتانوی هند قلمروونو کې شامل ایالتونه) پاتې کیږي ځکه چې پاکستان یواځې د بریتانوی هند د مربوطو قلمرونو وارث شو مګر د دې منطقو اداره د پاکستان د فدرالی دولت لخوا لکه د بریتانیا د استعمار د زمانې په شان په هم هغه ډول ادامه درلود.

د ډیورنډ د کرښې په بل خوا کې د اسلام علماوو د جمعیت د ګوند غړی د مولانا فضل الرحمان په مشرۍ او ملي عوامي پښتونخوا ګوند د محمد خان اچکزی په مشرۍ د پاکستان د پارلمان په ناسته کې د ګډون څخه مخنیوی وکړ. د افغانستان د سرحداتو قومونو او قبایلو وزارتد قبایلي منطقو انضمام د خیبر پښتونخوا ایالت د پاکستان پورې یې یو یواړخیزه ګام وبوللو او رد یې کړ. د خپور شویو خبرونو پر بنسټ د افغانستان د قومونو او قبایلو و وزارت معیین د آزادۍ راډیو ته وویل چې اسلام آباد خپل په دې ګام کې د قبایلي خلکو څخه نظر نه دی غوښتی او د ډیورنډ د کرښې په رسمیت پیژندنې هڅو کې یې ګام وچت کړی دی. محمد یعقوب احمدزی تیره شپه د آزادۍ راډیو ته وویل چې اسلام آباد باید د قبایلو د راتلونکي په اړوند پروتوکول په اساس د افغانستان د حکومت سره یې مشوره کړې وای. هغه اظهار

---

۳ Federally Administered Tribal Areas (FATA)

وکړ ؛زموږ موقف دا دی چې قومونو او قبایلو ته حق ورکړل شی. دا قومونه نه غواړی چې خپل سیستم د پښتونخوا سره شریک کړی، او یا د دوی منطقو ته اردو او یا پولیس راشی. دوی غواړی په خپل پخوانی سیستم چې آزاد قبایل دی خپل خپلواکی حفظ کړی؛.

یوځل بیآ متضادی نظریی د ډیورنډ د کرښی په اړوند او د هغه د ننی موقف په اړوند د افغانستان د رسنیو د ګرمو تفسیرونو او سیاسی رسنیو په موضوعاتو کې شامل شو. په دی مقاله کې هڅه کیږی د عامه ذهنیتونو د روښانولو په موخه موضوع د اسنادو پر بنسټ په عینی ډول سره د څیړنی لاندې ونیسو.

څنی برداشتونو او هغه پوښتنی چې د ډیورنډ د معاهدی په اړوند فیسبوکی ملګرو مطرح کړی دا په دی ډول جمعبندی کیږی:

- د عبدالرحمن خان د حکمروایی په زمانه کښی، افغانستان یو خپلواک او آزاد هیواد نه وو.آیا د یو اشغال شوی هیواد حاکمان د داسی یوی هوکړی لکه د ډیورنډ د کرښی د لاسلیک سلاحیت لری؟
- آیا دا ادعا چې د ډیورنډ معاهده د انعقاد په زمان کې د سرحدی کرښی د تعیین کولو په موخه د افغانستان او د بریتانوی هند تر منځ وو او د پاکستان د دولت په جوړیدو چې د بریتانوی هند د قلمروونو د وارث په شکل د ډیورنډ د کرښی په لویدیز نیمه قاره کې اوس یو پیژندل شوی نړیوال سرحد د افغانستان او پاکستان تر منځ جوړوی سمه ده؟
- په تلویزیونونو کې یی داسی اسناد ښکاره کړی دی چې ګڼی پښتون زمامدارانو د امان الله خان په شمول، د ډیورنډ کرښه یی په رسمیت پیژندلی دی، تاسو په دی اړوند څه نظر او کوم اسناد مخته کولی شی؟
- آیا د احمد سعیدل ادعا سمه ده چې ګڼی د ۶۹ او ۷۴ منشور د مادو د موادی پر اساس د متحده ملتونو سازمان د ډیورنډ معاهده د زمان تابع ګڼلی او ځکه د هغی څخه د سلو کالو څخه ډیر تیر شوی نو یوه حل شوی موضوع دی؟[٤]

---

[٤] CHAPTER X: THE ECONOMIC AND SOCIAL COUNCIL -Article ٦٩: The Economic and Social Council shall invite any Member of the United Nations to participate, without vote, in its deliberations on any matter of particular concern to that Member.

CHAPTER XI: DECLARATION REGARDING NON-SELF-GOVERNING TERRITORIES Article ٧٤ Members of the United Nations

- د پورته برعکس، آیا د هغه کسانو ادعا چې وایي د ډیورنډ معاهده د سلو کالو د تیریدو څخه وروسته د بیا کتنې وړ دی،سمه ده؟
- د افغانستان د دولت رسمي او غیر رسمي موقف د ډیورنډ د کرښې په اړوند څه دی؟
- د پاکستان موقف، رسمي او غیر رسمي، د ډیورنډ د کرښې په اړه څه دی؟
- که د افغانستان او پاکستان اختلاف د ډیورنډ پر کرښه یو نړیوال محکمې ته وړاندې شي آیا د افغانستان د موقف د بریالیتوب چانس شته؟
- آیا د ډیورنډ د کرښې په رسمیت پیژندل کولی شي د پاکستان د افغانستان په چارو کې د لاسوهنې د توقف تضمین وکړي؟
- آیا د ډیورنډ د کرښې په رسمیت پیژندنه سره، د پاکستان په دولت د یو فشار وسیله به له لاسه ورکړو؟
- آیا د ډیورنډ د کرښې طرح کوونکې، په ریښتیا په دې عقیده دي چې د دې کرښې په رسمیت پیژندنه د هواد د موجوده مشکلات حل کونکې دی؟ یا دا چې د دوی د کاسې لاندې بله نیمه کاسه شتون لري؟
- آیا ؛حقوقي فتوا؛،د ښاغلی غلام محمد محمدی جوړ شوی، د نظار د شورا تنظیمی شخصیت، د ډیورنډ د فرضي کرښې په اړوند، چې د پاکستان په نفع یې صادر کړ، د ؛ملي خیانت؛ په شکل نه بلل کیږي؟
- د ډیورنډ د کرښې د معاهدې موضوع د پښتون او بلوڅو خلکو د حق د پیژندنیمسئلهسره د ډیورنډ د کرښې بلې خواته د دوی د راتلونکې ټاکنې سره څه ارتباط لري؟
- آیا پاکستاني پښتانه د دې غوښتونکې دي چې هیواد یې د افغانستان لخوا تصرف شي؟
- د ډیورنډ د کرښې هغه خواته یو شمیر پښتانه د پاکستان له موقف څخه په دې موضوع کې ملاتړ کوي، تاسې په دې اړوند څه وایاست؟

---

also agree that their policy in respect of the territories to which this Chapter applies, no less than in respect of their metropolitan areas, must be based on the general principle of good-neighbourliness, due account being taken of the interests and well-being of the rest of the world, in social, economic, and commercial matters.

- آیا د ډیورنډ د کرښې د معاهدید عقد په خاطر کولی شو امیر عبدالرحمن خان وطنپلورونکی ونوموو؟

په دی ځای کې د ډیورنډ د کرښې د موضوع د څیرنې څخه هدف، د ډیورنډ د معاهده لا نور بهتره او د موجوده موقف پوهیدل دی. په دی مقاله کې هڅه کیږی چی د امکان تر حده پورتنیو پوښتنو ته د معتبرو اسنادو پر بنسټ ځواب ورکړل شی.

تاریخی سابقه

کله چی مونټستوراټ النفسټون د انګلیسی استعمارګرو د سیاسی استازی په صفت په ۱۸۰۹م کال کې د افغانستان پاچا د شاه شجاع دربار ته په د هغه د ژمی د موسوم په پلازمونیه کې چی په پیښور کې وو سره مشرف شو تر د یو اتحاد معاهدی پوری چی د ناپیلیون د احتمالی یرغل پر ضد یی د هغه سره لاسلیک کړید سلطنت ساحی د کابل څخه تر کشمیر پنجاب او سند پوری غخیدلی وی (الفنسټون،د کابل د سلطنت او د هغه د ملحقاتو په هندوستان، تارتاری او فارس کې ګزارش [٥]).په هغه زمانه کې افغانستات یو بالقوه تهدید د بریتانیا د استعمار د سلطی د غځیدو په وړاندی د هندوستان په نیمه قاره کې ګڼل کیدو.د یادوونی وړ دی چی د هندوستان مهاراجاګان د اتلسمی پیړی په ورستیو کلونو کې د افغانستان له پاچا زمان شاه څخه د مرستی غوښتنه وکړ چی دی ته حاضر شوی وو چی د افغانی ځواکونو مصارف د انګلیسانو د ځغلولو په برخه کې له هندوستان څخه په خپل غاړه واخلی (د محمود محمود کتاب ته د مراجعه وشی،د انګلیس او ایران د سیاسی روابطو تاریخ په ۱۹ پیړی کښی، تهران چاپ شوی). له دی وجهی انګلیسان د افغانستان د دولت د ضعیف کولو په موخه د زنجیب سنګ سره په پنجاب کې همکاری وکړ تر څو رنجیت سنګ یو دیوال وی تر څو افغان په دی قادر نه شی چی د هند د خلکو سره د انګلیس په مقابله کې مرسته وکړی.د دی ډول یو دیوال موجودیت انګلیسانو ته دا موقع مساعده کړه چی په سر کې د سویل هند ټولی برخی خپل د کنټرول لاندې راوړی د دی دیوار څخه وروسته رنجیت سنګ چی دواړه خواوو ته یی دښمن ورته په انتظار کې وو له منځه یوسی خپله د یوکابل د یو ضعیف دولت په مقابل کې اوسی.

بی دی اساس له ۱۸۱۸م کال څخه وروسته د رنجیت سنګ د مسلحانه یرغل په نتیجه کې (۱۸۱۸-۱۸۳۸م) او وروسته بیا د انګلیسانو له یرغلونو د ډیر شمیر

---

[٥] مونټستیوارت الفونسټون،د کابل سلطنت او د ملحاقاتو یی په هندوستان، تارتاری او فارس ګزارش .

جګړو په ترڅ کې چې په هغه کې د افغانن او انګلیس لمړی جګړه (۱۸۳۸-۱۸۴۲م) او د افغان او انګلیس دوهمه جګړه (۱۸۷۹ – ۱۸۸۲م) کې د افغانستان د قلمروونو منطقی د سند د سیند په دوو خواوو کې د استعماری تحمیل شویو معاهداتو او جګړو له لاری (د جمرود معاهده ۱۸۸۵م د امیر دوست محمد خان په زمان کې[۶] او وروسته بیآ د ګندمک معاهده ۱۸۷۹م کې د امیر محمد یعقوب خان سره) د افغانستان له تن څخه بیل شو.(په دی ډول د یادوونی وړ دی چی دری اړخیزه معاهده د ۱۸۳۸م د جون په ۲۶ په پنجاب کې رنجیت سنګ او انګلیسان په لاهور او د هغه توافق دی سره چی د افغانستان متبوعه قلمروونه په پنجاب کې رنجیت سنګ ته د اعتبار وړ نه دی دا ځکه چی هغه په هغه زمانه کې د افغانستان امیر او برحاله شاه نه وو او دا هوکړه یی د سدوزیی کورنۍ د زعیم په نامه عقد کړی وو نه د افغانستان د پاچا په نامه[۷])

د ډیورند د معاهدی عقد

د ډیورند د معاهدی د تړون دلایل

د افغان او انګلیس د دویمی جګړی په پای ته رسیدو سره په ۱۸۸۲م کال کې ډیر شمیر منطقی له چترال څخه په شمال کې تر چمن پوری په سویل کې د انګلیس د یرغلګرو ځواکونو په لاس کې وو چی د بریتانوی هند د رسمی قلمروونو څخه دباندی وو. له دی کبله چی د افغانستان د دولتونو د حوزو او بریتانوی هند نفوذ په سرحدی منطقو کې واضیح نه وو د اړخونو تر منځ د اختلافاتو د پیدا کیدو د مخنیوی په موخه د ۱۸۹۳م کال د نوامبر په دوولسمه د ډیورنډ تړون د امیر عبدالرحمن خان او سر هنر مورتمر ډیورنډ Sir Mortimer Durand د بریتانوی هند د

---

[۶] رنجیت سره یی د انګلیسانو په شا همکاری وکړتر څو یو داسی دیوال وی چی افغانان په دی قادر نه شی چی د انګلیسانو په مقابل کې د هند له خلکو مرسته وکړی. د هندوستان مهاراجاګان د نولسمی پیړی په اولو کلونو کښیله زمانشاه چی د افغانستان پاچا وو څخه یی د مرستی غوښتنه وکړ. د دی دلیل دا وو چی انګلیسان موقع ومومی چی لمړی د سویل هند ټولی منطقی خپل کنترول لاندې راولی او د هغی څخه وروسته رنجیت سنګ چی له دواړو اړخونو څخه دښمن ورته په انتظار وو له منځه یوسی، انګلیسانو همدا کار وکړ. کله چی رنجیت سنګ وفات شو. انګلیسانو اول افغان دولت ضعیف کړ د هغی څخه وروسته یی پر پنجاب یرغل وکړ د جمرود د معاهدی له لاری د امیر دوست محمد خان سره پنجاب یی د افغان له خاوری بیل کړ.د هغی څخه وروسته ننی پښتونخوا منطقی یی د ډیورنډ د معاهدی له لاری په ۱۸۹۳ کې د افغانستان له خاوری بیل کړ.

[۷] د انګلیسانو د ځواکونو لخوا د جلال آباد، کابل او قندهار له اشغال څخه وروسته په ۱۸۹۸م کال کې انګلیسی استعمارګرو د ګندمک معروفه معاهده یی پر امیر محمد یعقوب خان چی خپل د پلار د مړینی څخه وروسته امیر شیر علی خان په ځای ناست وو تحمیل کړ.د دی معاهدی پر بنسټ د ګندمک د معاهدی لس مادی چی - سر لویس کیوناری، د انګلیس سیاسی استازی هغه یی پر یعقوب خان تحمیل کړی وو، انګلیسانو د کرم څخه تر د جاجی، دره خیبر تر څنګ برخی

دولت د بهرنیو چارو وزیر تر منځ په کابل کې لاسلیک شو. په هغه زمانه کې د استعماری تحملی معاهدی په مطابق په ۱۸۷۹ کال کې ګندمک افغانستان خپل د سیاست په بهرنیو چارو کې د بریتانوی هند تړلی وو.

د ډیورنډ د تړوون موخه

د ډیورنډ تړوون د دولت د نفوذ حوزی یې پر هغه قبایلو چې د سند د سیند لویدیز خواته میشت وو له چترال څخه تر بلوچستان میشت وو لپاره تعیین کوی.دا منطقی له یو خوا د انګلیسانو او د رنجیت سنګ د یرغلونو په نتیجه کې د افغانستان د دولت څخه دباندی شوی وو مګر په عین زمان کې له اداری نظره په رسمی توګه د بریتانوی هند قلمروونو پوری (۱۹۳۵م) هم شامل نه وو.سرحدی شمال لویدیز ایالت په ۱۸۴۹م کې منځ ته راغی او د ډیورنډ د تړوون پر بنسټ آزاد قبایلی منطقی (چترال، سوات، دیر، باجوړ، خیبر، کرم او وزیرستان) چې راتلونکی یې تاکل شوی نه وو له ۱۸۹۳م کال څخه وروسته د حایل منطقی په شکل د بریتانوی هند د قلمروونو او د افغانستان د دولت د قلمروونو تر منځ د بریتانوی هند د امنیتی نفوذ لاندې راغی د دی څخه پرته چې د اداری له لحاظه په رسمی توګه د بریتانوی هند په قلمروونو کې شامل شی.

اساسی پوښتنه دلته ده چې آیا د ډیورنډ کرښه یو نړیوال رسمی سرحد د افغانستان او پاکستان تر منځ دی؟د اسنادو په رویت له خپله انګلیس سرچینو څخه په ځانګړی توګه د خپله ډیورنډ په تایید د ډیورنډ د تړوون موخه د بریتانوی هند او د افغانستان تر منځ د سرحد ټاکل نه وو بلکه د هغه موخه د دی دواړو د نفوذ د حدودو تعیین کول پر میشتو قومونو د سند د سیند د لویدیز قبایلی منطقو پر سو وو چې تر نن ورځ پوری دا اکثر منطقی د قبایلی آزادو منطقو په نامه یادیږی.د ټولو څخه مهمه دا چې یو په خپل سر سړی هنری مورتمر ډیورنډ چې په ۱۸۹۳ کال کې د بریتانوی هند د دولت د بهرنیو چارو وزیر وو او د ډیورنډ تړوون یې د امیر عبدالرحمن خان سره لاسلیک کړ او تړون د هغه په نامه معروف دی دا نظر تایید کوی، ډیورنډ په یوه مرکه کې به ۱۸۹۷ کال کې د په ایشیاتیک کوارترلی په جورنال کې وایی: ؛هغه قومونه چې د هندوستان خوا کې واقع شوی دی باید د بریتانوی هند د دولت په قلمروو کې حساب کړو.هغو یواځی، تر هغه ځایه چې امیر پوری ارتباط لری، زموږ د نفوذ لاندې د کلمې تخنیکی معنی په شکل قرار لری، هغه هم تر هغه ځایه چې پخپله دوی دی نفوذ ته تسلیم شی او یا موږ دا نفوذ تحمیل کړو؛. همداراز د بریتانیکا دایره المعارف لیکی چې ؛د ۱۸۹۳ کال د ډیورنډ تړون د افغانستان د

دولت او د بریتانوی هند د دولت نفوذ یی د قانون د تطبیق کیدو په موخه مشخص کړی او هیڅ کله د یو نړیوال سرحد په نامه د یجوره په شکل نه دی.[۸]

د ډیورنډ د تړوون د اعتبار موده

د انګلستان د دولت د تعامل پر بنسټ، د افغانستان د امیرانو سره معاهدی په شخصی توګه د مربوطه امیر سره د بریتانوی هند د دولت لخوا ګڼل شوی او د امیر په مړینه او یا د هغه عزل سره دا معاهدی له اعتبار څخه وتلی دی.په همدغه منظور که بریتانوی هند دولت د تړوون د میعاد تمدید یی خپل د منافعو سره سم ګڼلو،نو د نوی امیر د بیآ تعهد غوښتنه به یی ضرورت درلود.په همدغه دلیل د امیر عبدالرحمن د مړینی څخه وروسته انګلیسانو د امیر حبیب الله خان تعیهد یی د ډیورنډ د تړوون د اعتبار په منظور په ۱۹۰۵م کال کې واخیست او د هغه د وژل کیدو څخه وروسته امیر امان الله خان څخه توافق یی د ډیورنډ د تړوون د اعتبار د ادامی په اړوند د ۱۹۱۹م د آګست په اتمه په راولپنډی کې لاسته راوړ اعلان یی وکړ چی د افغانستان په مکمل خپلواکۍ په خپلو بهرنیو چارو کې ټول د مخکنیو د افغانستان د امیرانو سره تړل شوی تړوونونه منسوخ او له اعتبار څخه د باندی دی.

لکه چی وویل شو د امیر عبدالرحمن خان له مړینی وروسته د هغه زوی امیر حبیب الله خان په ۱۹۰۵م کال کې خپل د پلاړ تعهد د ډیورنډ د تړوون په اړوند تایید کړ. په ۱۹۰۵ تړوون کې چی د امیر حبیب الله خان لخوا لاسلیک شو ؛د امیر عبدالرحمن خان او د بریتانوی هند د دولت تر منځ د تړوون ادامه؛ تایید شو او په دویم پراګراف کې ویل شوی دی چی ؛ما د دی تړوون په اساس عمل کړیدی، عمل کوم، او عمل به وکړم او په هیڅ معامله کې به د هغوی سره مخالفت و نکړم.؛

د هغه څخه ورسته د امیر امان الله خان دولت د امیر حبیب الله خان تعهد د ډیورنډ د تړوون په اړوند د ۱۹۱۹م د آګست د اتمی د اوربند په تړوون کې په راولپنډی کې یو ځل بیآ تایید وکړ. مګر د مکتوب په رویت سر الفرد همیلټون ګرانت ګرانت د هند د دولت د بهرنیو چارو وزیر او د انګلیس د هییات رییس[۹] چی د تړوون د دویم ضمیمی په شکل په رسمی توګه علی احمد خان ته په عنوان د افغانی هییات

---

[۸] In an interview with Durand quoted by Leitner, G. W. (۱۸۹۷) 'The Amir, the Frontier

ختیځ هفت چاه، لنډی کوتل او سیبی او پشن یی تر د کوژک غر پوری غضب کړ د افغانستان خپلواکی یی په بهرنیو چارو کې هم له لاسه ورکړ.

[۹] Sir Alfred Hamilton Grant Foreign Secretary of the Government of India ۱۹۱٤-۱۹۱۹

رییس[۱۰] کې لیکل شویدی د افغانستان د پخوانیوو ټولو امیرانو او د بریتانوی هند د دولت تر منځ ټولو شوی تړوونونه فسخ اعلان شویدی.

د راولپنډۍ ۱۹۱۹ کال د آگست ۸ هوکړه

د راولپنډۍ تړوون خپل په ذات کې یو موقتی د اوربند تړوون وو او وروسته د دوستی د یو تړوون په لاسلیک د دوو اړخونو تر منځ کابل کې و انجامید. د راولپنډۍ د هوکړې پر متن د توافق څخه وروسته د افغانی هییات رییس علی احمد خان اعتراض کوي چی د تړوون په مسوده کې د افغانستان خپلواکی ته هیڅ اشاره ندی شوی. په مقابل کې سر الفرد همیلتون ګرانت ګرانت د بریتانوی هند د دولت د بهرنیو چارو وزیر او د انګلیسی هییات رییس په یو مکتوب کې چی علی احمد خان د افغانی هییات رییس ته یی لیلکی وو چی د دویم شمیره ضمیمی په شکل په رسمی توګه تړوون کې اضافه شو، لاندې مواد یی تایید کړ چی د راولپنډۍ د تړوو په لاسلیک کولو ۱۹۱۹ د آگست په ۸ ختم شو:

- انګلستان د افغانستان خپلواکی په خپلو داخلی او بهرنیو چارو په سرته رسولو کې په رسمیت پیژندلی دی
- سبسدی یا نقدی مرستی افغانستان ته د انګلستان د دولت لخوا، ته پای ته رسیدلی
- ټول پخوانی تړوونونه د افغانستان د امیرانو او د بریتانوی هند د دولت تر منځ فسخ اعلان شوی او
- د افغانستان لخوا د اسلحه واردات د هندوستان له لاری ممنوع اعلان شو

سر الفرد همیلتون ګرانت ګرانت (Sir Hamilton Grant Foreign Secretary of the Government of India ۱۹۱٤-۱۹۱۹ د بریتانوی هند د دولت د بهرنیو چارو وزیر او د انګلیس هییات رییس د راولپنډۍ د سولی په

---

[۱۰] Ali Ahmad Khan, commissary for home affairs.

Tribes and the
Sultan', *The Asiatic Quarterly Review Series* ۳, p.٤, ۲۳۷, quoted by Kakar, M. H. (۲۰۰٦)

A Political and Diplomatic History of Afghanistan, 1863-1901, London: Brill, Omrani, B. and Ledwidge, F, *op. cit.*

مذاکراتو کې وو او د افغانستان د هیبات ریاست د علی احمد خان (د امان الله خان د کاکا زوی) په غاړه درلود.یو شمیر لیکوالان لکه لویی دوپری په دی معتقد دی \ی گرانت د یو کارپوه دیپلومات په نامه وتوانید چی له علی احمد خان څخه امتیاز تر لاسه کړی..په ځانګړی توګه د سند د سیند د لویدیز منطقو پښتانه دی هوکړی سره راضی نه وو. حتی ویل کیږی چی امان الله خان د دی هوکړی مفاد سره مکمل خوښ نه وو او علی احمد خان یی له دندی لیری کړ او خپل له خسر څخه محمود طرزی څخه یی غوښتنه کړ چی له هغی وروسته د مذاکراتو ریاست د انگلیسانو سره لاس کې واخلی. علی احمد خان ډیر بد سرنوشت لری او د حبیب الله کلکانی په امر په ۱۹۲۹ کال کې په کابل کې په توپ والوځول شو او اعدام شو.

د راولپنډۍ د هوکړی په پنځمه ماده کې د ډیورنډ تړوون ؛لکه څنګه چی د متوفی امیر لخوا منل شوی وو؛ یوځل بیا تایید کیږی Historical Dictionary of Afghanistan, p ٤٦٥, Ludwig W.. adamec:

باید چی په یاد راولو چی د راولپنډۍ تړوون د بریتانوی هند د دولت د شدیدو تهدیدونو لاندې شرایطو کې لاسلیک شو.د انگلستان تهدیداتو کې شامل په راولپنډۍ مذاکراتو کې لاندنی گامونه وو:

- د جلال آباد اشغال
- د افغانستان د تجارتی لارو تړل، او
- د بریتانیا منل د یو برتره او ترجیحی دولت په شکل په ټولو بهرنیو روابطو کښی

د هند میسوری کنفرانس ۱۹۲۰ د اپریل له ۱۷ تر د جولای ۱۸

د راولپنډۍ تړوون په خپل ذات کې یو موقتی تړوون د اوربند لپاره وو او د جانبینو تر منځ ټول د اختلاف موارد یی احتوا و نکړی شو. په حقیقت کې دی مسایلو ته د رسیدگی په خاطر په میسور کې یو کنفرانس د افغانستان د دولت د استازو ترمنځ،د محمود طرزی په ریاست چی د بهرنیو چارو وزیر او د امان الله خان خسر وو، او د بریتانوی هند د دولت تر منځ جوړه شوه چی کومی نتیجی ته و نه رسید.

د ډیورنډ د کرښی هغه خواته قبایل د ۱۹۱۹ کال د آگست تړوون د اوربند د یو تړون په شکل پیژنی او انتظار یی درلود چی هرکله چی انگلیسان د افغانستان د دولت غوښتنو ته غاړه کې نږدی جگړه یو ځل بیآ پیل شی.

په حقیقت کې دی غوښتنی ته د رسیدو په خاې په میسور کې یو کنفرانس د افغانستان د استازو، د محمد طرزی په ریاست چی د بهرنیو چارو وزیر او د امان الله خان خسر هم وو،او د بریتانوی هند د دولت تر منځ جوړه شوه چی کوم پایله ته و نه رسید.

د کابل ۱۹۲۱م کال تړوون د افغانستان او د انګلستان د دولتونو تر منځ

د ۱۹۲۱ کال د نوامبر ۲۲ تړوون د انګلستان او د افغانستان د دولتونو تر منځ (Anglo-Afghan Traty of ۱۹۲۱[۱۱])

لمړنی يو تړوون دی چې د افغانستان د دولت او د بريتانيا د دولت تر منځ انعقاد کيږی. تول پخوانی تړونونه د بريتانوی هند د دولت او د افغانستان د اميرانو تر منځ سرته رسيدل نه د افغانستان د دولت سره او له همدی وجهی د انګلستان له اړخه دا تول شخصی تړوونونه د افغانستان د اميرانو سره ګڼل کيږی او د اميرانو مړينه يا عزل سره تړلی منتفی ګڼل کيږی. د انګليسانو موخه د دی پاليسی څخه دا وو چی خپل ځان هيڅ پخوانی معاملی پوری مقيد و نه بولی او د هر نوی امير د کار په پيل سره د وخت د غوښتنی سره سم لا ډير امتياز تر لاسه کړی.

د ۱۹۲۱ کال د کابل د تړوون په دويمه ماده کې د راولپنډی د تړوون د پنځمی مادی تعهد د ډيورنډ د کرښی په اړوند تاييد کوی.مګر د څلورمی مادی په مطابق، هغه تړوون موقتی دی او يواځی د دريو کالو لپاره اعتبار لری او طرفين کولی چی د د يو کال د مخه خبرورکولو سره هغه ملغی اعلان کړی[۱۲]. په همدی اساس د ۱۹۲۵

---

[۱۱] ۲٦ Also called " Treaty of Kabul" because it was negotiated and signed at Kabul by Henry R. C. Dobbs, the British

[۱۲] Treaty of Kabul signed in ۱۹۲۱ was made for three years
Not all pending anomalies were resolved and there remained yet more territorial disputes between the two

Governments, along with other diplomatic issues of conflict. Therefore, this treaty included a clause which gave either of the "High Contracting Parties" the right to unilaterally denounce the Treaty after giving one year's notice. The treaty was made for three years in the first instance, and is now subject to denunciation by either party with ۱۲ months' notice. As the Treaty was only a temporary arrangement and that the provisions of this treaty shall come into force from the date of its signature, and shall remain in force for three years from that date. In case neither of the High Contracting Parties should have notified ۱۲ months before the expiration of the said three years the intention to terminate it, it shall remain binding until the expiration of one year from the day on which either of the High Contracting Parties shall have denounced it. (National Archives of India (۱۹۲۱) 'Texts of the Treaty of Kabul, ۱۹۲۱', Foreign Department, Sec. F, ۱٤۷/۷۸, pp.۱٤٦۹.)

envoy, and Mahmud Tarzi, chief of the Afghan delegation, after arduous, eleven month negotiations. The treaty restored "friendly and commercial relations" between the two governments after the third AngloAfghan War and negotiations at the Mussoorie Conference and Rawalpindi. The negotiations proceeded in four phases: ۱. During the first session, January ۲۰ to April ۹, ۱۹۲۱, the Afghan Amir unsuccessfully demanded territorial concessions, while Britain wanted the exclusion of Russian consular offices from southeastern Afghanistan. ۲. In the second phase, from April ۹ to mid-July, ۱۹۲۱, Britain asked Afghanistan to break the newly established diplomatic with Russia in exchange for a subsidy of ٤ million rupee and weapons, as well as guarantees from unprovoked Russian aggression. (۲٦ May ۱۹۲۱, Treaty between USSR and Afghanistan; diplomatic representatives exchanged.) ۳. When in the third stage, from mid-July to September ۱۸, the British foreign office informed the Italian government that it was about to conclude an agreement which would, "admit the superior and predominant political influence of Britain" in

کال د جون په میاشت کې لارد بیرکنهد د بریتانیا مستعمراتو وزیر (Lord Birkenhead in a memorandum circulated in June ۱۹۲۵) د کابل د ۱۹۲۱م کال د تړوون له خاتمې څخه درې کاله وروسته د یو رسمي یاداښت په لړ کې د انګلستان پارلیمان ته تایید کوي چې؛ دا تړوون د دریو کالو لپاره اعتبار درلود او اوس د دریو کلونو په تیریدو دا تړوون د طرفینو لخوا د یو کال وړاندې یاداښت په وړاندیز د فسخ قابل دی[۱۳].

آیا د ډیورنډ تړوون اوس هم د اعتبار وړ دی؟

مخکې توضیح ورکړل شو چې د ډیورنډ تړوون د امیر عبدالرحمن د مړینې سره سم له اعتباره وغورځید او د انګلیسانو فشار لاندې امیر حبیب الله خان بی له بلې لارې د شتون څخه د هغه د اعتبار په تعهد یې په ۱۹۰۵م کال کې اړ ویستل شو چې د هغه د مړینې وروسته دا تعهد په ۱۹۱۹م کال کې هم لا اعتباره وغورځید او انګلیسانو د اعتبار تمدید د هغه یې د اوربند په هوکړه کې په ۱۹۱۹م کال کې د آګست په ۸ په راولپنډۍ کې وردننه کړ. د هغې څخه وروسته درې کلن موقت تړوون د ۱۹۲۱ کابل تړوون د راولپنډۍ د تړوون ځای نیسي. د افغانستان او د بریتانیا دولتونه تر ۱۹۴۹م کال پورې د ۱۹۲۱م کابل د تړوون په تطبق باندې وفاداره پاتې شوی وو تر څو چې د پاکستان د دولت د جوړیدو څخه وروسته، او په ځانګړې توګه د پکتیا د ولایت په ځنیو برخو د پاکستان لخوا د بمباریو په اړوند په اعتراض کښې، د افغانستان دولت په ۱۹۴۹م کال کې په لویه جرګه کې د افغانستان دولت د بریتانوی هند د دولت سره ټول معاهدې ملغی اعلان کړل. په هم هغه وخت

Afghanistan, the Afghans refused to accept an "alliances." An exclusive treaty was impossible after Afghanistan announced ratification of the Russian-Afghan treaty of ۱۹۲۱. ٤. In the fourth and final stage of negotiations, from September ۱۸ to December ۸, ۱۹۲۱, the British mission twice made preparations to return to India, when finally an agreement was signed at Kabul on November ۲۲, ۱۹۲۱. Ratifications were exchanged on February ٦ of ۱۹۲۲. In the treaty both government • "mutually certify and respect each with regard to the other all rights of internal and external independence." • Afghanistan reaffirmed its acceptance of the boundary west of the Khaibar, subject to minor "realignment." • Legations were to be opened in London and Kabul, consulates established in various Indian and Afghan towns, and • Afghanistan was permitted to import arms and munitions through India. No customs duties were to be charged for goods in transit to Afghanistan and • each party agreed to inform the other of major military operations in the frontier belt. • Representatives of both states were to meet in the near future to discuss conclusion of a trade convention, which was signed in June ۱۹۲۳. [Source: The A to Z of Afghan Wars, Revolutions and Insurgencies, By Ludwig W. Adamec, pages ٦۱-٦۳. Scarecrow Press Inc, Maryland, ۲۰۰۵.]

[۱۳] Lord Birkenhead in a memorandum circulated in June ۱۹۲۵ assessed the same when he mentioned that "the treaty was made for three years in the first instance, and is now subject to denunciation by either party with ۱۲ months' notice." (Source: National Archives of UK (۱۹۲۵) 'Afghanistan', Record Type: Memorandum, ۹ June, Reference: CAB, ۲٤/۱۷۳/۸۸.)

کې د افغانستان استازی هڅه وکړ تر څو موضوع د متحده ملتونو په امنیتی شورا کې مطرح شی مګر د امریکا په مخالفت د هغه له طرح څخه مخنیوی وشو. د دی پر بنسټ د کابل ۱۹۲۱ کال د تړوون د څلورمی مادی په تطبیق د افغانستان دولت دا تړوون یی ملغی اعلان کړ او پر دی بنسټ د اعتبار د معیاد د ډیورنډ د تړوون او مربوطه ورستنی هوکړی خاتمه مومی.

د احمد سعیدی ادعا چی ګنی د متحده ملتونو د سازمان د منشور د ۶۹ او ۷۴ د مادی د موادو په مطابق د ډیورنډ تړوون د زمان تابع دی او ځکه چی له سلو کالو ډیر وخت پری تیر شویدی نو دا موضوع حل شویدی یو کاملا غلطه او بی بنسټه ادعا دی. پی یادو موادو کې او د متحده ملتونو د منشور په هیڅ بل مادو کې هغه څه چی ښاغلی احمد سعیدی یی د نړیوالو معاهداتو د میعاد په اړوند یی ادعا کوی،شتون نه لری. ښاغلی سعیدی دا مواد په خپله نه دی لوستی او یا دا چی د نورو څخه یی په تیروتنه اوریدلی. ۶۹ مادی څخه تر ۷۲ ماده د متحده ملتونو د سازمان منشور لسم فصل پوری اړوند دی چی د متحده ملتونو ټولنیز او اقتصادی شورا پوری ارتباط لری[۱٤].... ۷۴ ماده هم د معاهداتو د معیاد مسلی پوری اړه نلری[۱٥].

هغه څه چی کولی شو په نظر کې ونیسو د ۱۹۶۹ کنوانسیون د متحده ملتونو دی چی په ویانا کې نعقده شوه او د معاهداتو پوری اړه لری (United Nations (١٩٦٩) 'Vienna Convention of Law of -VCLT Treaties', Treaty Series) چی ۴۵ ماده یی د ۱۹۶۹ کال څخه وروستنی منعقد شویو معاهدات د زمانی تابع نوموی. دا کنوانسیو خپل وخت څخه مخکی وخت ته رجعت نه کوي د دی پر اساس د ډیورنډ او د کابل ۱۹۲۱ کال پر معاهدو د تطبیق وړ نه دی[١٦].

---

[١٤] ۶۹ ماده: ټولنیز او اقتصادی شورا د متحده ملتونو د ټولو غړو څخه په هری موضوع پوری تړلی مذاکراتو کې د برخه اخیستلو په خانګړی توګه چی په هغه کې ذینفع وی ته به بلنه ورکړی د دی پرته چی مزبور غړی د رایی حق ولری. ۷۳ ماده څخه تر ۷۴ مادی پوری د یولسم فصل شامل دی چی د ؛د غیر خودمختارو هیوادو د اعلامیو په اړوند؛ پوری ارتباط لری

[١٥] Article ٤٥(a) of the VCLT does not apply in the case of Treaty of Kabul and the dispute over it between

[١٦] Article ٤٥(a) of the VCLT does not apply in the case of Treaty of Kabul and the dispute over it between

Afghanistan and Pakistan. It applies to treaties entered into after ١٩٦٩. Thus, the Treaty of Kabul is subject to International Laws independently and therefore, Afghanistan had never lost the legal right to denounce and repudiate the arrangements made under Treaty of Kabul, as per Article XIV of the Treaty.

د افغانستان د ورستیو دولتونو او د نورو هیوادونو موقف د ډیورنډ د کرښې په اړوند

د افغانستان د دولتونو موقف

د نړدی اویا کلونو په تیریدو له ۱۹۴۹ اعلامیی څخه د افغانستان دولت د بریتانوی هند سره د تړوونونو د لغوی په اړوند تر اوسه هم په خپل قوت پاتی شویدی.په هغه زمانه کې د امریکا دولت د دی منازعی له ذکر څخه د متحده ملتونو سازمان ته مخنیوی وکړ. د هغه کال څخه را په دیخوا د افغانستان هیڅ دولت د سلطنتی،د داوود خان جمهوری، د وطن-خلق-پرچم دیموکراتیک جمهوری، د مجددی اسلامی جمهوری، د مسعود-ربانی اسلامی جمهوری،د طالبانو اسلامی امارت، د افغانستان موجوده اسلامی جمهوری په شمول ډیورنډ یی افغانستان د نړیوال رسمی سرحد په نامه نه دی پیژندلی.

د بریتانیا د دولت موقف

د دی څخه وروسته چی شاه محمود خان په ۱۹۴۶ کال کې صدرات ته ورسید، د بریتانیا دولت ته یی یو لیک ولیږلو او د ډیورنډ څخه هغه خواته د پښتنو د راتلونکی د تعیین کولو غوښتونکی شو، هغه د هندوستان د ویش او خپلواکی په هیاهو کې خپل په لیک کې له بریتانیا څخه غوښتنی وو چی: ؛پښتنو او بلوڅانو ته دی هم دا فرصت ورکړل شی تر څو یا خپل حکومت جوړ کړی یا د افغانستان سره یوځای شی؛.

مګر د بریتانیا دولت د شاه محمود خان د غوښتنی په مقابل کې ولیکل:؛د آزادو سرحدونو پوښتنه وخته حل شویدی او د ډیورنډ کرښه د یو نړیوال فاصل حد او سرحد په شکل پیژندل شویدی. د ۱۹۲۱ (۱۳۰۰ هجری لمریز) تړوون تر اوسه د تطبیق وړ او شتون لری چی د ډیورنډ پخوانی کرښه یو ځل بیآ تایید کوی؛ او همدا راز افغانستان ته یی اخطار ورکړی وو چی ،؛د قدرت له تحول څخه وروسته د بریتانوی هند څخه هند او پاکستان ته،د هر ډول تحریکپالو اعمالو او لاسوهنو څخه د ډډه وکړی؛.

Source: VCLT -United Nations (۱۹٦۹) 'Vienna Convention of Law of Treaties', *Treaty Series*, vol. ۱۱٥٥,

p.۳۳۱. Available online at http://untreaty.un.org/ilc/texts/instruments/english/conventions/۱_۱_۱۹٦۹.pdf, accessed, ۱۸ February ۲۰۱۳.

د پاکستان د دولت موقف د ډیورنډ د کرښې په اړوند

د پاکستان هیواد هم خپل د جوړښت په اولو ورځو کې د افغانستان د ادعا په وړاندې اعلان وکړ:

؛د ډیورنډ کرښه چې به ۱۸۹۳ کال کې په تړوون کې مشخص شویدی، د نړیوال سرحد په شکل د اعتبار وړ دی چې وروسته له څو مواردو، د افغانستان اړخ هغه یې تایید کړیدی.د دې نړیوالې کرښې نقشه د افغاني اړخ په هر ډول ادعا د خودمختارۍ یا د ډیورنډ د ختیځې برخې د خلکو د نفوذ په اړوند ته د پای ټکی ایښودل شوی.پاکستان د بریتانوی هند د دولت پرځای د ناست دولت په شکل د دې منطقې او د هغې د خلکو مکمل مالک دی، د یو پرځای ناستي دولت حق او مسولت په خپله غاړه لری؛

افغانستان یواځنی هیواد وو چې په سازمان ملل کې د پاکستان په غړیتوب یې منفي رایه ورکړ.د افغانستان استازی په سازمان ملل کې عبدالحسین عزیز په اول سر کې د ۱۹۴۷ د سپتمبر په ۳۰ د پاکستان غړیتوب ته په سازمان ملل کې منفي رایه ورکړ او ادعا یې وکړ چې افغانستان شمال لویدیز سرحدی ایالت د پاکستان د خاوری د برخې په نامه نه منی او تر هغه چې د دی ایالت خلکو ته د خودمختارۍ شرایط د پاکستان سره د پیوستون په اړوند یا د هیواد د خپلواکۍ یې مساعد نه شی، افغانستان خپل له دی موقف څخه به لاس وانخلی. مګر ورسته بیا همدا استازی د ۱۹۴۷ د اکتوبر په ۲۰ د پاکستان غړیتوب ته مثبت رایه ورکړ او د هیله مندی په ښکاره کولو چې دواړه هیوادونه خپل اختلافات د مذاکری او د ډیپلوماتیکو لارو حل کړی، یی ښکاره کړ.

د ۱۹۴۷ کال د نوامبر په منځ کې د افغانستان او د پاکستان تر منځ ځانګړی خبری د ډیورنډ د منازعی په اړوند په کراچۍ کې سرته ورسیدی. په دی خبرو کې د افغانستان استازی نجیب الله خان د ډیورنډ د هوکړی د نه پیژندنی او د لاسه څخه د وتلی خاوری د بیرته راګرځولو په اړوند د دی هوکړی په اړوند خبری نه دی کړی،او په اکثریت شکل یی غوښتنی یی د خودمختارۍ د حق ورکول د آزاد سرحداتو قبایلو ته، د پاکستان میشت پښتنو د ژوند د مادی او معنوی سطحی د لوړولو او د شمال لویدیز ایالت به داسی نامه یادول چی د دوی د قومونو د پیژندنی معرف وی، کې خلاصه کیږی.

د افغانستان او د پاکستان تر منځ سړی جګړی په ډیریدو، د پاکستان هیواد د ۱۹۴۹ د جون په ۱۲ د پکتیا مغلګۍ کلي یی بمبار کړ چی د ۲۳ کسانو په مړینه سرته ورسید. د هغی څخه وروسته د افغانستان ملی شورا او لویه جرګه د افغانستان ټولی پخوانۍ معاهدی چی په هغه کې د ډیورنډ هوکړه د بریتانوی هند د حکومت سره هم شامل وو، یی ملغی اعلان کړ.

د دی سره سره چی د پاکستان دولت په ظاهر کې د ډیورنډ قضیه حل شوی او تړلی بللو (د ډیورنډ کرښه یوه حل شوی قضیه ده،د پاکستان د تریبیون اکسپرس ورځپاڼه د پاکستان د بهرنیو چارو د وزارت څخه په نقل ۲۰۱۲ کال[۱۷])، مګر په باطن کې یی تل هڅه کړی دی چی د افغانستان دولتونه په رسمی توګه دا کرښه د نړیوال سرحد په شکل د دوو هیوادونو تر منځ په رسمیت وپیژنی.

د امریکا موقف

د امریکا د متحده ایالاتو هیواد په ځانګړی توګه د ډیورنډ د مسلی په اړوند له پاکستان څخه یی ملاتړ کړی او د تل لپاره یی له افغانستان څخه غوښتنه کړی چی د ډیورنډ مسلی ته د پای ټکی کیږدی.همدا د امریکا دولت په ۱۹۴۹ کال کې د دی منازعی له ذکر څخه د متحده ملتونو سازمان چی د افغانستان له لوری چی ویل شوی وو،څخه یی مخنیوی وکړ. د داوود خان په دوران کې د امریکا هیواد خپل ملاتړ د هغه له دولت څخه په دی مشروط کړ چی د ډیورنډ سرحد په رسمیت وپیژنی.

د افغانستان موقف په یوه نړیواله محکمه کښی

د زرین د تلویزیون د دورنما د پروګرام یو لیدونکی پوښتنه کړی وو چی آیا د افغانستان موقف په یوه نړیواله محکمه کې امکان لری؟زما ځواب دی پوښتنی ته مثبت دی. هو، که د افغانستان دولت په یوه حاکمه نړیواله محکمه کې غوښتنه وکړی چی هغه خاوره یی چی د ډیورنډ د هوکړی پر اساس له لاسه ورکړی هغه یوځل بیآ خپلی خاوری پوری ضمیمه کړی د بریالیتوب چانس یی ډیر په لوړه کچه زیاته ده؟څنګه؟ او ولی یی تر اوسه دا ادعا نه دی کړی؟ که افغانستان له یوی نړیوالی محکمی څخه د آزادو قبایلو د خاوری د بیآ ضمیمه کولو غوښتنه وکړی،د دی ډول ادعا د بریالیتوب امکان به څنګه وی؟

د بریتانیا د دولت د حقوقی مشاور مشوره!

د لودویک ادمک د خبرو په تائید سره د کابل ترون د درېیو کالونو له پاره د اعتبار وړ دی. طرفین کولی شي د یو کال مخکي خبرداري په ورکولو سره یاد تړون له منځه یوسي. د همدې ټکي بربنسټ انګلستان له افغانستان څخه تل په یو اړخیزه توګه د یاد تړون له

[۱۷] The Express Tribune (۲۰۱۲) 'Splintering Relations: Durand Line is a 'settled issue', says FO'.

منځته وړلو څخه هېره درلوده. (لودویک دبلیوادامک، پروفیسور در پوهنتون آریزونا، دکشنری تاریخی افغانستان.). [۱۸]

د هندوستان د خپلواکی (۱۹۴۷ ز کال) د قانون پر بنسټ، د هندوستان او نوي جوړ شوي پاکستان دولتونه د ۱۹۴۷ زکال د اگست په ۱۵ نېټه د برتانوي هند د وارث په توگه هغه چې په ۱۹۳۵ کال د هندوستان دولت په قانون کې پېژندل شوي دي. د هندوستان د قانون پر بنسټ آزادو قبایلو د ۱۹۳۵ زکال تړون کې ((د آزاد قبایل سیمي)) د برتانوي هند په قلمرو کې نه دي شاملې.همدا خبره ، پخپله مورتمر دیورند وروسته د دیورند له تړون څخه هم تائید کړې ده. دقبایلو آزادي سیمي دحایل شوې سیمي په توگه د برتانوي هند د شمال غربي ایالت او د افغانستان د ختیځ او جنوب د سیمو ترمنځ واقع شوي دي.

نو پردې اساس د برتانوي هند د وارث په توگه، د هند په لویځ کې د پاکستان هېواد په رامنځته کېدو، سره قبایلي سیمي د پاکستان هېواد په قلمرو کې نه دي شاملې.

شواهد دا په ډاگه کوي، چې په دغه اړین مطلب د بریتانیا حقوقي سلاکار په ۱۹۴۷ ز کال د نوامبر په ۵ نېټه نه پوهېده.د بریتانا هېواد حقوقي مشاور په هغه مهال کې خپل هېواد ته مشوره ورکړه، که چېرې له یوې نړیوالي محکمې څخه غوښتنه وشي. چې آیا پاکستان د ۱۹۲۱ ز کال د کابل تړون د دویمې معاهدې پر بنسټ د نړیوالو سرحداتو د وارث په توگه گڼل کیږي یا نه، د پاکستان په گټه یې نظر ورکړ.

په ۱۹۴۹ ز کال د اپریل په ۲۸ نېټه په اشد محرمانه لیک کې د بریتانیا د کامنولث د اړیکو دفتر خپل حقوقي سلاکار خبر کړ، چې «... د برتانوي هند شمال لویځ ایالت د افغانستان تر سرحد پورې دوام نه لري او قبایلي سیمي د برتانوي هند او افغانستان تر منځ د یو خالیگاه په توگه پاتې دي. » بریتانیا له خپل حقوقي سلاکار څخه وغوښتل چې د پورته یادې شوي موضوع په نظر کې نیولو سره د ۱۹۴۷ ز کال د نوامبر د ۵ نېټې پر مشورې تجدید نظر وکړي او په هکله یې خپل نوی نظر وړاندې کړي.

په ۱۹۴۹ ز کال د اپرېل په ۲۸ نېټه د بریتانیا حقوقي مشارو د دویم ځل له پاره خپل نظر داسې وړاندې کړ:

په ۱۹۴۷ ز کال د اگست په ۱۵ د پاکستان دولت د رامنځته کېدو پر مهال، د شمال لویدیځ قبایلي ایالت سیمي د نامعلومو نړیوالو سیمو په توگه پاتې دي او هېڅ دولت پورې تړل شوي نه دي. په داسې حالت کې د قبایلو خپلواکې سیمي د پاکستان دي، ددې سربېره چې پولړ گمرکي ، مخابراتی او نورې اړیکي له پخوا څخه ورسره لري.داسې ښکاري، چې پاکستان نه شي کولی،د هغه سرحد خاوند شي، چې په ۱۹۲۱ کال کې یې لهٔ افغانستان سره تعین کړی، یا د دې معاهدې د دویمې مادې مطابق د هر دول حق وارث شي. سربېره پر

---

[۱۸] The A to Z of Afghan Wars, Revolutions and Insurgencies, By Ludwig W. Adamec, pages ٦١-٦٣. Scarecrow Press Inc, Maryland, ٢٠٠٥.

دې دا پر دې مانا نه ده،چې د ډیورنډ کرښه پس لهٔ دې د افغانستان بین المللي سرحد نه دی. مګر دا امکان لري،چې پاکستان کوم قانوني اعتراض ونه کړای شي، کهٔ چېرې قبایل د افغانستان لهٔ ملاتړه برخمن شي، یا د قومونو پر مټ دغه سیمې لهٔ افغانستان سره ونښلوي.(منبع: لودیک دبلیو ادامک، دکشنری تاریخی افغانستان، سال، ۲۰۱۲)[۱۹].

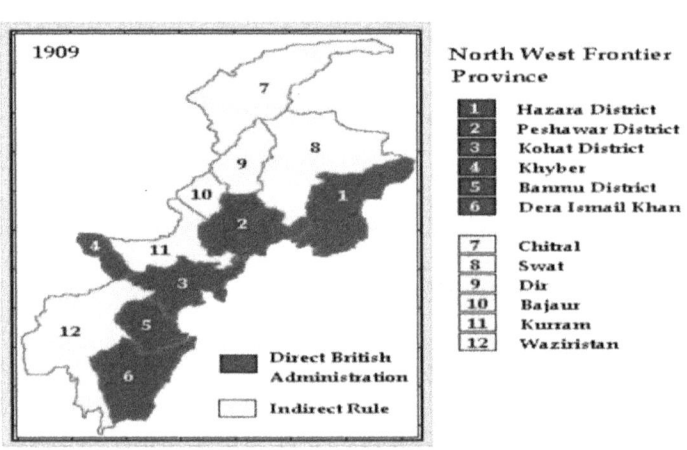

د ډیورنډ کرښه او د پاکستان سره سیاسی اړیکی

د ډیورنډ د کرښی د قضیی ارزښت

د ۱۸۹۳ میلادی کال راهیسی او په ځانګړی توګه د پاکستان له جوړیدو څخه وروسته تر نن پوری د ډیورنډ د کرښیمسئلهد افغانستان د دولت د یوی اساسی بهرنی سیاست د عنصر په ډول پاتی شویدی. د افغانستان لپاره د پښتون میشتو قلمروونو د نیمایی برخی د لاسه ورکول او د دری څخه د دوو برخو نفوس د هیواد د تر ټولو لوی قوم د لاسه ورکول دی.په دی اساس د پاکستان رسمی احصایی د ډیورنډ د کرښی هغی خواته کي د پښتنو نفوس د ۴۰ میلیون کسانو په شاه او خوا کي حساب شوی دی چی د پنجابیانو څخه وروسته د پاکستان تر ټولو لوی قوم د نفوس له لحاظه په پاکستان کي شمیرل کیږی. د دی سربیره د بلوچستان د لاسه

[۱۹] Ludwig W. Adamec, ۱۹٦۷, Afghanistan ۱۹۰۰-۱۹۲۳, A Diplomatic History, Berkeley University Press, USA. Afghanistan: A "Spy" Guide, By International Business Publications Staff, Global Investment and Business Center, Inc. Staff, USA

ورکولو سره، افغانستان د عرب سمندر او هند سمندر اوبو ته لاسرسی د پاکستان د خاوری له لاری له لاسه ورکړ. لکه چی ومو لیدل د افغانستان پرله پسی دولتونو د تیرو ۱۲۵ کلونو په اوږدو کې د ډیورنډ کرښه یې د نړیوال سرحد په نامه نه دی منلې او د قبایلی خلکو د تګ راتګ آزادی یې د کرښې دوو خواوو کې تامیین کړیدی. په ۲۰۰۱ کال کې د افغانستان د اسلامی جمهوریت په جوړیدو د دولت رسمی سیاست د ډیورنډ د کرښې په اړه دا وو چی د ډیورنډ د کرښې د مسلی حل د کرښې د دوو خواوو قومونو پوری اړه لری او د افغانستان دولت په دی اړوند د تصمیم نیولو صلاحیت نه لری. جمهور رییس کرزی د ۱۳۹۲ د ثور په ۱۴ د شنبی په ورځ په یو خبری کنفرانس کې په کابل کې وویل د پاکستان لخوا سرحدی یرغلونه دوه دلایل لری:یو د افغانستان د پرمخ تګ او ترقی څخه مخنیوی کول او دوهم،د ډیورنډ د کرښې د په رسمیت پیژندنی په موخه د فشار واردول. کرزی وویل:؛دوهم دلیل شاید چی دا وی چی د افغانستان خلک دی ته اړ شی چی د ډیورنډ د کرښې په اړوند مذاکری ته کښینی او دا کرښه په رسمیت وپیژنی؛.

ښاغلی کرزی ټینګار وکړ چی د افغانستان د پرمختګ څخه د مخنیوی په ډګر کې ټولی هڅی او همداراز د ډیورنډ د کرښې په رسمیت پیژندنه به کومه پایله و نلری؟؛ هغه کسان چی دا د وحشت او دهشت ګامونه وچتوی، بریالیتوب لاسته نشی راوړلی. د افغانستان ملت له هغی ورځی چی انګلیسانو دغه کرښه منځ ته راوړ، هغه یی نه دی منلی؛ (د آلمان غږ د وبسایت څخه په نقل قول).

د پاکستان لپاره د ډیورندمسئلهیو د مرګ یا ژوندمسئلهده. د دعوا لاندې منطقی د ۶۰ سلونه به حدودو کې د پاکستان خاوره جوړوی. د دی احتمال چی پاکستان د یوی نړیوالی محکمی فیصله په دی اړوند چی غضب شوی منطقی د ډیورنډ د کرښې افغانستان ته په داوطلبانه ډول سره ورکړی ډیر لږ به وی. له بلی خوا نړیوال قدرتونه لکه امریکا،انګلستان او چین به هم په دیمسئلهکې د پاکستان په دفاع به کلک مخالفت وکړی.

د سړی جګړی د کلونو په ترځ کښې، د افغانستان ښکاره کیدل د شوروی او د پاکستان په سرلیک، د امریکا سره د نظامی تړون په شکل او د دی دواړو د نړیوال او منطقوی قضییو کې د اختلافات د دی سبب شوی چی د ډیورنډ موضوع په همهغه ډول سره لاینحله پاتی شی او هغی ته په کلکه پاملرنه ونشی.

د ۱۳۵۳ د سرطان د ۲۶ کودتا،او د هغه څخه وروسته د ۱۳۵۷ د ثور ۷ کودتا او د افغانستان د یو شمیر سیاسی څهرو سیاسی پناه وړل د پاکستان دولت ته د پاکستان د دولت لپاره یو طلایی چانس منځ ته راوړ تر څو د افغانستان دولتونه بی ثباته او ساقط کړی او د افغانستان دولت او اردو له منځه یوسی او دا چی افغانستان دومره ځواکمن نه شی چی وشی کولی چی په یواړخیز ډول سره د پاکستان سره شته سرحدونه تعدیل کړی.

د مجاهدینو د دولت په جوړیدو په ۱۹۹۲ کال کې پاکستان په عملي توګه خپل دغه هیلې ته ورسید، پر دی قادر شو چې د افغانستان امنیتي ځواکونه او د دولت اداره په مکمل ډول سره وران کړي په پایله کې یې د وسطایي پیریو د طالبانو رژیم په افغانستان کې ځای پر ځای کړي. د افغانستان د اسلامي جمهوریت د دولت د جوړیدنې څخه وروسته د بن د کنفرانس پر بنسټ، د دی سره سره چې د نیت حسن ښکاره شو،پاکستان د افغانستان او د نوی دولت د بی ثباته کولو په اړوند هیڅ فرصت له لاسه ورنکړ.

د لوی افغانستان سیاست

داسې کسان هم شته چې د ؛لوی افغانستان؛ هیله د پښتنو اود ډیورنډ د کرښې هغې خواته د بلوڅو قومونو په اتحاد کې لري. دی ته په پاملرنه چې پاکستان د افغانستان په پرتله شپږ ځلې لوی نفوس لري او د یو ډیر ځواکمنده اردو دلودونکی دی او همداراز لوی اقتصاد لري، هغه لارې چې افغانستان به له هغې څخه خپل د لاسه ورکړل شوې خاوره بیرته لاسته راوړي هغه به دا وي:

- د پاکستان د دولت سقوط
- په ډیر احتمال سره د هندوستان سره د څلورمې جګړې په پایله کښې
- د پاکستان د یوې داخلي جګړې منځ ته راتګ
- په پاکستان کې د یوې د ننی انقلاب ښکاره کیدل
- او ټول پورتنی امکانات

د پورتنیو سناریوګانو د لاس لاندې نیولو په خاطر پاکستان هم یو بهرنی ملاتړ کوونکی ته ضرورت لري او دا بهرنی ملاتړ کوونکی یو وخت امریکا وو او نن دا نقش چین په غاړه لري تر څو د هندوستان په وړاندې د پاکستان د شتون ضمانت وکړي.

په دی ورستیو کې د پښتنو میلیونی باڅونونه د ډیورنډ د کرښې هغه خواکې د ؛د پښتون تحفظ د خوځښت؛ تر نامه لاندې د منظور پشتین په مشرۍ ډیرې هیلې د ؛لوی افغانستان؛ د پلویانو په منځ کې منځ ته راوړي. دا پاڅون په نطقوی حالت کې دی تر اوسه یې یو لازمه جوړښت او ځانګړی موخی نه دی موندلی. د خوځښت اعلان شوی موخی د پښتنو مساوات په ټولو برخو کې د پاکستان د نورو میشتو قومونو سره دی. د دی جنبش مشر د افغانستان سره د تجارتی لاو مواصلاتی لارو د پرله پسی بندیدوشکایت یی کړی او د دی مدعی دی چی د پاکستان دغه سیاست د قبایلی منطقو یا فاتا FATA د اقتصادی ماتی سبب شویدی.دوی وایی پنجابی مشران د هندوستان سره د سیاسی اختلافاتو سره سره د هند سره یی د واګه بندر

خلاص ساتلی دی په داسی حال کې چې برعکس د دی د افغانستان سره بندرونه په پرله پسی توګه تړی.آصف غفور د پاکستان د اردو ویاند د دی خوځښت پراخیدل د افغانستان د ملی امنیت د اداری کار ګڼلی په افغانستان کې میشتو پښتنو د پراخښتټه ملاتړ څخه چې په رسنیو او ټولنه کې منعکس شوی په ډار کې دی. (د ګندهارا انګلیسی ویبسایټ ۲۰۱۸ د اپریل په ۱۱ نیټه).

د قضیی د حل عملي لاری او پایلی

د ډیورنډ د کرښې رسمي پیژندنه یا د ټولو څخه عمومی پوښتنه کول د پاکستان د پښتنو او بلوڅو د قومونو په منځ کښې

د ډیورنډ د کرښې پیژندنه د افغانستان لخوا د پاکستان د طالبانو او نورو تیروریستی ډلو څخه د ملاتړ د خاتمی په بدل کې .د دی حل لاری امکانات ډیر لږ دی. د ډیورنډ د کرښیمسئلهد افغانستان دولت لپاره یوه ناموسیمسئلهده. له بلی خوا د پاکستان دولت هیڅ کله نه منی چې د طالبانو د نظامی عملیاتو ملاتړ کونکی دی.

د دی مسلی حل د جانبینو د مذاکراتو له لاری او د حل یوی لاری ته رسیدل، د مثال په توګه د یو ریفراندوم په تطبیق کولو او یا په عمومی ډول سره د پاکستان د بلوڅو او پښتنو قومونو په منځ کې پوښتنه کول د متحده ملتونو تر نظارت لاندې او دوی ته د ټاکنی په خاطر حق ورکول

- د پاکستان د حاکمیت دوام
- افغانستان سره پیوستون،یا
- سیاسی خپلواکی

دوهمه د حل لاره یواځنی منطقی لاره ښکاری او د پاکستان ادعا ته په پاملرنه چې پاکستان کې میشت بلوڅ او پښتون قومونه د بریتانوی هند او د پاکستان په ۱۲۵ کاله حاکمیتونو کې په مکمل ډول سره د پاکستان د نورو خلکو سره، لکه پنجابیان او سندیانو سره د فرهنګی، سیاسی، اداری له نظره سره مدغم شویدی، پاکستان باید په دی اړوند کوم مشکل و نه وینی.مګر د دی امکان چې پښتون او بلوڅ خلک د سیاسی خپلواکی د حل لاره او خپل د خپلواک هیواد جوړیدل وټاکی ډیر دی. له دی وجهی پاکستان په دی اړوند ډیر ناممکنه ښکاری.

د افغانستان او پاکستان د یوی فعالی همکاری پارتنرشپ رامنځته کیدل

په دی اساس یواځنی منطقی لاره د افغانستان او د پاکستان د سیاستمدارانو په وړاندی دا دی چې یو منطقوی فعاله پارتنرشپ جوړ کړی د قبایلی سرحدی ټولنیز

پرمختګ، انرژی، ترانسپورت، تعلیم او تربیه، تجارت،ساینې او ټکنالوژۍ،د تجارتي آزادو بازارونو جوړول،مخکې له مخې د سرحدي قومونو لپاره د بندري تیریدو را تیریدو د لارو خلاصول په برخو کښې، د ډیورنډ د کرښې‌مسئلې‌په عملي توګه کم ارزښته کړی. ما دا وړاندیز د دوو کالو څخه د مخه کړی وو.

شواهد دا ښکاره کوي چې جمهور رییس اشرف غني هم داسې د حل لارې باندې عقیده لری. اشرف غني سم د لاسه د قدرت د واګو د تر لاسته کولو څخه وروسته د پاکستان سره د دې ډول یو پارټنرشپ د جوړولو په برخه کې ګام وچت کړ او د پاکستان دولت ته د ملګرې د لاس ورکولو او د امتیازاتو په روکولو،د دې سره سره چې ګڼ شمیر داخلي مخالفتونه موجود وو ، لمړنی ګام یې مخته کیښود.په تاسف سره دا د نږدې همکارۍ نووخت د دوو هیوادونو د اردو او امنیتي سازمانونو او د ګډو اقتصادي او ترانسپورټي طرحو د جوړولو لپاره چمتووالی د پاکستان سره د پاکستان له خوا څخه یې مناسب عکس العمل تر لاسه نه کړ.په نتیجه کې مطلوب پایلې په افغانستان کې د جګړې د میزان د کښته کولو او د طالبانو د تیروریستي فعالیتونو په لړۍ کې یې منځ ته رانه وړ.

برعکس، پاکستان له یوی خوا د افغانستان په لا نور بې ثباته کولو د طالبانو او نورو ډلو د تیروریستي فعالیتونو د تشددد له لارې مبادرت وکړ تر څو منځ ته راغلې خلا د ناټو د ځواکونو په وتلو په نظامي برخه کې اعظمي حد استفاده وکړي. له بلې خوا د پاسپورټ او د ویزو د خنډونو په منځته راوړلو، د دیوالونو او ګړنګونو او اغځې لرونکې تارونو د خنډونو په جوړولو د ډیورنډ د کرښې په شاه او خوا کې یې پیل وکړ.

د دوو هیوادونو د سرحدي مشکلاتو د حل لاره د ویزو او پاسپورټولو په لړۍ کې د خنډ جوړول، د دیوالونو، ګړنګونو او اغزی لرونکو تارونو په اقولو کې نه دی نغښتې.دا شان پالیسي نه د دوو آلمانونو تر منځ بریالی شو او نه د په کوریا کې بریالي دی.که د نیت حسن موجود وی او د هیوادونو د دولتي دستګاه ګانو لخوا تیروریزم څخه ملاتړ و نه شي د معاملاتو ډیریدل او د تګ راتګ د تجارتي او ټولنیزو لارو آزادۍ د وخت په تیریدو سره د ډیورنډ د کرښې‌مسئلې‌په عملي توګه حلوی.

د اروپایي ښکیلاکګرو تر ټولو لوی میراث د مصنوعي سرحداتو جوړول د تیرو ښکیلاکي نظامي او سیاسي منافعو پر بنسټ دي چې تاریخ او فرهنګ ته او د هیواد قومي ویش ته د نن ورځې د هیوادونو ته په پاملرنه د فهم قابل دی.د ډیورنډ د کرښې مشکل د دې ډول غیر عادلانه او استعماري سرحدي کرښو یو روښانه مثال دی چې په تیرو اویا کلونو کې د دوو هیوادونو پاکستان او افغانستان پر مناسباتو یې سیوری خپور دی او هر کله چې د دې دوو هیوادونو د سیاستمدارانو لخوا په آګاهانه ډول سره د دې سره مقابله و نه شي، په همدې ډول به سیوری پری پروت وی.

ماخذونه او سرچيني

الف: پښتو او دري سرچيني

- **انصاري، بايزيد (پير روښان)** :*خيرالبيان*، د کابل پوهنتون چاپ، کابل.
- **بابر، ظهيرالدين محمد** :*توزک بابري (بابرنامه)*، بمبی چاپ.
- **بکران، محمد ابن نجيب** :*جهان نامه*، د سونيل کمار له قوله.
- **بيهقي، ابوالفضل** :*تاريخ بيهقي*، د ډاکټر غني او فياض په اهتمام.
- **پوپالزی، عزيزالدين وکيلي** :*سفرنامه های غازي امان الله شاه*، د افغانستان د تاريخ ټولنه، کابل.
- **جوزجاني، منهاج سراج** :*طبقات ناصري*، لومړی او دوهم ټوک، د کابل چاپ.
- **حبيبي، عبدالحي** :*خلجيان افغان هستند*، د کابل چاپ.
- **خټک، افضل خان** :*تاريخ مرصع*، د پيښور چاپ.
- **خټک، خوشحال خان** :د *خوشحال خان خټک کليات*، کندهار چاپ.
- **سرواني، عباس خان** :*تاريخ شيرشاهي (تحفهٔ اکبرشاهي)*.
- **عتبي، ابو نصر محمد ابن عبدالجبار** :*تاريخ يميني*، د فارسي ژباړې له مخې.
- **غبار، مير غلام محمد** :*افغانستان در مسير تاريخ*، کابل چاپ.
- **غبار، مير غلام محمد** :*احمد شاه بابا*، دانش کتابتون، دوهم چاپ، پيښور.
- **فرهنگ، مير محمد صديق** :*افغانستان په آخرو پنځو پيړيو کښې*، لومړی ټوک، قم.
- **قاسم، محمد بن (فرشته)** :*تاريخ فرشته*، د هند د لوديانو او سوريانو په اړه.
- **هروي، نعمت الله** :*تاريخ خان جهاني او مخزن افغاني*.

ب: نړیوالې او انګلیسي سرچینې

- **Adamec, Ludwig W.:** *Afghanistan's Foreign Affairs to the Mid-20th Century*, University of Arizona Press.
- **Caroe, Olaf:** *The Pathans: 550 B.C.-A.D. 1957*, St. Martin's Press, London.
- **Dani, Ahmad Hasan:** *History of Civilizations of Central Asia*, Vol. IV, UNESCO Publishing.
- **Elliot, H. M., & Dowson, J.:** *The History of India, as Told by Its Own Historians*, Trubner & Co, London.
- **Habib, Irfan:** *The Formation of India - The Khaljis*, ۱۹۸۱.
- **Jackson, Peter:** *The Delhi Sultanate: A Political and Military History*, Cambridge University Press.
- **Kulke, Hermann & Rothermund, Dietmar:** *A History of India*, Routledge, ۲۰۰٤.
- **Lockhart, Laurence:** *The Fall of the Safavi Dynasty and the Afghan Occupation of Persia*, Cambridge University Press.
- **Minorsky, V.:** *Hudud al-Alam: The Regions of the World*, Oxford University Press.
- **Srivastava, Ashirbadi Lal:** *The Sultanate of Delhi*, Shiva Lal Agarwala & Co.

ج: ډیجیټل سرچینې او ویبسایټونه

- **د اریانا پوهنغوند (انسایکلوپیدیا اریانیکا):** آنلاین نسخه، د غزنویانو او خلجیانو مقالې.
- **برتانیکا پوهنغوند (Encyclopaedia Britannica):** د ډهلي د سلطنتونو اړوند یادښتونه.

- **مشعل ویبسایټ** : *د افغانستان ملي نژادونه*، پاپل کریم.
- **تمدن ما ویبسایټ** :د نادر شاه افشار ژوندلیک.

د لیکوونکی په هکله

ډاکټر نور احمد خالدی

ډاکټر نور احمد خالدی د ۱۳۲۸ هجری لمریز کال د دلو په ۲۹ نیټه په غوریان هرات کې زیږیدلی دی. د ده مور او پلار د پلار د وظیفی په غوښتنه، مرحوم نیک محمد خان د امنیی قومندان، په هغه وخت کې په غوریان کې ژوند کولو. د کابل د حبیبه له لیسی څخه فارغ التحصیل شوی او په ۱۳۵۲ کال کې د کابل پوهنتون د اقتصاد له پوهنځی څخه په دوهمه درجه د ۱۶۳ محصلینو له جملی فارغ شو.

د ډاکټر خالدی پلار یو خیربینه پښتون د ننګرهار دولایت د خوګیانی د ولسوالۍ څخه وو.د ډاکټر خالدی مور مرحومه رحیمه د کابل د ښار له اوسیدونکو څخه چې د پلار له طرفه بارکزیی او د مور له طرفه تاجیکه وه او د کاپیسا د ولایت د بګرام څخه وه او له دی وجهی د هغی نږدی خپلوان د پروان د ولایت د چاریکار له ښار څخه وو او هلته میشت وو. دری ژبه د دوی کورنۍ ژبه وه او په همدی ژبه یی تعلیم کړی، ستر شوی، شعرونه یی ویلی او مضامین یی لیکلی.

ډاکټر خالدی د کابل پوهنتون څخه د فارغیدو وروسته د دولسو کلونو لپاره د پلان په وزارت کښی،د مرکزی احصایی په اداره او د عامه روغتیا په وزارتونو کې په کار بوخت وو.دی خپل ماستری د نفوس په علم کې په ۱۹۸۴م کال کې د نفوس د مطالعاتو له بین المللی انستیتیوټ څخه چی د هندوستان په بمبی ښار کې دی، لاسته راوړ او د هغی څخه وروسته په ۱۹۹۰م کې خپل دوکتورا یی د دیموګرافی یا د نفوس پیژندنی په څانګه کې د آسترالیا د ملي پوهنتون څخه د آسترالیا د کانبیرا په ښار کې لاسته راوړ.

دی د ۱۹۸۶م کال څخه راپدی خوا،د خپلی کورنۍ سره په آسترالیا کې ژوند کوي او د ۱۹۸۹ څخه تر ۲۰۱۴ پوری د آسترالیا په دولت کې په مسولو رتبو کې

لکه، د آسترالیا د دولت د صدر اعظمی په اداره کې د سر مشاور په صفت،د کار تجربه لری.ډاکټر خالدی بیا یو څو کاله د سویل پسفیک هیوادونو لپاره د نفوس د متخصص په حیث د نیو کالیدونیا د هیواد په نومیا ښار کې کار کړی دی او په اوس وخت کې د د یو مشاورتی دفتر په چوکاټکې KRD Social Consulting د احصاییه او نفوس د متخصص په حیث کار کوی،چی د دوی خدمات اکثر د آسترالیا فدرال دولت وزارت خانو ته، ایالتی حکومتونو او نورو سازمانونو لپاره دی چی د نفوس او د کورنیو د اوږد مهاله څیړنو او پیشبینیو لپاره اړتیا لری.د ډاکټر خالدی د څیړنو نتایج په دی اړوندونو کې د څو وزارتونو او سازمانونو لخوا د آسترالیا په څو ایالاتو کې په نشر رسیدلی دی.

دی د ۱۳۵۴ کې د نادره سکندری سره واده وکړ او د دی پر سعادته وصلت ثمره یک زوی او یو لور د ابوبکر او مریم په نامه دی.

ډاکټر نور احمد خالدی په دری ژبه شعر وایی او د هیواد ځینې مشهور او د نوی نسل هنرمندانو یی له اشعارو څخه په خپلو سندرو کې استفاده کړی دی، لکه احمد ولی، حیدر سلیم، غوث نایل،احمد شاکر، میرویس نصیر او بارق نصیر او نور.

ډاکټر خالدی ډیر عملی، مسلکی او شعری نشرات لری، چی ځینې یی د خوښونکو لپاره د انټرنیټ له لاری آنلاین موجودی دی او د لاندنی لنک څخه په استفاده، کولی شی هغه لاسته راوړی.

https://independent.academia.ed u/Nkhalidi

نولسمه برخه
د ژباړونکی په هکله

ذبیح الله خوګیانی

ذبیح الله خوګیانی د ۱۳۵۷ه.ش. کال د میزان په اتمه نیټه چې د ۱۹۷۸م د سپتمبر ۲۶ سره سمون خوری د کابل په ښار کی زیږیدلی دی.

د ذبیح الله خوګیانی پلار اروابناد شهیدی جګتورن سید ملا خان خوګیانی (۱۹۷۸-۱۹۴۸م) د هیواد د نوامیسو د ساتنی په ډنده بوخت او د ډندی په لړ کښی په شهادت ورسید، **إنا لله وإنا إليه** راجعون. د ذبیح الله خوګیانی مور نسیمه خوګیانی په ۱۳۵۲ ه.ش. کال کی د کابل د تربیی معلم له اکادمی څخه فارغه او د ۲۶ کالو لپاره د هیواد د بچیو په روزنه کی ډنده تر سر ه کړه په ډیر شهامت خپل څلور بچیان (رؤیا، وحیدالله، خاطره او ذبیح الله) په حلاله ګټه د کابل په خیرخانه کی ستر کړل.

ذبیح الله خوګیانی ګران هیواد افغانستان کابل ښار کښی، د عبدالغفور ندیم، تجربوی بی بی مهرو، او د رحمن بابا عالی لیسی تعلیمی مراکزو کښی خپل لمړنی تعلیمی دوری سرته رسولی. د هغی څخه وروسته پاکستان ته د کډوالی‌په حال,پیښور کی احمد شاه ابدالی پوهنتون کښی د طب د پوهنځی د څلور کالو زده کړی سرته ورسولو . وروسته یی د امریکا په متحده ایالاتو کښی د پوهنتون عالی دری تحصیلی دوری په ډیر بریالیتوب سرته ورسولو, چی هغه د کمپیوټر ساینس په برخه کی اسوشیت علمی درجه، د اداره تجارت - انفارمیشن تکنالوژی اداره کولو په برخه کی د لسانس درجه، او د پردو پوهنتون Purdue University څخه د Cybersecurity Management په برخه کښی د ساینس ماستری عالی تحصیلی درجی دی. اوس ذبیح الله خوګیانی د -Computer Science Information Technology په برخه کښی، د دوکتورا PhD - Doctor

Of Philosophy د عالي درجې په تحصیلي پړاوو بوخت دی. ذبیح الله خوګیانی د امریکا په معتبرو او نامتو موسساتو کې د سافتویر د ریلیز د پروګرامونو لوړپوړی تخنیکی مدیر پاتې شوی. ذبیح الله خوګیانی د افغانستان د تکنالوژی د برخې د پرمختګ او ترقی په اړوند یو تخنیکی کتاب د کار لاندې لری چې موخه یې ګران افغانستان ته د اجایل د میتودالوژۍ معرفی کول دی. همداراز د بهرمیشتو افغاناناو د پیوستون په شورا کې ADUC د کډوالو او د پناه غوښتونکو د کمیسیون د ریاست چاری او د شورا د ویبسایت د مدیریت چاری یې په غاړه لری.

ذبیح الله خوګیانی خپل د میرمنی درخانی او دریو بچیانو (ذلیخا، رڼا او طارق) سره د امریکا د کلیفورنیا په ایالت کښی میشت دی.

ذبیح الله خوګیانی په پښتو او دری شعرونه لیکلی، د افغانستان موسیقۍ سره ډیره کلکه مینه لری. په افاقی برخه کې یې ډیری لیکنی کړی چې په فیسبوک او افغان جرمن آنلان کې خپاره شوی.

zabih.khogyani@gmail.com

د کتاب په اړه

»دا اثر د افغانستان د تاریخ، خلکو او سیاست په اړه یوه هراړخیزه او ژوره څېړنه ده. ډاکټر نور احمد خالدي په دغه کتاب کې د سیمې تاریخي واقعیتونه، د افغاني امپراتوریو جوړښت او د نوي افغانستان د رامنځته کېدو پړاوونه په مستند او اکاډمیک ډول شنلي دي.

دا یوازې یوه ژباړه نه، بلکې یوه **اصلاح شوې او بډایه شوې نسخه** ده چې د دري متن په پرتله په کې نوي معلومات، تاریخي نقشې او شنني ورزیاتې شوې دي. دا کتاب د هغو کسانو لپاره یوه اړینه سرچینه ده چې غواړي د افغانستان تېر تاریخ، کلتوري هویت او د قدرت پر سر سیاسي لوبې د معتبرو اسنادو له مخې وپېژني«.

د لیکوال په اړه

»ډاکټر نور احمد خالدي یو پېژندل شوی تاریخپوه، ډیموګرافر او څېړونکی دی. هغه له استرالیا ملي پوهنتون (ANU) څخه دوکتورا ترلاسه کړې او له څلورو لسیزو راهیسې یې په دولتي او نړیوالو کچو د پالیسیو جوړولو او علمي څېړنو په برخه کې کار کړی دی. ډاکټر خالدي د افغانستان د تاریخ د ټولنې د رئیس په توګه تر ۲۰۰ زیاتې علمي مقالې او اثار ټولنې ته وړاندې کړي دي«.

www.ingramcontent.com/pod-product-compliance
Lightning Source LLC
Chambersburg PA
CBHW041304240426
43661CB00011B/1014
9781764504942